国土空间生态环境分区管治
理论与技术方法研究

主 编：江 河
副主编：刘贵利 陈 帆 郭 健
　　　　霍中和 王 伟 王 晓

中国建筑工业出版社

图书在版编目（CIP）数据

国土空间生态环境分区管治理论与技术方法研究 / 江河主编 . —北京：中国建筑工业出版社，2019.4
ISBN 978-7-112-23362-5

Ⅰ.①国… Ⅱ.①江… Ⅲ.①国土资源–生态管理–研究–中国 Ⅳ.①F129.9 ②X321.2

中国版本图书馆CIP数据核字（2019）第035693号

责任编辑：李春敏　张　磊
责任校对：张　颖

国土空间生态环境分区管治理论与技术方法研究
主　编：江　河
副主编：刘贵利　陈　帆　郭　健　霍中和　王　伟　王　晓

*

中国建筑工业出版社出版、发行（北京海淀三里河路9号）
各地新华书店、建筑书店经销
北京光大印艺文化发展有限公司制版
北京中科印刷有限公司印刷

开本：787×960毫米　1/16　印张：21¾　字数：385千字
2019年5月第一版　　2019年5月第一次印刷
定价：68.00元
ISBN 978-7-112-23362-5
（33672）

版权所有　翻印必究
如有印装质量问题，可寄本社退换
（邮政编码100037）

《国土空间生态环境分区管治理论与技术方法研究》
编辑委员会

主　编：江　河

副主编：刘贵利　陈　帆　郭　健　霍中和　王　伟　王　晓

编委会：冯　科　严奉天　郭文华　王　潇　林　齐　纪　涛
　　　　祝秀莲　赵小松　张连荣　王　禹　郄通锁　冯雅丽
　　　　齐静宜　荣国平　王欣光　李　岩　郭树斌　高　兴
　　　　冯增宇　辛健伟　陈　帅　赵　晖　潘　鹏　陆　嘉
　　　　仇昕昕　申贵仓　姜招彩　韩　博　尹城凯　谭慧娇
　　　　张子民　瞿继文　李广涛　江昊军　刘　磊　张文静
　　　　张兴艳　杨宏波　杨　勇　李　雪　季　洁　姚飞飞

序

　　从 20 世纪 90 年代中以来，面对高速工业化和城镇化所带来的严峻环境问题，城市环境污染非常突出，面临的形势异常严峻。过去我们走的是在发展经济中扩大污染、在污染中加深对环保的认识、在污染治理中不断提出加强环保的路子。但是，环境保护在很长一个时期走的还是"先污染，后治理"的老路，环境保护处于经济发展的附属地位，环境保护工作很被动。

　　当不协调、不平衡、不可持续等负面影响问题充分暴露后，党中央做出建设生态文明的决策，特别是十八大把生态文明建设纳入"五位一体"的总体布局，将环境保护融入生态文明建设这个更大的主题中；十九大将生态文明的理念和理论都提高到了新的高度，并且为生态环境保护工作制定了时间表和路线图。生态文明建设既是发展的目标且被摆到突出地位，也成为检验"五位一体"总体布局落实成效的标准，这在国际上可以说是独树一帜。

　　自从我国开展环境保护工作以来，我们一直没有停止对环境保护理论的探讨，许多学者对此都进行了深入探索和研究，在环境保护理念上有许多新的倡导。宣传教育部门进行了广泛的宣传引导，对提高全社会的环境意识发挥了积极影响。

　　但总的来看，我们对环境保护理论的探讨更多集中在方法层面上，不系统不深入，特别是社会科学界的参与还很不够。必须有社会科学界的更多参与，运用哲学、经济学、社会学、生态学等知识，做好生态环境的理论探讨和研究，把我国传统文化和现代环保知识结合起来，构建具有中国特色的生态环境保护理论，不断丰富新时代中国特色社会主义的内容，提升我国生态环境保护的水平。

　　《国土空间生态环境分区管治理论与技术方法研究》体现了作者的勇于探索的时代精神。我们过去所说的环境，是以人为中心的整个外部世界；过去所说的生态，主要指的是自然生态。现在要突出人与自然和谐共生、生态价值优先角度，把生态和环境合在一起，环境的主体除了人，还有动物、植物、微生物等所有的生命体，构成了一个完整的生命系统，以生态环境功能溯源理论为基础，综合运用哲学、经济学、社会学、生态学等知识，构建空间耦合和综合管治方法体系的理论框架。为新时期生态环境的理论探讨和研究提供了一个崭新的视角，是值得称道的！

《国土空间生态环境分区管治理论与技术方法研究》通过对一系列探索研究、归纳和提炼，提出了突出指导性和落地成效的一套理论和技术方法体系。针对生态环境保护方法落地性差，提出了两套全流程技术体系，创新了六种新技术：底线管制、空间分区、前置测度、分区施策、三维管治、多规合一，构建了四权分立的环境管理机制。从理论创新到技术体系设计，形成了完整的系统闭环。

我国的生态环境领域空间管治的体系仍然欠缺，特别空间管治理论与技术方法的转化和落地尚有较大差距；构建一个系统性、宏观性的理论结构框架与方法体系，也是新时期生态环境管理当务之急。我愿向读者推荐《国土空间生态环境分区管治理论与技术方法研究》这本书，我欣赏他们对实践的归纳和理论探索。在对"生态文明"、"美丽中国"这本大百科全书中，希望看到更多荒山变金山，荒野变银山的新思路、新举措。出现一个五彩缤纷，百花齐放的新境界。

阅读了《国土空间生态环境分区管治理论与技术方法研究》这本书稿后有些感慨，就写出了上述一些话，是为序。

导　言

2018年，是中国实行改革开放政策40周年。40年来，中国在政治、经济、文化、社会、生态以及城市建设等领域都实现了飞跃式发展。同时，生态破坏带来的问题也随之显现出来，环境污染防治和生态保护的关键性日益突出。中国经济已由高速增长阶段转向高质量发展阶段，需要跨越一些常规性和非常规性关口。

国外空间管治理论与技术方法相对成熟，但在中国的转化和落地尚有较大差距，解读性和应用性不强；国内环境管理研究中关于生态价值、生态伦理与国土空间管治的有机衔接的研究还不充分，针对性和现实性不足，没有形成一个系统性、宏观性的理论结构框架与方法体系，也是国内环境管理学科建设的一大短板。

《国土空间生态环境分区管治理论与技术方法研究》一书，基于生态伦理和生态价值理论，从突出人与自然和谐共生、生态价值优先角度，首次提出了生态环境功能溯源理论，奠定了空间耦合和综合管治方法体系的逻辑基础。在全域管治和红线管治的技术方法衔接和机制建设上，处理了区域之间的过渡和承接关系，实现了技术无缝对接和政策的有机衔接。建立了"本底识别→价值前测→强度综测→耦合模型→分区施策"的空间耦合，以及"红线定界→容量定底→强度定顶→三维管治→清单准入→按图定责"的综合管治等两套全流程技术体系，其中创新了六种新技术：底线管制、空间分区、前置测度、分区施策、三维管治、多规合一，构建了四权分立的环境管理机制。

该书从源头识别生态空间，进而提出空间布局耦合以及综合管治的技术方法，创新性的构建了生态空间管治理论和技术方法体系，填补了生态环境领域空间管治的理论研究空白，对加强生态敏感脆弱地区的控制与修复，稳定提升生态系统功能以及对重要生态安全区域实施严格监督和管理，对提高生态保护与管理成效，优化国土生态安全格局具有重要意义。

该书通过对系列研究项目的整合和应用于改革试点实践案例的梳理，提炼出了突出指导性和落地成效的理论和技术方法体系，从理论创新到技术体系设计，形成了完整的系统闭环，填补了生态环境领域空间管治的技术方法空白，推进了国家空间规划体制改革的进程，完善了国家主体功能区战略和制度，为推进生态环境治理体系和能力现代化提供了重要的指引和手段，为国家宏观决策，党中央、国务院、地方政府的政策制定，科研院校的学术研究，行业企业的探索实践起到支撑作用。

目 录

> 上篇　理论篇

- 第 1 章　空间体系规划研究的时代背景 ·· 2
  - 1.1　深化生态文明改革的需要 ··· 2
  - 1.2　健全国土空间开发制度的需要 ··· 4
  - 1.3　推进城市环境总体规划工作的需要 ··································· 5
  - 1.4　环境管理理论方法研究的需要 ··· 7

- 第 2 章　生态环境分区管治理论与规划研究的目标、任务和意义 ········· 8
  - 2.1　规划研究的主要目标 ··· 8
  - 2.2　规划研究的主要任务 ··· 8
  - 2.3　规划研究的重要意义 ··· 9

- 第 3 章　国内外生态环境分区管治的理论与实践 ····························· 10
  - 3.1　国际生态环境分区管治的理论与经验 ······························· 10
  - 3.2　我国生态环境分区管治理论与实践及主要问题 ··················· 29
  - 3.3　生态文明体制改革下生态环境分区管治发展机遇 ················ 58

- 第 4 章　生态环境功能溯源的理论框架 ··· 60
  - 4.1　内涵思想 ··· 60
  - 4.2　框架体系 ··· 66
  - 4.3　逻辑构成 ··· 71
  - 4.4　布局耦合模型 ··· 72

- 第 5 章　生态环境分区管治规划的内涵解析 ··································· 80
  - 5.1　生态空间的概念及特征 ··· 80

5.2 生态空间的空间构成要素 …………………………………… 81
5.3 生态空间体系的用地构成 …………………………………… 82
5.4 生态环境分区管治规划的基本原则和主要内容 …………… 84

中篇 技术篇

第6章 空间布局耦合的技术与方法 …………………………… 90
6.1 概述 …………………………………………………………… 90
6.2 生态功能本底识别的技术方法 ……………………………… 92
6.3 生态功能价值前置测度 ……………………………………… 98
6.4 开发强度综合测算 …………………………………………… 114
6.5 生态空间与其他空间的布局耦合技术 ……………………… 131

第7章 综合管治技术与方法 …………………………………… 166
7.1 概述 …………………………………………………………… 166
7.2 空间综合管治体系技术研究 ………………………………… 168
7.3 空间综合管治维护技术体系 ………………………………… 172
7.4 建立正负面空间准入清单机制 ……………………………… 198
7.5 规划体制机制改革 …………………………………………… 209

下篇 实践篇

第8章 于都"多规合一"案例应用 …………………………… 214
8.1 空间耦合技术方法体系应用 ………………………………… 214
8.2 综合管治技术方法体系应用 ………………………………… 243

第9章 临湘"多规合一"案例应用 …………………………… 269
9.1 生态红线划定 ………………………………………………… 269
9.2 分区施策 ……………………………………………………… 272

第10章 保定服务首都对接京津战略编制案例应用 ………… 276
10.1 生态问题区域共性特征明显,京津冀联防联控不足 …… 276

10.2　区域气候背景与发展基础分析 …………………………………………… 279
　10.3　环境协同发展战略 …………………………………………………………… 282
　10.4　资源与生态环境规划与策略 ………………………………………………… 284

第 11 章　白洋淀空间发展战略编制试点研究案例应用 ……………………………… 292
　11.1　生态保育战略 ………………………………………………………………… 292
　11.2　分区施策 ……………………………………………………………………… 294
　11.3　绿地系统规划 ………………………………………………………………… 305

第 12 章　创新点与展望 ………………………………………………………………… 308
　12.1　创新点 ………………………………………………………………………… 308
　12.2　展望 …………………………………………………………………………… 309

参考文献 …………………………………………………………………………………… 315

上篇　理论篇

第1章

空间体系规划研究的时代背景

1.1 深化生态文明改革的需要

2012年11月，中国共产党第十八次全国代表大会首次把生态文明建设纳入中国特色社会主义事业总体布局，首次提出经济建设、政治建设、文化建设、社会建设、生态文明建设"五位一体"，并将生态文明建设置于突出地位，明确指出，建设生态文明，是关系人民福祉、关乎民族未来的长远大计。面对资源约束趋紧、环境污染严重、生态系统退化的严峻形势，必须树立尊重自然、顺应自然、保护自然的生态文明理念，优化国土空间开发格局，全面促进资源节约，加大自然生态系统和环境保护力度，加强生态文明制度建设，把生态文明建设放在突出地位，融入经济建设、政治建设、文化建设、社会建设各方面和全过程，努力建设美丽中国，实现中华民族永续发展。

十八届三中全会在《中共中央关于全面深化改革若干重大问题的决定》中，明确要求，围绕建设美丽中国深化生态文明体制改革，加快建立生态文明制度，健全国土空间开发、资源节约利用、生态环境保护的体制机制，推动形成人与自然和谐发展现代化建设新格局；建设生态文明，建立系统完整的生态文明制度体系，用制度保护生态环境。健全自然资源资产产权制度和用途管制制度，划定生态保护红线，实行资源有偿使用制度和生态补偿制度，改革生态环境保护管理体制。建立空间规划体系，划定生产、生活、生态空间开发管制界限，落实用途管制。健全能源、水、土地节约集约使用制度。推进空间规划体制改革，加快规划立法，建立统一的、体现生态环境优先位序的空间规划体系。

2013年底中央城镇化工作会议召开，会议明确提出城市规划要由扩张性规划逐步转向限定城市边界、优化空间结构的规划。习近平总书记在会上指出，积极推进市、县规划体制改革，探索能够实现"多规合一"的方式方法，实现一个市县一本规划、一张蓝图，并以这个为基础，把一张蓝图干到底。2014年6月，环境保护部办公厅发布《关于推进新型城镇化建设加强环境保护工作的通知》，要求从基础数据、规模、布局、时序、保障措施、规划体系方面，增强与经济社会发展规划、城市总体规划、土地利用总体规划等重大规划的相互衔接能力。为把环境保护作为基础性的因素进入"多规合一"奠定了基础。同年，习近平总书记提出"新常态"，要求在保护生态环境的前提下，促进经济社会的高质量发展，走中高端的发展道路，因此，有效的生态环保措施是经济健康发展的有力保障。

2014年8月，国家发展改革委、国土资源部、环境保护部和住房城乡建设部联合下发《关于开展市县"多规合一"试点工作的通知》，将开化、临湘、于都等28个县级地区列入试点地区，正式开展市县空间规划改革试点，以此探索经济社会发展规划、城乡规划、土地利用规划、生态环境保护规划"多规合一"，形成一个市县一本规划、一张蓝图的有效机制，这是2014年中央全面深化改革工作中的一项重要任务。开展市县"多规合一"试点，解决市县规划自成体系、内容冲突、缺乏衔接协调等突出问题，保障市县规划有效实施的迫切要求；强化政府空间管治能力，实现国土空间集约、高效、可持续利用的重要举措；改革政府规划体制，建立统一衔接、功能互补、相互协调的空间规划体系的重要基础，对于加快转变经济发展方式和优化空间开发模式，坚定不移实施主体功能区制度，促进经济社会与生态环境协调发展都具有重要意义。其试点改革，改变的不只是空间规划，还有资源管理和配置方式，以及转变政府职能，深化简政放权，促使行政职能的调整和行政效能的提升。

2014年5月18日在北京召开全国生态环境保护大会。会议提出要加快构建生态文明体系，加快建立健全以生态价值观念为准则的生态文化体系，以产业生态化和生态产业化为主体的生态经济体系，以改善生态环境质量为核心的目标责任体系，以治理体系和治理能力现代化为保障的生态文明制度体系，以生态系统良性循环和环境风险有效防控为重点的生态安全体系。要通过加快构建生态文明体系，确保到2035年，生态环境质量实现根本好转，美丽中国目标基本实现。到21世纪中叶，物质文明、政治文明、精神文明、社会文明、生态文明全面提升，绿色发展方式和生活方式全面形成，人与自然和谐共生，生态环境领域国家治理体系和治理能力现代化全面实现，建成美丽中国。要全面推动绿色发展。绿色发展是构建高质量现代化经济体系的必然要求，是解决污染问题的根本之策。重点是调整经济结构和能源结构，优化国土空间开发布局，调整区域流域产业布局，培育壮大节能环保产业、清洁生产产业、清洁能源产业，推进资源全面节约和循环利用，实现生产系统和生活系统循环链接，倡导简约适度、绿色低碳的生活方式，反对奢侈浪费和不合理消费。

因此，生态环保部急需一套完整高效的技术方法体系和管理机制，用于加强国土空间的生态综合管治，并依此提出明确的管理措施，指导各级政府逐级实施。

1.2 健全国土空间开发制度的需要

国家发展改革委于2014年11月出台了《关于"十三五"市县经济社会发展规划改革创新的指导意见》（以下简称"指导意见"）。其中，"指导意见"指出，"十三五"市县规划要进一步落实主体功能区战略，综合调控各种空间需求，按照与资源环境承载能力相适应的原则，引导和约束各类开发行为，增强市县政府空间管治能力，推动市县政府治理能力现代化。

2015年9月，为加快建立系统完整的生态文明制度体系，加快推进生态文明建设，增强生态文明体制改革的系统性、整体性、协同性，中共中央、国务院印发了《生态文明体制改革总体方案》（以下简称《方案》）。《方案》明确提出，构建以用途管制为主要手段的国土空间开发保护制度，完善主体功能区制度，划定并严守生态红线，着力解决过度开发、生态破坏、环境污染等问题。我国生态空间管治还处于理论探索阶段，急需健全和完善生态空间管治制度，引导和约束各类开发行为，为生态环境管理提供更多的政策管治工具，推动生态环境治理体系与能力现代化。

《方案》强调要树立生态文明体制改革的理念，树立尊重自然、顺应自然、保护自然的理念，必须将生态文明建设放在突出地位，融入经济建设、政治建设、文化建设、社会建设各方面和全过程；树立发展和保护相统一的理念，坚持发展是硬道理的战略思想，发展必须是绿色发展、循环发展、低碳发展，平衡好发展和保护的关系，按照主体功能定位控制开发强度，调整空间结构，实现发展与保护的内在统一、相互促进；树立绿水青山就是金山银山的理念，坚持发展是第一要务，必须保护森林、草原、河流、湖泊、湿地、海洋等自然生态；树立自然价值和自然资本的理念，保护自然就是保护和发展生产力；树立空间均衡的理念，把握人口、经济、资源环境的平衡点推动发展，人口规模、产业结构、增长速度不能超出当地水土资源承载能力和环境容量；树立山水林田湖是一个生命共同体的理念，按照生态系统的整体性、系统性及其内在规律，统筹考虑自然生态各要素、山上山下、地上地下、陆地海洋以及流域上下游，进行整体保护、系统修复、综合治理，增强生态系统循环能力，维护生态平衡。

国土空间管制一直以来侧重用途管制，由于缺乏有效的理论依据、技术方法和管制体系而难以实施功能管制，造成空间管制的手段主观性大于客观性，空间管制的结果既不科学严谨，也不一定有成效，而空间资源的有限性致使国土空间的功能管制需求迫切，急需一套更加科学合理的管制机制。

1.3 推进城市环境总体规划工作的需要

"十一五"以来，我国通过编制实施经济社会发展规划、城市总体规划和土地利用总体规划等促进了城市经济社会发展，但这些规划对资源环境要素的空间布局安排不够全面、深入，管理措施被动、单一，是"结果导向型"而不是"预防导向型"，是事后处置，是结果型的、被动的、后置的，而不是事前预防的、主动的、前置的规划，缺乏一个具有发展战略性、区域协调性和空间开发统筹性的生态环境保护与建设的顶层设计，造成城市环境治理处于事后、末端、补救的局面。因此，城市环境治理要向前端推进，考虑从源头上解决问题，要求规划编制从要素处理、综合治理转变到社会治理，从开始重视要素末端，然后到源头、过程、末端的全过程，发展到公共服务、公共产品的社会治理，突出预防重于应对、规划引领管理的思路，城市环境总体规划呼之欲出、应运而生。城市环境总体规划，是国家城镇化战略的重要组成部分，实施城市环境总体规划对于优化经济发展、改善环境质量、保障民生具有重大意义，是推进城市生态文明建设顶层设计的关键基础；是从源头上对城市环境治理进行顶层设计，科学分析、准确把握城市生态环境建设与保护中存在的问题，统筹谋划、研判提出环境治理对策和措施，坚持预防为主，有效防治出现风险和问题后再去补救、治理和堵塞，坚决做到不欠新账，走出一条低投入、低消耗、少排放、高产出、能循环、可持续的新型工业化道路，促进在城市中人与自然和谐共处、良性互动、持续发展，构建科学合理的城市化格局、生态安全格局，破题不同城市发展阶段中所遇到的"成长中的烦恼"或"成功后的困惑"，推动城市经济社会健康集约发展；是为所在城市的环境管理工作找到坐标、明确目标、查找问题、提出对策，其中坐标要有维度、目标要有高度、问题要有深度、对策要有力度。因此，城市环境总体规划既是适应城市自身发展，更是瞄向区域和潮流，既是破解城市经济社会发展面临的资源环境管理约束和瓶颈问题的有力手段，更是解决新型城市化、新型工业化两轮驱动背景下，在城市尺度下大胆探索经济社会发展和环境保护的关系，从提高竞争力、满足幸福度、加强公共治理的角度把城市环境总体规划融入城市治理中，真正实现城市环境治理转型，从而使城市环境总体规划不但成为城市经济社会发展的必需，而且成为经过努力可以实现的选择。坚持推进城市环境总体规划是加快城市生态文明建设制度建设，探索环境保护新路的重要举措，以更加深远的眼光和宏观思维来思考城市发展内涵、发展战略，用更加科学的理念和先进的手段谋划城市经济社会发展的蓝图，更为重要的是要从源头、顶层加强规划、政策、标准等制定和实施。坚持推进城市环境总体规划是破解资源环境瓶颈约束，促进城市经济社会健康发展的现实需要，坚持"在保护中发展，在发展中保护"，通过城市环境总体规划进行前置性管理、约束，推动经济发展方式转变、加快结构调整、控制开发强度。坚持推进城市环境总体规划是坚持以人为核心，不断满足人民群众日益增长的生态产品需求的内在要求，积极推进城市环境总体规划，在城市发展的全过程、各领域和各环节充分体现以人为核心、环境友好的发展理念，统筹谋划、有效满足人民群众热切期待的"舌尖上的安全"、清洁空气、洁净饮水、良好气候、优美环境等优质生态产品和健康需求。坚持推进城市环境总体规划是提升城市环境治理水平，应对国际挑战的重大任务，让每个城市找到自己的定位，与世界发展模式进行对比，发现自己的长处和优势，但更多是在综合实力、城市治理、生态环境、体制机制等方面与世界水平存在的差距和不足，就可以主动应对国际挑战，加快实施跨越式的绿色发展战略，在未来的国际经济竞争格局中才能赢得主动，扩大我国经济社会发展空间。

在《国家环境保护十二五规划》中首次提出编制城市环境总体规划的要求，环境保护部2012年颁发了《关于开展城市环境总体规划编制试点工作的通知》(环办函【2012】1088号)，在福州、广州、成都、南京等十二个城市启动第一批规划试点。随着试点城市对于城市环境总体规划工作的开展，至2013年已经有第二批城市环境总体规划制定试点启动，为指导和规范环境总规的编制，环境保护部制定了《城市环境总体规划编制技术要求（试行）》，之后该项工作在全国市县范围内广泛开展。然而，在实施过程中出现如下问题：由于规划目标专向性强，与既有规划存在较多分歧，理论和技术上难以突破和支撑；在规划范围上覆盖全域，分区较粗，边界模糊，缺乏有效的落地方法；在规划内容上偏重现状环境治理，没有对空间进行功能溯源，难以提出分区管治建议；在实施方面也受限于多规交叉的局面，而缺乏实施的机制和平台。

1.4 环境管理理论方法研究的需要

国外空间管治理论与技术方法相对成熟，但在中国的转化和落地尚有较大差距，解读性和应用性不强；国内环境管理研究中关于生态价值、生态伦理与国土空间管治的有机衔接的研究还不充分，针对性和现实性不足，没有形成一个系统性、宏观性的理论结构框架与方法体系，也是国内环境管理学科建设的一大短板。因此，亟需建立体现生态环境价值优先、尊重生态伦理的创新理论，建立复合生态系统安全格局耦合模型；建立优化高效、绿色协调的分区管治的技术方法体系，增强针对性和有效性，进一步完善环境管理学科建设，满足现实需求和响应政策落地要求。

城市环境管理是城市政府运用各种手段，组织和监督城市各单位和市民预防和治理环境污染，使城市的经济、社会与自然环境协调发展，协调人类社会经济活动与城市环境的关系以防止环境污染、维护城市生态平衡的措施。其主要特征是：事后治理、经验预防、趋势判断。与预测开发量为主导的既有城市规划体制难以融合。

本书通过对改革创新、试点实践进行系统梳理和总结，力争提炼出突出可操作性和落地有效的理论和技术方法体系，为国家宏观战略制定，中央、国务院、地方政府的政策制定，科研院校的学术研究，行业企业的探索实践起到支撑作用。

第 2 章 生态环境分区管治理论与规划研究的目标、任务和意义

2.1 规划研究的主要目标

在深化生态文明改革、健全国土空间开发制度、推进环境总体规划实施、加深环境管理理论方法研究的需求下，本书通过对试点实践、课题研究和案例实施进行系统梳理和总结，立足前沿，注重理论、方法与实践相结合，围绕研究成果直接为管理服务，开展理论集成创新、技术方法体系和空间管治策略的研究，为新时期的生态环境管理提供技术和制度支撑。通过对北京市、白洋淀区域、保定市、南阳市、济宁市、锡林郭勒盟、临湘市、于都县、徐水县、任丘市等地的研究实践和案例实证，验证并完善了本书的理论、技术方法体系和空间管治策略，从而形成从理论创新到技术体系设计，从可操作性的管理模式建立到为中办国办文件提供参考的完整的系统闭环，力争填补生态环境领域空间管治的理论和技术方法空白，有力推进国家空间规划体制改革的进程，努力完善国家主体功能区战略和制度，为推进生态环境治理体系和能力现代化提供重要的指引和手段。

2.2 规划研究的主要任务

本书内容属于环境科学和管理领域，是贯彻落实中央"五位一体"的战略部署，通过一个理论、两套技术方法体系、六种新技术、一项机制的研究，提出了生态功能溯源理论，并在生态功能溯源的基础上研发了空间耦合和综合管治技术方法体系。

主要内容有：（1）针对当前国土空间利用存在的开发失序、环境恶化、资源浪费等问题，基于生态伦理和生态价值理论，从维护自然生态系统功能，突出人与自然和谐共生、生态价值优先，首次提出了生态环境功能溯源理论，奠定了空间耦合和综合管治方法体系的逻辑基础。（2）建立了空间耦合和综合管治全流程技术方法体系：一是"本底识别→价值前测→强度综测→耦合模型→分区施策"的空间耦合技术体系；二是"红线定界→容量定底→强度定顶→三维管治→清单准入→按图定责"的综合管治技术体系。（3）创新六种新技术：底线管制、空间分区、前置测度、分区施策、三维管治、"多规合一"。（4）提出规划体制机制改革建议，构建了助力生态环境分区管治落地的长效管理机制。

2.3　规划研究的重要意义

在当前生态文明体制改革的背景下，仍然存在生态空间被大量挤占，生态系统退化，生态产品供给能力下降等生态环境问题。同时我国各级各类生态保护区域类型多，包括自然保护区、风景名胜区、森林公园、湿地公园、地质公园、世界文化自然遗产、饮用水水源地等，但是部分保护地存在空间界限不清、分布零散、交叉重叠、管理效率低等问题。

这些生态问题的出现其实质是生态空间源头不清以及对生态空间管治不力所产生的必然结果，因此本书针对当前生态环境问题从源头识别生态空间，并提出空间布局耦合以及综合管治的技术方法，实现生态空间管治落地，能够填补生态环境领域分区管治的理论和技术方法空白，对加强生态敏感脆弱地区的控制与修复，稳定提升生态系统功能以及对重要生态安全区域实施严格监督和管理，对提高生态保护与管理成效，优化国土生态安全格局具有重要意义。

该项研究对于加强生态文明建设，加强生态环境保护、打好污染防治攻坚战，建立高质量发展观具有重大意义。是建设美丽中国的根本之一，对于指导生态环境保护专业性队伍做好分区管治工作、实施推动生态环境建设，保障城乡高质量发展，推动我国生态文明建设迈上新台阶，具有重大现实意义和深远历史意义。

第 3 章
国内外生态环境分区管治的理论与实践

城市高速发展的经济态势与资源大量浪费、环境破坏严重并存，是每个进入工业化快速发展的国家都会面临的问题。这一问题于 20 世纪开始引起国外发达国家的重视，并对其展开有关内涵机理及治理途径等一系列的探索与研究等，在许多城市开始采取了行之有效的环境规划与环境管理的措施与实践，使生态环境得到了很好的保护。就我国而言，自改革开放以来，我国就进入了经济高速发展时期，在极大提升人民物质生活水平的同时，生态破坏带来的问题也随之显现出来，环境污染防治和生态保护的关键性任务日益突出，对此国内也开展了一系列生态防治治理的研究工作，并针对生态环境分区管治理论和技术方法进行了研究和实践。本章节对国内外的生态环境分区管治模式和措施进行整理研究，从中总结有益经验和改革启示。

3.1 国际生态环境分区管治的理论与经验

3.1.1 国外发达地区生态环境分区管治实践经验

1. 荷兰的绿色空间政策

荷兰制定了一套空间发展战略规划，该规划以生态管制为前提，"整合"为核心手段，以有效控制城市盲目增长与保护生态环境的目的，是世界上首先将空间规划与环境规划协调整合的国家之一。国家层面规划主要是国家空间战略规划，由荷兰的住房、空间规划与环境部负责，核心任务是制定全国的空间发展战略及区域分工等内容，其中对于环境规划部分主要制定生态空间划定及生态管制政策制定等。区域和地方层面规划主要详细拟定地方的生态管制计划，由省政府和国家政府审查通过后实施。荷兰的规划整合既考虑环境规划和空间规划内容与目标的协调、融合、彼此兼顾，也考虑不同利益群体（政府、市场、市民社会）的平衡、协商、妥协。荷兰规划整合的经验表明，生态文明时期需要平衡经济、社会、环境三方面关系，而非只单一制定严苛的环境保护门槛，限制其他两方面的发展。

（1）规划体系与作用

荷兰规划分为国家—区域（省）—地方（市）三级行政体系。国家层面规划由住房、空间规划与环境部负责，并且内部分为空间规划分部和环境分部，有效地减少了发展与约束之间的冲突，统筹衔接了经济发展与生态环境保护的矛盾冲突。国家层面规划一般规划期为30年，主要制定全国的空间和环境的发展目标及纲领，区域和地方规划层级起到约束力和指导作用。区域层面规划规划期为15年，由省级政府的规划部门制定，核心是对区域的空间和环境提出较具体的发展目标框架，作为下层规划的指导和约束原则，其严格程度比国家层面要弱，有一定的灵活性。地方层面规划一般规划期为30年，由市政府的规划部门制定，需要依据国家和区域层面的发展框架，拟定地方的翔实发展计划，再交由省政府和国家政府审查，通过后方可执行。在分析地方发展的可能性后，考虑环境规划要求，进行环境影响评价；然后制定城市分区规划，规定每个分区的土地利用方式和相应的环境标准。这个层次的规划属于规划的操作层，编制更具体，执行更灵活。

（2）规划整合政策工具

荷兰的规划整合工具可分为目标导向型工具和过程导向型工具。目标导向型工具以制定目标为出发点，通常用多项数据评估规划的空间和环境。过程导向型工具关注规划过程，促进空间规划过程考虑更多的环境标准，并促进多利益主体在规划中达成共识。实践中这两类工具经常配合使用。一般有三种工具：空间规划与环境政策（ROM：荷兰语对 spatial planning and environment 的缩写）、城市与环境法（City and Environment Law）、生活质量与环境政策（MILO：荷兰语对 environmental aspects of living conditions 的缩写）。

ROM是自上而下型政策工具。中央政府通过一系列灵活的规划政策在区域及地方层面解决环境问题。这一政策工具允许地方根据自身发展的实际情况可以制定在一定程度上超出环境标准要求的空间规划，超出的程度视空间功能而定。但必须以其他形式对环境危害进行补偿，并且随着城市的发展和技术革新，空间规划在一定期限内必须回归环境标准。ROM政策强调中央政府的作用是为多层次及多部门合作提供平台，而地方政府与中央达成一致是解决问题的关键。住房、空间规划与环境部专设 ROM 专项办公室，定期组织国家、省和市的 ROM 项目负责人（包括企业和政府议会等）开会交流以促进合作。

城市与环境法也是自上而下型政策工具。它是针对荷兰实施紧凑城市战略后的建立的。在 20 世纪 90 年代实施紧凑城市策略后，荷兰城市出现公共交通难以替代小汽车出行、功能集聚带来污染集聚、个体偏好与公共利益难以协调以及地方政府与上级政府难以协调等困境。为解决这些问题，荷兰政府颁布城市与环境法，认为地方层面是负责平衡环境与空间规划的核心层面。它以法律的形式规定了地方政府在制定空间规划的时候，如果规划项目符合特定条件就可以超出环境标准，但必须对环境危害进行其他形式的补偿。地方政府使用城市与环境法需要经过三个步骤：1）确定空间规划中可能对环境造成污染的内容；2）要证明在实践中尝试过解决污染问题但以失败告终；3）依据城市与环境法对原有环境规划进行修改，达到空间规划可以施行的程度。并且需要公开透明，强调公众参与，让各利益群体都可以接受的修改方式补偿污染危害。地方政府经过三个步骤修改后的空间规划只需要省级政府批准即可生效，但不能与中央政府制定的总体框架相抵触。

MILO 是自下而上型政策工具。该政策突出自由裁量权，中央政府制定最低环境标准。没有规定市政府特定的规划步骤或要求多群体参与规划，只是将环境标准介绍到规划中，给规划以参考，留给市政府更多的自由裁量权，提高城市质量。这一政策适用于空间规划所受环境限制较少的地区。而通常空间规划都会与环境产生冲突，所以 MILO 的应用不广，主要是用来协助城市与环境法的第 3 个步骤进行，弥补自上而下政策的不足。

（3）荷兰的探索对中国的借鉴

我国目前在规划届对绿色发展规划的概念和方法仍在处于探索中，并且环境规划落地性较难，与城市规划的融合度较低，而城市发展中也不断挑战环保底线。在面对城市与环境保护两难选择时，荷兰通过规划整合，中央约束与地方适度放权巧妙地缓解了矛盾，达到了共赢，为中国的生态文明建设提供了借鉴和参考。国家推动生态文明建设，需要从制度建设和政策工具两方面进行整合，需要自上而下的行政支撑和自下而上的贯彻实施。地方政府是实施绿色规划的操作层，既要在法律上约束，也要结合当地实际情况，在具体过程中动态引导。实现绿色建设离不开各级政府以及各部门之间的协调。

2. 英国绿地规划

1942~1944年由P.艾伯克龙比主持制订的大伦敦地区的规划方案，是第二次世界大战后指导伦敦地区城市发展的重要文件。规划区面积为6731km^2，人口为650万，内有各级地方行政机构共143个。

大伦敦规划方案在半径约48km的范围内，由内向外划分为四层地域圈：内圈、近郊圈、绿带圈、外圈（图3-1）。内圈是控制工业、改造旧街坊、降低人口密度、恢复功能的地区；近郊圈作为建设良好的居住区和健全地方自治团体的地区；绿带圈的宽度约16km，以农田和游憩地带为主，严格控制建设，作为制止城市向外扩展的屏障；外圈计划建设8个具有工作场所和居住区的新城（见新城建设运动），从中心地区疏散40万人到新城去（每个新城平均容纳5万人），另外还计划疏散60万人到外圈地区现有小城镇去。

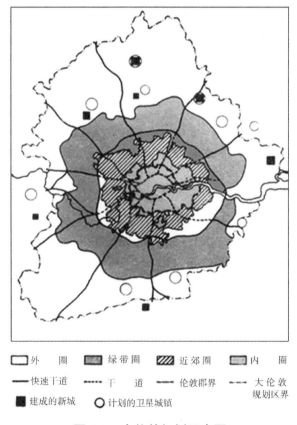

图3-1 大伦敦规划示意图

2000年大伦敦政府重新成立后，大伦敦市长于2004年发布了正式的伦敦规划，明确了伦敦成为欧洲主导城市和世界城市的发展定位，并提出了城市发展基本目标。新的大伦敦发展规划试图改变1944年大伦敦规划中的同心圆式布局模式，让城市沿着三条主要快速交通干线向外扩展，形成三条长廊地带；在长廊终端的南安普顿-朴次茅斯、纽勃雷和勃莱古雷分别建设三座具有"反磁力吸引中心"作用的城市，以期在更大的地域范围内解决伦敦及其周围地区经济、人口和城市的合理均衡发展问题。

其中，新伦敦规划中有关城市空间发展策略的内容主要有：一是竖向增长政策。伦敦规划强调人口和经济的增长要限制在现有城市建成区范围内，建成区规模不再扩大，大伦敦外围的绿带以及市内的绿地等公共开敞空间不能受到侵犯。城市的空间发展将是竖向为主，增加现有地区的开发强度或对棕地（Brown field）进行再开发。二是分区发展政策与优先发展地区。伦敦规划确立了中心伦敦、西伦敦、北伦敦、东伦敦和泰晤士河河口地区、南伦敦五个次区域来落实规划政策。在2008版本中，次区域进行了微调，分为西伦敦、北伦敦、西南伦敦、东南伦敦、东北伦敦，中心伦敦变化为面积更小的CAZ——中央活动区（Central Activities Zone）。三是突出空间规划的枢纽作用。伦敦规划定义了各类不同特征的区域，并制定不同的政策，辅以交通基础设施的投资和联系，以适应这种发展。四是将次区域规划作为规划政策的空间落实和不同层级规划联系的规划实施的重要框架（图3-2）。

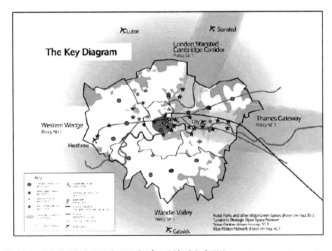

图3-2 伦敦规划中的主要发展走廊（资料来源：The London Plan，2004）

英国国家公园的土地被称为"皇室领地",其中进行任何活动都须经过国家公园委员会批准。依托国家公园等重要生态功能区及联系通道划定"绿带",实施最严格的生态管制政策,是英国空间规划体系中约束性和刚性最强的内容。绿带边界具有永久性,当地政府确定绿带边界后,很少有变动,不得已的变动掌握在中央政府手中,需要非常严格的变更程序。

(1) 绿地的概念和划定目的

1) 基本概念

在英国规划体系中,绿带是首要信条。绿带指环绕城市建成区或者城镇建成区之间的乡村开敞地带,包括国家公园、农田、林地、公墓及其他开敞用地,为居民提供开敞空间、户外运动和休闲机会、改善居住环境、保证自然保护的利益。绿带一般由地方规划确定范围,绿带内的开发建设受到严格的限定。

2) 划定目的

绿带的基本特征是开放性和永久性,设置绿带的根本目的是通过确保土地的永久开放来防止城市蔓延。根据英国最新的2011年7月版本的《国家规划政策框架草案》,设置绿带主要为了实现以下五个目标:限制建成区无限制蔓延;防止邻近的城镇合并为一体;保护乡村地区免受侵吞;保护历史城镇的肌理和特征;通过鼓励重复利用城市土地和废弃的城市土地来促进城市更新。

(2) 绿地划定的程序与原则

1) 绿带划定的程序

如辖区内有绿带,则由当地规划管理部门依据详尽精准的土地地籍信息系统,在编制地方规划时划定,以此为绿带政策提供基础框架。一旦被确立,绿带边界只能在例外的情况下被修改。现存绿带边界的合理与否,只有在地区规划编制过程中或回顾检讨时才会涉及。在规划编制或者检讨时,规划人员应当从长远角度来考虑绿带边界的计划持久期,从而保证他们在规划期后能够持续。

2) 绿带划定的原则

当划定或者检讨绿带边界时,当地规划管理应当考虑可持续发展的需要。地方规划管理部门应考虑当开发活动被引导到位于绿带内部的城市地区,或镶嵌在绿带中的城镇和村庄,或绿带以外地区时,这些开发建设活动对可持续发展的影响。地方规划管理部门在划定绿带边界时应遵循以下基本原则:①应与地方规划总体策略保持一致性,以确保可持续发展的需求。②应排除无需保持永久开放的土地。③应当确保在城市和绿带之间规划预留的"保障土地",从而满足远远超过规划期限的长远发展需要。④应明确规划预留的"保障土地"不能用于当前的开发活动。只有当地方规划检讨回顾中提出用于开发活动时，才可授予"保障土地"永久性开发的规划许可。⑤地方规划管理部门感到非常满意，绿带边界在规划期末不需要调整。⑥应当用容易识别和可永久持续的地物特征来划定边界范围。⑦如果村庄对绿带的开放性具有重要作用，那么村庄应当包含在绿带中；但如果因村庄个性特征需要保护，那么应当使用其他方式，例如设立保护区域或者制定一般的开发管理政策，而且村庄应当从绿带中排除出去。

3）英国绿带实施经验要点

绿带一旦划定，当地规划管理部门应当通过积极的规划手段来强化绿带实施。例如，设法提供可达的通道；提供室外运动和休息活动的机会；保持和改善景观、保护生物多样性；改善损坏和废弃的土地等。地方政府允许开发商在绿带进行开发活动时，必须要求其在别处建设一片绿带，这也是英国绿带面积增大、质量提高、形状发生细微变化的重要原因。绿带内禁止一切与绿带开敞空间不一致的开发建设。当地规划管理部门应当禁止在绿带内建设新的构筑物，但可包括以下形式：农业和林业构筑物；适当提供户外运动、休闲活动和墓地等设施，前提是其既保持了绿带的开放性，同时又不与绿带中现状土地用途相冲突；构筑物的修建，前提是不得超过原有建筑的尺度和规模；构建物的更替，前提是新构建物形体上不大于旧构建物；在地方规划政策允许范围内，村庄内有限的填充式开发，以及为当地社区提供有限的可支付房屋；有限的填充式开发，或者部分的或全面的对现状已开发场所（包括临时建筑）的重新开发。相比现状开发场所而言，重新开发不会对绿带的开放性和绿带现状土地用途产生更大的影响。

（3）经验与启示

1）强化绿线划定的落地性和绿线保护的刚性

英国土地私有，宗地之间的边界明确，地籍管理系统完善。绿带边界由地方规划管理部门在编制地方规划中利用地籍系统图划定，边界精准。在地方规划中一旦被确定为绿带，将由具有土地开发权的政府一次性给土地所有者进行赔偿，之后将不会更改规划用地性质。即使地方政府因为非常有价值的开发活动，能为民众提供更多的活动场所，允许开发商在绿带里进行一定量的建设，但需要开发商另行在绿带旁建设更大面积的绿带之后，才能进行开发建设。综上可看出，英国绿带边界准确和绿带保护刚性是英国绿带得以成功的重要原因。

2）强化生态绿带的实施引导和政策保障

英国绿带政策成功之处不仅在于规划制定阶段，而且在于后续的实施引导和政策保障，绿带政策不仅仅划定了绿带边界，而且规定了绿带内部可开发建设的行为并加以引导。

3）规划实施中的绿色空间优先发展策略

地方政府筹集多方资金投入发展城镇绿色空间，保证绿色空间优先发展策略得以实施。地方当局支持和优先资助规划中的绿色空间新增区和改善区。当开发项目与现有的绿色空间相连或毗邻，鼓励和支持提升绿色空间功能的规划项目。任何重建和改建项目开发建设必须保证与当地的绿色空间战略目标相一致。一些推荐的开发项目不可避免地造成绿色空间减少，这种情况被要求必须采取减轻措施给予补偿。

3.德国空间规划体系与管治

德国从20世纪90年代中期就开展了关于可持续的空间发展的理论讨论，在1998年颁布的《空间规划法》中明确提出，空间规划的主要理念之一是使"社会和发展对空间的需要与国土空间的生态功能相协调，并达到长久的大范围内平衡空间发展秩序，从而保证空间的可持续发展"。2006年6月30日德国通过并采纳了德国空间发展的理念与战略方案，成为德国空间规划的最新指导方针，这一方案提出的三大理念：增长与创新、保障公共服务以及保护资源、塑造文化景观，为德国城市和地区提供了一个共同发展的战略。

（1）空间规划的内容体系

德国实行的是联邦式的国体，即分为联邦层面、州层面以及市镇层面。联邦德国的空间规划分为控制性规划和建设指导性规划两个层次。控制性规划又分为四个层次，分别是欧洲层次、德国联邦层次、州层次以及区域层次。在欧洲层次的规划指的是欧洲空间发展设计（EUREK）提出的欧洲空间发展设计相应的行动计划。在德国联邦层面上的上级规划指的是空间规划及其基本原则，通过空间规划实现联邦区域范围的空间发展。联邦州层面上的空间规划一般是通过制定州发展计划实施的，州发展计划负责规划和实施州的空间发展策略，区域规划负责为空间规划和州规划制定区域目标，从而保证规划区域和对空间具有重要意义规划的发展和实施。上述4个层次的空间规划彼此之间是相互衔接的，而不是割裂和不相关的。其中，上一个层次的规划需要适应下一个层次规划的要求；反过来，下一个层次的空间规划要遵守上一个层次规划的基本原则。因此，在这个上级规划层面上就存在自上而下和自下而上两个信息流。这4个层面上的上级规划都是通过法律形式进行规定的，例如德国联邦层面上的空间规划是通过《空间规划法》制定和约束的，州发展计划和区域规划是通过各个联邦州的州规划法进行约束和管理的。

在建设指导性规划这个层面上存在两个层次的规划，即土地利用规划和建筑规划，这两个规划都是建立在行政管辖范围内的。其中，制定建筑规划需要依照土地利用规划。在这个层面上的建设指导性规划只存在一个自上而下的信息流。土地利用规划和建筑规划通过调整行政管辖区内的土地利用和房地产使用实现城市建设利用的可持续性目标。这两个规划的制定同样需要通过法律进行约束，具体而言是通过《建设法典》、《建筑利用条例》和《州建筑条例》的相应条款进行约束的。

（2）基于生态环境保护的空间管治基本原则

德国实行的空间管治是空间规划在具体地域上的落实，空间规划对于空间发展具有重要意义。因而空间管制本着对未来世代负责的态度保证社区内人性的自由发展，保护和发展自然生存基础，为经济发展创造区位前提条件，长时期、开放地保持空间用途构建的可能性，强化部分空间所具有的特别的多样性，在所有部分空间里建立平衡的生活环境，为欧共体以及较大欧洲空间的联合创造空间上的前提条件。

为实现空间管治上述任务必须遵循如下原则：

在联邦德国全部的空间内必须平衡发展建设空间及自由空间结构。必须在建成区和非建成区范围内保护自然资源的功能性。在每个部分空间内必须努力实现均衡的经济、基础设施，社会、生态以及文化环境。

必须保持全部空间的分散式建设结构及其功能完善的中心和城市区域的多样性。居民区建设活动必须在空间上进行集中，并以功能完善的中心地系统为导向。对废弃的建成区土地的再利用必须优先于占用自由空间的土地。

必须维持和发展大空间性以及交叉性的自由空间结构，保护或者重建自由空间的土壤、水资源、动植物世界以及气候的功能。在顾及生态功能的条件下保证对自然空间经济和社会性利用。

基础设施必须与建成区和自由空间结构协调一致。必须通过覆盖全区域的、具有功能的技术性供应和排放基础设施保证对居民提供基础供应。社会性的基础设施必须优先并入中心地点。

必须保证密集空间的居住、生产和服务重点地位。建成区的发展必须以交通系统的结合为导向，并且保护自由空间。通过构建交通网络以及获得有效率的交通枢纽来提升公共人员交通的吸引力。绿化范围作为自由空间体的一个元素必须予以保护，减少对环境的影响。

作为生存和经济空间的农村空间必须针对其自身的特点予以发展。必须促进均衡的居民人口结构。作为部分空间发展承载者的农村空间的中心地点必须得到支持。农村空间的生态功能也必须从其自身对全部空间的意义上予以维护。

必须保护、养护和发展自然和景观，以及水和森林。为此必须考虑生态圈联合体的要求。对于自然物品，特别是水和土壤，必须节约和保护性地使用；必须保护地下水资源。对自然资源所造成的破坏必须予以平衡。对于那些持续不再使用的土地应该维持或者重建土壤的功能。在保护和发展生态功能和与景观相关的用途时也必须注意相应的交互作用。对于预防性的洪水防护必须在堤岸和内地进行，在内地首先是通过保护或者退还草地、保留地以及具有淹没危险的地区来实现。必须保护居民，防止噪声污染，必须保持空气的洁净。

必须获取或者保证空间前提条件，以保证结构性和有效率的农业经济分支能够得到与竞争相适应的发展，与有效率的、可持续的林业经济共同致力于保护自然生存基础、养护和构建自然及景观。必须保护与土地相关的农业经济；必须保持充分的用于农业经济和林业的土地面积。在部分空间必须努力实现农业经济用途和林业用途的土地面积平衡关系。

必须保证历史和文化之间的联系以及区域的共性。必须保持不断增长的文化景观重要的特征以及文化和自然性纪念物。

必须考虑公民和军事防务对空间的要求。

空间管制的具体化体现在各个联邦州，各个州根据空间规划的基本原则制定州规划法律，以此为基础制定州范围内的空间规划。这些空间规划是总揽性的和高级别的，被称为控制性规划，具体表现为州发展计划或区域规划。

（3）德国空间管治的经验启示

法律体系完善。德国作为城市规划法制发达的国家，城市规划法系十分完备。控制性规划主要由《空间规划法》和《州规划法》进行规范和调整，建筑指导性规划的制定主要遵循《建筑法典》、《建筑利用条例》和《州建筑条例》。对于建筑施工规划而言，主要遵照《州建筑条例》的规定。从宏观的控制性规划，经过中观的建筑指导性规划，到微观的建筑施工规划，每个层次规划都有相应的法律和条例指导。从上到下构成了一个完整的规划法律体系，指导各种规划在空间层面上的落实，充分体现了规划的强制性和约束性。这是城市规划与环境规划空间管制协调的法律基础。联邦政府各州已将环境保护规划纳入本州的空间规划法规中，通过法律的强制性来保证空间管制的协调可行。

规划层次清晰。德国空间规划分为控制性规划、建筑指导性规划和建筑施工规划三个规划层次。控制性规划主要包括欧洲共同体、德联邦以及德联邦州三个管理层面，这三个管理层面的主要任务也正是控制性宏观管理工作。这样划分将规划专业和行政管理有机地结合到一起。建筑指导性规划主要针对行政管理单元行政管辖范围内的规划事务。行政管理单元在德国指的主要是州以下行政单位，例如市、县、区和乡镇等管理单元。这个管理层面的规划主要分为土地利用规划和建设规划，建设规划位于土地利用规划之下，需要满足土地利用规划的要求。最低级别的规划是建筑施工规划，针对的是建筑施工范围。整体而言，德国规划层次清晰，权责明确。

重视生态环保。空间规划非常重视生态环境，将维护、发展和保护自然资源与生态环境放在首要位置，使社会和经济对空间的要求与空间的生态功能协调起来，并保证可持续性的、大空间的平衡秩序。如《巴登符腾堡州州发展计划2002》第一部分第1条"空间发展的指导方针"的第7点和第8点规定，"确保州的原材料、水和能源的供应，以及对废弃物的环保处理"；"持续保护自然生态基础：自然物（土壤、水、空气、气候、动植物）、景观、自由空间。"

注重公众参与。德国规划从制定到实施始终贯彻公众参与的观念，制定空间规划目标必须有公共部门和私法个人的参与，为了听取公众意见，在一定期限内任何公民都可以查看用于规划的资料，并对这些资料发表意见，较高级空间规划布局必须考虑这些意见。同时建立咨询委员会，咨询委员专家除了来自规划部门的之外，还必须来自经济、农业和林业经济、自然保护和景观维护、雇主、雇员以及体育领域。

可持续发展。《巴登符腾堡州州发展计划2002》空间发展的指导方针最基本的原则是可持续性。第11个基本指导方针是"州发展计划应该充分考虑到继续与欧洲的融合和全球经济一体化对空间的分配，致力于可持续的空间和居民点发展以及在经济和社会等方面与欧洲的合作。"

具有较强操作性。尽管德国空间规划不属于指标性的规划，但是在某些实施性条款上却规定得非常具体。例如，在规划区域内具体的区域协会有哪些，高级中心指的是那些具体城市等。使得制定出的规划易于操作和实施。

4.波特兰地区规划2040划定——城市增长边界

波特兰地区规划首先设定了4种情景,基本情景即按照以前模式增长,情景A为扩张现有城市增长边界来容纳一些增长,同时在轻轨以及公交线路周边进行更加紧凑的开发;情景B为不扩张现有城市边界,进行更加紧凑的开发以及土地交通系统的更加有效的利用;情景C为卫星城模式,都市区周边的城市将作为增长的潜在区域(图3-3)。

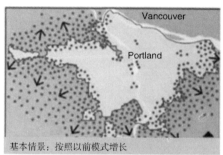
基本情景:按照以前模式增长

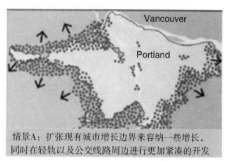
情景A:扩张现有城市增长边界来容纳一些增长,同时在轻轨以及公交线路周边进行更加紧凑的开发

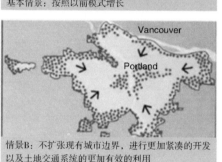
情景B:不扩张现有城市边界,进行更加紧凑的开发以及土地交通系统的更加有效的利用

情景C:卫星城概念。都市区周边的城市将作为增长的潜在区域

图3-3 4种不同的空间增长模式

针对不同的增长情景,规划划定了不同的空间结构(图3-4)。

为了找出最好的空间结构,规划从交通、用地、居住、就业、空气质量、供水排水、开放空间、社会支持度八个大的方面列了46项指标进行分析,比如交通就包括拥堵程度、车辆行驶里程、每天公交服务时间及人数、高速公里数及公交服务时间等指标,用地包括不同地区开发量、各种用地比重、各地区容积率等指标(图3-5~图3-9)。

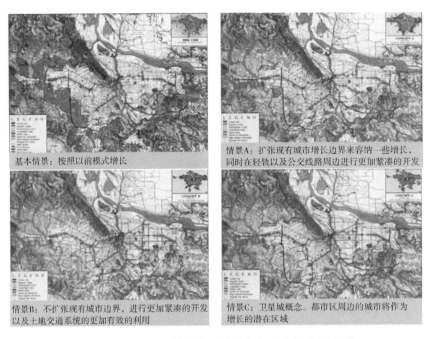

图 3-4 4 种不同的空间增长模式对应的空间结构

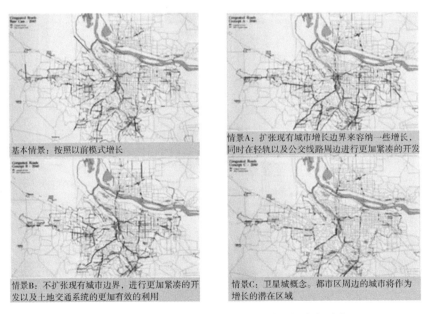

图 3-5 针对不同发展情景的交通拥堵路段分析

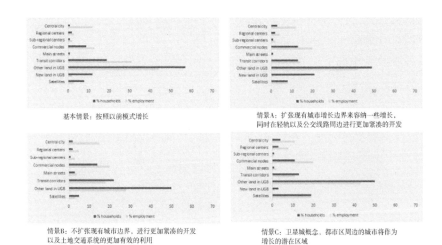

基本情景：按照以前模式增长

情景A：扩张现有城市增长边界来容纳一些增长，
同时在轻轨以及公交线路周边进行更加紧凑的开发

情景B：不扩张现有城市边界，进行更加紧凑的开发
以及土地交通系统的更加有效的利用

情景C：卫星城概念。都市区周边的城市将作为
增长的潜在区域

图 3-6　针对不同发展情景的居住、就业布局分析

Category	Measures	1990	BC	A	B	C
Buildable Acres(No escience of satellite acres)	Central city	39	48	67	100	67
	Regional centers	134	273	169	507	403
	Sub-regional centers	36	41	218	323	151
	Commercial nodes	998	2285	4229	5322	4338
	Main streets	7	8	127	791	342
	Transit corridors	460	4923	7462	9370	5955
	Other	52063	49181	49353	48653	49580
	New UGB	0	98214	42500	0	17738
	Total	53736	154974	104325	65066	78574
Distribution of Development	Central city	7%	5%	5%	7%	6%
	Regional centers	1%	1%	2%	4%	4%
	Sub-regional centers	1%	1%	1%	2%	1%
	Commercial nodes	7%	9%	15%	17%	13%
	Main streets	1%	1%	1%	1%	2%
	Transit corridors	9%	18%	14%	21%	12%
	Other	71%	52%	46%	42%	44%
	New UGB	0%	8%	13%	0%	2%
	Satellites	3%	5%	5%	5%	16%
Location of Growth	% of growth in existing Metro UGB	_	83%	71%	100%	63%
	% of growth accom. by redevelopment	_	0%	6%	18%	8%
	EPU Conversion(Acres)	_	63900	17200	0	11400
	% of Employment on Industrial land	32%	43%	53%	33%	53%
Zoning	Single Family	59.8%	61.0%	57.0%	46.5%	51.5%
	Multi-Family	11.0%	11.0%	1.0%	5.0%	1.5%
	Commercial	7.0%	8.5%	1.0%	1.0%	1.0%
	Industrial	19.5%	16.0%	12.0%	10.0%	14.0%
	Mixed Use(commercial and residential)	0.0%	0.0%	24.0%	30.5%	27.0%
	Parks/Open Space	1.5%	1.0%	3.0%	5.0%	3.0%
	Public Facilities	2.0%	2.5%	2.0%	2.0%	2.0%
Density	People per Acre	8.9	7.9	9.8	12.4	9.2
	% High Density(centers)+50 persons/acre	8.9%	7.4%	7.9%	11.2%	13.6%
	% Medium Density(corridors)20-50 persons/ac.	17.6%	29.1%	30.1%	43.0%	32.3%
	% Low Density(other)less than 20 persons ac.	73.7%	63.5%	61.9%	44.0%	54.2%
Housing	Single Family/Multi Family(percent)	70/30	70/30	74/26	60/40	69/31
Transportation (all measures inside Metro UGB)	Average VMT per Capital	12.4	13.04	12.48	10.86	11.92
	Mode Split:Auto/Transic/Walk-Bike(percent)	92/3/5	92/3/5	91/4/5	88/6/6	89/5/6
	Lane Miles	5304	6777	6377	5557	6116
	Transit Service Hours	4965	9575	12322	13192	12553
	Congested Roadway Miles(PM peak hour)	150.5	505.6	682.0	642.6	403.9
Air Quality	CO Winter(Kg/day)	835115	614451	613537	579579	569091
	CO Summer	574708	528601	523133	496017	487188
	HC Summer	177857	70700	69810	66375	65745
	NOs Summer	80452	94024	90987	83817	86988
Water	Drinking Water Costs			Moderate	Low	Moderate
	Wastewater			Moderate	Moderate	High
	Steamwater			Moderate	Moderate	Moderate

图 3-7　针对不同发展情景的 46 项分析指标

在规划将各种发展模式的利弊都解释清楚之后，规划开始进行全方位覆盖的公共调研，让公众对于发展情景进行选择。并在广泛的公众参与之后，权衡了各规划情景在公众中的可接受度，最后推出了糅合以上多方案的综合方案，以该方案为出发点，划定了城市增长边界。

图 3-8 最终 2040 Growth Concept 空间结构方案

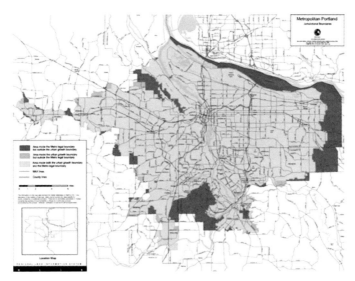

图 3-9 波特兰都市区行政边界与城市增长边界之间的关系
（其中深黄色是超出行政边界，但属于增长边界的部分）

3.1.2 国外生态环境分区管治主要政策工具梳理

1. 区域主义管治工具

区域主义学者常用区域成长控制、区域交通、土地利用规划协调、区域税收资源共享等政策工具对城市空间发展进行管治。

2. 成长管理管治工具

城市成长管理最初使用的政策工具主要为"充足的公共设施条例",即规定开发商只有承诺提供足够的基础设施后才能获得开发权。之后,随着成长管理概念的逐步发展,成长管理又逐步形成了一系列的政策工具,其中包括年度建设限制、城市增长地理边界限制、创新的分区制技术、土地保护项目、集群发展、开发权转移、开发权购买等。

3. 城市增长管理管治工具

在城市增长管理的长期实践和探索中,各地方政府(美国)结合本地实际情况不断对管理工具进行创新和实验,使得城市增长管理的工具已经远远超过了传统的综合规划、分区条例、土地分割管制和基础设施改造计划这4块基石的范畴。城市增长管理工具大致有以下几种:(1)抑制增长类工具:其中主要包括绿带(绿环模式)、城市增长边界、扩建限制、建筑物许可证与开发限制、足够公共设施条例即APFO、社区影响报告、环境影响报告、调整分区控制指标、设定增长标准、增长率限制、设定城市最终规模、暂停开发、投机开发限制、住房消费限制等;(2)引导增长类工具:其中主要包括城市服务边界、开发影响费、公交导向型开发、税收激励机制与城市开发公司等;(3)保护土地类工具:其中主要包括预留开敞空间、农田专区、转让开发权、社区土地信托、公共土地银行、土地保护税收激励机制、公共征购土地与购买开发权等。

4. 新城市主义管治工具

新城市主义提出用传统邻里开发(TND)和公共交通导向的邻里开发(TOD)来取代蔓延式开发模式。

5. 精明增长管治工具

精明增长措施主要包括以下类型工具:(1)开敞空间保护:其中包括规划控制(环境限制、分区控制、开发权转移等)、减缓和契约限制、税收激励、土地许可等;

(2)发展边界:其中包括地方城市发展边界、区域城市发展边界;

(3)紧凑发展:其中包括传统邻里开发、公共交通导向开发、公共交通村落等;

（4）老区复兴：其中包括市中心和主要街道的再开发项目、棕地开发、灰地开发等；

（5）公共交通：地方公共交通项目、区域公共交通项目等；

（6）区域规划协调：其中包括区域政府、区域权威机构、区域基础设施服务区、州规划动议等；

（7）资源和负担共享：区域税收共享、区域可负担住房项目等。

6. 其他管治工具

除以上与各理论密切相关的管治工具之外，还有一部分已应用的管治工具并未明确隶属哪一管治理论，其中主要包括：控制地方尺度、地方规划控制、预留备用开发的土地、土地重整、混合用地发展模式（步行导向的开发模式）、紧凑城市等。

7. 小结

从国外城市空间发展管治工具的发展过程可以看出其管治工具的发展演化同管治理论的发展相吻合，都经历了一个从硬性控制到软性协调管理的过程。不再单方面限制城市的空间发展规模或用途，而是对城市空间结构进行更灵活、引导式的管理，在明确城市空间发展的大方向的前提下，采取软硬结合的政策手段，给予城市空间发展一定的自由，从而有效率地引导城市空间更高效、更紧凑地发展利用，并进一步实现对城市规模的控制（表3-1）。

国外城市空间发展管治工具一览表　　　　表3-1

依托理论	管治工具
区域主义	区域成长控制
	区域交通
	税收资源共享
	土地利用规划协调
城市成长管理	充足的公共设施条例
	年度建设限制
	城市增长地理边界限制
	常新的分区制技术
	土地保护项目
	集群发展
	开发权转移
	开发权购买

续表

依托理论	管治工具	
城市增长理论	抑制增长类工具	绿带（绿环模式）
		城市增长边界
		扩建限制
		建筑物许可证与开发限制
		足够公共设施条例（APFO）
		社区影响报告
		环境影响报告
		调整分区控制指标
		设定增长标准
		增长率限制
		设定城市最终规模
		暂停开发
		投机开发限制
		住房消费限制
	引导增长类工具	城市服务边界
		开发影响费
		公交导向型开发
		税收激励机制
		城市开发公司
	保护土地类工具	预留开敞空间
		农田专区
		转让开发权
		社区土地信托
		公共土地银行
		土地保护税收激励机制
		公共征购土地
		购买开发权
新城市主义	传统邻里开发（TND）	
	公共交通导向的邻里开发（TOD）	

续表

依托理论	管治工具	
精明增长 （精明增长工具箱）	开敞空间保护	规划控制（环境限制、分区控制、开发权转移等）
		减缓和契约限制
		税收激励
		土地许可
	发展边界	地方城市发展边界
		区域城市发展边界
	紧凑发展	传统邻里开发
		公共交通导向开发
		公共交通村落
	老区复兴	市中心和主导街道的再开发项目
		棕地开发
		灰地开发
	公共交通	地方公共交通项目
		区域公共交通项目
	区域规划协调	区域政府
		区域权威机构
		区域基础设施服务区
		州规划动议
	资源和负担共享	区域税收分享
		区域可负担住房项目
其他	控制地方尺度	
	地方规划控制	
	预留备用开发的土地	
	土地重整	
	混合用地发展模式（步行导向的开发模式）	
	紧凑城市	

注：笔者总结。

3.2 我国生态环境分区管治理论与实践及主要问题

3.2.1 国内生态环境分区管治代表性理论梳理

1.1980~2015 年我国环境规划管治理论研究综述

环境规划是人类为使环境与经济和社会协调发展而对自身活动和环境所做的空间和时间上的合理安排环境规划的目的是指导人们进行各项环境保护活动，按既定的目标和措施合理分配排污消减量，约束排污者的行为，改善生态环境，防止资源破坏，保障环境保护活动纳入国民经济和社会发展计划，以最小的投资获取最佳的环境效益，促进环境、经济和社会的可持续发展。

"十三五"作为我国社会经济转型期，也是亟需环境规划着力解决城市病、保障可持续发展的关键时期，这一方面需要加强对环境规划理论与实践的创新，另一方面则需要加强对我国环境规划领域既有研究成果的系统总结，但就后者看，目前国内对环境规划领域演进脉络给予清晰、全面的整体性研究较少。为此，引入 CiteSpace 软件这一新兴工具，采用文本计量方法梳理我国 1980~2015 年环境规划文献脉络演进轨迹，以求从主观判断转向客观计量分析评价我国环境规划研究领域的知识生产特征和趋势取向，从而为新时期我国环境规划理论与实践提供科学参考与启示。

2. 理论文献研究阶段分析

从中国知网期刊刊登的研究文献来看，我国对环境规划的相关研究最早从 1975 年开始出现，从 1980 年开始每年文献数量超过 20 篇，在 1980~2015 年的 36 年内发表的相关研究文献数量多达 5013 篇，表明环境规划是一个具有较高关注度和热度的研究领域。

笔者对文献数量的时间分布进行分析，可以看出我国环境规划研究大致分为三个阶段：

第一阶段（1980~1995 年）：研究起步阶段。即国家在 1981~1985 年的"六五计划"中首次将环境保护计划作为独立的篇章纳入国民经济和社会发展规划，明确了环境与经济协调发展的指导思想，并提出了计划要求达到的具体指标。一些地区和部门的科研课题开始针对环境保护规划的理论和方法进行研究，取得了一些具有参考价值的成果。如 20 世纪 80 年代的济南市环境规划和山西能源重化工基地综合经济规划的环境专项规划成为我国早期较为优秀的区域环境规划。在方法论上,以"全国2000年环境预测与对策研究"为契机,学者们开发了基于中国国情的环境经济计量模型、环境经济投入产出模型和系统动力学模型并加以应用,同时还对环境污染和生态破坏经济损失估算等问题进行研究,为后续我国控制污染物排放及环境经济损失奠定基础。此阶段,关于环境规划方法论的研究取得了极大的进步。

第二阶段(1996~2006年):研究发展阶段。2000年初,国家环境保护总局制定并通过了《(地方环境保护"十五"计划和2015年长远目标纲要)编制技术大纲》。在全国范围内对环境保护的工作重点进行优化调整,确定了控制污染物排放总量的工作主线和"三河、三湖、两区、一市、一海"的工作重点。在此基础上,大量流域环境规划、生态规划与区域环境规划开始出现,如"泸沽湖流域水污染防治综合规划","珠江三角洲环境保护规划"等。从方法论来看,大量的模拟模型如不确定性优化和风险决策模型开始应用,进一步夯实了环境规划的科学基础。从这个阶段开始,我国广泛开展了环境规划的制定工作,一些城市和地区如湄洲湾港、秦皇岛、马鞍山等制定的环境规划,及通化市的环境综合整治规划、桂林市大气环境规划和澜沧江河流域生态规划等都具有极大的代表性。此外,地理信息系统(GIS)的应用提高了环境规划的空间可视化程度。

第三阶段(2007~2015年):研究深化阶段。2008年国务院组建了环境保护部,将环境规划作为政府干预市场、保证国家宏观经济顺利运行、环境保护工作宏观指导的重要手段。随着经济社会发展与资源环境约束的矛盾日益突出,环境保护面临的挑战越来越严峻,《国家环境保护"十一五"规划》第一次以国务院批复形式颁布,编制定位从计划转变为规划,环境保护的地位在提高。党的十七大开始将生态文明建设纳入中国特色社会主义事业总体布局,生态文明逐渐融入经济建设、政治建设、文化建设、社会建设各方面和全过程。这个阶段的研究大多是在之前的研究主题及方法上进行完善与深化。

随着环境保护相关内容和要求成为各级政府的中心工作之一,环境规划将会继续受到重视并成为研究热点,环境保护规划的基础性研究也将会不断加强。可以预期,未来研究将继续深化,环境规划在法规、技术、管理、行政、理论和教育等方面将不断完善,增强环境规划的科学性、权威性和可操作性将成为重点(图3-10)。

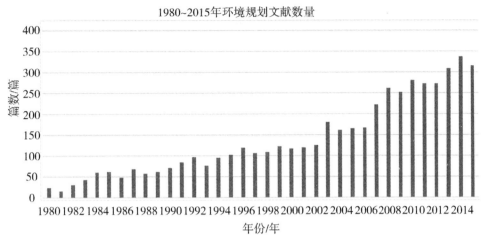

图 3-10　1980~2015 年我国环境规划文献数量演变

3. 各时期代表性文献分析

笔者根据前文研究阶段的划分，分别对各时期发表被引排名前十的代表性文献作为环境规划研究领域知识生产网络中的关键性节点加以分析，提炼各阶段高知名度学者的观点，刻画我国环境规划相关学术研究的发展历程（表 3-2~ 表 3-4）。

1980~1995 年期间，大部分关于环境规划的文献都是在讨论环境污染的具体问题，例如被引次数最高的慈龙骏学者在其《全球变化对我国荒漠化的影响》中基于当时国内外科学家们对全球变化的研究及"联合国环境与发展大会"的决议，利用我国多个气象点近几十年的平均气象资料，分析了在工业发展和其结构不变的前提下，接下来 30~50 年我国土地荒漠化的发展趋势，为我国荒漠化检测预报和防治提供依据和对策。还有学者讨论了水环境污染、岩溶问题等，提出如何在资源开发及自然平衡中满足人类长期的多方面的需要。鉴于"环境规划"概念刚提出不久，吴林娣、方国伟等学者初步探讨了构建环境与社会、经济协调发展评价指标体系的方法（表 3-2）。

1980~1995 年间发表被引排名前十的文献　　表 3-2

作者	题名	机构	年份	被引次数	初次被引时间	主要内容
慈龙骏	全球变化对我国荒漠化的影响	中国科学院、国家计划委员会自然资源综合考察委员会	1994	195	1995	荒漠化、全球变化、中国干旱区

续表

作者	题名	机构	年份	被引次数	初次被引时间	主要内容
吴林娣、方国伟	环境与社会、经济协调发展评价指标体系初探	上海环境保护科学研究院	1995	121	1996	环境、经济、协调发展
唐克丽、郑世清、席道勤、孙清芳、刘炳武	杏子河流域坡耕地的水土流失及其防治	中国科学院西北水土保持研究所	1983	102	1984	水土流失问题
苏玲	水体富营养化	联合国环境规划署	1994	101	2002	富营养化、水底动物
郭怀成、徐云麟、洪志明、赵智杰、邵庆山	我国新经济开发区水环境规划研究	北京大学环境科学中心、北京大学城市与环境学系	1994	96	2002	新经济开发区、水环境规划、费用-效益分析
张明顺、钟杰青	层次分析法在城市环境规划指标体系研究中的应用	中国环境管理干部学院、广州市环境保护研究所	1995	75	1998	环境规划、层次分析法、指标体系
崔凤军	城市水环境承载力的实例研究	泰安师范专科学校	1995	59	2002	城市环境、承载力、SD模型
朱震达	中国沙漠化研究的进展	中国科学院兰州沙漠研究所、中国国际沙漠化研究培训中心	1989	46	1990	沙漠化土地、沙漠治理
袁道先	论岩溶环境系统	地质矿产部岩溶地质研究所	1988	45	1989	岩溶环境、森林退化
陈俊鸿	城市形象设计：城市规划的新课题	广州地理所	1994	43	1996	城市形象设计、城市景观规划

1996~2006年期间，学者们对环境规划的关注跳出了纯粹的环境污染研究，而是将环境问题与区域、城市具体发展结合起来，拓展到环境承载力的研究。如北京大学环境科学中心的唐剑武等人基于福建省湄洲湾开发区环境的综合规划和临淄地区水环境规划，提出并应用了环境承载力的理论，他们论证了将环境承载力用于以社会、经济发展与环境相协调为目标的环境规划是可行的。还有学者讨

论了生态补偿能力和生态敏感性、乡村景观和水污染等有关问题。这个时间段关于环境规划的研究思路很开阔，涉及的范围也较广，也说明这一领域的研究体系逐渐得到充实和完善（表3-3）。

1996~2006年间发表排名前十的被引文献表　　表3-3

作者	题名	机构	年份	被引次数	初次被引时间	主要内容
彭再德、杨凯、王云	区域环境承载力研究方法初探	华东师范大学西欧北美地理研究所、华东师范大学环境科学系	1996	406	1997	区域环境承载力、灰色关联度
唐剑武、郭怀成、叶文虎	环境承载力及其在环境规划中的初步应用	北京大学环境科学中心	1997	401	1997	环境规划、环境承载力
叶文虎、魏斌、仝川	城市生态补偿能力衡量和应用	北京大学环境科学中心	1998	314	1999	城市生态补偿、公共绿地配置、绿当量
尹海伟、徐建刚、陈昌勇、孔繁花	基于GIS的吴江东部地区生态敏感性分析	南京大学城市与资源学系、日本广岛大学国际协力研究科	2006	206	2006	吴江、生态敏感性、GIS
刘滨谊、陈威	中国乡村景观园林初探	同济大学	2000	191	2001	乡村、景观园林、城市化
罗上华、马蔚纯、王祥荣、雍怡、余琦	城市环境保护规划与生态建设指标体系实证	复旦大学环境科学与工程系	2003	180	2003	环境规划与管理、指标体系、灰关联
俞孔坚	可持续环境与发展规划的途径及其有效性	北京大学城市与环境学系	1998	179	1999	可持续性、环境与发展、环境生态规划
王如松	系统化、自然化、经济化、人性化——城市人居环境规划方法的生态转型	中国科学院生态环境研究中心	2001	148	2001	城市、人居环境、生态规划
林巍、傅国伟、刘春华	基于公理体系的排污总量公平分配模型	清华大学环境工程系	1996	147	2000	公平分配、总量控制、环境冲突分析
钟佐燊	地下水防污性能评价方法探讨	中国地质大学水资源与环境学院	2005	134	2006	防污性能、地下水

2007~2015年这段时间，关于环境规划的研究继续得到升华。各位学者对于环境领域的研究各有千秋，几乎涵盖前两个阶段所有方面，如环境污染、环境承载力等，并进一步探讨了城乡统筹下的人居环境发展，提出低碳经济等概念。例如王鹤鸣等学者采用总物流分析方法对中国1998~2008年间的生物质、金属矿物质、非金属矿物质和化石燃料资源的国内消耗量指标进行核算，并应用资源脱钩指数和脱钩曲线图对我国资源消耗与经济增长的脱钩情况进行分析，提出摆脱经济增长对资源消耗的拉动，使资源消耗与经济增长"脱钩"才是从源头上提高环境质量的治本之策。这间接反映了我国的环境规划工作已日渐向问题的本质迈进，研究人员开始从根本上考虑平衡自然环境与经济发展的博弈问题（表3-4）。

2007~2015年间发表排名前十的被引文献表　　　　表3-4

作者	题名	机构	年份	被引次数	初次被引时间	主要内容
迟妍妍、张惠远	大气污染物扩散模式的应用研究综述	中国环境科学研究院、国家环保总局环境规划院	2007	78	2008	工业源点、污染物、扩散模式
孙佑海、丁敏	依法促进低碳经济的快速发展	全国人大环境与资源保护委员会	2008	73	2009	气候变化、节能减排、循环经济
彭震伟、陆嘉	基于城乡统筹的农村人居环境发展	中国城市规划学会、同济大学建筑与城市规划学院、上海同济城市规划设计研究院	2009	70	2009	城乡统筹、农村人居环境、村庄布点
王鹤鸣、岳强、陆钟武	中国1998年-2008年资源消耗与经济增长的脱钩分析	东北大学国家环境保护生态工业重点实验室	2011	50	2011	脱钩分析、资源消耗、GDP
杨自军	镉的污染及对动物的危害与防治	河南科技大学	2008	47	2008	镉污染土壤、食品污染物、生物半衰期
田波、周云轩、张利权、马志军、杨波、汤臣栋	遥感与GIS支持下的崇明东滩迁徙鸟类生境适宜性分析	华东师范大学河口海岸学国家重点实验室、复旦大学生物多样性和生态工程教育部重点实验室、美国大自然保护协会昆明办公室、上海市林业局	2008	47	2009	生境适宜性、GIS

续表

作者	题名	机构	年份	被引次数	初次被引时间	主要内容
刘仁志、汪诚文、郝吉明、苏保林、马永亮	环境承载力量化模型研究	北京师范大学环境学院、清华大学环境科学与工程系、北京师范大学水科学研究院	2009	37	2009	环境承载力、战略环境评价
李昌浩、朱晓东	国外绿色通道建设进展及其对我国城市建设的启示	南京大学环境学院污染控制与资源化研究国家重点实验室	2007	37	2009	绿色通道、绿地系统、生态基础设施
王亚韡、傅建捷、江桂斌	短链氯化石蜡及其环境污染现状与毒性效应研究	环境化学与生态毒理学国家重点实验室中国科学院生态环境研究中心	2009	35	2009	短链氯化石蜡、持久性有机污染物
王向东、刘卫东	中国空间规划体系：现状、问题与重构	浙江大学土地科学与不动产研究所	2012	34	2013	空间规划体系、城乡建设规划、国土资源规划

4.环境规划领域知识生产特征分析

学术研究是一种重要的知识生产行为，发表文献是其重要载体，而文章作者及其所属机构则是知识生产的主体，为此，笔者从知识生产的角度，分别从被引次数最高的文章、文献作者与机构来源等维度展开环境规划领域36年间的知识生产特征。

（1）被引次数最高的十篇文章分析

对环境规划研究领域相关文献被引次数进行统计，被引次数最高的十篇文献具体信息见表3-5，笔者从时间和内容两个方面来对被引次数排名前十的文章进行分析。

排名前十的被引文献一览表　　表 3-5

作者	题名	研究领域	年份	被引次数	初次被引时间	主要内容
彭再德、杨凯等	区域环境承载力研究方法初探	环境科学	1996	402	1997	区域环境承载力；灰色关联度
唐剑武、郭怀成等	环境承载力及其在环境规划中的初步应用	环境科学	1997	398	1997	环境规划；环境承载力；指标体系

续表

作者	题名	研究领域	年份	被引次数	初次被引时间	主要内容
叶文虎、魏斌等	城市生态补偿能力衡量和应用	环境科学	1998	312	1999	城市生态补偿；绿当量；公共绿地配置
尹海伟、徐建刚等	基于GIS的吴江东部地区生态敏感性分	城市与资源学	2006	202	2006	吴江；生态敏感性；GIS
慈龙骏	全球变化对我国荒漠化的影响	自然资源	1994	195	1995	荒漠化；全球变化；中国干旱区
刘滨谊、陈威	中国乡村景观园林初探	景观规划设计	2000	190	2001	乡村；景观园林；城市化
罗上华、马蔚纯等	城市环境保护规划与生态建设指标体系实证	环境科学与工程	2003	178	2003	环境规划与管理；灰色关联度；上海浦东区
俞孔坚	可持续环境与发展规划的途径及其有效性	城市与环境	1998	177	1998	可持续性；环境发展；生态规划
王如松	系统化、自然化、经济化、人性化——城市人居环境规划方法的生态转型	生态环境	2001	147	2001	城市；人居环境；生态规划；转型
林巍、傅国伟等	基于公理体系的排污总量公平分配模型	环境工程	1996	146	2000	公平分配；总量控制；环境冲突分析

从时间分布来看，十篇文章的时间跨度从1994年到2006年，结合文献总体数量分布特征的三个阶段分析被引最多文章的时间分布，其中，1篇文章发表于第一阶段，9篇文章发表于第二阶段。10篇主要分布于研究的中前期阶段，表明前期的研究据有较强的影响力和较大的参考价值。这些学者的研究领域基本都与环境直接相关，提出的主要问题都是非常专业，故为后续研究所引用。

从内容上来看，前十位的文章主要有四个关注方向：

1）探究环境的承受能力，讨论环境资源所能容纳的人口规模和经济规模的大小。作为环境规划的基础性工作，环境影响评价和环境容量等领域的研究备受关注。彭再德等人（1996）和唐剑武等人（1997）结合现实情况中环境规划工作的实施，解释环境承载力的概念应用模式，建立区域环境承载力指标的灰色关联度及预测模型，并运用于实践。尹海伟等人（2006）选择具有区域代表性的生态因子，借助遥感地理信息系统（GIS），采用因子叠加法，对吴江东部地区的生态敏感性进行了分析,并提出了分区保护和建设的建议。

2)讨论污染防治问题,尝试寻求因过去不可持续发展导致的环境问题的解决办法。污染物削减和环境治理是目前我国环境规划设定的主要任务目标,当前的环境保护工作也主要是围绕这一目标开展。叶文虎等人(1998)为衡量城市生态补偿能力,在文中提出了绿当量的概念,并以此评价济南市绿地的生态补偿能力,探讨了对二氧化碳、降尘和二氧化硫的生态补偿方法。慈龙骏(1994)根据当前"荒漠化"的定义,探讨全球变化对我国土地荒漠化的影响。

3)对城市和乡村两种人居空间的生态环境质量关注。王如松(2001)介绍了城市环境问题的生态学实质,国际城市人居环境生态学研究动向,以及城市人居环境建设的生态转型方法。刘滨谊和陈威(2000)基于中国乡村城市化进程中的乡村人类聚居环境规划建设现状,提出对乡村景观园林的研究,介绍了乡村景观园林的定义、国内外研究动态及其理论与研究意义,进而阐述了我国乡村景观园林研究的有关内容、方法及其预期成果。

4)对环境规划与管理中指标体系与框架等工具性内容的探索。罗上华等人(2003)将环境指标体系分类,并结合案例提出了一种面向规划与管理的城市环境保护与生态建设指标体系。俞孔坚(1998)指出可持续发展规划方法论中应当包括当环境与发展规划中一些经典概念和模式遭到质疑时,辩护战略的寻求与设计。而生态安全格局途径正是属于这一分支的内容。林巍等人(1996)指出当下我国污染物排放总量"公平分配"规则中隐含不公平性,他们利用环境冲突分析理论,建立了关于公平的公理体系,重新设计了满足公理体系的排污总量公平分配规则,并论证了其研究结果对公平处理环境冲突以及改进传统环境规划的不足具有重要意义。

(2)前十位共引文献作者分析

对CNKI数据库中环境规划相关文献的研究学者进行聚类分析,获得与相关文献关联度最大的前十位学者如图3-11所示,根据图中所显

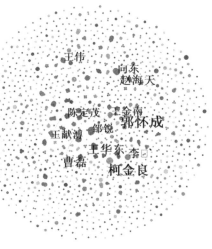

图3-11 作者聚类知识图谱

示信息,共引作者出现频率从高到低分别为:郭怀成,王华东,曹磊,李牲,赵海天,向东,王金南,邹锐,陈定茂,王伟。这些学者的相关文献数量均超过 7 篇,最多可达 20 篇。对相关研究最多的十位学者的有关信息进行统计得到表 3-6。

研究频次排名前十的学者 表 3-6

频次	姓名	机构	研究领域	所处地域	被引次数最多文章
20	郭怀成	北京大学环境科学中心	环境科学	北京	环境承载力及其在环境规划中的初步应用
16	王华东	北京师范大学环境科学研究所	环境科学	北京	积极开展区域环境规划研究
12	曹磊	甘肃省环境保护局	环境科学	甘肃	论环境规划的综合决策和可实施程度
12	李牲	中国预防医学中心	医学	北京	十种具有全球意义的环境污染物及其基准值问题
11	赵海天	深圳大学建筑与土木工程学院	建筑与土木工程学	深圳	城市灯光环境规划原理(2)——广义光污染要领的提出与对策
11	向东	重庆大学建筑城规学院	城市规划	重庆	城市灯光环境规划原理(1)——关于科学定义、学科属性与规划原则的讨论
9	王金南	环境保护部环境规划院	环境规划	北京	基于生态文明的环境规划理论架构
8	邹锐	北京大学环境科学中心	环境科学	北京	不确定条件下经济开发区环境规划方法与应用研究(1)——不确定性多目标混合整数规划模型及算法研究
8	陈定茂	中国科学院生态环境研究中心	生态环境	北京	联合国环境规划署和臭氧层保护工业合作社合作加强臭氧行动情报交流站
8	王伟	中央财经大学政府管理学院城市管理系	城市管理	北京	执行力与适应性导向下我国环境规划改革的探讨

结合相关文献关联度最大的前十位学者的具体情况,可以看出大部分学者所处机构都在从事环境类、城市类等方面的研究,学者自身研究领域也基本集中在环境科学、城市规划管理等方面。另一方面,从作者的所处地域来看,几乎所有

的学者都处于北京。笔者认为一方面是因为北京面临的生态环境问题与挑战比较突出；另一方面环境保护规划的制定地主要在政治中心——北京，地域上的优势使得身处北京的学者对这一类热点问题比较关注，有敏锐的洞察力。同时，从学者被引次数较多的文章内容来看，处于北京的高校和科研机构研究的问题基本是全国范围甚至是全球范围内的，而其他地方院校及科研机构涉及的问题则大多为地方性的，如某一区域或某一城市群内的。这也和北京市在我国独特的城市地位及特定的城市职能有关。

（3）前十位重点研究机构分析

对CNKI数据库中环境规划相关文献的研究机构进行聚类分析，对环境规划领域研究最集中的10个研究机构如图3-12所示，据图中显示信息，研究最多的10个研究机构，按照从高到低的顺序分别为：同济大学建筑与城市规划学院，中国环境管理干部学院，北京大学环境科学中心，联合国环境规划署，中国环境科学研究院，重庆大学建筑城规学院，环境保护部环境规划院，中山大学环境科学研究所，云南省环境

图3-12 研究机构聚类知识图谱

科学研究所，国家环境保护局，这些机构发表有关环境规划的研究均超过10次，最高达到19次。对环境规划问题关注较多的机构主要为高校及研究院，特别是环境科学和环境规划等相关院所，同时由于环境规划研究对象主要是城市，所以部分院校的建筑与城市规划学院对环境规划的问题也有较多研究。结合研究频次对排名靠前的十个机构进行统计得到表3-7，可以看出这些机构分布在北上广等一线城市，还有两个机构分别设在重庆和云南，再加上一个机构是联合国人居署。从研究机构地域分布看，主要还是在集中于一些较发达的城市。结合上文研究学者的地域分布，可以看出环境规划领域知识生产的地域不均衡特征比较明显，这对我国广阔国土环境问题解决所需的近域知识有效供给提出挑战。

研究频次排名前十的机构　　　　　　　　　　　表 3-7

频次	机构	所处地域
19	同济大学建筑与城市规划学院	上海
17	中国环境管理干部学院	北京
17	北京大学环境科学中心	北京
16	联合国环境规划署	肯尼亚内罗毕
15	中国环境科学研究院	北京
15	重庆大学建筑城规学院	重庆
14	环境保护部环境规划院	北京
13	中山大学环境科学研究所	广州
13	云南省环境科学研究所	云南
12	国家环境保护部	北京

5. 环境规划领域研究热点及趋势

（1）研究热点聚类分析

文献关键词是对文章主要内容和重要观点的概括，笔者在此假设每篇文章的关键词都如实反映文章的重要观点和主要内容，通过 CiteSpace 的"关键词共现"分析关键词出现的频次并进行聚类分析，可以分析已有的文献中队环境规划所关注的重点，凝练环境规划领域的研究热点与前沿。

通过 CiteSpace 软件限定频次功能可以得出文献对环境规划领域研究关注度最高的前 22 个聚类，其分布情况如图 3-13 所示。这些聚类可以归纳为以下几类。第一类，环境保护相关部门，包括 UNEP（联合国环境规划署）（聚类 #3），环境

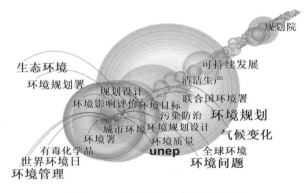

图 3-13　关键词聚类知识图谱

规划署（聚类#8），规划院（聚类#12），联合国环境署（聚类#16），环境署（聚类#17）；第二类，与环境相关的问题，包括环境问题（聚类#4），气候变化（聚类#5），有毒化学品（聚类#15）；第三类，解决环境问题的相关途径，包括世界环境日（聚类#7），可持续发展（聚类#9），环境影响评价（聚类#14），污染防治（聚类#19），清洁生产（聚类#20）。

（2）研究热点趋势分析

从研究时段上看，依据这些高频词关键词的时间分布可以分析环境规划研究的发展趋势。首先利用膨胀词探索功能，把出现频次最高的前22个词挖掘出来，这些关键词出现频次均超过70次，最高达到410次。通过时区（Time Zone）图的表达方式，显示出环境规划的研究时间序列分析图谱。每个时间节点的关键词用黑色字体标注，并且用圆形的大小表示频次的高低，圆形越大表示该关键词出现的频率越高。圆形之间的连续表示这两个节点之间具有一定强度的共词关系。整个时区图表示出环境规划不同研究领域的生命周期和不同时期内高频关键词的发展轨迹。通过环境规划相关研究的关键词的时间序列图谱对高频关键词进行分析。

由图3-14可知，与环境规划的相关热词大多数都在20世纪八九十年代出现，之后不断完善。与之前文献数量的总结相结合，也可以看出我国对于环境规划的研究在20世纪80年代开始兴起。而讨论的内容大致可以分为气候变化及生产生活中的污染防治两个方面着手，重点强调进行环境影响力的评价，保证生态环境的可持续发展。

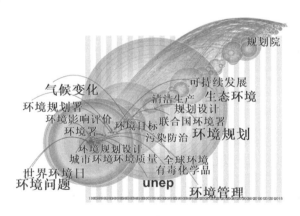

图3-14　关键词聚类时区图知识图谱

从图3-14中呈现信息可见，与环境规划的相关热词大多数都在20世纪80、90年代出现，之后再不断补充完善。20世纪80年代初的济南市环境规划和山西能源重化工基地综合经济规划的环境专项规划是我国最早的区域环境规划。20世纪80年代，环境保护计划开始纳入国民经济和社会发展计划，环境影响评价和环境容量研究作为环境保护规划的基础工作在全国逐步开展。如北京大学环境科学中心的唐剑武等人结合当时环境规划工作的实际，在福建省湄洲湾开发区环境的综合规划和临淄地区水环境规划的案例中，介绍了环境承载力的概念，评价体系及应用模式。还有学者开始讨论生态补偿能力和生态敏感性等有关问题。1992年环境保护年度计划正式纳入国民经济与社会发展计划体系，此时我国的环境保护规划偏重于污染防治，如清华大学在济南市环境规划中，应用冲突论解决污染负荷公平分配问题。另外，地理信息系统也在此领域开始应用，大大提高了环境规划的空间可视化程度。随着可持续发展的强化，国家环境保护部对环境保护的工作重点也不断优化调整。大量的流域环境规划、生态规划与区域环境规划开始出现，环境规划的内涵不断丰富。《国家环境保护"十一五"规划》第一次以国务院批复形式颁布，环境保护相关内容和要求日益成为各级政府的中心工作之一。当前国家大力支持环保产业，环境保护规划也将和城乡经济社会发展联系越来越紧密，面对新型城镇化，以人为本可持续发展与生态文明建设两大国家战略正在指引环境规划向新的高度和深度迈进。

借助Citespace计量工具对1980年以来我国环境规划领域专业研究文献数据进行分析，从"文献追踪"的角度挖掘我国环境规划方面的知识基础、发展脉络和研究热点，主要获得以下发现：

第一，1980年以来我国有关环境规划的研究主题集中，共同知识基础明确，随着我国社会经济的发展变得日益深入，可以大致划分为三个阶段。整体研究脉络较清晰，但尚未形成积累雄厚的分支领域。

第二，从环境规划概念提出开始，我国在该领域的研究一直处于不断完善与扩展的状态中，表现为参考文献引用频次稳步增加，优秀文献逐渐涌现。文献节点作者与来源机构的学科背景基本集中在环境科学、城市规划等领域，但地域分布的不均衡性对我国广域多样环境问题解决所需的近域知识有效供给带来制约。

第三，2000年后有关环境规划的研究水平逐渐稳定，近期研究热点指向于环境规划的改革，及发展生态经济的探讨，但环境科学领域研究依然工程色彩偏浓，关于我国环境规划原创理论、方法与体系的研究仍然偏少、偏弱。

综上，我国对环境规划的研究随着时间的推进不断完善、研究内容日益广泛、研究深度日益加深，不断推动环境规划领域的发展，但规划层面的生态空间体系构建是确保生态空间的落地与落实的必要手段。作为一个复杂的体系，环境规划的研究包含众多层面交织，涉及诸多学科的协同，虽然1980~2015年间对环境规划的研究已颇有积累，但随着国家"多规合一"改革的推进，环境规划作为一个重要的可持续管理政策工具，为生态文明建设寻求生态环境与经济发展谋求新的平衡点贡献力量，自身能否有所突破亟需聚焦研究攻关。

3.2.2 我国生态环境分区管治实践

1. 我国城市空间管治工具运用现状

国内城市空间发展管治开始研究的时间较晚，因此管治理论大多引自欧美等发达国家，管治工具也与这些国家有所重合，不过国外的一些理论和工具引入到我国来，在实践的过程中发生了一定程度的本土化，因此与西方国家的理论不尽相同。据总结，我国的城市空间发展管治工具主要有以下这些：根据不同的空间特色进行分区管制、多层次空间协调、空间管制、城市组团发展、优化开发、城乡统筹、城市发展偏好模型、耕地损耗模型、外围总体控制、框定主城区、设定城市发展边界、城市用地需求理论规模的预测、挖掘城市内部土地潜力、完善城市内部用地结构、限建区模式、设置发展线和生态线等。

国内城市空间发展管治工具一览表　　　　表3-8

工具类型	管治工具
抑制增长类	空间管制
	外围总体控制
	设定城市发展边界
	城市用地需求规模理论规模的预测
	限建区模式
	设置发展线
	设置生态线
空间管理类	分区管制
	多层次空间协调
	城市组团发展
	优化开发
	城乡统筹
	城市发展偏好模型

续表

工具类型	管治工具
空间管理类	耕地损耗模型
	框定主城区
	挖掘城市内部土地潜力
	完善城市内部用地结构

注：笔者总结。

通过上述梳理，不难看出我国生态空间分区管治从理论方法、技术标准、控制要求到引导措施等方面均有待进一步完善：

其一，侧重保护要素内容的控制，具体要素划定的技术规范相对薄弱。各类法规对纳入生态保护规划重点控制的生态要素内容均有所界定，但在实际规划过程中，涉及山体水体及周边控制保护区的范围界定，生态廊道宽度的界定等具体技术问题，则无章可循。

其二，侧重"严控"，生态保护区域的建设引导及保障政策有待完善；城市生态区域一般范围较大，其间包含大量村庄以及原住民，除了对生态资源有效保护，仍需考虑原住民生存发展的现实，在生态补偿机制、土地激励政策等方面有待进一步研究和完善。

其三，侧重原则性规定，城市生态区域的法规体系构建尚有待完善。目前我国多个城市以政府令或条例等形式出台了相应法规政策，在遏制城市建设区无序蔓延，保护生态资源等方面起到了较好的作用，但还需在生态区域规划编制技术规范、管理实施机制、配套政策等方面不断完善，形成完整的城市生态区域法规体系，方可进一步促进生态区域资源保护与地区发展。

相较于国内通过生态红线规划确定用地的管治，国外对城乡空间的保护更侧重于对生态用地类型的划分，建立起管治制度。自联合国《土地评价纲要》确立对土地定义的生态思想，目前采用较多的用地分类方法主要包括 IGBP（国际地圈与生物圈研究计划）的 LUCC（土地利用土地覆被）土地分类法，美国 USGS（美国地质调查局）的 ANDERSON（基于遥感数据的土地利用/地表覆盖分类系统）分类法，欧盟的 CORINE（欧盟环境信息协调）分类法。其核心是以影响人类生存和发展为基础，划分为人工区域、农业区域、自然区域（森林、湿地和水体等）。

2.武汉市生态空间管治模式与实施路径

党的十八大、十八届三中全会将生态文明建设作为国家战略，强调要"划定生态保护红线"，"用制度保护生态环境"，"要实施重大生态修复工程，增强生态产品生产能力"。国务院出台了生态文明体制改革总体方案，明确表示要加快建立系统完整的生态文明制度体系。城乡规划领域，各大城市愈来愈关注城市生态空间的规划、分区管治和实施，但目前，相关规划在编制体系和内容深度上并无统一标准，在推进生态空间分区管治与建设实施的体制机制、管治模式和政策保障上，也仍处于探索阶段。

武汉作为中部地区中心城市、国家"两型社会"建设综合配套改革试验区，在城市总体规划编制完成后，将进一步加强生态空间规划分区管治模式及实施路径的探索作为生态空间专项规划的工作重点。既着眼于从城市生态框架保护的整体目标，又针对近几年规划分区管治实践中遇到的现实问题，从规划编制、分区管治模式和政策法规制定三方面提出一套完整的城市生态空间分区管治的行动体系。即通过完善覆盖宏、中、微观三层次的规划编制体系，实现生态空间建设有规可依；以基本生态控制线为核心，提出针对不同层级、不同要素，实行刚性和弹性结合的分区管治模式；同步跟进制定政策法规，解决生态空间规划管理、实施难问题，形成制度保障。

（1）从划线管理到功能引导的全域生态空间规划编制体系

武汉市生态空间总面积达数千余平方公里，是生态旅游、村庄建设、都市农业等各类生态型城市功能的载体，既需要对其空间范围进行明确界定，更需要通过规划统筹生态空间内各项功能，实现对生态空间内各项建设活动的有序管理。因此，武汉市提出构建一整套全域生态空间规划编制体系，逐步实现从划线管理到生态功能建设引导，全面统筹生态空间内生态要素保护、生态功能建设以及原住民生产生活。

1）宏观层面，全域划线固化城市生态框架结构

依据总体规划确定的全市生态框架结构，从武汉"1+8"城市圈区域生态格局分析着手，提出通过区域协同，构建平均宽度20~30km的"区域生态环"；通过内引外联，确保六大生态绿楔与城市圈生态网络内外贯通。在此基础上，在市域8569km^{2}范围内完成全域基本生态控制线划定。全面对接了各行业专项规划，整合各部门对各类生态资源的保护要求，系统梳理了山、水、自然保护区、水源保护区等资源型生态要素以及生态廊道、生态绿楔核心区等结构型生态要素，采

取"分层叠加"的方式,实现了基本生态控制线的市域全覆盖,明确了全市生态底线区、生态发展区、弹性控制区的范围,确保了生态资源的"应保尽保",也完成了总规确定的生态框架"落地"。

2)中观层面,编制控规为生态空间规划管理提供法定依据

划线完成后,武汉市选择在城乡关系最为密切,发展与保护矛盾最为突出的都市发展区范围内,编制生态绿楔控制性详细规划导则,研究基本生态控制线内生态资源保护、原住民发展以及生态项目布局等问题,提出具有武汉特色的城市近郊区生态资源保护与利用模式。规划基于"保护优先、总量控制、功能引导、刚弹结合"的原则,以生态资源刚性管治、生态功能合理注入为目标,以核心生态资源应保尽保为前提,结合生态区内产业发展特色,提出生态保育、生态农业、生态旅游等生态功能板块布局,并通过确定差异化的建设项目用地规模、配套建设控制指标以及农村居民点发展模式,统筹绿楔范围内村庄建设、基本农田保护、都市农业发展、生态休闲旅游配套建设等一揽子保护和建设诉求。

3)微观层面,编制实施性规划单元式推进生态空间建设

在控规划定的功能单元范围内,编制园区实施性规划。在对区域内各项生态资源、村庄分布、现状用地规模、社会经济、现状建设等情况进行翔实调查分析的基础之上,按照全市统一的《郊野公园实施性规划编制技术标准》,对园区内景观资源特色及可利用情况进行全面评估,提出生态项目建设以及乡村集并、土地整理、农村新社区建设的具体模式和项目布局,在控规的指导下落实居民点、旅游配套设施的建设要求,形成城规、土规"两规"有效衔接的生态功能区实施性规划,并通过"一区一个郊野公园"模式推动实施。

(2)以基本生态控制线为核心的生态空间分区管治模式

城市生态空间分区管治的目的不仅在于严格保护各类生态资源,严格控制各项建设行为,更在于有效推进生态功能的整体提升。武汉市在政府规章出台后,逐步建立起一套以基本生态控制线为核心的分区管治模式,针对管治的不同层级、不同要素,实行刚性和弹性结合的管治模式。

1)分区定则,实现生态保护与城市发展的有机结合

全市层面提出"两线三区"空间分区管治模式,即划定城市增长边界(UGB)和生态底线"两线",形成集中建设区、生态发展区、生态底线区"三区",通过城市增长边界(UGB)反向确定基本生态控制线范围。武汉市地域面积广,资源禀赋、建设发展诉求存在较为明显的空间差异。因此,在"两线三区"的全市空

间分区管治模式基础上，针对生态空间的不同区位，进一步制定不同的分区管治策略。

都市发展区内的生态空间，由于临近城镇集中建设区，是发展与保护矛盾最为尖锐的区域，在此范围内，基本生态控制线是"建设区"与"非建设区"的直接分界线，划线过程对接了建设区的控规编制，落线精度在1：2000地形图上，并充分考虑了"建设区"与"非建设区"边缘区的既有项目批租划拨等审批信息，强调精准；该区域范围内对"两线三区"均实行严格的刚性管治，不得随意调整，其分区管治要求全部落实到生态绿楔控规导则中，作为规划管理的法定依据。

而都市发展区之外的农业生态区，以农业生产生活为主，集中成片的城镇建设发展诉求相对较小，但需考虑的是城市远期发展的不确定性以及区内建设类型的不确定性。因此，本区内一方面仍保证对生态要素的刚性控制，划定1：10000比例尺的基本生态控制线范围；另一方面，沿城镇主要空间拓展轴预留适度"弹性区"，待新一轮城市总规编制完成后再行确定其中的生态空间范围。针对农业生态区建设用地规模小、分布零散，且空间落地与项目建设紧密相关的特点，农业生态区范围内在划基本生态控制线时，暂不划定其中生态发展区范围，而通过建设用地指标台账管理方式，以漂浮指标控制，待具体生态建设项目的园区详细规划方案确定后再予落地。对于区域范围内的农村生产、生活等设施布局，则主要依据乡规划、村庄规划，作为该类建设的规划管理依据。

2）严格准入，实现新增建设项目的有效分区管治

基于"两线三区"空间分区管治模式，对生态空间实行分区项目准入管理，即按照生态底线区和生态发展区分别制定相应的准入要求，明确准入建设项目类型、相关建设控制指标，严格规定以及准入程序，严禁不符合准入条件的建设项目进入。

准入项目类型的确定以确保生态环境质量为前提，其中生态底线区施以最为严格的项目准入控制，仅允许对区域具有系统性影响的道路交通设施和市政公用设施，符合规划的农村生产、生活设施，公园绿地及必要的配套设施，以及国家标准对项目选址有特殊要求的建设项目等四类进入。而生态发展区则相对具有一定的弹性，但准入建设项目须严格遵循生态化建设标准。同时，对于生态底线区与生态发展区内的准入建设项目在建设高度、强度、生态绿地率等建设控制指标上也进行了相应的严格规定。对于基本生态控制线内的准入项目，在审查程序上规定了应在常规项目的基础之上，新增选址论证、选址环境影响评价等程序。按

照这样一整套准入分区管治模式，武汉市目前已实现不符合准入要求的项目"零审批、零进入"，确保了线内新增建设行为符合生态资源保护的相关要求。

3）以建促保，实现生态功能的整体提升

基本生态控制线范围内不可避免地包含大量村庄及原住民，原住民的发展需求是生态空间分区管治和生态功能实现的重要一环。学习上海、杭州、成都等城市经验，武汉市在基本生态控制线规划的实施过程中，不断强调"以建促保"的主动实施思路，即通过编制郊野公园建设规划，推进郊野公园、绿道等重点生态工程建设，将生态公园建设与新农村建设、农业产业化发展捆绑结合，项目化实施。通过鼓励社会力量参与产业结构调整，在生态资源保护的基础上，有效改善原住民生活条件，提升区域经济水平，促进生态功能发挥。

4）分类解决，实现既有建设项目的妥善处置

在严控新增建设项目的同时，武汉市也启动了对都市发展区基本生态控制线范围内历史遗留的既有建设项目的清理和处置工作，对划入线内的此类零星分布项目全面摸清家底，锁定现状，并分类逐一提出处置原则和要求。

遵循"尊重历史，实事求是，依法处理，分类解决"的原则，从准入要求和合法手续两条线索出发，逐一对项目进行"双符合"判别，提出"保留、整改或置换用地、迁移"等三大类七种具体处置方式。历时一年半，全面锁定了都市发展区基本生态控制线内千余既有项目情况，全市统一制定项目分类标准以及处置意见，经市政府批复后，作为各区处理线内历史遗留问题的法定依据。项目所在区政府据此制定年度实施计划，逐步有序地推进辖区范围线内既有项目的处置工作。

3.2.3 城市环境总体规划的推进

十八届三中全会通过的《中共中央关于全面深化改革若干重大问题的决定》，旗帜鲜明地指出要"坚持走中国特色新型城镇化道路"，不断"优化城市空间结构和管理格局，增强城市综合承载能力"，科学布局生产空间、生活空间、生态空间，对创新城市环境规划管理提出了明确要求，这是环保工作又一次重大理论创新和实践深化，具有重大的现实意义和深远的历史意义。

城市环境总体规划是环境规划从经济约束型向环境规制性规划转变的产物，是我们在加快推进新型城市化进程中为加强环境保护顶层设计而率先提出的，更是贯彻落实《决定》提出的"完善城镇化健康发展体制机制"的重要内容，揭示

其本质、丰富其内涵，把它作为一项重要环境战略予以推行，是环保部门参与城市治理综合决策的又一重要举措，对于我国环境规划理论方法体系创新具有里程碑作用，更是我们在探索环保新路中的创举。

城市环境总体规划是城市人民政府以当地资源环境承载力为基础，以尊重自然、顺应自然、保护自然为准则，以可持续发展为目标，坚持节约优先、保护优先、自然恢复为主的方针，统筹优化城市经济社会发展空间布局，确保实现经济繁荣、生态良好、人民幸福所作出的战略部署。立足统筹平衡城市内各种资源环境要素，把环境保护工作融入城市经济社会发展战略全局，科学谋划、指导和优化城市格局、产业布局，探索空间落地和时间安排，避免空间利用无序、恶性竞争、重复建设、盲目投资等情况的发生，为其他各项规划顺利落地提供基础性指引，逐步形成事先、全面、预防的城市环境治理新格局，具有基础性、先导性、前置性和制约性的作用，是城市环境治理的基础和重要支柱。

城市环境总体规划的核心问题是处理好规模、结构和布局问题。规模涉及城市人口、经济、用地规模，结构涉及人口结构、经济机构、能源结构与用地结构，布局涉及产业布局、人口布局及生态保护布局等。城市环境总体规划是指导、调控城市经济社会发展与环境保护的总体安排，经法定程序批准的城市环境总体规划是编制城市近期环境保护规划、详细规划、专项规划和实施城市环境治理的法定依据，是引导和调控城市经济社会发展，保护和管理城市资源环境的重要依据和手段，也是环境保护参与城市综合型战略部署的工作平台，立足点和着力点是限制、优化、调整，是从环境资源、生态约束条件角度为城市经济社会发展规划、城市总体规划、土地利用总体规划提出限制要求，是资源环境承载力约束下的城市发展规模与结构优化，是基于生态适宜性分区的城市布局优化调整，通过划定并严守生态红线限制无序开发。

城市环境总体规划是城市人民政府以当地资源环境承载力为基础，以尊重自然、顺应自然、保护自然为准则，以可持续发展为目标，坚持节约优先、保护优先、自然恢复为主的方针，统筹优化城市经济社会发展空间布局，确保实现经济繁荣、生态良好、人民幸福所作出的战略部署。立足统筹平衡城市内各种资源环境要素，把环境保护工作融入城市经济社会发展战略全局，科学谋划、指导和优化城市格局、产业布局，探索空间落地和时间安排，避免空间利用无序、恶性竞争、重复建设、盲目投资等情况的发生，为其他各项规划顺利落地提供基础性指引，逐步形成事先、全面、预防的城市环境治理新格局，具有基础性、先导性、前置性和制约性的作用，是城市环境治理的基础和重要支柱。

城市环境总体规划的基本要求是科学把握城镇化发展规律和走势，借鉴国内外城市规划的先进经验，实现由扩张型规划向集约型规划、功能型规划、效益型规划、人文生态型规划转变，给予城市人文关怀，树立"美丽与发展双赢"的理念，从源头和顶层进行谋划和设计，真正做到"未病先防、已病防变、已变防渐"，着力提高规划科学化水平。深入开展城市环境系统解析和中长期环境形势分析，以人为核心，对城市经济社会发展中出现的环境问题要望闻问切，通过察言观色、闻音问症、号脉辨病找到关键症候，并研究提出解决方案；通过科学合理地配置环境资源，将有限的环境容量配置到最需要发展、最能带动全局发展、最能促进快速发展的区域和行业，推动形成经济、生态、社会效益高的绿色产业格局；将城市环境总体规划与城市经济社会发展的各方面规划相结合，将资源环境目标与经济社会发展目标有机统一，使经济建设和社会发展与资源环境禀赋相适应，使区域发展规划与地区资源环境承载能力相适应，以最小的资源消耗和环境代价换取最大的经济社会效益；还要善用"留白"技法，为生态修复留出更多空间。关键是要实现"四挂钩"：环境基本公共服务均等化同农业转移人口市民化挂钩、环境污染物排放和环境容量同构建人与自然和谐发展现代化建设新格局挂钩、经济社会发展规模结构效益同资源环境承载能力挂钩、生态环境保护修复程度同生产、生活、生态空间开发管制界限挂钩。

城市环境总体规划的特征。一是落地性。突出政策、措施落地，特别是划定并严守生态红线，把以前环境规划仿佛"飘在空中，无从下手"的现状，从"云中龙"变为"手中剑"，把每项要求落实到每个地块、每个区域、每一个重点源，是促进精细化、规范化管理的有效载体。二是融合性。城市规划体系中所有规划都不具有排他性和竞争性，而是具有和谐性和共融性，在相互衔接的基础上相辅相成。城市环境总体规划在城市规划体系中要统筹协调、彰显特色、突出抓手、合力推进，要用市场激发经济社会和环保工作的活力；要用行政、技术、法律等手段为城市环境治理工作提供动力；用基于社会的管理机制体制改革把环境保护融入城市经济社会管理大局中。三是协同性。刚性与弹性结合，突出处理好刚性约束与弹性把控的关系，特别是妥善处理和安排好容量、总量、质量、风险之间的关系，生态红线、资源消耗上线和生态环境容量底线等概念范畴与制度安排，用好存量，找出增量，为未来寻找发展空间，提供更多生态产品。

城市环境总体规划是一项以创新为本质的系统工程，不仅是一个以生态环境建设与发展为主体内容的规划，而且是一个涵盖很多其他方面，特别是着力强化作为城市主体的人的发展的系统工程，要把城市环境总体规划作为促进城市转型发展和改善民生的一件大事来抓。

推进城市环境总体规划必须遵循以下重要原则。一是坚持把尊重自然、顺应自然、保护自然作为本质要求，国土开发、生产力布局、城镇化发展、重大项目建设要充分考虑资源环境综合承载能力和发展阶段性特征，以先进的城市发展理念指导开发建设，着力提高资源利用效率和生态环境质量，形成人与自然和谐发展的城市建设新格局。二是坚持把绿色循环低碳发展作为基本途径，实现城乡建设和生产、流通、消费各环节绿色化、循环化、低碳化，塑造宜居宜业的发展环境，集聚高端人才和高端产业，积极发展新兴产业、新型业态。三是坚持把以人为本、可持续地满足人民群众日益增长的物质文化需要作为出发点和落脚点，突出以人为本的发展要求，坚持生态环境保护与建设为了人民，生态环境保护与建设依靠人民，为人民创造良好生产生活环境，为子孙后代留下天蓝、地绿、水净的美好家园。四是坚持把建立健全长效机制作为根本保障。加大城市政府对环境总体规划的统筹力度，以战略思维、长远眼光和从容心态谋划发展，高起点规划、高标准建设、高水平管理，科学把握开发建设时序，预留未来发展空间，把提高发展质量和提升城市品质贯穿始终，以环境管理战略转型推进美丽城市建设。把健全法制、强化责任、完善政策、加强监管相结合，形成规划实施的激励和约束机制；把深化改革、严格管理、技术进步相结合，形成推进规划实施的创新驱动机制；把政府推动、市场引导、公众参与相结合，形成规划实施的推进机制。当前和今后一个时期，推进城市环境总体规划必须突出抓好几项重点工作。

第一，着力建立健全长效工作机制。在目前正在修订的《环境保护法》中，明确提出"城市人民政府要编制实施城市环境总体规划"，探索建立经济社会发展规划、城市总体规划、土地利用总体规划与城市环境总体规划的紧密衔接、信息共享的联动机制，在城镇化规划等相关规划编制、城市基础设施建设和土地开发利用等重大安排中，要把城市环境总体规划的相关要求作为重要依据和必要支撑，予以充分采纳，推进城市绿色发展。要借鉴吸收其他规划编制实施的有益经验，集成创新、拓宽领域，努力建立一套具有环保特色、符合实际需要、管用能使的城市环境总体规划编制、实施管理制度，明确工作推进的基本原则、基础工作条件、规划编制要求及颁布实施的管理规定，推进城市环境总体规划的制度化、规范化。

第二，着力推进城市的可持续发展。保护环境能够提升生态环境质量、提供生态产品、直接产生生态环境价值，通过直接降低单位国内生产总值的环境资源成本增加生产力总量，从而提高生产力。城市环境总体规划是国家城镇化战略的重要组成部分，编制实施规划对于优化经济发展、改善环境质量、保障民生都具有重大意义，是推进城市生态文明建设顶层设计的关键环节。要根据城市不同区块的资源环境承载能力，现有开发密度和发展潜力，统筹划分环境功能区，确定各片区的功能定位、发展方向，优化空间开发格局，划定并严守生态红线，保障生态安全，同时也要实现城市、区域和国家不同层次规划有机衔接、多维度融合，促进城市发展和管理更加紧凑化、生态化、人性化，加快构筑网络化、组团式、紧凑型城市空间格局，努力做到集中集约用地，着力营造"城在林中、路在绿中、房在园中、人在景中"的人居环境，形成功能定位明晰、产业布局合理、体现区位优势特色、与资源环境承载能力相适应的城市可持续发展格局。要坚持集约利用土地、控制污染排放、加强生态保护和安全第一的原则，着力推动产业结构优化升级；处理好"生态"与其他资源要素、人力要素等的关系，在经济社会发展中认识和正确运用自然规律，合理有效利用自然。

第三，着力加强城市环境总体规划技术支撑体系研究。逐步建立健全城市环境规划体系，探索完善基于城市单元的城市环境总体规划、环境控制性详细规划、环境专项规划之间的衔接联动机制，提高城市环境总体规划实施效果。加强研究和科技攻关，力争在环境容量与可持续发展、生态阈值与城市布局、环境基本公共服务均等化与城市公共管理、时间尺度掌握与空间落地规则等关键领域有所创新突破，探索建立基于资源环境综合承载力，统筹环境问题、防控污染物和重点防控产业、区块间的协同控制体系；从人口、规模、布局、产业结构、节能降耗、污染物控制等多个维度，建立城市经济发展的综合评价模型和目标指标体系；积极探索自然环境演化规律、污染防治和生态恢复规律、环境管理工作规律，着力解决影响人民群众身体健康的突出环境问题，促进公共服务均等和公共产品共享，特别是针对各环境要素在功能、布局、质量、阈值等方面的要求，研究确定生态红线、风险防线、资源消耗上限和生态环境容量底线等核心内容，并逐一落实于具体空间单元；在试点实践的基础上，研究出台环境功能区划编制技术规范，建立一套科学系统的环境功能区划技术支撑体系。

第四，着力开展生态红线的划定与管理支撑制度的科技攻关。生态红线是城市环境总体规划的一项重要制度安排，是在城市层面进行环境功能区划时确定的对保障国家和区域生态安全、提高生态服务功能具有重要作用区域的边界控制线。要组织高层次专家进行集中研究攻关,研究和论证哪些要列入生态红线,并在此基础上形成一套相对完善、可操作性强的生态红线划分、测定与评估方法,保障国家和区域生态安全,提高生态服务功能。要深入研究如何从制度上保障生态红线,实行最严格的制度、最严密的法治,加强日常监督管理,确保落实生态红线,建立责任追究制度,对那些置生态红线制度不顾盲目决策、造成严重后果的人,必须追究其责任,而且应该终身追究。

第五,正确处理全面推进和重点突破的关系。目前,环保部正在大力推进24个城市开展城市环境总体规划试点工作。试点示范是一项系统工程,头绪多、任务重,要注重相互促进、良性互动,既要整体推进,又要重点突破。一方面,要坚持推动试点城市工作的规范性全面性;另一方面,又要善于抓主要矛盾和矛盾的主要方面,从事物的普遍联系和动态发展中,抓住影响推动工作的重要领域和关键环节,找准突破口,明确着力点,不失时机地加大改革力度,不断把工作引向深入。要学会"弹钢琴",既有先后次序,又有轻重缓急;更要学会"下围棋",既有大局观和前瞻性,又提前在关键位置"做眼"。

3.2.4 我国生态环境分区管治主要问题

环境规划实践是整个生态环境管理工作中最重要的一环,是目标与现实之间的桥梁,它的好坏直接影响着环境保护工作的成效。当前我国环境规划在制订、实施和评估的实践存在以下七个方面的弱效表现。

1. 理论"创新"弱

随着经济社会快速发展,我国环境规划理论方法研究渐渐跟不上步伐。当前采用的环境规划理论大多系欧美发展的环境目标规划法,通常是依据已有的模式,根据一系列数学化学公式编制出来的,给出的许多削减或建设项目目标很少考虑规划的经济分析与多元利益人关系,导致规划目标的可接受性和可操作性减弱。环境容量核算、环境经济核算等领域的基础研究长期未能取得突破性进展,未有类似诸如城乡建设规划中"容积率"、土地利用总体规划中"耕地保有量"的核心环境规划指标体系,制约了环境规划的发展和深化。

2. 数据"支撑"弱

编制一个科学合理的环境规划对于环境数据信息的要求是很高的,目前环境统计的广度和深度都不尽人意,制约了规划的发展。在实际规划工作中,经常会面对水、大气、土壤等环境资料不足和数据不准确的问题，使得城乡环境系统变化规划很难搞清楚，环境容量难以确定，这就对环境规划很多具有重要作用的"指标"缺乏足够的信服力和约束力。同时目前对于生态用地构成要素的认识尚未达成部门间的共识，不同部门从各自分区管治重点出发有各自的定义。环保部门对生态用地的定义重点是从生态敏感性方面进行识别；住建部门重点是从生态格局方面对生态用地进行认定；国土部门将生态用地与农田保护进行区分，然后划定不同的保护空间……各部门对生态用地认知的不同，不利于形成统一的生态保护空间，增加了"多规合一"的协调工作难度。如广州市在划定生态保护红线的过程中，同步开展生态控制线的划定工作，由于生态保护红线（划定标准《生态保护红线划定技术指南》2015年5月环境保护部制定）与生态控制线（《广东省城市生态控制线规定工作指》2014年6月广东省住房和城乡建设厅制定）划定标准的差异，导致两条关于生态保护线的统一成为地方环保与规划部门重点协调工作之一。经过多次协调衔接，最终形成广州市统一的生态保护红线。由此可见，生态用地认识的不统一，标准的打架，为"多规合一"工作带来了不必要的协调工作，统一各部门对生态用地概念内涵的认知十分重要。

由于数据支撑弱，导致环境规划对资源调配弱。规划的主要作用是调配资源。国民经济和社会发展规划具有经济社会项目资源调配权，城乡规划、土地利用总体规划主要配置土地这一可以转化为"稀缺资产"的自然资源。这些年，这些规划的强势正是体现为对某种资源的支配力，环境规划的弱势根源在于其没有可供规划和调配的对象，为此常陷入"等、靠、要"的被动局面，缺乏人、财、物、信息的及时有效支持，严重制约着规划编制与实施任务的完成。

3. 空间"底盘"弱

随着经济社会的持续快速发展，我国的资源环境约束也持续加剧。当前，我国生态环境总体在恶化，水土流失严重、沙漠化迅速发展、草原退化加剧、森林资源锐减、水体污染明显加重、大气污染严重，治理能力远赶不上破坏速度，生态赤字逐渐扩大。《中共中央国务院关于加快推进生态文明建设的意见》明确提出，建立资源环境承载能力监测预警机制，对水土资源、环境容量和海洋资源超载区域实行限制性措施，以及将各类开发活动限制在资源环境承载能力之内的相关要求。但是，在地方实际工作中，资源环境承载力对开发活动的限制性作用尚未全面充分的体现，有些城市，在水资源极度欠缺的情况下，还要求规划扩大建设用地规模，"以水定城""以水定产"意识淡薄，资源环境承载力的预警机制没有起到应有的作用。

在以构建国家空间规划体系为最终目标的"多规合一"工作中，通常认为空间规划的"正规部队"是城乡规划和土地利用规划。两者"异曲同工之处"在于：法律支撑完备、行政管制强力、组织体系庞大以及技术方法缜密。相比"两规"的成熟度，环境规划仍显稚嫩，对空间的谋划几乎处于空白状态，在实施中常罗列一些缺乏针对性的原则、标准，缺乏执行力度特别是没有可操作性的编制导则和约束性指标来控制城乡发展建设行为。

4. 体系"合力"弱

当前环境规划体系一个很大缺陷是各类总体规划、要素专项规划、行动计划数量过多、类型庞杂，缺乏有效衔接整合，造成了自身体系紊乱。这些直接影响了环保工作的推进实施，尤其是不同行政级别的环境规划间环境职能、事权界定不清；地方政府在具体落实执行时，要么不知所依，要么形成政策投机博弈；整个规划体系难以形成合力，无法适应快速发展的经济社会，也难谈应对复合型、交叉性的生态环境问题。

环境功能区划是在自然生态安全、人居健康维护、区域环境支撑能力等多维度开展环境功能综合评价基础上，按照主导因素法，通过对不同区域主导环境功能区类型的识别而形成的。一般来讲，环境功能区划可以分为自然生态保留区、生态功能调节区、食物环境安全保障区、宜居环境维护区等一级区及若干环境功能亚区。环境功能区划是保障自然生态安全和维护人群环境健康的重要规划分区管治手段，是城市规划、土地利用总体规划空间布局的环境基础性因素。但是现实情况是，为了不"干扰"城市扩展，在很多地方往往是城市规划布局先行，环境功能区划后置，环境功能区划的环境安全引导作用未能充分体现。另外，在技术层面，环境功能分区与城市规划的"四线四区"、土地利用规划的"三界四区"的控制管制分区的对应关系也尚未理清，不利于"多规合一"空间分区管治共识的达成。

为实现我国国土资源的合理利用与科学保护，促进城乡生态环境的可持续发展，不同学科领域的专家学者、行政管理部门纷纷加强了对社会经济活动的规划和管理，并日益重视相关管理政策在地理空间的落实，如主体功能区规划、新一轮土地利用规划及其强调的"三区四线"、环境规划规划及生态红线划定和环境功能区划分、城市规划及其空间管制策略等。然而由于编制方法、管理手段、政策体系、机构设置等多方面的原因，各类型规划之间存在各式衔接困难，难以实现对国土空间开发利用、新型城镇化发展和城乡建设的有效引导，亟需深入开展"多规合一"、"多规衔接"的研究工作。

环境规划是为使环境与经济和社会协调发展而对自身活动和环境所做的空间和时间上的合理安排，环境规划与其他各类型规划的衔接是可持续发展战略顺利实施的重要保障。2010年，结合国家环境保护"十二五"规划研究课题，国家环保部就环境规划与国民经济和社会发展规划、主体功能区规划的衔接开展研究，但是对于实现环境规划与城市规划有效衔接的研究还相对较少。

目前，城市规划与环境规划都有各自的空间分区管治区域划分及方法。城市规划中由于"四区"划定强调对城乡空间的开发控制引导，对指导下层次规划的可操作性更强，已逐渐成为当前城市规划中空间管制类型划分的主流方法。目前城市规划的"四区"划定主要根据用地现状和法律法规划定已经建设区和禁止建设区，然后通过研究空间增长边界确定城市建设用地，划定适宜建设区和限制建设区。空间管制区划就其技术基础而言也是较薄弱的，尚缺乏严谨的划分方法、标准以及基于深入研究的理论支撑。目前主要是基于经验判断的定夺，空间管制区划的具体划分标准、如何实现区域空间多尺度的对接等，都有待进一步的研究及实践探索。

环境规划目前对空间进行分区管治的方式有环境功能区划和生态红线的划定等。环境功能区划的基本方法是环境影响主要因素系统分析和环境单项叠加，例如叠置分析法和生态适宜性评价法。环境功能区划目标设置更多的是考虑环境要素的基础质量，已不能完全反映各要素界面间的交互作用和影响及其所形成的复合型交叉性环境问题。

综上所述，城市规划、环境规划作为两种规划，有其各自的规划法规体系、规划行政体系、规划实施体系等。而且两规在规划定位、规划对象、规划依据、主导部门、时空特征、规划范围、编制方法和技术手段等方面也存在差异，特别是空间分区管治方面，两规之间又没有相互协调的强制性因素的控制，致使在实际的规划执行过程中，城市规划的空间管制和实施往往忽略了对环境规划的作用，往往以经济发展及产业需求为首要目标来划分土地的空间布局，这种城市规划模式往往顾此失彼，不断影响生态环境。而环境规划又由于其自身体系不完善，缺乏执行力度尤其是无强制性指标来监控城市的发展建设行为，导致环境规划所划分的环境功能区、生态红线城市规划中重视不够。因此，研究城市规划和环境规划衔接机制与衔接方法，对于实现城市规划与环境规划的协调，指导城市建设与环境保护工作的协调发展意义重大。

5. 话语"地位"弱

环境总规暂未普遍编制，尚未形成适合"多规合一"工作深度要求的生态环保"一张图"。环保部于 2012 年 9 月印发了《关于开展城市环境总体规划编制试点工作的通知》（环办函 [2012]1088 号），确定第一批 12 个试点城市，标志着城市环境总体规划编制试点工作正式启动。之后，环保部又先后于 2013 年 6 月、2014 年 12 月发文确定了第二批、第三批试点城市分别为 12 个、4 个。加上单独印发文件同意开展试点的北京市丰台区、沈阳化工园区等，共 30 个试点。目前，环境总规尚在启动编制阶段，没有全面铺开。环境总规在"多规合一"工作中应是基础性的规划，是"多规"融合的基础和约束性因素，但是由于规划编制进度的滞后，使得环境总规的基础约束性作用减弱，严重影响了地方在"多规合一"工作中对生态环境保护内容的衔接和落实。

"多规合一"工作面向规划管理，目标之一是提高政府行政审批效率，其对空间的分区管治要求均落实到坐标，具有明确的空间分区管治边界。这也要求融入"多规合一"的相关规划应在内容深度上与之保持一致。目前，根据《城市环境总体规划编制技术要求（试行）》，城市环境总体规划的主要内容包括资源环境约束分析与发展调控、生态安全格局构建、环境功能区划定、重点区域生态环境保护、城市环境风险防范体系和环境应急处置救援体系建设、人居环境健康服务、环境设施、信息和管理服务、重大工程设计等。这些内容设置较全，可以较好地解决城市生态与环境保护的问题，但是从已经编制完成的某些城市的环境总规来看，尚未形成环境规划"一张图"，各项控制要素还是散落在各个图件中，规划编制深度距离"多规合一"空间分区管治要求还有一定差距。

从发挥的作用看，我国现行规划大致可分为发展型与控制型两类。现在环境规划扮演的潜在角色仍是"经济约束型规划"，无形中使使环保部门成为"孤立部门"使环境规划与其他部门规划之间缺少实质性的衔接和协调，环境规划得不到其他部门规划的有效支撑，成为"孤立规划"。加之地方政府为追求政绩、地方经济的发展速度和规模、解决当地就业等，往往忽视生态环境影响因素，城乡规划与土地利用规划更加受到重视，如此则更弱化了环境规划对城市发展规模的控制作用，失去了环境保护原本应作为综合部门的作用与地位，这也是导致环境规划成为"孤立体系"，不能有效付诸实施，环境保护工作徘徊不前的重要原因。

6. 法律"保障"弱

想让环境规划摆脱"墙上挂挂"深入落实到实践中去,就必须从规划的报批、实施和检查等各个环节都进行细致的研究,并做出明确的法律规定。虽然新《环境保护法》明确了环境规划的法律地位,但仍未将环境规划真正纳入法制化的轨道,具体实施过程中相关管理部门的职权内容和范围进行设定、各个环节中所必须遵守的程序规定以及相关的处罚规定缺乏实施细则。轻视过程控制,这是规划编制与实施脱节、环境规划流于表面的一个重要原因。

3.3 生态文明体制改革下生态环境分区管治发展机遇

《生态文明体制改革总体方案》中提出建立系统完整的生态文明制度体系。推进生态文明制度建设,为自然资源资产管理和自然生态监管体系改革顶层设计打基础,通过试点提出法律法规修、立、改、废清单,着力解决自然资源所有者不到位、所有权边界模糊等问题。保障国家生态安全,改善环境质量,提高资源利用效率,推动形成人与自然和谐发展的现代化建设新格局。发改、国土、环保、住建等4部委开展"多规合一"试点,要求"划定城市开发边界、永久基本农田红线和生态保护红线,形成合理的城镇、农业、生态空间布局",来形成合理的空间布局,探索空间规划体系以及相对应的管理体制机制。重点强化生态空间分区管治,推进主体功能区规划落地三件事("多规合一"、资源环境承载力预警、负面清单)之首的"多规合一",以实现优化生态空间布局、有效配置土地资源、提高政府空间分区管治水平和治理能力的目标。这套"四规合一"的方案被称为生态文明下"多规合一"的2.0版本。

"多规合一"的2.0版本有利于建立一个工作平台和机制,在一套概念、时限、标准、方法等体系下,促进各部门在环境保护方面充分探讨、协商,说深说透,并取长补短,拿出多方共赢的行动部署。"多规合一"的实施虽然在某些方面限制了发展,但是其扬长避短,以区域承载力为基础确定发展方向、发展规模和人口规模,在行政区域的空间范围和生态范围内实行环境、自然资源、经济、土地等资源的配置优化,创造更多的环境容量和经济价值,保障优势企业的国际竞争力,并为未来创造更多的发展空间,其综合效益即卡尔多-希克斯效率还是提高了。也就是说,结合基础,形成底图、坚持底线、明确方向,为未来留有必要的发展空间,是"多规合一"所追求的基本价值。

生态文明体制改革有一个重大突破，即突出生态环境的基础制约和保障作用，建立用地规模控制线、城市增长边界、产业区块控制线和生态控制线，开展生产、生活空间的分区管制和生态空间的用途管制，形成一张蓝图，优化和科学分区管治、统筹空间资源，促进发展的高质量和可持续性。从发展进程来看，从一规到多规，到多规联合和多规整合，再到多规融合即合一，体现了一规各表、多规各表、多规一表、一张蓝图的螺旋式发展历程，是规划科学化、民主化进程的一个具体体现。

而生态文明体制改革给生态环境一个发展机遇，为当前生态环保规划注入更多的空间话语。构建以生态功能识别、生态空间结构优化与分区管治为主要内容，全国统一、相互衔接、分级管理的生态空间规划体系，着力解决空间性规划重叠冲突、部门职责交叉重复、地方规划朝令夕改等问题，为新时代生态保护规划的编制与实施提供战略性理论与技术储备，使其能够在国土空间开发管理中与自然资源管理部门拥有对话的平台，能够扮演更有效的生态保护角色，形成支持绿色发展、转型传统发展的有效分区管治依据、能力与工具。

第 4 章
生态环境功能溯源的理论框架

思想与理念是指导和决定人类行为的根源。正如恩格斯所说,"每个时代的理论思维,都是一种历史的产物,在不同的时代具有非常不同的形式,并因而具有非常不同的内容。"同样,人地关系思想作为一种社会意识形态,反映了特定时代人与自然的相互关系和相对地位,并在很大程度上决定了人对自然的基本态度和价值取向,引导了人类的行为方式,进而影响并改变着人类的生存环境和人类文明的进程。本次研究首先从基础理论入手,强调必须用正确的、新型的、中国特色的生态伦理观贯穿、统领、指导各支撑研究的开展,从而为研制符合新时代生态文明发展要求的生态规划与管理理论、方法与技术体系确立价值观保障。是人类与自然环境的关系和人类与社会环境关系的统一。传统的生态文明是人们在改造客观物质世界的基础上,谋求克服改造过程中的负面效应,改善和优化人与自然、人与人的关系,并围绕这一过程形成一套自然生态资源开发与保护的物质、精神、制度等方面成果的总和。

4.1 内涵思想

生态环境指的是以人类为主体的外部世界,主要是地球表面与人类发生相互作用的自然要素及其总体。生态环境危机不仅仅是一个科学技术问题,它的实质是人们对价值的取向。人们总是错误地认为自然资源是取之不尽用之不竭的,更意识不到生态环境之间各因素的连锁反应。由于人类盲目地、掠夺性地开发利用大自然,超过了自然界的承受能力,破坏了大自然的和谐,自然界从报效于人类而走向它的反面:对人类进行报复。

生态环境危机是人类错误的价值观导致的人们的思想还停留在"人类中心主

义"的阶段，保护环境还没有成为人们的自觉行动。人类中心主义认为人是凌驾于自然之上的，并有权为了自身的利益去掌握和控制自然，甚至随心所欲地塑造自然，人对自身的理解基本是囿限于如何征服自然、超越自然，而不是如何与自然融为一体。

狭隘的人类中心主义是导致当代生态环境危机的深层根源。它以人统治自然为指导思想，一切从人的利益出发，以人为根本尺度，以最大限度满足人的无限欲望为目的，运用不断创新的科学技术，陶醉在征服、改造、掠夺一个又一个自然物的胜利之中。结果导致了人口爆炸、过度消费与资源、环境承载力的有限性的尖锐矛盾。

当人类把自己作为大自然主人的时候，粗鄙的物质主义和庸俗的消费主义便显现出来，人们被当前的科技成果蒙住了双眼，产生了科学万能的思想与盲目的乐观主义甚至认为地球上的一切问题都可以用科学的手段加以解决。殊不知，当人类科学还没有发展到足以抵御由于人类的贪欲而给地球造成的环境问题时，我们该如何面对大自然给人类造成的灾难呢？因此，人类要想使全球环境恶化的趋势得到有效的遏制，就必须首先抛弃狭隘的人类中心主义，重新建立一种人与自然的和谐关系。

传统发展观是在西方工业文明基础上形成的发展观。在传统发展观的指导下，人类不仅创造了极大的物质财富，而且逐渐摆脱了封建社会的愚昧状态。但是，传统发展观却带来了全球性的资源危机、生态危机、环境危机以及人的精神异化。启蒙运动以来，人的理性得到了极度的张扬，人成了无所不能的存在者。传统观念、社会制度等，都受到了理性的批判，一切都要在理性的法庭面前为自己存在的合理性做出辩护或者自动放弃存在的权利，理性取代了"神圣形象"的上帝，成为统治人的"非神圣形象"。但是就在人们欢呼理性胜利的同时，却带来了"存在主义的焦虑"、"人类精神家园的衰落"，人成了"单向度的人"，人类迷失了自己的方向。

传统发展观在关注社会如何快速有效发展，如何才能增加社会物质财富的同时，却忽视了"为了什么发展"和"什么样的发展才是好的发展"这个目的论和价值论的问题。正如美国学者威利斯·哈曼所说："我们唯一最严重的危机主要是工业社会意义上的危机。我们在解决'如何'一类的问题方面相当成功"，"但与此同时，我们对'为什么'这种具有价值含义的问题，越来越变得糊涂起来，越来越多的人意识到谁也不明白什么是值得做的。我们的发展速度越来越快，但我们却迷失了方向"。

生态伦理发展观的出现不是偶然的，它是在看到传统发展理论价值观缺失，特别是在看到由此所带来的环境危机、资源危机和人口危机等基础上形成的。它的出现对于我们反省传统发展观的危机与其哲学基础具有重要的现实意义和理论意义。

所谓伦理（Ethics），根据韦氏字典（Weber Dictionary）的解释，它的内涵是：（1）基于正确和错误之认知所诱发的动机；（2）对道德价值和规范之哲理研习。从现代语言学角度来看，"伦"主要指人与人之间的关系；"理"即事物之条理。"伦理"两个字合在一起，它的含义是指人际间所应遵循的理法及行为的规范。那么，所谓"生态伦理"，应该指对地球生存状态的进行伦理性的关注，关于人与自然环境之间关系的道德原则、道德标准和行为规范的总和，人与自然协同发展的道德诉求。因此，它的基本原则是，权利与义务相统一的原则，尊重自然、善待自然的原则。

生态伦理是人类处理自身及其周围的动物、环境和大自然等生态环境的关系的一系列道德规范，是人类在进行与自然生态有关的活动中所形成的伦理关系及其调节原则。人类的自然生态活动反映出人与自然的关系，其中又蕴藏着人与人的关系，表达出特定的伦理价值理念与价值关系。人类作为自然界系统中的一个子系统，与自然生态系统进行物质、能量和信息交换，自然生态构成了人类自身存在的客观条件。因此，人类对自然生态系统给予道德关怀，从根本上说也是对人类自身的道德关怀。

然而长期以来，在以经济发展为中心的发展理念下，我们在对待人与生态环境的关系时，始终表现为一种"人优先于自然、发展优先于保护、经济优先于环境"的人类为中心的实用主义伦理观，导致一种"出于发展，对自然可无限索取，并尽可能快、尽可能多索取"信念动机之上的传统发展模式。伴随快速的工业化和城镇化发展，地方政府急功近利，涸泽而渔，公用地悲剧频频发生，生态环境承载能力已经达到或接近上限，整个国土空间面临十分严峻的生态安全危机。

20世纪中期西方工业化国家爆发一系列环境污染事件，由此人们开始关注环境与可持续发展问题。1962年《寂静的春天》出版，1972年《增长的极限》发表和瑞典斯德哥尔摩"人类环境会议"的召开，1992年联合国"环境与发展大会"、2002年联合国"可持续发展世界首脑会议"召开、2012年"里约加20会议"的召开等，国际社会一直在寻求走经济发展、社会进步与环境保护相协调的可持续发展道路。一些学者开始从社会文明的高度来思考工业文明。保罗·伯翰南1971年发表《超越文明》，指出一种"后文明"即将出现，但他没有指明这种"后文明"将是什么形式。1995年，美国学者罗伊·莫里森在《生态民主》一书中正式将生态文明作为工业文明之后的一种文明形式。

与此同时，西方生态马克思主义、生态社会主义的思潮和运动悄然兴起。加拿大学者威廉·莱斯分别于1972年和1976年发表了《自然的控制》和《满足的极限》著作，指出在资本主义制度下建立在"控制自然"观念基础上的科学技术是生态危机的根源，剖析了资本主义社会异化消费现象，提出要建立"易于生存的社会"来解决生态危机。此后，相继出现了双重危机论、政治生态学理论、经济重建理论、生态社会主义理论，形成了系统的生态马克思主义理论。在实践上，生态运动也在西方政治和社会文化领域兴起。1980年，德国成立了有明确政治纲领的"绿党"，明确提出生态社会主义的口号。此后，绿党在工业化国家不断发展壮大，曾在西方近20个国家的议会中拥有议席，一些绿党还取得过执政地位。20世纪90年代的生态社会主义明确提出了"红色绿党"的新概念，提出了生态社会主义的政治、经济、社会和意识形态等主张，形成了生态社会主义的思想体系和政治纲领。但"生态文明"一词的使用时间并不长，苏联环境学家在《莫斯科大学学报·科学共产主义》1984年第2期发表的"在成熟社会主义条件下培养个人生态文明的途径"一文中首先采用，认为人类发展必须重视生态状况。对生态文明内涵的理解因人而异：有人强调生态状况，有人强调文明程度，有人强调生态环境保护，有人强调生态环境工程建设，可谓见仁见智。

实际上，生态是自然科学的研究范畴。1866年，德国动物学家海克尔把"研究有机体与环境相互关系"的科学命名为生态学。生态学理论认为，生态指生物之间、生物与环境之间的存在状态及相互关系，有竞争、共生、自生和再生的演化规律，有保持时间、空间、数量、结构和秩序的持续与和谐功能。1944年，日本民族和人类学学者梅棹忠夫用生态史观研究人类文明史并发表文章，1967年出版《文明的生态史观：梅棹忠夫文集》，认为自然环境、生态条件对文明史进程有着重要作用。用生态学方法认识人与自然关系、处理环境与发展问题，就形成了一种崭新的世界观和方法论。文明是人类社会发展的产物，是一切物质文明和精神文明的总和。英国著名历史学家汤因比在其巨著《历史研究》

中提出，文明包含政治、经济、文化三个方面，其中文化构成一个文明社会的精髓。

生态文明涉及"生态"和"文明"两个方面。"生态"是指生物之间以及生物与环境之间的相互关系与存在状态，亦即自然生态。"文明"一词最早见于《周易》，即："见龙在田，天下文明。"唐代孔颖达注疏《尚书》时将"文明"解释为"经天纬地曰文，照临四方曰明。""经天纬地"意为改造自然，属于物质文明；"照临四方"意为驱走愚昧，属于精神文明。可见，"文明"一词在古代已经包含了物质文明和精神文明。西方语系中，文明（civilization）的字面解释源于civilis，即civil，拉丁词根civis，意为市民，civitas，意为城市，大致是"开化"之意，与"野蛮"相对应。演化至今，"文明"包含两层含义，一是文化层面的含义，指人类社会发展到较高阶段的文化状态，通常以文字的出现为标志，如古希腊文明、玛雅文明；二是道德层面的含义，指人们具有的良好习惯和道德素质。

我国生态文明理论研究始于1987年，当时著名生态学家叶谦吉最早使用了生态文明的概念，他从生态学和生态哲学的视角来界定生态文明，认为生态文明是人类既获利于自然，又还利于自然，在改造自然的同时又保护自然，人与自然之间保持和谐统一的关系。之后，理论界开始广泛研究生态文明，尤其是"十八大"以后，生态文明成为许多学科研究的热门课题。关于生态文明概念与内涵的研究，许多学者从不同的视角对生态文明进行了界定。一是认为生态文明是人类的一个发展阶段（俞可平，2005；李红卫，2006；王治河，2007；陈瑞清等，2007），人类至今已经经历了原始文明、农业文明和工业文明三个阶段，在对自身发展和反思的基础上，人类即将迈入生态文明新阶段；二是认为生态文明是社会文明的一个方面（余谋昌等，2006），生态文明是继物质文明、精神文明、政治文明之后的第四种文明，四大文明一起支撑和谐社会大厦。三是认为生态文明是一种发展理念（赵建军，2007；李良美，2007），认为生态文明与"野蛮"相对，是在工业文明已经取得成果的基础上，用更文明的态度对待自然，建设和保护生态环境，改善与优化人与自然的关系，从而实现经济社会可持续发展的目标。四是认为生态文明是改善人民生活和实现可持续发展的途径，是一种建立在先进生产力基础上的文明形态（潘岳，2006）。在确保人民群众基本生活需要的基础上，加强生态建设和环境保护，转变生产模式和行为模式，走一条依靠自然、利用自然而又保护自然，与自然和谐共处、互动发展的可持续发展之路。在对以上研究进行梳理和概括的基础上，陈洪波、潘家华（2012，2013）认为，生态文明的概念界定有广义与狭义之分。狭义的生态文明指人与自然关系上的一种道德伦理与行为准则，它把人本身作为自然界的一员，在观念上，人要尊重自然，公平对待自然；在行为上，人的一切活动要充分尊重自然规律，寻求人与自然的协调发展。广义的生态文明是一种超越工业文明的社会文明形态，既包括尊重自然、与自然同存共荣的价值观，也包括在这种价值观指导下形成的生产方式、经济基础和上层建筑，是一种"人与自然和谐共进、生产力高度发达、人文全面发展、社会持续繁荣"社会的一切物质和精神成果的总和。生态文明是相对于工业文明提出来的，实际上是一种新的社会文明形态，具有普适性和普世价值。生态文明不是简单地对工业文明进行否定或者替代，而是利用生态文明的理念和原则对工业文明进行整体改造和提升。不仅是发达国家，发展中国家也需要实现文明转型，实现人与自然的和谐和可持续发展。

　　回顾人类在发展规划中有关生态思想的探索与发展，从"因天时，就地利"的古代朴素规划思想到乌托邦花园城市，再到"生态城市"，都充分反映了人类在技术进步的帮助下，从为追求一般的生活环境到追求高质量的、自然的、可持续的人居环境的历程。这个历程，是人类不断实现自我欲望的历程，也是一个同自然从顺应到破坏再到有机结合的"螺旋上升"的历程。而在这个历程中，生态观作为其思想根源和演绎的驱动力，被人类从潜意识到自觉地运用于规划设计中。目前我国现正处在经济高速发展的阶段，但必须认识到，忽视生态平衡，经济也不可能持续发展。因此，提升生态伦理的自我认知观念，明确人与自然是生命共同体，必须尊重、顺应、保护自然。在发展建设过程中要科学、谨慎、有序地把握人对自然的改造活动，既不要单一、被动、消极地依赖自然环境，也不能将人与自然环境的关系割裂开来或对立起来，而是要以保护自然环境为前提，在对自然的改造活动中不断发展自己，不断协同人与自然共生共荣的关系。运用生态学的知识和原理，将城镇化放入一个复合系统中研究，以协调人工建造与自然环境良性共生关系，并在规划设计中自觉引入生态决定因素，以达到整体有序、循环利用、协调共生的生态平衡环境。

　　正是基于上述深层次的思考，本次研究力求在以下方面进行创新突破：

　　首先，回归"正确"——把握环境对于人类的制约性和人类对于环境的能动性的统一，克服生态伦理观中人类中心主义与生态中心主义的各自不足。把人与自然的物质交换建立于"合理地调节"、"共同控制"的基础上，探索建立于资源有限性观念之上，既满足当代人的需要，又不对后代满足其需要的能力构成危害的可持续发展型规划与管理。

其次，融入"新型"——克服以往发展观的局限性和片面性，用"底线论"、"绿水青山就是金山银山"、"山水林田湖是一个生命共同体论"等一系列新的认识论重新审视与定位人与自然、人与自然规律的关系。深刻认识到尊重规律、保护自然的紧迫性和重要性，牢固树立尊重、敬畏、适应自然，使社会发展和资源、环境相协调的生态文明理念。把自然作为人的生命共同体纳入人的活动范围来考察，并在实践的基础上把握和理解人与自然的关系，使主体与客体达到统一。

最后，探索"中国特色"——推动天人合一中华智慧的现代回归，打破西方工业化文明形成的现代化模式束缚，努力创新新时代中国原创型发展规划理论与方法。中国发展观到底有什么特点，中西发展观的语境到底有哪些差异，我们应该建构怎样的发展观，这是促进国家治理现代化，必须深入探讨的根本性战略问题。探索一种中国特色的生态文明理论，改变以往自然与人、自然与社会、自然与历史的相对立状况，向世人展示一幅自然与人、自然与经济社会发展相互作用和辩证统一的图景。从而为当代世界生态伦理学的发展提供中国方案，既是中国特色社会主义发展道路对"理论自信"的具体演绎，也将为全球从根本上、战略上解决生态问题提供重要的思想依据，对于启发当代人解决生态危机的思路，具有重大的指导意义。

4.2 框架体系

"生态资源—生态资产—生态资本"和"公共资源—生态成本—生态负债"代表了人类对生态环境价值的不同认知层面。如果仅仅将生态环境当成一种公共资源，由于管理、控制和认识的不到位，常会导致资源的盲目利用，带来经济的负外部性；如果将生态环境当成一种资本，通过进行"生态货币"核算，将其纳入到市场经济体系中，就可以通过技术、市场、法律等手段引导人们做出科学的决策，从而有效地避免负外部性。所以，人类对生态价值的不同认识将引导世界向完全相反的方向发展，我们必须从资本和负债的角度来看待生态环境，努力地增加生态资本，减少生态负债，从而促使人与自然协调发展（图4-1）。

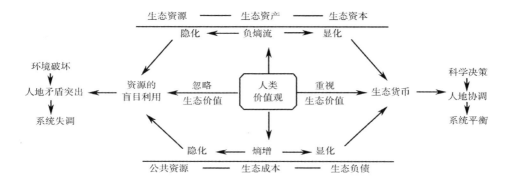

图 4-1　人类价值观对人与自然关系的影响

人与自然的和谐相处，是人类文明顺利发展的基石。葛兆光在《中国思想史第一卷七世纪前中国的知识思想与信仰世界》一书中指出："'天人合一'，其实是说'天'（宇宙）与'人'（人间）的所有合理性在根本上建立在同一个基本的依据上。它实际上是古代中国知识与思想的决定性支持背景。"

马克思指出："社会是人同自然界的完成了的、本质的统一，是自然界的真正复活，是人的实现了的自然主义和自然界的实现了的人本主义。"讲求人与自然之间的和谐发展，既是中华文明的精髓所在，也是中国传统文化的基本精神，更是中国人文科学探讨的核心价值。

著名的中国科技史专家李约瑟在《中国科学技术史》中指出，中国思想"从来不把人和自然分开，而且从未想到社会之外的人"。他认为，中国的智慧与西方世界的那种以征服自然为动机或目的的思维方式不完全相同，尤其是道家学派提倡的自然无为的发展理念，反映了中国上古时代的发展方式，这种发展的逻辑形式，就是强调主体与客体的统一，人与自然的和谐，才能真正有利于人类社会和自然界的共同和谐的发展。

如何整治日趋恶化的生态环境，防止自然生态环境的退化，有效处理和解决生态系统退化问题，恢复和重建已经受损的生态系统原有结构和功能，是改善生态环境、提高区域生产力、实现可持续发展的关键。

本章研究提出生态功能溯源理论，其"生态"不是回归自然的原始生态，也不是人间仙境式的理想生态，而是积极意义上的发展生态。科学实质是通过生态规划、生态工程与生态管理，将各个单一的生物环节、物理环节、经济环节和社会环节组装成一个有强大生命力的生态经济系统，运用生态学的竞争、共生、再生和自生原理调节系统的主导性与多样性、开放性与自主性、灵活性与稳定性、发展的力度与稳度，使资源得以高效利用、人与自然和谐共生（图4-2）。

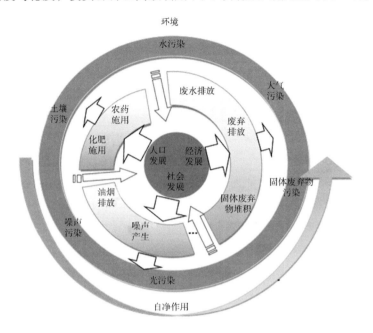

图 4-2　生态功能溯源理论的基本内容构成框架

为此，生态功能溯源理论核心是基于生态伦理，重塑修复"人与自然的内在联系和内生关系"，蕴含着重要的生态哲学思想。树立自然价值理念，确保生态系统健康和可持续发展的优先地位，从过去的注重要素保护修复转变为注重系统保护修复，将"山水林田湖草城"多要素构成的生命共同体系统服务功能提升为价值导向的环境管理，目标是保护生态系统功能性和完整性，协调生态环境保护与经济发展、资源利用的关系，为自然界的整体认知和人与生态环境关系的处理上提供了重要的理论依据，成为生态文明建设的重要方法论。

功能溯源理论从人对自然生态系统的利用（人—道法）和自然生态系统功能维护（天—自然）两个维度六个方面（机理溯源、目标溯源、要素溯源、价值溯源、位序溯源、管制溯源）进行了理论框架的构建，具体见图4-3。

人—道法维度：在进行生态环境分区管治时，表现为对国土空间的价值、目标和管制溯源，集中表现了生态溯源理论中人类作为主体在对自然生态环境客体利用时，为满足自身需要和发展的价值判断。

天—自然维度，在进行生态环境分区管治时，表现为对国土空间的机理、要素和位序溯源，集中显示了生态溯源理论中人类在处理与自然生态环境主客体关系上的伦理判断，以及自然生态系统作为独立于人类主体而存在的系统功能判断。通过两个维度考量的协调融合，实现人与自然和谐相处，最终达到"道法自然"、"天人合一"的最高境界。

以上述理论框架为指导，构建了布局耦合和综合管治两套新的全流程技术方法体系，其中：在"本底识别、价值前测、强度综测、耦合模型、分区施策"的空间布局耦合技术方法体系中，体现了机理、目标、要素和价值溯源，在"红线定界、容量定底、强度定顶、三维管治、清单准入、按图定责"的综合管治技术方法体系中体现了位序和管制溯源，从而实现了理论和技术方法的统一，充分展示了生态功能溯源理论的实践价值。

主要理论框架详见图4-3。

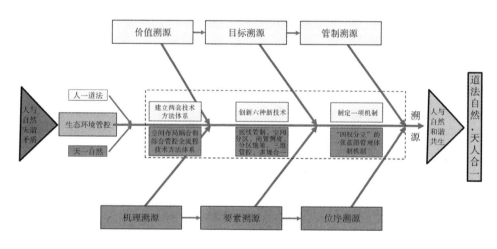

图4-3 理论框架图

（1）机理溯源：遵照"人的命脉在田，田的命脉在水，水的命脉在山，山的命脉在土，土的命脉在树"的要求，考量各要素生态过程相互影响、相互制约的关系，充分认识生态系统结构、过程、功能等基本特性，按照生态系统的整体性、系统性及其内在规律，根据生态溯源的不同对象、不同受损程度和不同阶段，统筹考虑自然生态各要素，采用整体到部分的分析方法、部分再到整体的综合方法，突出主导功能提升和主要问题解决，维护区域生态安全、确保生态产品供给和生态服务价值持续增长。

（2）目标溯源：紧扣生态系统具有生态产品供给、净化调节、文化美学等多重服务价值，进行多目标综合溯源；综合考量森林、草原、湿地、河流、山脉等环境要素具有的物质产品的经济价值，维持生态系统平衡的生态价值，以及丰富景观的美学价值和特定的历史文化价值。确定生态系统综合管理溯源目标是一个多目标权衡的过程，需要相关方充分参与，在充分理解各方利益诉求的基础上，进行取舍和均衡。从环境管理角度来讲，污染防治、生态保护与自然资源利用应实施统一管理，以有效平衡开发利用与保护的关系。

（3）要素溯源：树立水、气、土、生物等相互联系的"生命共同体"理念，依托森林、水、矿藏、生物等多种自然资源，从全局视角出发，根据相关要素功能联系及空间影响范围，寻求多要素综合统筹的系统性解决方案，对生态要素不再采取单一治理对策，而是结合社会、经济、环境等因素，从大气、水、土壤、生物等维度出发，促进生态系统服务功能的逐步恢复，实现点、线、面修复的叠加效应，实现多维度、立体式推进。

（4）价值溯源：由于农田、村庄、城镇、流域等不同尺度的生态系统具有不同的结构和功能特征，它们是长期自然演变过程和人为活动的综合表征。"山水林田湖草城"各要素在"生命共同体"中所处的价值层级、位置和作用不同，须充分分析山水林田湖草城所构成的景观格局特征和形成机制，比较各类生态要素不同配置格局下的生态服务价值和环境成本效益，不断优化格局，提升服务功能。

（5）位序溯源：依据空间均衡理念，妥善处理物质态空间耦合、功能态空间耦合、价值态空间耦合、信息态空间耦合、时间态空间耦合、权责态空间耦合等六重良性耦合关系，组织开展综合评价，综合权衡水源涵养、防风固沙、土壤保持、生物多样性保护、污染净化、固碳等生态服务功能供给和需求，确定生态产品供给数量、质量和空间布局要求，推进生态空间及其服务功能的均衡优化布局和高效科学利用。

（6）管制溯源：立足以生态系统功能保护恢复为重点，评估生态安全阈值和生态重要性、敏感性、脆弱性，分层次、分区域开展分析评价不同尺度景观格局下，把维护水源涵养、防风固沙、洪水调蓄、生物多样性保护等生态功能作为核心，按照"源—廊道—汇"生态过程调控原理，因地制宜采取加速、延缓、阻断、过滤、调控等管理和技术工程手段，推进生态系统由"疾病治疗"到"健康管理"的转变（图4-4）。

4.3 逻辑构成

本章节所提出的生态功能溯源理论区别于侧重工程性特征的生态修复/恢复、生态重建、生态改建、生态改良试图通过人的介入重新创造、引导或加速自然演化过程，该理论更加强调以"尊重自然、系统完整、强制约束、协同增效"为原则，根据不同地域的原生生态特征，通过"生

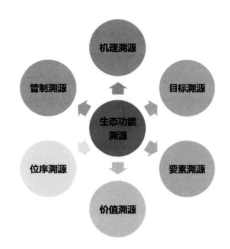

图4-4 生态功能溯源理论的基本内容构成框架

态空间溯源＋生态产品溯源＋生态功能溯源"三位一体的方式，聚焦自然本底的属性底线、容量底线、品质底线，以区域生态空间规划为抓手，提出自然生态服务功能、环境质量安全、自然资源利用等方面的标准，引导地域生态系统整合性的恢复和管理过程，包括生物多样性、生态过程和结构、区域及历史情况、可持续的社会时间等广泛的范围，对保护现有的自然生态系统，整治与恢复退化的生态系统，重建可持续的人工生态系统，从根本上构建结构完整、功能永续的生态安全格局，使受损生态系统的结构和功能回复到受干扰前状态，使自然真正复活。

生态功能溯源的"生态"是人与环境间高效和谐的生态关系的简称，它既是一种竞争、共生和自生的生存发展机制，又是一种追求时间、空间、数量、结构和秩序持续与和谐的系统功能；既是一种着眼于富裕、健康、文明目标的高效开拓过程，也是一种整体、谐调、循环、自生的进化适应能力。本理论的构建，将从机理到管制，形成一个闭合的分区管治逻辑链条（图4-5）。

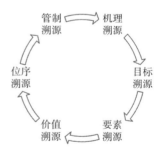

图4-5 生态功能溯源内在逻辑环示意

4.4 布局耦合模型

随着我国工业化和城镇化的快速推进，人类活动的加剧已成为环境污染和生态破坏的首要因素。人口和经济要素的空间分布决定了污染物的空间分布，在大气、水、土壤等环境要素的交错作用下，各类污染物的降解、扩散、汇聚和复合具有鲜明的空间联动特征。然而以往的规划制定逻辑是：先由社会经济发展规划确定区域发展的人口和经济目标，其他规划只能以此为基础而开展规划活动，被动地从各自角度提方案，往往很难修正经济增速、人口发展等目标。在实践中，人口和土地利用规模的确定也往往带有一定随意性，没有充分考虑生态环境的承载能力，缺乏制定远见的增量规划，导致经济增长模式问题的不断累积。通常，城市规划和土地利用规划都做完了，再由环保部门通过环境影响评价对规划提出调整方案。这带来一个很大的负面影响：国民经济社会发展规划、城乡规划、土地利用规划彼此脱节失配，人为地割裂了原本应该是一个整体的生态循环系统。然而国土空间是一个由生活、生产和生态形成的整体性复合系统，体现出四个效应——协同效应、共生效应、溢出效应、生态效应，当不当的规划不断出现和不断累积之后，整个国土生态系统运行就出现紊乱，各种问题和危机日益严重。与此同时，我国当前的环境规划管理主要侧重对污染物排放进行管理（如总量减排）、对环境要素进行管理（如"水十条"、"气十条"、"土十条"），更多是对某一要素、某一环节的管理，未能对整个系统形成有效治理和保护，使得这种系统性的割裂无法得到有效的遏制和扭转。

如何避免资源、环境遭受更为严重的损害，从"地理学第一定律"（地理事物或属性在空间分布上互为相关，存在集聚、随机、规则分布）出发就可发现，在地理空间上共同运行的经济活动、资源系统、生态环境系统一直以来都在不断地演变并相互影响。实现社会、经济、环境等在空间上的统筹和协调，建设以生态环境问题为导向的空间规划体系，从数量视角、要素视角逐步跃升至空间视角，环境管理的范围更广，环境管理的效能才会更强。

耦合（Coupling）的概念来源于现代物理学，最初应用于电力和通讯学科中。概括来说，耦合就是指两个或两个以上的元素相依赖作用于对方，并产生互相影响而牢不可分关系的一个量度。国际上部分关于耦合理论的研究学者认为，如果一对元素中的一个以某种方法加强了另一个的视觉、几何、结构、功能或者所有这些一起，两元素便形成耦合关系。

但是，简单并列的两个元素，不相互作用，二者便不会形成相互耦合的关系。简单归纳，耦合所预期的结果必然要达到1+1＞2的效益，耦合关系并非简单的作用力和反作用力，在这样的条件下，如果去掉其中的一个元素，另一个元素就会被削弱，整体效应也会大大降低（图4-6）。"耦合"与"整合"或"综合"相较之，更能体现系统的整体性、关联性和协调性，不仅强调系统内各要素之间的相互协调，更加强调彼此间的契合、约束甚至限制、调整等关联性。同时，耦合在物质表现层面还体现出两个方面发展。

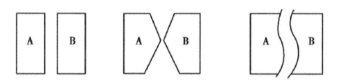

图4-6　耦合关系的概念示意图

其一，耦合现象产生必然实现系统总量的增加，通过恰当的调整使原先分离而孤立的部分纳入到整体系统中；其二，则是耦合后产生的整体系统内部组织结构的调节可以促进系统由无序到有序的转变，或者从低级的系统模式向更加高级的系统模式演变。

因此，任何一个存在的系统经过合理的耦合现象，必然能够实现内部各部分协调统一，提高整个系统的运作效率，从而达到耦合后系统从量到质上的根本突变。

耦合应用于不同的具体学科概念自然也会有所不同，许多专业领域开始尝试用耦合的思路来分析和解决具有交叉属性的同系问题。耦合理念在空间规划领域也逐渐被重视，产生与物理学中的概念不同的"空间耦合"思想，并表现出其自身独特的意义和内涵。"空间耦合"并不是一种可以直接运用的设计方法，而准确来说是一种综合的思维方式和设计理念，指导空间设计原则的确立。

具体来说，"生态空间与非生态空间耦合"思想是希望通过生态空间与非生态空间在各个层面上的相互融合、相互支撑而形成的一种平衡过程和契合状态。"空间耦合"的程度既反映了区域空间发展所处的阶段，更加从另一个侧面折射了地域全方位协调发展的阶段及程度。这种耦合的过程实质上是按照一定的功能逻辑关系、空间构成秩序进行的有机整合，从而形成具有规模性优势及整体性优势的功能和空间的集聚体。实现生态与非生态的多重耦合的途径就是必须要通过深入研究空间发展要素之间的关联，利用空间功能的互补，积极地调整彼此之间关系，从而解决城市发展过程中两者分离的倾向。

为此，研究提出空间布局耦合模型，创新性界定"物质态空间耦合、功能态空间耦合、价值态空间耦合、信息态空间耦合、时间态空间耦合、权责态空间耦合"等六类耦合关系，强调从决定着生存发展的生态系统整体入手，优化和保护生态空间内部多系统耦合以及生态空间与人类活动空间的跨系统耦合的机制，形成人与自然新的平衡关系（图4-7）。

图 4-7　六重空间耦合状态内涵示意

生态空间容易因为功能型规划而导致空间功能单一与局限，所以提升生态空间规模、质量与布局是解决局限的重要路径。从规模上，就是通过直接扩大某种功能空间的面积来实现，主要有：一是空间开发，对既有空间进行功能型的利用和开发；二是空间功能回归，强制剔除非规划性或非科学性功能，实现空间最佳功能的回归；三是空间功能转换，为满足现实需要并在条件允许的情况下，将既有某种功能性空间转化为更能满足需要的领域中功能性空间；从质量上，即在既定空间面积不变的情况下，通过扩展或提升空间的使用效度或效能来实现实质性提升，一是空间功能优化，根据空间特点，赋予最佳的安排，避免空间资源的无效配置或过渡配置；二是空间布局优化，将最有利于发挥功能的最佳位置；三是空间功能符合，在同一空间中使之承载可兼容性的多种功能，并且这种符合性功能承载，不会到来彼此功能的削减。

生态环境保护多通过林地、水域等现状自然生态空间辨识，将其作为城市发展的无扰动区予以辨识。由于所确定保护成果缺乏对生态过程的辨识与评价，使这些生态过程直接面临城市发展的干扰与威胁，并降低整个生态系统的稳定性。当前规划研究中，虽已有同时开展生态空间与生态过程保护的工作，但这些规划结果与当前我国城市发展的主要依据——土地利用规划、城市规划衔接不足，致使各类规划对于生态环境保护力度依然较弱。为推动生态环境保护规划的落实与实施、加强与其他规划的衔接开展"多规合一"工作，探索生态空间与城镇空间、农业空间的空间布局耦合格局的建立（图4-8）。

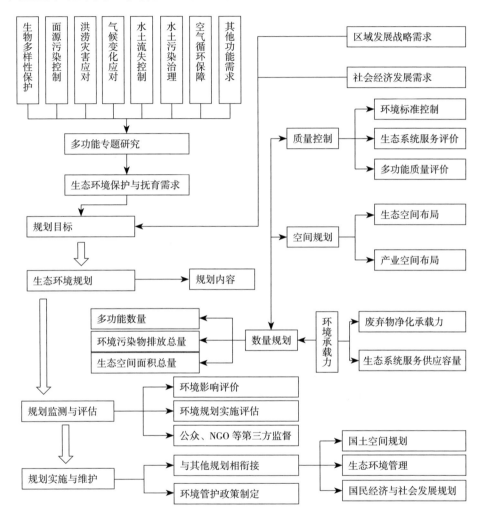

图4-8　生态环境空间分区管治中布局耦合流程示意

1. 明晰生态环境分区管治的目标与基础

结合当前环境保护类型，以及国外发展经验来看，生态环境分区管治涉及范围较广，通常需要开展多功能专项研究，以有效辨识生态环境保护与抚育需求。此外，生态环境分区管治，不仅需要考虑自身的需求，也需要支持区域发展战略的实现,以及社会经济发展的需求。区域发展战略包括主体功能区划等上位规划,社会经济发展需求则关注于产业发展的潜在环境污染与生态产品供应。因此,规划目标是在三者权衡之后的共识结果。

多功能评价是专题研究的核心基础,以辨识多功能的空间异质性为基础,对生态、生活、生产三类空间的划分以及对生态保护红线、耕地保护红线、城市增长边界的划定将具有重要意义。主要目标如下:明确发展区域应考虑的多功能类型;通过空间评价辨识当前某种生态功能与产品供应的需求与不足,及其空间格局特征;分析影响多功能数量与质量的政策、引起变化的驱动力,以保障规划结果与社会经济的良好衔接;制定区域发展的三区三线空间方案。

多功能评价工作要求大量专业性的评价,即依据生态学的理论,多功能评价需要涵盖两个部分工作:1)生态过程分析。基于源汇理论,结合生态系统、群落演变等相关知识,对不同功能所涉及的核心生态过程进行分析,辨识生态过程的健康程度、主要(潜在)威胁因素与威胁机制、调整与应对途径。2)空间特征评价。建立涉及地形地貌、土地利用、社会经济、生物信息等多种数据的空间数据库,遵循各类空间分析与评价理论,使用适宜的空间评价方法,开展多功能的空间特征评价,明确功能供应与不足的空间范围与程度。生态网络、绿色基础设施、通用水土流失方程等均是普遍采用的空间研究方法。多功能评价基于大量客观科学的研究方法,获得客观可信的评价结果主要包括:1)现状风险评价:发挥哪些功能?所能发挥的各项功能,哪些区域状况良好仅需维持,哪些区域需要提升? 2)潜力容量评价:面临的主要威胁是什么?哪些区域进行功能提升的潜力或需求最大?哪些区域需要进行改变,如何改变?

2. 明确环境规划的主体内容与作用

结合当前我国环境保护规划现状与发展需求,生态环境规划内容可分为空间规划、数量规划与质量控制三方面。空间规划,即明确生态空间的格局,构建健康的生态空间体系。数量规划,是对生态空间与污染排放总量进行安排,以确保区域发展的可持续性。质量控制,旨在保证生态系统健康可持续,防止因生态系统退化造成的生态安全问题。

(1)空间立"基"

空间规划,核心在于生态空间的布局与范围。叠加各项功能需求的生态类型与布局,权衡区域发展战略与社会经济发展需求,开展空间规划。生态环境空间规划是维系生态系统稳定的关键,生态安全格局、景观安全格局等的核心均是在于构建一个满足生物多样性保护在内的具有多项生态功能的空间体系。这个空间体系对于生物保护等环境保护目标至关重要，其不完整与破坏往往对于区域生态环境产生直接的威胁与负面影响。通常由斑块状与带状的生态空间构成网络状的空间格局，其中斑块状生态空间发挥核心生境、踏脚石、节点等功能，带状生态空间发挥廊道、缓冲带等功能。并由各类保护区、残存的自然生境、乡村地区零散块状自然植被群落、各类公园、河流水系、山脊线、防护绿地等组成。

除生态空间布局以外，产业空间布局也应在空间布局中予以涉及。经济的发展、社会的进步需要不同产业的建设与支持，而实体产业的生产过程多会对生态环境产生一定影响，如水污染、土壤污染、废气排放、噪声等。从生态安全以及居民生活安全的角度考虑，对产业的空间布局也具有一定的要求。生态环境空间规划中的产业空间布局，只是一个产业空间布局的指导范围，以降低对居民生活的影响、避免所排放废弃物超过环境承载力，促进经济发展与生态环境间的协调。

制定布局耦合模型内容是在所制定空间发展格局基础上，还需要针对空间格局各组成部分制定规划内容，包括景观类型改变、干扰与威胁控制、生态系统抚育等不同内容的管理措施。这些管理措施应对实际建设工作提出明确的指导与要求，如地方尺度的景观格局、工程建设工艺。此阶段需主要完成如下目标：制定空间格局各组成部分的发展定位与方向；明确各组成部分在发展中需促进、限制的内容；提出建设要求，支持多功能发展。

制定规划内容主要完成如下工作：明确一个地区的生态空间类型是什么；该地区的生态空间作用是什么，能发挥哪些作用；哪些地区的生态功能良好并需要提升；如何进行生态功能改变与调整；如何确保改变与调整的安全性。

（2）数量立"尺"

数量规划是开展定量化控制与管理的关键性指标。通过生态环境的废弃物净化承载力，分析区域生态系统所能接受的最大环境污染压力；使用生态系统服务功能应量估算，能分析生态系统能承担的最大生态产品消耗，进而辅助发展限制目标的设置。结合二者可支持数量规划的开展，主要包含三方面内容：1）环境污染物排放总量。与当前已经成熟的污染物控制规划相协调，对污染控制欲环境保护给出确定的量化评价指标。2）生态空间面积总量。确定生态空间面积，是遏制生态空间不断减少与破碎化的关键途径。3）多功能数量。使用多功能专题研究结果，通过叠加分析，得到功能数量空间分布特征。

生态空间面积总量，是基于多功能专题研究结果，明确有效发挥各项功能所需要的生态空间类型以及面积总量。生态空间不仅包括一般认识的林地、水域等类型；在城镇地区，城市绿地、防护绿地也应算作生态空间的一种类型；在城镇化程度较高的地区，周边农田也应作为一种特殊的生态空间类型予以对待。

环境污染物排放总量，是根据环境承载力评价结果、国家相关环境质量标准、产业经济发展需求核算设置（潜在）环境污染物排放总量。该项指标可以支持产业发展总量控制（造成环境污染性产业）、产业生产工艺优化（污染物治理工艺）与经济结构调整（以污染物总量控制目标，推算经济结构调整需求）。可作衔接国民经济与社会发展规划的途径。如在环保部分所制定的《重金属污染综合防治"十二五"规划》、《清洁生产标准 造纸工业（硫酸盐化学木浆生产工艺）》（HJ/T 340-2007）等多项环保规划与标准中，都明确了产业发展的环境影响以及减少环境污染的产业发展方向，为制定平衡环境保护需求的产业发展规划奠定了基础。而随着科研的不断深入，当前已能在部分领域对产业发展的环境影响程度进行定量核算，如在碳排放控制方面，不同产业空间的碳排放强度核算能辅助各产业发展的总量规划、能源消费的碳足迹计算能指导社会发展的能源结构调整。而诸如《环境影响评价技术导则 钢铁建设项目》（HJ 708—2014）等环评技术导则，则能对单一项目建设的环境影响进行评估，并指导项目建设选址，作为发展改革委挑选项目时进行环保考虑的重要依据

多功能数量，用以辨识一个区域内，所发挥功能数量多少。不同功能发挥所需要的条件不同，并非所有地区均能发挥一种功能，即会出现部分地区能发挥更多的功能，而部分地区能发挥的功能数量较少。多功能数量评价，则是用于评价在多功能研究中的这种区域差异特征，也便于辨识不同区域在多功能中的重要性。

（3）质量立"规"

质量控制保障生态系统健康、避免生态系统恶化、提供社会经济发展所必需生态系统服务的关键。质量控制主要从三面开展：1）环境标准控制。以当前已经颁布的各类环境保护标准为依据，以具体物质为对象，通过对不同单一物质总量的监控，实现生态环境质量的控制。2）生态系统服务评价。社会经济发展，需要生态系统提供各种不同的服务，包括木材等生产材料，以及粮食、水等生存必需物质。因此，区域发展，需要保障其范围内的生态系统能为社会经济发展提供足质足量的生态系统服务。生态系统服务则可作为生态系统评价的有效指标，以指导生态抚育需求。3）多功能质量评价。依据多功能数量分析相同远离，不同区域间所能发挥的功能存在差异。程度越高的地区一般暗示其生态环境越好，而

程度越低的地区则多表示该地生态环境质量不佳，存在较高的保护与抚育需求。以多功能程度空间差异为基础，通过空间叠加分析，进行多功能质量评价。评价结果具有空间异质性特征，能辨识出质量较低，需要注重功能抚育的地区，是知道生态环境建设重点关注地区的有效指标。

基于空间布局耦合模型，将为各种环境政策工具的实施提供大有作为的广阔天地，有利于充分发挥环境政策的空间效应打破环境功能区划与污染防治两张皮的现实困境，探索出在生态文明建设中提升城镇化质量与现代化整体水准的环境规划与管理理论方法体系。

第 5 章
生态环境分区管治规划的内涵解析

5.1 生态空间的概念及特征

5.1.1 概念界定

在生态学中,任何生物体或种群为维持自身生存与繁衍都需要一定的环境条件,一般把处于宏观稳定状态的种群所需要或占据的环境总和称为生态空间。广义上,生态空间被认为是"任何生物维持自身生存与繁衍所需要的环境条件",即处于宏观稳定状态的物种所占据的环境总和。狭义上,生态空间是指承载自然生态系统的空间地域范围。

2010年颁布的《全国主体功能区规划》将国土空间分为城市空间、农业空间、生态空间和其他空间。

2017年颁布的《自然生态空间用途管制办法(试行)》将生态空间定义为:"本办法所称自然生态空间(以下简称生态空间),是指具有自然属性、以提供生态产品或生态服务为主导功能的国土空间,涵盖需要保护和合理利用的森林、草原、湿地、河流、湖泊、滩涂、岸线、海洋、荒地、荒漠、戈壁、冰川、高山冻原、无居民海岛等。"

这些空间类型划分方式是从全国范围的视角将各种用地分类,便于管理,实施的是用途管制。但对于本研究来说,生态空间不仅仅包括绿色生态空间和其他生态空间,它的含义应当更为广泛,其内涵应主要是生态功能,融合了《全国主体功能区规划》和《自然生态空间用途管制办法(试行)》中定义的生态空间。

5.1.2 特征

体现功能的生态空间具有以下特征：

多样性。生态空间的生态要素类型多样，主要包括河流、林地、草地以及自然保护区、森林公园、风景名胜区、地质公园、湿地公园、世界文化自然遗产、饮用水水源地等各类自然生态保护区域。

稳定性。在一定时期内，生态空间具有一定的动态稳定性，通过生态环境功能的自我调节，具有保持或恢复自身结构和功能相对稳定的能力，能够在很大程度上克服和消除外来干扰，保持自身稳定性，建立生物与其环境条件相互协调的关系。

价值性。生态空间具有生态价值，通过复杂的生物关系维持平衡，能够对空间环境起到稳定调节作用，提供人类生存的环境条件，如湿地生态系统的蓄洪防旱功能、森林和草原防止水土流失的功能等。

整体性。生态空间是由多种生态要素组成的，是多个系统的集成，相互作用，相互关联，通过生物关系整合，生态空间具有一定的范围，界限比较清晰，具有一定结构与功能的整体性。

5.2 生态空间的空间构成要素

生态空间的空间构成要素多样，主要包括绿色生态空间和蓝色生态空间两大类，具体细分构成要素如下，河流、湖泊、坑塘、海洋等蓝色生态空间以及乔木林、灌木林、乔灌混合林、竹林、疏林、绿化林地、人工幼林、稀疏灌丛、天然草地、人工草地等绿色生态空间要素。依据上述要素对生态空间格局的影响程度，并基于相关法律、法规及规划的分区管治要求，将生态空间的空间构成要素分为以下几类：

生态本底类自然要素。根据生态空间的特点，将作为生态系统本底的自然类要素概括为山、田、河、湖、林五大要素，基本能涵盖所有的生态用地，实现对现有生态空间的全覆盖。

资源保护和风险避让类要素。资源保护方面：指具有人文、生态、科学或历史等价值，自身较为敏感需要加以保护的要素，如饮用水源保护区、名胜古迹、自然保护区、地质遗迹等。风险避让方面：包括自然灾害避让，即为满足城市安全的基本需求应加以规避的自然灾害隐患地区，如地震风险、地质灾害、洪涝灾害等；也包括危险源或污染源防护，指对于易产生较大负面影响，存在重大危险和污染隐患的产业项目和城市基础设施建设，如易燃、易爆或易产生其他次生灾害的供气、供电、输油等重要生命线系统，以及易产生次生污染的垃圾、污水、粪便处理设施等。

生态空间格局类要素。这类要素对构建该生态空间格局起到关键性作用，包括城市绿带、生态绿楔、生态廊道、城镇绿化隔离等等。由于人类活动对自然界的干扰，生态空间不断缩小，在一些生态环境维护较好的国家和地区，采用生态网格化结构维持生态功能，保护生态环境的自平衡能力。

5.3 生态空间体系的用地构成

生态空间用地类型多样，主要包括自然保护区、风景名胜区、森林公园、地质公园、世界文化自然遗产及水利设施用地、湿地、饮用水水源地等禁止开发区域以及其他森林、草原、水域等生态用地。

自然保护区。根据《中华人民共和国自然保护区条例》规定，指对有代表性的自然生态系统、珍稀濒危野生动植物物种的天然集中分布区、有特殊意义的自然遗迹等保护对象所在的陆地、陆地水体或者海域，依法划出一定面积予以特殊保护和管理的区域。

风景名胜区。根据《风景名胜区条例》规定，指具有观赏、文化或者科学价值，自然景观、人文景观比较集中，环境优美，经省级以上人民政府审定命名、划定范围，可供人们游览或者进行科学、文化活动的区域。

森林公园。依据《森林公园管理办法》规定，指森林景观优美，自然景观和人文景观集中，具有一定规模，可供人们游览、休息或进行科学、文化、教育活动的场所。包括国家级、省级和市县级森林公园。

地质公园。以具有特殊地质科学意义，稀有的自然属性、较高的美学观赏价值，具有一定规模和分布范围的地质遗迹景观为主体，并融合其他自然景观与人文景观而构成的一种独特的自然区域。

世界文化自然遗产。根据联合国教科文组织《保护世界文化与自然遗产公约》，列入《世界遗产名录》的我国文化自然遗产。

水域及水利设施用地。根据《土地利用现状分类》（GB/T 21010-2007），指陆地水域、海涂、沟渠、水工建筑物等用地，不包括滞洪区和已垦滩涂中的耕地园地、林地、居民点、道路等用地。

湿地。根据《湿地保护管理规定》，指常年或者季节性积水地带、水域和低潮时水深不超过 6m 的海域，包括沼泽湿地、湖泊湿地、河流湿地、滨海湿地等自然湿地，以及重点保护野生动物栖息地或者重点保护野生植物的原生地等人工湿地。

饮用水水源保护区。根据《中华人民共和国水污染防治法》，按照不同的水质标准和防护要求划定的保护区。

一般来说，生态空间用地的作用主要表现在：

（1）提供生态服务价值，生产生态产品。同农产品、工业品和服务产品一样，这些生态产品都是人类生存发展所必需的。功能主要体现在：吸收二氧化碳、制造氧气、涵养水源、保持水土、净化水质等；

（2）限制城市无限制的蔓延，通过强制保留或设计实现隔离；

（3）保持生物多样性，保护不可预知的良性生物关系，有利于生态环境的平衡；

（4）为公众提供休闲游憩场所，从景观角度保留的空间。基于此，本研究将生态空间用地的主要类型定义如下：

区域绿地。它是指为维护区域生态安全、自然人文特色和城乡环境景观，在城乡整体范围内划定，进行长久性的严格保护和限制开发的具有重大自然、人文价值并发挥区域性影响的绿色开放空间（图 5-1）。

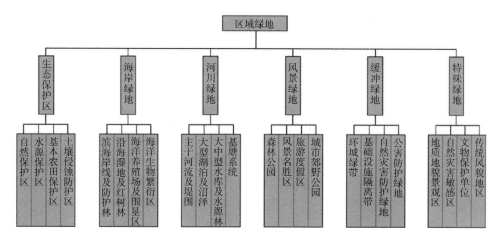

图 5-1 区域绿地分类示意图

环城绿带。环城绿带是区域绿地特殊的组成部分，是指在一定规模的城镇或城镇密集区外围，安排较多的绿地或绿化比例较高的相关用地，形成的环绕城市建设区的基本闭合的绿色开敞空间。

绿心地区。"绿心"的概念最早出现于荷兰兰斯塔德地区的规划实践中。它是指从区域整体的角度出发，按照不过分集中，在城市间保留缓冲地带、避免城市蔓延成片的规划原则，疏散城市群中心的人口，保留中心的绿色品质而形成的大面积的农业地区。

绿道（绿廊）。绿道产生的根本动因可概括为伴随着城市扩张，城市边缘区的自然环境呈现自然的或者相对自然的斑块破碎化，在破碎化的这些自然斑块之间建立稳定联系，串联成整体。核心作用为保护与连接。

5.4 生态环境分区管治规划的基本原则和主要内容

5.4.1 基本原则

生态空间用途管制，坚持生态优先、区域统筹、分级分类、协同共治的原则，并与生态保护红线制度和自然资源管理体制改革要求相衔接。

生态优先的原则。所谓生态优先的原则，是指在生态环境分区管治规划中应当把生态保护放在优先的位置加以考虑，在社会的生态利益和其他利益发生冲突的情况下，应当优先考虑社会的生态利益，满足生态安全的需要，做出有利于生态保护的管理决定。生态环境保护优先原则，主要是在处理经济增长与生态环境保护之间的关系问题上所进行的决策权衡，涉及利益估价问题。它是随着人们对环境问题和环境保护认识的不断深化、环境保护理念的提升以及环境法制建设的逐步完善而在立法中确立的一项用以指导调整生态社会关系的法律准则，其重要性和独特价值将会日益显现。

区域统筹的原则。统筹区域发展，促进区域协调发展，缩小区域发展差距，是我国经济社会发展的一个重要原则。统筹区域发展关系到城乡居民能否共享改革发展的成果，能否全面实现共同富裕，既是一个经济问题，也是一个政治文化的问题，关系到现代化建设的全局和社会的稳定以及国家的长治久安的政治和社会问题。

分级分类的原则。生态功能分类根据规划区域的地理位置、自然条件与主要生态系统类型、生态系统的重要性及敏感性、社会经济发展方向和土地利用方式（驱动力分析）、存在的主要生态环境问题，从生态功能角度，将规划区域分为进行合理分级。生态保护分级根据不同类生态功能区生态环境保护、资源合理开发利用和社会经济可持续发展的需要，从可持续发展角度，对生态功能区进行分类。

协同共治的原则。综合考虑省级层面宏观分区管治和市县层面微观管理的双重需求，加强上下联动；做好各相关改革措施间的衔接，强化部门协作，形成创新改革整体合力。

5.4.2 主要内容

生态功能挖掘：在特定生态空间中解析对生态环境起稳定调节作用的功能，比如湿地生态系统的蓄洪防旱功能、森林和草原防风固沙和防止水土流失的功能、林地的防灾减灾和节能功能。将空气、水、土地、生物等生态价值集中体现，并在"自然-社会"系统中发挥积极作用，它是人类生存和发展的基础。

生态空间布局与用途确定。生态环境分区管治规划要综合考虑主体功能定位、空间开发需求、资源环境承载能力和粮食安全，明确区域内生态空间保护目标与布局，明确生态空间保护目标、总体格局和重点区域、生态空间用途分区和管制要求。

用途管治。生态保护红线原则上按禁止开发区域的要求进行管理。严禁不符合主体功能定位的各类开发活动，严禁任意改变用途，严格禁止任何单位和个人擅自占用和改变用地性质，鼓励按照规划开展维护、修复和提升生态功能的活动。因国家重大战略资源勘查需要，在不影响主体功能定位的前提下，经依法批准后予以安排。生态保护红线外的生态空间，原则上按限制开发区域的要求进行管理。按照生态空间用途分区，依法制定区域准入条件，明确允许、限制、禁止的产业和项目类型清单，根据空间规划确定的开发强度，提出城乡建设、工农业生产、矿产开发、旅游康体等活动的规模、强度、布局和环境保护等方面的要求，由同级人民政府予以公示。

建立严格的不可逆制度。从严控制生态空间转为城镇空间和农业空间，禁止生态保护红线内的空间任意转为城镇空间和农业空间。加强对农业空间转为生态空间的监督管理，未经国务院批准，禁止将永久基本农田转为城镇空间。鼓励城镇空间和符合国家生态退耕条件的农业空间转为生态空间。生态空间与城镇空间、农业空间的相互转化利用，应按照资源环境承载能力和国土空间开发适宜性评价，根据功能变化状况，依法由有批准权的人民政府进行修改调整。

制定严谨的制度体系。禁止新增建设用地突破生态保护红线，确因国家重大基础设施、重大民生保障项目建设等无法避让的，由省级人民政府组织论证，提出调整方案，经环境保护部、国家发展改革委会同有关部门提出审核意见后，报经国务院批准。生态保护红线内的原有居住用地和其他建设用地，不得随意扩建和改建。严格控制新增建设占用生态保护红线外的生态空间。符合区域准入条件的建设项目，涉及占用生态空间中的林地、草原等，按有关法律法规规定办理；涉及占用生态空间中其他未作明确规定的用地，应当加强论证和管理。鼓励各地根据生态保护需要和规划，结合土地综合整治、工矿废弃地复垦利用、矿山环境恢复治理等各类工程实施，因地制宜促进生态空间内建设用地逐步有序退出。

禁止农业开发占用生态保护红线内的生态空间，生态保护红线内已有的农业用地，建立逐步退出机制，恢复生态用途。严格限制农业开发占用生态保护红线外的生态空间，符合条件的农业开发项目，须依法由市县级及以上地方人民政府统筹安排。生态保护红线外的耕地，除符合国家生态退耕条件，并纳入国家生态退耕总体安排，或因国家重大生态工程建设需要外，不得随意转用。

有序引导生态空间用途之间的相互转变，鼓励向有利于生态功能提升的方向转变，严格禁止不符合生态保护要求或有损生态功能的相互转换。科学规划、统筹安排荒地、荒漠、戈壁、冰川、高山冻原等生态脆弱地区的生态建设，因各类生态建设规划和工程需要调整用途的，依照有关法律法规办理转用审批手续。

在不改变利用方式的前提下，依据资源环境承载能力，对依法保护的生态空间实行承载力控制，防止过度垦殖、放牧、采伐、取水、渔猎、旅游等对生态功能造成损害，确保自然生态系统的稳定。

维护修复。按照尊重规律、因地制宜的原则，明确采取休禁措施的区域规模、布局、时序安排，促进区域生态系统自我恢复和生态空间休养生息。实施生态修复重大工程，分区分类开展受损生态空间的修复。集体土地所有者、土地使用单位和个人应认真履行有关法定义务，及时恢复因不合理建设开发、矿产开采、农业开垦等破坏的生态空间。树立山水林田湖是一个生命共同体的理念，组织制定和实施生态空间改造提升计划，提升生态斑块的生态功能和服务价值，建立和完善生态廊道，提高生态空间的完整性和连通性。制定激励政策，鼓励集体土地所有者、土地使用单位和个人，按照土地用途，改造提升生态空间的生态功能和生态服务价值。

实施保障。强化管理机制的构建，建立自然资源统一确权登记制度，推动建立归属清晰、权责明确、监管有效的自然资源资产产权制度，促进生态空间有效保护。同时，加强部门协同，实现生态空间的统筹管理和保护。

中篇 技术篇

第 6 章 空间布局耦合的技术与方法

6.1 概述

空间布局耦合的技术与方法既是各项实用技术的集成，又是面向生态空间管制方法的创新。通过生态功能溯源，实现空间布局的耦合关系，维持生态价值在一定范围和一定事情内的稳定。主要内容包含空间耦合、生态功能价值前置测度、开发强度、分区施策等。

6.1.1 相关定义及说明

空间耦合是对各空间要素的大小、数量、位置等依据一定的耦合原则及技术方法进行合理化调整，使得空间要素之间的比例达到平衡状态，从而实现可持续发展。

生态功能价值前置测度是指基于资源环境承载能力为基础，明确环境容量的底线控制，以环境质量和污染排放物两方面进行控制，确定可承载环境容量，并将生态功能价值权重提高，将测度的结果运用于空间规划体系中，从而通过依法实施保障生态功能价值。

开发强度是指在三大空间划分基础上，按照以资源定地、以水定域、以地定域的原则合理测算三大空间中建设用地总量（包含城市广场和硬化类公园用地）占区域总面积的比例。

分区施策是指按照不同地域、不同生态环境特征，分区分地摸清现状，分区分地采取不同的措施推进，通过各个区域的环境目标的设定与传导，维护本区域的生态环境整体功能。

6.1.2 空间布局耦合的指导原则

空间布局耦合的主要目的是，通过对区域生态空间与城镇空间和农业空间进行布局耦合，以保证社会经济活动与自然环境之间的协调发展，从而保障区域生态安全。其空间耦合应遵循一定的原则：

整体协调原则。三大空间是由多种要素组成的，具有一定结构与功能的整体性。因此，空间布局耦合需要把整个区域的多重要素进行综合考虑以达到最佳效果，维护社会、经济与自然之间的相互关系保持协调、有序和平衡。

生态优先原则。"绿水青山就是金山银山"，针对当前生态环境问题，构建国土生态安全格局，应保持生态空间的动态平衡。当社会经济活动与生态保护出现矛盾时，应该设置一个范围，作为维持生态平衡的一条分界线，凡是在此范围内进行的经济活动，都必须对生态保护让步，将生态优先考虑到经济空间布局中。

集约节约用地原则。空间耦合必然涉及自然资源和社会经济资源的重新配置。空间耦合应以提高空间利用效率为目的，引导社会经济资源合理集中布局，实现空间的集约发展。

可持续原则。可持续的定义是不仅让当代人受益，而且要对下一代不产生影响，即空间耦合不仅要立足当前，还要考虑子孙后代的需要。

6.1.3 总体技术路线（图6-1）

通过综合识别空间的生态功能，确定生态空间的范围，通过现状核算记录其本底基础，运用生态功能和资源承载力双评价方法，实现对生态安全格局的预定；通过对一定范围空间内所有扰动活动分析，评估发展潜力，为区域开发强度提出阈值的建议值，从而实现不同空间的耦合对应。

6.1.4 相关技术标准

基本以下相对成熟的标准：

大地基准——2000国家大地坐标系（CGCS2000）；

高程基准——1985国家高程基准，高程系统为正常高；

位置坐标数据采用地理坐标系存储；

长度和面积基于CGCS2000参考椭球面统计；

平面和高程坐标单位为m，计算到小数点后两位；

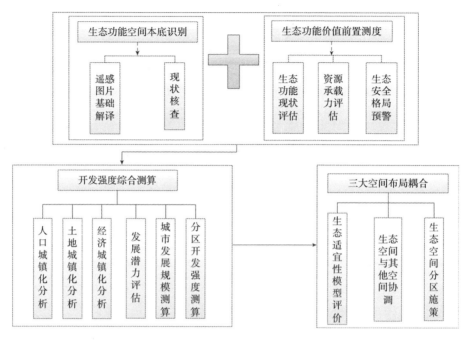

图 6-1　空间布局耦合技术路线

长度单位采用 m、km，面积单位采用 m^2、km^2，计算到小数点后两位；
《基于遥感影像的地表覆盖分类与地理国情要素数据提取技术规定》
《基础地理信息要素分类与代码》（GB/T 13923-2006）

6.2　生态功能本底识别的技术方法

基于生态功能溯源理论，通过辐射定标、大气校正、影像的镶嵌与裁剪等遥感图像解译处理方法，结合普查调查统计、地面监测以及科学计算数据，进行土地利用类型分类，构建 GIS 软件支持的矢量数据，提取土地利用类生态功能要素，如林地、水域、山体等要素，进行生态本底识别。基于上述评价结果，识别了生态系统的空间边界和要素清单。具体技术流程如图 6-2。

6.2.1　生态功能本底识别技术流程

生态功能本底识别是一个反复解析、校核、反馈、修正的过程，不同时期应根据现实材料实现多次校核和修正，减少偏差。

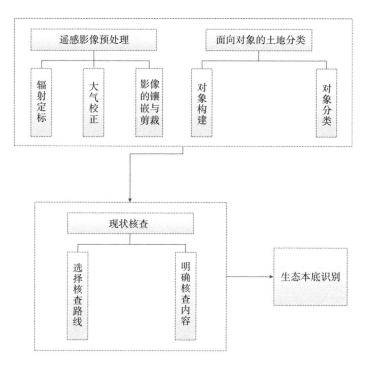

图 6-2　生态本底识别技术流程

6.2.2　识别的主要技术方法

1. 遥感图片基础解译

生态功能空间是支撑城镇、农业实现自身功能，协调人地关系乃至实现区域可持续发展的关键。因此识别并明确需要保护的生态功能空间，提出应重点保护的生态空间清单，作为区域空间开发的底线，是落实空间分区管治的中重点任务之一。

遥感图像解译是以土地为基础，对地面上的物体进行直观的反应。本研究所应用的 Landsat 遥感影像数据来源于地理空间数据云平台。Landsat 影像主要包括 Landsat5MSS 影像、Landsat5TM 影像、Landsat7ETM+ 影像、Landsat8OLI 影像，为更好的研究生态功能，应按照研究的时间，选取较少云覆盖的夏季影像作为研究数据。利用辐射定标、大气校正、影像的镶嵌与裁剪的处理方法，进行土地利用类型分类。

（1）遥感影像预处理

1）辐射定标

通常使用的 Landsat 影像数据存储为二进制格式，其像元值虽经过量化，但却无量纲，不能用在遥感的定量分析研究中，获取具有物理意义的辐射亮度值、反射率等需要对原始影像进行处理，此处理过程被称为辐射定标。ENVI5.1 软件提供 Landsat 影像自动辐射定标工具，可将遥感影像的 DN 值转换为具有实际物理意义的地表地物辐射亮度值，将辐射定标后的遥感影像进行下一步的大气校正。

2）大气校正

传感器接受地物反射的太阳辐射能量，太阳辐射的传播过程受到两次大气的影响，大气中各种分子的反射、散射以及吸收等各种作用，使得大气对太阳辐射能量的传播具有很强的干扰作用，造成了结果的不准确性。利用大气校正可以很好地消除大气的影响，得到地物真实的反射率信息。本书利用 ENVI5.1 中的 Flash 大气校正模块，选择合适的气溶胶模型与水汽反演模型，对辐射定标后的遥感影像进行大气校正。

3）影像的镶嵌与裁剪

根据研究区的不同，需要超过一幅的 Landsat 影像，此时需要对影像进行镶嵌、裁剪，即得到研究区的全部区域面积，又可节省遥感解译、分类中的处理时间。本文采用 ENVI5.1 提供的基于地理坐标的镶嵌方法，使用镶嵌线去除影像边缘的影响，对重叠区像元的辐射亮度则使用两幅影像的平均值。利用处理得到的研究区矢量数据作为掩膜，对镶嵌后的遥感影像进行裁剪，得到研究区不同年份的遥感影像。

（2）面向对象的土地覆盖分类

遥感影像的分类是基于遥感影像的属性和特征，对影像中的地物进行识别、分类和提取的过程，是研究土地利用变化的前提。监督分类是利用已知的地物信息识别未知地物的过程，地物的光谱特征、纹理特征等各不相同，提取匀质的训练样本，提取各类影像的特征参数，对影像进行图像分类。

面向对象的分类方法包括对象的构建和对象的分类两个方面，其中对象是通过图像分割技术来获得的。图像分割是把整个图像分割成为和实际地物一一对应的对象，通常是基于图像的光谱特征、纹理特征、分水线、空间特征和先验知识实现的。目前常用的是基于多尺度的图像分割技术，综合了影像的光谱特征、空间特征和纹理特征等，计算图像中每个波段的光谱异质性与形状异质性的综合特征值，然后根据各个波段所占的权重，计算图像所有波段的加权值，当分割出对象或基元的光谱和形状综合加权值小于某个指定的阈值时，进行重复迭代运算，直到所有分割对象的综合加权值大于指定阈值即完成图像的多尺度分割操作。常用的分类主要是根据一定的先验知识，识别不同对象的地物类型，并根据该类型的光谱特征、纹理特征和空间特征建立各类地物的分类规则，执行该规则并生成分类结果。对分类结果进行验证，对满足分类精度的提取目标地类进行分析，否则返回，重新执行分类，直至满足分类精度。

利用 ENVI 中的 Example Based Feature Extraction Workflow 模块，对影像进行分类，它使用了一种基于边缘的分割算法，该算法能快速计算执行，根据简单的参数设置，通过从不同尺度上边界的差异控制，产生从粗到细多种尺度的分割结果，分割结果可以通过 Preview 窗口获得。然后根据目测结果，对比分割结果和实际地物特征，使用 Full Lambda Schedule 算法并确定合适的参数对分割结果进行合并。Full Lambda Schedule 算法在结合光谱和空间信息的基础上迭代合并邻近的小斑块，合并结合同样可以使用 Preview 窗口获得，该方法适用于合并纹理性较强的大块区域，如草地、森林等。研究区分割参数一般设置为 30，合并参数也设置为 30，可以得到较细致的分割结果。

对分割后的影像，根据不同地物的特征选择适当的对象作为样本，这些样本的光谱特征、纹理特征和空间特征将用于之后的分类规则的构建。由于选择了面向对象的分类方法，并且之前的图像分布密度较大，很好的分离了不同特征的地物，考虑计算机的运行效率，这里选择 K 近邻算法（K Nearest Neighbor，KNN）算法。K 近邻分类算法是根据待分类数据与样本数据在特征空间的欧式距离远近来对影像进行分类的，特征空间的数目有分类时选择的属性数目来确定。相对传统的最邻近方法，K 近邻法通过多维特征空间的构建会减少噪声的出现，从而得到更准确的分类结果。根据经验，将近邻像元数目值设置为 3，能通过减少分类错误来提高整体分类精度。最后，将结果输出为矢量图和栅格图像。

在遥感影像的分类处理过程中，由于分类器的选择，参数的设置等原因，不可避免的会产生一些零碎的面积很小的图斑，分类后处理是指对遥感影像的分类结果进行处理，使其达到制图的要求。对于这些零碎的图斑，有些事因为错分造成的，有些事因为同种地物光谱差异较大造成的。可以理解为在一个小区域内，同种地物被分类成不同的类别，原本均一的地块被"打碎"了，造成了地块的不连续。本文采用卷积滤波的方法将面积较大类别中偶然出现的错分的像元归并到该类中，定义一个转换尺寸，在转换尺寸内将占少数类别的像元归并到占比例较高的像元类别中，从而消除零碎斑块。

在此基础上，结合实际航拍图和人工解译等方法，解译出区域范围内的耕地、草地、林地、园地、交通用地（铁路、公路、农村道路、机场等）、建设区、居民区以及水域水体设施（河流、沟渠、水库）等用地类型。

2. 现状核查流程

梳理前期遥感解译过程中遇到的问题，选择有代表性的路线进行野外核查，以修正遥感判读过程中可能出现的误判，检验本次遥感判读的正确率，并对判读数据进行室内修正。同时通过选择有代表性的地物类型，添加图片，结合地方遥感解译标志，建立遥感影像解译野外标志数据库，进一步完善本地区生态空间的解译标志。

（1）现状核查路线选择的原则

1）区域均匀原则。在每个市县都选择一定数量并尽可能均匀分布的核查点，以全面反映该市县的地貌、植被分异及不同人类活动强度类型。

2）多样性原则。抽取尽可能多种类的土地利用覆盖类型进行实地核查，如高覆盖度草地、疏林地、沼泽、水田、坡上旱地、林地等各种类型。

3）针对性原则。根据本次遥感解译采用数据源的时相特征、解译人员判读过程的意见反馈等，对解译过程中比较可疑的区块点位进行针对性的核查，如有些斑块不能确定是水塘还是水田、是疏林地还是中低覆盖度草地、是农居点还是其他建设用地等。

4）可操作性原则。由于野外核查受自然地理环境、经费、人力、野外作业装备等诸多因素的限制，因此在核查方案的路径及点位设计上要考虑实际情况，设计一个合理可行的方案，以顺利完成核查工作。

（2）现状核查路线选择的原则

按照上述原则、结合本站人力物力水平以及典型地物、地类边界的要求，设定区域核查点及边界核查点位，区域点位间或边界点位间距5~10km；事先在矢量图层上找出待核查存疑点位，然后实地找到该点位进行核查修正；在有针对性地核查的同时，沿途随时注意观察、及时发现典型或稀有覆被类型，记录其坐标、图像等数据并及时在矢量图层上修正。

（3）核查内容

1）典型地物核查。采集典型地物核查点，拍摄并记录各点的经度、纬度、海拔等地理位置信息，以及地貌类型、覆被类型、全景景观类型等。

2）地类边界准确性核查。采集典型地物核查点的同时，同时采集地类边界核查点，拍摄并记录边界点的经度、纬度、海拔等地理位置信息，以及边界点东、南、西、北四个方向的覆被类型情况。

3）影像图片采集。每个典型地物核查点拍摄了全景和近景照片各1张,每个地类边界准确性核查点都拍摄了东南西北四个方向远景近景各1张。

4）判读、修正解译数据,编制相关表格并编写核查报告。根据实地核查得到的数据检查、修正解译出的矢量数据,提高遥感解译精度,编制土地利用覆被类型核查野外记录表、野外考察土地利用、生态空间边界核查表、遥感影像解译野外标志数据库记录表三张表格,建立野外景观、地面标志数据库,撰写核查报告。

3. 生态识别的分类

通过遥感解译、现状核查识别出生态功能空间以及生态边界,其中生态功能空间包括绿色生态空间和蓝色生态空间,绿色生态空间主要指林地,包括森林、草原、湿地、公园、风景名胜区、自然保护区和交通廊道等;蓝色生态空间主要指水体。河流、湖泊、坑塘、海洋、水源保护区、大型水库等。

4. 生态本地源识别

结合识别出的现状生态要素区域,进一步识别生态要素源,包含原生态的空间范围界限。一种方式利用国土信息数据采集及历史生态数据的梳理,回溯各生态要素的边界源,以及已破坏生态要素的本地情况。第二种,基于多源遥感影像的技术溯源生态要素。以水系湖泊为例,ETM影像具有较为丰富的光谱特征,能够较好地反映水体的信息。不同矿化度的湖泊在ETM432假彩色影像中呈现出不同的色调和影纹图形,淡水湖泊呈现青黑色,色彩饱和度高,影纹结构细腻,边界清晰,呈封闭的折现状。而咸水湖则呈现深蓝色和蓝色,且随着盐碱度的升高颜色逐渐变浅,湖区边界较为清晰,局部呈斑块或条带状图案,少数湖外围会出现耳状环带图形。当湖泊干涸或半干涸时,湖区呈现出白色调,边界模糊,较难区分。由于水体的色调还与湖泊的悬浮物混浊度以及蓄水深度有关,因此仅靠色调判别湖泊矿化度有失偏颇。湖泊周围的地貌环境及水系特征也是判别湖水矿化度的重要指标之一。通过DEM(数字高程模型)和ETM影像叠加,可判断出湖泊与周围地形的关系。在不闭流的盆地、周围地势较低、封闭型差且有外流河流的湖泊可判定为淡水湖。在半闭流或闭流的盆地、周围地势较高,有外流河可判定为咸水湖;无外流河流的湖泊可判定为盐湖。

6.2.3 生态识别结果验证和标准

对于遥感影像解译的结果可以选用 Landsat TM/ETM+ 数据来检验解译区域

用地分类的精度。同时 Kappa 分析是评价分类精度的多元统计方法，直接使用 ENVI 软件统计出区域的 Kappa 系数来进行精度评价。

Kappa 系数（Kappa）：Kappa 系数是一种比例，代表着分类与完全随机的分类产生错误减少的比例。

6.3 生态功能价值前置测度

过去只注重生态的经济价值，不注重生态的功能价值，现有空间规划体系中，也缺乏突出生态功能价值的测度和承载空间。本章节针对一些案例样本，通过遥感解译与现状核查的生态功能要素，进行生态状态识别，确定生态数据基础。采用生态环境特征值指标进行单项评价，并集成经济社会要素评价资源环境承载能力，综合识别承载能力的强弱等级。采用 DPSR（驱动力—压力—状态—响应）模型构建生态安全预警指标体系，对未来区域一段时间的生态安全进行检测，运用熵值法得出的生态安全预警值，判别区域生态安全等级状态。依据经济社会发展与环境保护相协调、城乡环境保护同一化与一体化、跨区域生态保护、开发利用的空间分区管治等基本原则进行生态功能价值前置测度。将生态功能价值测度的结果，运用于空间规划体系中，对于现状高强度开发地区在规划前端强制性植入生态功能空间载体，设定改造范围、更新标准、生态要素、实施保障等控制标准；对新开发地区优先设置生态功能空间载体，设定开发范围、开发内容、开发强度、开发预警等控制标准，通过区域整体环境测度前置了生态功能价值。

6.3.1 生态功能现状评估技术方法

开展生态评价的关键之处在于评价指标的选取和建立、权重的确定、类别的划分，研究中需要选取与真实评价结果相关性较好的遥感定量综合指标，通过少量的指标来反映生态状况。本研究采用综合指数法对生态现状进行评价，在构建生态现状评价指标时，主要从地形、生物、土壤、人类活动 4 个方面进行考虑，选取高程、坡度、生境质量、净初级生产力、土壤侵蚀量、土地盐碱化程度、人类活动指数 7 项具体评价指标，采用层次分析法确定各项指标和评价因子的权重，从而对该地区生态现状进行评价。

1. 生态评价指标选择

根据《生态环境状况评价技术规范》，参考相关研究结果，结合研究区的生态特点，综合考虑影响当地生态环境的各类因素，确定地形、生物、土壤、人类活动作为生态现状评价指标体系的4大评价因子。

地形要素会对各类工程的建设产生较大影响，高程越高、坡度越大，工程建设的难度就会随之加大，同时，不同的地形条件也会对当地的水体、植被、土壤、生物产生影响，此处选取高程和坡度2个指标对地形因子进行评价。

生物因子能够评价区域内生物的丰贫程度，动植物越丰富，表明区域内本身的生态环境状态越良好。生物资源主要包括动物资源与植被资源，选取生境质量指数来评价区域内的动物资源，选取NPP来评价区域内的植被资源。

土壤是生态环境与自然环境的重要组成因素，区域内的生态系统与土壤性质有着密切的联系。由于土壤处于地面表层，容易受到其他自然要素和人类活动的影响而发生改变。本书选取土壤侵蚀指数和土壤盐碱化指数，对研究区的土壤状况进行评价。土壤侵蚀量能够直接反映一个地区的土壤侵蚀状况，因此本文选取土壤侵蚀量来评价研究区的土壤侵蚀状况。研究表明，可交换性钠百分率与土壤盐碱度密切相关，而且通常可用来评估土壤碱度，因此本书选取ESP作为土壤盐碱化程度的指标。

人类活动会直接影响生态系统的功能和结构，会对自然环境中的水体、土壤、大气、生物都造成一定的干扰。土地利用方式和强度能够在一定程度上反映人类对生态系统干扰的范围和强度，因此根据土地利用类型来评价区域内人类活动对生态环境的干扰程度。

2. 指标分值确定

（1）高程与坡度

随着高程和坡度的增加，工程建设的费用将会明显增加，在坡度＞15°且海拔＞3000m时，明显的地形起伏和较大的高程差使得地质的不稳定性增加，通过参考相关文献并根据地形特点确定高程与坡度的分级和相应分值见表6-1。

高度与坡度分值　　　　　表6-1

高程/m	1000以下	1001~3000	3000~5000	5000以上
分值	100	75	50	25
坡度/(°)	0~5	6~10	11~15	16~25	25以上
分值	100	80	60	40	0

（2）生境质量指数与 NPP

生境质量指数主要是利用不同生态系统类型在生物多样性上的差异来间接评价区域内生物的丰贫程度，其评分标准参考《生态环境状况评价技术规范》（HJ 192—2017）确定（表 6-2）。

NPP 是指生产者能够用于生长发育和繁殖的能量值，也是生态系统中其他生物成员生存和繁衍的物质基础，是由光合作用所产生的有机质总量中扣除自养呼吸后的剩余部分。NPP 能够直接反映植物光合作用将太阳能固定并转化为生物量的多少，NPP 值越大，表明该区域植被固定的太阳能越多，可供利用的有机物越多，根据植被覆盖和遥感数据的特点，确定 NPP 的分级和相应分值。

生境质量与 NPP 分值　　　　　　　　　　　表 6-2

结构类型		分值
林地	有林地	100
	灌木林地	42
	疏林地和其他林地	25
草地	高覆盖度草地	60
	中覆盖度草地	30
	低覆盖度草地	10
水域湿地	河流（渠）	13
	湖泊（库）	40
	滩涂湿地	67
	永久性冰川雪地	13
耕地	水田	37
	旱地	21
建设用地	城镇建设用地	6
	农村居民点	8
	其他建设用地	6
未利用地	沙地	1
	盐碱地	1
	裸土地	1
	裸岩石砾	1
	其他未利用土地	0

NPP（g·m⁻¹·a⁻¹）	600 以上	401~600	201~400	101~200	0~100
分值	100	75	50	25	0

（3）土壤侵蚀量与土地盐碱化程度

选用 USLE 模型进行土壤侵蚀量的计算，公式为

$$A_r = R \times K \times L_s \times C \times P \quad (6\text{-}1)$$

式中 A_r 为土壤侵蚀量（t·hm⁻²·a⁻¹），R 为降雨侵蚀力指标，K 为土壤可侵蚀因子，L_s 为坡长坡度因子，C 为地表覆盖因子，P 为土壤保持措施因子。土壤侵蚀量分值表参考《土壤侵蚀分类分级标准》（SL 190-2007）确定。

根据相关研究，土壤中交换性钠质量分数在 6%~15% 为轻度盐碱化，16%~30% 为中度盐碱化，31%~50% 为重度盐碱化，51%~70% 为极重度盐碱化，土地盐碱化分值见（表 6-3）。

土壤侵蚀量与土地盐碱化分值　　　　表 6-3

土壤侵蚀量（t·hm⁻²·a⁻¹）	0~500	501~2500	2501~5000	5001~8000	8001~15000	15000 以上
分值	90	70	50	30	10	0
交换性钠 /%	0~5	6~15	16~30	31~50	51~70	
分值	90	70	40	20	0	

（4）人类活动指数

根据人类活动对不同土地利用类型的改造和影响程度不同进行评分，其中林草地为 90 分，水域 78 分，湿地为 65 分，农田 53 分，建设用地为 30 分，裸地 20 分。

3. 生态现状评价模型建立

本研究选用加权综合指数法评价模型对生态现状进行评价，将实际数据与评价标准对比得到分值，根据各因子的重要程度赋予相应的权重，最后加权计算得出综合评价结果。

$$I_E = \sum_{i=1}^{n} W_i \times I_i$$

$$I_i = \sum_{p=1}^{k} u_p \times a_p \quad (6\text{-}2)$$

图 6-2　生态现状评价公式

式中 I_E 表示生态环境状况指数，数值高，表示生态系统稳定，生态状况良好；n 为指标因子个数；W_i 为各指标因子的权重；I_i 为各指标因子计算值，通过指标因子内的具体指标项加权求和得到；u_p 为指标因子内各具体指标项的权重；a_p 为指标因子 I_i 内的具体指标项的分值。

采用层次分析法确定各指标因子的权重，对每个因子中各项指标两两比较，判断相对重要性并进行打分，建立判断矩阵，计算最大特征根与对应的特征向量，并进行一致性检验，最终确定各指标因素的权重值。

4. 生态现状评价

借助遥感软件 ENVI 中的波段运算工具计算得到 1km×1km 格网尺度的各因子得分情况，再根据权重计算中生态环境状况指数 I_E，结合研究区生态环境现状的特点，将生态现状分为 4 个等级（表6-4）并利用 ArcGIS 软件生成相应的生态现状评价专题图。

生态现状评价图　　　　　　　　　　　　　　　　　　　表 6-4

级别	指数（I_E）	状态
优	[75，100]	植被覆盖度高，生物多样性丰富，生态系统稳定
良	[55，75]	植被覆盖度较高，生物多样性较丰富，生态系统较为稳定
一般	[35，55]	植被覆盖度一般，生物多样性一般水平，出现对人类活动有制约性的因子
差	[0，35]	植被覆盖度差，物种稀少，生态条件较为恶劣，人类活动受到限制

6.3.2 资源环境承载力的评估技术方法

资源环境承载能力评价是空间规划编制的重要基础性工作。中共中央、国务院印发的《生态文明体制改革总体方案》明确指出，空间规划编制前应当进行资源环境承载能力评价，以评价结果作为规划的基本依据。资源环境承载能力是承载人类生活生产活动的自然资源上限、环境容量极限和生态服务功能量底线的总和。资源环境承载能力评价就是在自然环境不受危害或维系良好生态系统的前提下，确定一定地域空间可以承载的最大资源开发强度与环境污染物排放量，以及可以提供的生态系统服务能力，面向空间规划编制的承载能力评价是国土空间开发适宜性评价的基础，是对自然资源和生态环境本底条件的综合评价。

评价原则有四方面内容：

一是尊重自然规律性。评价应体现尊重自然、顺应自然、保护自然的生态文明理念，充分考虑资源环境的客观约束，始终坚守自然资源供给上限和生态环境安全的基本底线。

二是把握评价整体性。评价应系统考虑区域资源环境构成要素，指标体系设计统整，综合集成反映要素间相互作用关系，客观全面地评价区状况。

三是突出评价针对性。评价应凸显地理区位特征、资源环境禀赋等区域差异，因地制宜地选取评价因子、设置重要参数、确定分级阈值，力求避免评价方法盲目照搬。

四是注重评价操作性。评价应将定量评价与定性评价相结合，合理利用评价技术提供的弹性空间，并与部门工作基础充分衔接，确保评价数据可获取、评价方法可操作。

1. 单项资源承载力评价

（1）土地资源评价

1）含义：土地资源评价主要表征区域土地资源对人口经济集聚、农业与城镇发展的支撑能力，采用土地可利用度作为评价指标，通过地形坡度与海拔高度综合反映。

2）评价方法：

[土地可利用度]=f（[地形坡度]，[海拔高度]）

[土地可利用度]是指农业发展、城市建设的土地资源可利用程度，需具备定的坡度、高程条件，同时应扣除不可利用地类，如水域、沙漠、戈壁等。

3）评价步骤具体分为：第一步：图件制备与叠加处理。将数字地形图转换为栅格图，栅格大小可根据实际情况确定。将数字地形图、土地利用图进行投影转换，对每幅图进行修边处理，再将所有已匹配、修边图件叠加生成叠加复合图，供数据提取和空间分析使用。第二步：地形要素空间分析，基于数字地形图，计算栅格 3°~8°、8°~15°、15°~25°、>25°生成地形坡度分级图，按<500m、500~1000m、1000~2000m、2000~3000m、>3000m 生成海拔高度分级图。第三步：土地可利用度评价与分级。以地形坡度分级结果为基础，结合海拔高度、土地利用现状，将土地可利用度划分为高、较高、中等、较低、低 5 种类型。如海拔高度在 2000~3000m 之间的，应将地形坡度分级降低 1 级作为土地可利用度等级；海拔高度>3000m 的，应将地形坡度分级降低 2 级作为土地可利用度等级；当现状土地利用类型为水域、戈壁、沙漠的，土地可利用度一般应作为低等级。在栅格单元评价基础上，按照土地可利用度高值区面积比例、分级赋分加权平均等方法，确定行政单元的土地可利用度等级。

4）评价成果：评价成果分为综合评价和单要素评价。综合评价：分析区域地形、地貌特点及其对土地可利用度的影响；编制土地可利用度空间分布图、统计表，刻画土地资源可利用程度的空间分异特征。单要素评价：对高程、坡度、土地利用类型等要素进行评价，编制要素分级评价图、统计表。

（2）水资源评价

1）含义：水资源评价主要表征区域水资源对人口经济集聚、农业与城镇发展的支撑能力，采用水资源丰度作为评价指标，通过当地水资源与过境水资源的丰富程度综合反映。

2）评价方法：

[水资源丰度]=f（[降水量]，[过境水资源量]）

[过境水资源量]=Max（[过境河流年径流量]）

[过境河流年径流量]是指过境河流的多年平均径流量，评价中选择年径流量最大的河流来描述过境水资源丰富程度，对于未流经评价单元，但空间距离较近具备用水条件的河流，评价中仍可以视为过境河流。

3）评价步骤具体分为：第一步：降水量评价。收集整理区域内与邻近地区气象站的长期观测资料（一般应大于30年），计算各气象站多年平均降水量。运用GIS技术进行空间插值，得到栅格尺度年降水量，一般可按照＞1600mm、800~1600m、400~800m、200~400m、＜200m划分为很湿、湿润、半湿润、干旱、半干旱5个等级。第二步：过境水资源量评价。计算区内主要河流径流量的多年平均值，并按径流量划分等级，一般可按照＞1000亿m^3、300亿~1000亿m^3、100亿~300亿m^3、10亿~100亿m^3、＜10亿m^3划分为过境河流流量很大、大、较大、一般、较小5等级；选择过境河流中径流量最大的河流，取其评价分级作为评价单元的分级。第三步：水资源丰度评价与分级。根据降水量、过境水资源量2项指标的分结果，确定水资源丰富、较丰富、一般、较不丰富、不丰富5个等级。一般以2项指标中相对较好的分级结果为准，也可根据当地实际情况确定。第四步：针对特殊地理条件的辅助性评价。当评价单元内地域分异显著，使得区域利用过境水资源的便利程度有较大差异时，可选择河流距离、提水高程等要素作为补充性指标，综合评估过境水资源丰富程度与利用条件。

4）评价成果：评价成果分为综合评价和单要素评价。综合评价：分析区域降水、蒸发、径流等水文要素特点及其对水资源丰度的影响；编制水资源丰度空间分布图、统计表，刻画水资源丰富程度的空间分异特征。单要素评价：对降水量、过境水资源量等要素进行评价，编制要素分级评价图、统计表。

（3）环境评价

1）含义：环境评价主要表征区域环境可为人类生活生产活动提供的最大污染物消纳能力，采用环境纳污能力作为评价指标，通过区域大气环境与水环境的主要污染物排放限值综合反映。

2）评价方法：

[环境纳污能力]=f（[大气环境污染物排放限值]，[水环境污染物排放限]）

[大气环境污染物排放限值]=[大气环境区域总量控制系数]×[规定年日平均浓度]×[大气环境功能区面积]

[水环境污染物排放限值水环境功能区目标浓度]×[可利用地表水资源量]+[污染物综合降解系数]×[可利用地表水资源量]×[水环境功能区目标浓度]

[大气环境污染物排放限值]以二氧化硫（SO_2）、二氧化氮（NO_2）、颗粒物（PM10、PM2.5）等主要污染物为评价对象；[水环境污染物排放限值]以化学需氧量（COD）、氨氮（NH3-N）等主要污染物为评价对象；[大气环境区域总量控制系数]可参照《制定地方大气污染物排放标准的技术方法》（GB/T 3840-1991）中各地区总量控制系数进行确定；[水环境功能区目标浓度]可根据水环境功能区类别按照国家或者地方关于水环境质量标准中所规定的相应目标浓度得到。

3）评价步骤具体分为：第一步：污染物排放限值计算，按照环境功能区划定基础评价单元，确定环境功能区内的污染物目标浓度，计算污染物允许排放限值。环境功能区以省级区划为基础，可结合地级和县级区划方案进行细分。第二步：大气环境和水环境评价。按照排放限值自然分布规律，将各种大气和水污染物排放限值划分为高、中、低3个等级，并通过等级分布图空间叠加，分别确定大气和水环境污染物排放限制高、中、低等级。第三步：环境纳污能力评价与分级。将大气和水环境污染物排放限值的高中、低等级分别赋予5、3、1分，并将二者平均值作为环境纳污能力得分，根据分值高低划分环境纳污能力强、较强、中等、较弱、弱5个等级。

4）评价成果：评价成果分为综合评价和单要素评价。综合评价：分析气象、水文、地形等因素对区域污染物扩散及环境纳污能力的影响；编制环境纳污能力评价图、统计表，刻画区域环境综合纳污能力的空间分异特征。单要素评价：对主要大气、水环境污染物排放限值进行要素评价，编制要素分级评价图、统计表。

（4）生态评价

1）含义：生态评价主要表征自然生态系统的本底条件，采用生态本底特征值作为评价指标，通过区域水热条件和地形地貌特征综合反映。

2）评价方法：

[生态本底特征值]=f([湿润系数],[活动积温],[海拔高度],[地貌类型])

[湿润系数]=[降水量]/[参考作物蒸散发量]

[湿润系数]是指年降水量和参考作物蒸散发量的比值，降水量可通过气象站监测资料获取，参考作物蒸散发量可用Penman-Monteith公式计算，或用气象站点蒸发量观测值替代；[活动积温]是指大于等于10℃的日平均温度的总和。

3）评价步骤具体分为：第一步：单项要素分级评价。按照分级参照值，分别对湿润系数（w）、活动积温（t）、海拔高度（h）、地貌类型（I）进行分级，生成4幅单要素分级评价图。原则上按5级分级评价，其中的阈值可结合区域自身状况做相应地调整。第二步：单项要素分级图叠加。依据单项要素分级评价数据，进行生态本底特征值集成，各评价单元生态本底特征值集成方法可采用以下计算公式：[生态本底特征值]=（$w \times t + w \times h + w \times I + t \times h + t \times I + h \times I$）/2，也可采用求平均值的方法，但计算结果要便于下一步综合评价分级。第三步，生态本底特征值分级。根据评价单元生态本底特征值，结合评价区域实际情况，选取合适的分级赋值，将生态本底划分为好、较好、一般、较差、差5个等级（表6-5）。

生态本底特征值评价指标分级参照阈值 表6-5

评价指标	分级阈值（参考）	赋值	备注
湿润系数	≤ 0.05	1	从小到大的分值大致对应极干旱、干旱、半干旱、亚湿润干旱和湿润各气候类型；植被类型上大致对应沙漠戈壁、荒漠草原/草原/草甸草原、森林草原草甸灌木、森林、雨林
	0.05~0.20	2	
	0.20~0.50	3	
	0.50~0.65	4	
	> 0.65	5	
活动积温（≥10℃）	< 4500	1	从小到大的分值大致对应温带、北亚热带、中亚热带、南亚热带、热带各气候类型；植被上大致对应针叶林、落叶阔叶林、草原草甸；亚热带季雨林、常绿阔叶林；常绿阔叶林/马尾松；热带亚热带水果壳斗科、樟科、橡胶等树种；热带季雨林/雨林
	4500~5300	2	
	5300~6400	3	
	6400~8000	4	
	> 8000	5	

续表

评价指标	分级阈值（参考）	赋值	备注
海拔高度（m）	>3000	1	海拔高度的分级旨在能够相对清晰地反映评价区域生态系统的垂直分异特征，可参照当地水热条件和植被类型的垂直带谱进行符合实际的值域划分和分级
	2000~3000	2	
	1000~2000	3	
	500~1000	4	
	<500	5	
地貌类型	戈壁沙漠	1	戈壁沙漠为地貌分类中划定的相应类型，山地一般相对高差500m以上；丘陵一般相对高差500m以下；平地一般包括盆地、谷地、台地；滨海平原指沿海地区海拔200m以下的平地
	山地	2	
	丘陵	3	
	平地	4	
	滨海平原	5	

4）评价成果：评价成果分为综合评价和单要素评价。综合评价：分析水文、气象、地形、地貌等因素对生物生长及生态本底的影响；编制生态本底特征值评价图、统计表，刻画区域生态本底条件的空间分异特征。单要素评价，对湿润系数、活动积温、海拔高度、地貌类型进行要素评价，编制要素分级评价图，统计表。

（5）灾害评价

1）含义：灾害评价主要表征自然灾害发生的可能性及其强度，采用灾害危险性作为评价指标，通过地震灾害、地质灾害、洪水灾害、热带风暴潮灾害等自然灾害发生的频次及强度综合反映。

2）评价方法：

[灾害危险性]=Max（[地震灾害危险性]，[地质灾害危险性]，[洪水灾害危险性]，[干旱灾害危险性]，[热带风暴湖灾害危险性]……）

3）评价步骤具体分为：第一步，自然灾害灾害种类选择。根据区域自然灾害类型特点，遴选对社会经济发展有重要限制作用的灾种，一般应包括地震、地质灾害、洪水、干旱和热带风暴潮，部分地区可补充低温冷冻、暴风雪等灾种。第二步，单项灾种危险性评价。收集整理各类自然灾害历史资料，根据灾害发生频率与强度，评价单项实种危险性。对于有研究或规划成果可供参考的，应在相关成果基础上进行，如洪水灾害危险性评价可在洪水风险图研究基础上进行。第三步：灾害危险性评价与分级。将单项灾种危险性评价结果，参考表6-6对应到灾害综合危险性等级。对于有多个致灾因子的区域，选择灾害危险性等级最高的致灾因子结果作为评价结果，将灾害危险性划分为危险性极大、危险性大危险性较大、危险性略大、无危险性5个等级。

灾害危险性分级参考阈值 表 6-6

灾害危险性	地震灾害（地震动峰值加速度）	地质灾害	洪水灾害	热带风暴潮	……
极大	≥0.4	极重度			
大	0.3	重度	最严重		
较大	0.2	中度	严重	高危区	
略大	0.1~0.15	轻度	一般		
无	0~0.05	微度	小/最小		

4）评价成果：评价成果分为综合评价和单要素评价。综合评价：分析水文、气象、地质条件对灾害危险性的影响；编制灾害危险性评价图、统计表，刻画区域灾害危险性空间分异特征。单要素评价：对地震、地质灾害、洪水、干旱、热带风暴潮等灾害进行单要素评价，编制要素分级评价图、统计表。

2. 集成评价

（1）集成准则

集成评价基于单项评价的分级结果，综合划分资源环境承载能力等级，表征国土空间对城市建设、农业发展等生活生产活动的综合支撑能力。资源环境承载能力按取值由高至低可划分为强、较强、中等、较弱、弱5个等级。集成评价应遵循的基本准则如下：承载能力高值区应具备较好的水土资源基础，即同时要求土地资源、水资源均具有较好的支撑能力。承载能力高值区还应具备较好的生态环境条件，即同时要求环境纳污能力较强、生态本底特征值较高承载能力受到自然灾害和海域承载能力一定程度的制约作用，即灾害危险性较高，或海域承载能力特征值较低的区域，资源环境承载能力受到限制。

（2）集成方法

资源环境承载能力按如下公式进行综合集成：

[资源环境承载能力]=f（[水土资源基础]，[生态环境条件]，[灾害危险性]，[海域承载能力特征值]）

[水土资源基础]=Min（[土地可利用度]，[水资源丰度]）

[生态环境条件]=Min（[环境纳污能力]，[生态本底特征值]）

（3）集成步骤

第一步：单项评价结果标准化。将单项评价结果进行标准化分级赋值，1分为最低等级，5分为最高等级。其中，土地可利用度、水资源丰度、环境纳污能力、生态本底特征值为承载类指标，分值越大，承载能力越强；灾害危险性为限制类指标，分值越大，承载能力越弱。第二步：单项指标复合分析，为保证单项评价成果在空间尺度上的统一，分析以栅格图为底图。栅格大小可参照土地资源评价成果，省域尺度一般可采用1000m格网，县域尺度可采用90m格网。对于以行政区为评价单元的指标，可将其评价结果均值化转换为自然单元，完成尺度转换后，将5个单项指标的评价结果叠加，生成复合图，供集成评价使用。第三步：集成评价。根据上式计算分别水土资源基础、生态环境条件两项指标，并根据集成评价参照矩阵（表6-7），初步划分承载能力综合等级。在此基础上，进一步纳入灾害危险性指标，对初步评价结果进行修正。修正准则包括：对于初步评价结果为"承载能力强"和"承载能力较强"，但灾害危险性"极大"，或海域承载能力特征值"弱"的区域，将其划为"承载能力中等"对于初步评价结果为"承载能力强"，但灾害危险性"大"的区域，或海域承载能力特征值"较弱"的区域，将其划分为承载能力"较强"。第四步：尺度转换。评价成果为自然单元尺度的栅格图，根据实际情况可根据高值区的面积大小、面积比例或通过加权平均方法，划分行政区尺度的资源环境承载能力等级。

资源环境承载能力集成评价参照矩阵 表6-7

资源环境承载能力等级		水土资源基础				
		1（差）	2（较差）	3（一般）	4（较好）	5（好）
生态环境条件	5（好）	较弱	中等	较强	强	强
	4（较好）	较弱	中等	较弱	强	强
	3（一般）	弱	较弱	中等	较弱	较弱
	2（较差）	弱	弱	较弱	中等	中等
	1（差）	弱	弱	弱	较弱	较弱

（4）集成结果

刻画承载能力空间分布格局。编制资源环境承载能力等级分布图、汇总表分析承载能力强、较强、中等、较弱、弱5个等级区域的数量和面积，分析承载能力等级的空间分布特征，总结海陆位置、功能分区、流域分布等地理背景下资源环境承载能力的基本规律。解析承载能力限制性因素。通过承载能力综合等级与单项评价结果叠加分析刻画不同承载等级下的水-土资源、水资源-环境、环境-生态等要素间组合特征，特别是对"承载能力弱"、"承载能力较弱"区域，根据5个单项指标及其构成要素的分级结果，运用短板原理识别承载能力限制性要素。

6.3.3 生态安全格局的预警技术方法

预警技术方法基于可持续发展的增长极限理论的理论基础。"增长的极限"指出人口与经济增长以及资源环境的开发利用都存在"极限"，超过"极限"将产生资源短缺、环境污染等一系列问题，进而导致社会经济健康发展难以持续。生态安全格局构建是为维系特定区域正常的水循环、碳循环、能量流、信息流等，维持生物多样性水平不降低，保证生态系统的持续健康状态以及生态系统服务的持续供给而划定并实施严格保护的重要区域。

资源环境承载能力监测预警是通过对资源环境超载状况评价，对区域可持续发展状态进行诊断和预判，为制定差异化、可操作的限制性措施奠定基础。开展资源环境承载能力预警以区域可持续发展理论为基础，把握人类主体与自然客体不断交互与融合下的"压力-状态-响应"过程，通过资源供给、环境容量、生态安全限值等资源环境约束上限、以及合理发展规模等关键阈值与参数划分超载类型，采用资源消耗与利用效率、环境损害与效益、生态系统扰动与破坏的变化趋势实施可持续性预警，将单项指标与复合指标互为补充、静态分析与动态测度有机融合、总量控制与区域配置相互协调，科学预警区域资源环境超载状态，提前部署应对措施（图6-3）。

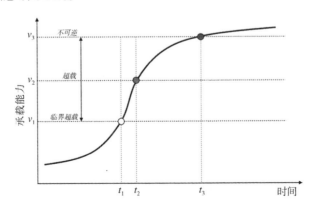

图 6-3　资源环境承载能力监测预警图

1. 预警指标体系的构建

区域生态安全格局随着区域内环境的变化而呈现出动态的变化，包括人类活动、区域内生态环境因子的变化，以及社会经济的发展影响生态安全的变化，由安全到相对安全乃至不安全；或通过采取生态修复、补偿、整治等措施，缓解环境破坏，变不安全为安全。生态安全预警就是要在预测基础上，对未来区域一段时间的生态安全进行检测，使区域生态环境朝着良性方向发展。目前国内研究多采用的是 PSR（压力-状态-响应，Pressure-State-Response）生态安全评价指标体系，这种模型在预测性上略显不足，更多关注生态系统目前的状态，不能充分解释生态安全的演变过程。本研究加入了驱动力（Driving force）因子，构建了 DPSR（驱动力-压力-状态-响应，Driving force-Pressure-State-Response）模型，充分考虑驱动力等动态指标在预警中的作用，由于人类社会发展是一个不断利用生态系统满足自身发展的过程，一方面，高强度的经济社会活动会对生态系统产生负向作用，另一方面，伴随科技进步、生态文明观念提升，人类会加大环保力度，从而对生态环境优化产生正向作用，且正反两方面的作用没有严格的界限，因此本研究将人均 GDP、第三产业占 GDP 比重、城镇化率和居民消费水平等作为反映经济社会发展促进生态环境优化的指标放入到驱动力层中，而将人口密度、经济密度、资源消耗和污染物排放等作为经济发展抑制生态环境优化的指标放入到压力层中，以更好地适应生态安全预警的动态性。

基于 DPSR 模型，结合已识别的生态空间、生态本底现状及承载力指标、各类规划指标等，从经济因素、社会因素、资源因素、环境因素和人类支持因素等 5 个方面遴选了 30 项指标，构建生态安全预警指标体系（表 6-8）。

生态安全预警指标体系 表 6-8

目标层	准则层	指标层	计算方法	属性
生态安全预警指标体系	驱动力层	人均 GDP（元）	GDP/ 人口数	+
		第三产业占 GDP 比重（%）	第三产业产值 /GDP·100%	+
		城市化率（%）	城镇常住人口数量 / 总人口数	+
		居民消费水平（元）	居民消费总额 / 人口数	+
		劳动力数量占人口比例（%）	劳动力数量 / 总人口数	+
		大专以上文化程度人口比例（%）	具有大专以上文化的人口数 / 人口数·100%	+
		人口密度（人 /km²）	人口数量 / 区域面积	−

续表

目标层	准则层	指标层	计算方法	属性
生态安全预警指标体系	驱动力层	经济密度（万元/km²）	GDP/区域面积	−
		万元GDP能耗（tce/万元）	总能耗量/GDP·10000	−
		万元GDP用水量（m³/万元）	总用水量/GDP·10000	−
		单位农业面积灌溉用水量（m³/hm²）	总用水量/耕地面积	−
	压力层	化肥使用强度（t/hm²）	化肥施用量/耕地面积	−
		万元GDPSO₂排放量（kg/万元）	SO₂排放量/GDP·10000	−
		万元GDP碳排量（t/万元）	碳排放量/GDP·10000	−
		人均水资源（m³）	水资源总量/人口数	+
		人均林地资源（m²）	林地面积/人口数	+
		人均草地资源（m²）	草地面积/人口数	+
		人均耕地面积（亩/人）	耕地面积/人口数	+
		人均公共绿化面积（m²/人）	绿化面积/人口数	+
	状态层	湿地面积占国土面积比重（%）	湿地面积/区域面积·100%	+
		森林覆盖率（%）	森林面积/区域面积·100%	+
		水资源开发利用率	总供水量/水资源总量	+
		空气质量优良率（%）	空气质量优良天数365·100%	+
		工业废水达标排放率（%）	工业废水达标排放量/工业废水排放总量·100%	+
		工业固体废弃物综合利用率（%）	固体废弃物利用量/废弃物总量·100%	+
		水土流失治理率（%）	已治理的水土流失面积/水土流失总面积·100%	+
		生活污水处理率（%）	生活污水处理量/生活污水排放总量·100%	+
	响应层	工业废气净化处理率（%）	工业废气净化处理量/工业废气排放总量·100%	+
		秸秆综合利用率（%）	秸秆利用率/秸秆产生量·100%	+
		环保投资占GDP比重（%）	环保投资额/GDP·100%	+

2. 预警模型

（1）数据标准化

预警方法采用熵值法，利用极差标准化方法对参评指标进行量化统一。

对于正向指标：
$$X_{ij}^{'}=(X_{ij}-X_{j\min})/(X_{j\max}-X_{j\min}) \quad (6-3)$$

对于逆向指标：
$$X_{ij}^{'}=(X_{j\max}-X_{ij})/(X_{j\max}-X_{j\min}) \quad (6-4)$$

式中：X_{ij} 为 i 地区的第 j 个指标值；$X_{ij}^{'}$ 为数据标准化后的指标值；$X_{j\min}$ 为所有地区中 j 指标的最小值；$X_{j\max}$ 为所有地区中 j 指标的最大值。

（2）指标信息熵值 e 和信息效用值 d。第 j 项指标的信息熵值为：
$$e_j=-K\sum_{i=1}^{m}X_{ij}^{'}\ln X_{ij}^{'} \quad (6-5)$$

式中：常数 K 与系统的地区数 m 有关。对于一个信息完全无序的系统，有序度为零，其熵值最大，$e=1$，m 个样本处于完全无序分布状态时，$X_{ij}=1/m$，此时，
$$K=1/\ln m \quad (6-6)$$

某项指标的信息效用价值取决于该指标的信息熵 e_j 与 1 之间的差值：
$$d_j=1-e_j \quad (6-7)$$

（3）指标权重。利用熵值发估算各指标的权重，可以得到第 j 项指标的权重为：
$$W_j=d_j/\sum_{j=1}^{n}d_i \quad (6-8)$$

（4）预警值计算。X_{ij} 的评价值 f_{ij} 为：
$$f_{ij}=W_j\cdot X_{ij}^{'} \quad (6-9)$$

最终，第 i 个地区的预警值：
$$f_i=\sum_{j=1}^{n}f_{ij} \quad (6-10)$$

3. 判别标准

运用熵值法得出的生态安全预警值实际上是各地区生态安全的一个综合得分，其分值在 0~1 之间，分值越接近于 1 说明这个地区的生态安全状况越理想；分值越接近于 0，说明这个地区的生态安全隐患越大。为便于预警结果归类分析，本研究在参考相关文献的基础上，将生态安全预警评判标准划分为无扰动区、低扰动区、适度发展区、高扰动区 4 个档次，不同的预警值对应不同级别的安全预警状况。生态安全预警等级越高，说明区域的生态安全状况越好；反之，说明区域的生态安全状态越差（表 6-9）。

生态安全预警特征　　　　　　　表 6-9

综合预警值	生态安全等级	生态预警状态	预警特征
$0.0 \leq f_i < 0.25$	I	高扰动区	生态系统结构破坏严重，服务功能完全丧失，难以实现人口、资源、环境与经济的协调发展
$0.25 \leq f_i < 0.5$	II	适度发展区	生态系统结构出现轻微变化，服务功能有一定程度的退化，社会经济发展伴随资源消耗与环境污染等问题
$0.5 \leq f_i < 0.75$	III	低扰动区	生态系统结构基本完善，服务功能良好，社会经济发展水平较高，且资源消耗与环境污染不明显
$0.75 \leq f_i < 1.0$	IV	无扰动区	生态系统结构非常完整，服务功能很好，社会经济发展水平高，达到自然社会经济协调发展的理想状态

4. 初步对策

在各类生态等级区域，都应重新制定合理的开发强度测算。测算前，要优先对各类区域进行初步策略的设计。如针对生态安全等级较高城市，应采取合理的人口政策，优化城市结构，制定合理产业结构，发展循环经济；统筹土地资源的开发利用；探寻生态农业发展的新思路。针对生态安全处于第 I、II、III 等级的地区，应根据区域实际的生态环境承载能力，统筹经济发展与环境保护的关系；促进经济发展方式由粗放型向集约型转变；注重区际协调，避免自扫门前雪的发展方式；注重生态恢复与重建，对采矿塌陷区和水土流失区进行治理，建立各级湿地生态功能保护区；引进先进农业生产技术，减少对淡水资源的使用；建立快速有效的监测体系，在生态脆弱地区建立自然保护区和生态功能区等；在城市开发区建设生态绿廊、通风廊道等绿化修复工程。

6.4 开发强度综合测算

遵循环境考量的基本原则，以生态功能价值前置测度、空间规模的综合测算为基础，进而以资源定地、以水定域、以地定域的开发强度综合测算技术方法；在资源环境承载能力评价和生态安全预警的基础上，确定国土空间开发强度，保障安全格局；在水资源生态功能的溯源机制建立和使用功能的承载潜力评估的基础上，确定区域开发标准；在土地资源现状开发强度和基底环境的综合评价基础上，本着增强生态功能发挥的原则，按照土地空间的不同功能，确定开发范围、开发强度度量和开发控制区域。

6.4.1 开发强度测算的基本原则

在中央政策和国家与地方立法的指引下，一些地方开展了"多规合一"实践工作。2014年11月25日国家发展改革委、国土资源部、环境保护部和住房城乡建设部四部委提出在全国28个市县开展"多规合一"试点。江西省已经确定鹰潭市、萍乡市两个设区市以及乐平市、丰城市、吉安县、湖口县、婺源县5个县（市）先行进行省级"多规合一"试点。值得注意的是，一些省级行政区域也整体开始了相关的工作，如北京市2015年《政府工作报告》指出，要高质量完成城市总体规划修改，以人口资源环境承载能力为底线，统筹功能疏解、人口控制、用地减量、空间优化等目标任务，促进城市健康发展。认真对接"十三五"规划，推进经济社会发展、城乡、土地、人口、环境等"多规合一"，强化规划的严肃性、权威性，从严实施，红线管理，确保一张蓝图绘到底。"多规合一"作为一项基础性和跨学科的工作，涉及国民经济和社会发展的重大事项，为了保证其科学性、合理性和有效性，可以考虑遵守如下原则。

1. 经济社会发展与环境保护相协调的原则

虽然2014年修改的《环境保护法》在规划方面，并没有指出以哪个规划为约束性因素，只是要求环境保护规划与主体功能区规划、土地利用总体规划和城乡规划等相衔接。但是该法却建立了"经济社会发展与环境保护相协调"的基本原则，也就是说，环境保护是基础性的约束性因素。一些地方立法基于此也做了细化规定，如2015年1月出台的《河北省国土保护和治理条例》第三章"共同保护"第14条规定："县级以上人民政府应当根据上级主体功能区规划，按照资源环境承载能力、开发强度和发展潜力，统筹人口分布、经济布局、国土利用和城镇化格局，确定本行政区域内的优化开发、重点开发、限制开发和禁止开发区域。"第15条规定："县级以上人民政府应当严格执行国土资源用途管制。"把经济社会发展与环境保护相协调的原则体现得更充分。

经济社会发展与环境保护相协调的原则，体现了环境保护部门对其他相关部门的环境保护统一监督管理职能，体现了环境保护的基础性和前置性约束作用，也适用于各种规划的衔接和协调，即合一工作。为此，环境保护部门按照《环境保护法》的规定，在制定国民经济和社会发展规划时，提出与全面建成小康社会相适应的环境质量奋斗目标，基于区域的主体功能定位，提出生态空间分区管治、环境容量分区管治、土地开发分区管治、城乡建设分区管治等约束性要求。

"十三五"时期是我国全面建成小康社会的关键时期。小康社会应当是蓝天、青山和绿水常在的社会,因此,"十三五"的经济和社会发展规划,环保要成为基础性、前置性和约束性的规划因素,也是基本的任务之一。"指导意见"对此也予以了认可,如其指出,各市县资源环境承载能力不同,主体功能定位不同,未来的空间开发强度和发展潜力不同,在全面建设小康社会进程中面临的矛盾和任务也有所差异,要按照区域主体功能定位,针对各自主要矛盾,突出首要任务,分类促进经济持续健康发展、人民生活水平全面提高、资源环境条件持续改善。"指导意见"还指出,要强化空间布局,优化空间结构,将经济社会发展与优化空间布局融为一体,编制出一个统领市县发展全局的总体规划。下一步,在各市县编制本地合一的规划时,应当发挥环境条件和环境保护目标的引导性作用,在主体功能区基础上进一步落实生产、生态、生活三大空间的分区管治措施,把生产和生活、经济社会发展和环境保护统筹起来。

实施好经济社会发展与环境保护相协调的原则,应抓住经济社会发展规划、城乡规划、土地利用规划、生态环境保护规划的契合点,通过契合点大做文章,撬动整个"多规合一"的格局,实现多赢。值得注意的是,要慎重合理划定生态保护红线,盲目地扩大生态保护红线范围,会制约经济的发展,最终不利于守住生态红线。

2. 城乡环境保护同一化或者一体化原则

城乡的经济和社会发展,在有的发达地区可以实现一体化,而在有的地方则只能实现协同化。但是,一些环境问题,如噪声污染具有本地性,难以跨越城乡边界,而一些环境问题,如大气污染和水污染则是跨越城乡界限的。保护乡村的大气和水环境,则有利于增强城镇发展的环境容量;保护城镇的大气和水环境,则有利于减少乡村环境的压力。在环境公共服务方面,也许生态环境是今后最先实现均等化服务的领域。因此,在制定"十三五"合一的各种规划时,应当采取一体化的措施甚至同一的措施保护城乡生态环境,实现城乡空间资源的统一安排。

"十三五"末期将要全面建成的小康社会,从理论上看,应当是城乡同一的小康社会。为此,应当尽力采取城乡同一的经济、土地、建设等政策,保护区域生态环境,发展区域经济和社会。这就要求,"多规合一"的措施,尤其是环境保护措施,应当尽量是城乡同一的。暂时同一不了的,可以采取协调的措施。为了保护一体化的城乡环境,有必要限制城市增长边界,包括城镇外部边界和城镇内部边界,只有建立合理的边界,才能既促进城镇化的发展,促进经济的增长,又发挥生态空间的生态调节和稳定作用。

此外，在环境保护城乡同一的进程中，既要强调城镇和乡村环境保护措施的同一性，还要强调城镇和城镇之间环境保护措施的同一性，实现城镇群乃至城市群之间环境保护措施的同一化甚至融合化。

3. 跨区域生态保护的统筹原则

城市群的形态是城市化的一个重要的发展方向，跨行政区域的城市群环境保护要立足于整体保护，统筹小生态与大环境的一体化。大区域生态保护的统筹保护要坚持空间开发利用格局的一体化，特别注重统筹海洋保护与陆地保护的协同发展，统筹城市群之间的经济社会和环境保护工作。

在保护京津冀、长三角、珠三角、长株潭等大区域的生态环境时，应当坚持微生态循环与大格局的统一。大区域内的各行政区域在制定合一的规划时，应当以发展目标和解决现实问题为导向，并寻求解决的方法。设计具体的措施时，切忌"同床异梦"各有想法。通过一体化的发展战略和空间开发分区管治，既有利于保持原有的发展优势，又有利于整合资源，淘汰落后，形成新的竞争优势，还可以通过走淘汰落后和中高端发展的路子节省一些环境容量；既有利于加强生态建设，提高环境容量，还有利于加强污水和垃圾集中处理，有利于形成统一、高效、低成本的环境保护市场，减少污染物的排放总量，提高大区域的综合效益。

城市群的生态空间是一体的。对于大区域的生态空间，各方出多少土地和空间，这些土地和空间由谁来投资和管理，如把一些地区划分为国家公园、自然保护区等禁止开发区和限制开发区，都需要统筹规划。因此，在跨区域的生态保护工作中，应当平衡好奉献和补偿的关系。如为了保护北京地区的大气和水环境，限制张承地区的开发。为此，应建立大区域的经济和社会补偿机制。

4. 开发利用的空间分区管治原则

空间结构和布局反映一个地区的城镇化、工业化发展的程度和科学化水平，反映一个地区生态环境保护的程度和水平。其调整对一个市县的影响更宏观、更长远。各市县要在全省范围甚至全国范围内找准自己的优势，坚持全省甚至全国一盘棋思想，按照区域背景、发展现状、资源环境承载能力和未来发展潜力，科学谋划自己的城镇、农业、生态空间开发利用和保护格局，提高本地区空间利用效率和整体竞争能力。也就是说，应在大范围国土空间分析评价基础上，将行政边界和自然边界相结合，依据区域资源环境承载能力谋划好每个市县的功能定位，设计好每个市县的空间开发布局，严格按照主体功能区定位推动发展，并开展空间开发利用的分区管治工作。在实现"多规合一"的进程中，规划思路和规划框架都要体现空间布局分区管治的要求。在具体的规划中，应把总体发展战略和各领域发展任务与空间布局、空间管治相结合，根据不同主体功能定位要求，落实生态空间用途管制，按照优化、重点、限制和禁止开发的总体要求，明确各自经济发展的主要方向，合理确定城镇、农业、生态三类空间的适度规模和比例结构，改变将时序与空间、发展与布局相互割裂的状况，改变各地发展定位类同、相互恶性竞争、环境污染、资源破坏等缺乏可持续性的局面。

值得注意的是，目前一些地方的专项规划已经有了自己的空间布局和管制分区，如环境保护部门管生态环境，林业部门管森林生态，国土部门管用地指标，住建部门管建设用地，仔细研究，就会发现，他们都是围绕一块地、一个空间展开规划和监管。由于空间需求、空间分区、划分标准、划分方法不一致，甚至相互冲突，导致管理上的难处。为此，也应按照一个行政区域一本规划、一张蓝图的要求，整合优化相关规划的空间管制分区，形成一张空间规划布局总图。在一张蓝图之下，统筹开发与保护，统筹城镇与乡村，统筹资源节约与环境保护，统筹污染防治与生态修复。

6.4.2 开发强度综合测算方案

以生态价值为先导，按照县市为单元，为了合理确定开发强度，采用城镇化发展潜力分析法，在区域发展潜力识别基础上，进行人口、用地的统筹安排，最终确定开发强度指标，同时也实现了对县域总规、乡镇总规、土规之间的协调。主要技术方法为：

基于总规中城镇体系的发展规划，对各乡镇人口、土地和经济城镇化协调发展进行分析，将城镇化的内涵概括为人口城镇化、土地城镇化、经济城镇化和社会城镇化四个方面。①人口城镇化。这是城镇化的核心，其实质应是人口经济活动的转移过程；②经济城镇化。这是城镇化的动力，主要指经济总量的提高和经济结构的非农化，其中工业化是直接推动因素，而第三产业的兴起与兴旺则是城镇化程度的表现；③土地城镇化。这是城镇化的载体，主要表现为城镇建成区面积增加；④社会城镇化。伴随着经济、人口、土地的城镇化进程，人们的生产方式、行为习惯、社会组织关系乃至精神与价值观念都会发生转变，是城市文化、生活方式、价值观念等向乡村地域扩散的较为抽象的精神上的变化过程。

1. 人口城镇化分析

人口城镇化水平是衡量城镇化的基本尺度，其实质是人口经济活动和生活方式非农化的过程。人口城镇化表示城镇人口比重达到或接近饱和，同时是城市生活方式全面普及的一种状态。此外，城镇化本身是一个综合概念，涉及人口聚集、产业转移、生活方式转变等多重内涵，需综合考虑多种因素，例如人口、就业、住房、农业等。因此，结合数据可获得性，选取以下因素进行了评估，具体指标为：

（1）人口结构指标：城镇人口规模与城镇化率

城镇人口规模较大的乡镇未来的综合发展潜力相对的较大。人口城镇化是人口向城镇集中，或乡村地区转变为城镇地区，从而变乡村人口为城镇人口，使城镇人口比重不断上升的过程。因此，城镇人口规模是衡量人口城镇化的一项重要指标。

城镇化水平反映人口向城镇聚集的过程和聚集程度，是区域经济发展程度的重要标志。二、三产业的发展与集聚、城市建成区不断扩大、人口和经济活动向城镇地区集中是城镇化的基本特征。城镇化过程包括人口增长、产业转移、用地扩展等，而城镇化率是衡量城镇化水平的一个重要因素，即城镇常住人口占镇域常住总人口的百分比。

（2）人口就业指标：乡村劳动资源水平、外出从业人员情况及农民人均收入水平

城镇化的关键是人的市民化，而人的城镇化的关键是在城镇能够实现稳定就业。对于农业转移人口而言，只有稳定的就业和稳定的收入，才能支付长期在城镇居住的生活成本，才会有享受社会保障、教育、医疗、保障房和其他均等化公共服务的可能。而且，长期稳定的就业有利于提升人力资本、增强职业认同和对城市的适应性。就业比重越大，居住于城镇地区的人口就越多，从而人口城镇化水平越高。因此，城市化率的上升与就业结构变化的相关性较强。

乡村劳动资源水平会为城镇未来发展提供动力。城镇化是指人类生产和生活方式由乡村型向城市型转化的历史过程，表现为乡村人口向城市人口转化的历史过程。城镇化的变革和农业科技的发展必然引起农业生产方式和生活方式的变革，变革的结果是大量的农村劳动力向其他行业转移，而这样的转移和变革要有充分的人力资源准备，在推进城镇化和发展新型农业经济的诸多基本条件中，人是最活跃、起主导作用的因素。农民会为城镇化的发展提供丰富的劳动力，成为未来产业发展的重要力量。

过度的人口外流制约城镇发展。城镇化的持续发展引发了大规模人口迁徙，

流动人口是人口集聚和城镇化快速发展的最主要推动力。但过度的人口外流会存在着相当大的弊端，不利于经济的发展，并且直接影响制约着城镇化的建设。

农民人均收入水平可侧面反映城镇化的发展水平。城镇化的逐步推进可以吸收一定量的农村剩余劳动力，促进农民就业，对农民增收也具有相当大的影响。因此，城镇化的发展与农民人均纯收入的增长之间均存在正向长期稳定的协整关系，城镇化水平的提高会使农民人均纯收入得到提高，而农民人均纯收入的水平也能从侧面反映该地区城镇化的发展水平。在农民人均纯收入的各构成部分当中，城镇化水平对农民人均工资性纯收入的影响程度最大，对农民人均家庭经营纯收入及农民人均财产与转移性纯收入等的影响最小。此外，城镇化发展对农民收入增长的影响作用是逐步增强的。短期内，城镇化发展对农民收入增长的影响作用较小，但随着时间的推移，城镇化水平对农民人均纯收入及其各构成部分的波动的冲击逐步增强。也由于城镇产生的聚集经济效应，可以集聚市场、资源，创造出更大的需求进而带动农村地区发展。因此，高城镇化率的国家或地区，农民收入相对高于低城镇化率国家或地区。

（3）城市人口规模预测

城市人口规模预测是根据人口规模的现状，考虑到社会经济、资源环境等条件对人口规模再生产和转变的影响，运用科学的方法测算未来某个时期人口规模的发展状况。在城市规划中，城市人口规模一般指生活居住在城市和城镇地区的人口数量。即指城市建设范围内的常住人口数，包括户籍非农业人口、户籍农业人口以及暂住期在一年以上的暂住人口的总和。在一定程度上，可以说城市的人口规模决定了城市的用地规模，其预测成为城市规模的核心问题。

影响人口规模变化的原因可分为人口的出生率、死亡率等内在因素和社会、经济、环境等外在环境两个方面。因此在进行城市人口规模预测之前，首先应该对城市人口构成和变化的影响因素进行分析，进而选择合适的人口预测模型进行预测。人口的构成情况主要从年龄、性别、职业、户籍、地域分布等方面加以分析；人口的变化则主要通过自然增长率、机械增长率、人口平均增长率来反映。

其中，自然增长是指出生人数和死亡人数的净差值，公式为：自然增长率＝（本年出生人口数－本年死亡人口数）÷年平均人数×1000‰。目前，我国城市人口自然增长情况已从高出生、低死亡、高增长的趋势转变为低出生、低死亡、低增长的趋势。机械增长是指由于人口迁移所形成的变化量，即一定时期内，迁入城市的人口与迁出城市的人口的净差值，公式为：机械增长率＝（本年迁入人口数－本年迁出人口数）÷年平均人数×1000‰。人口平均增长率是指一定年限内，平均人口增长的速度。

由于影响人口规模变化的原因总是纷繁复杂的，因此国内外学者一直尝试从多个角度研究人口规模发展的规律，以不同的思路、不同的模型进行人口规模的预测。目前，人口规模预测涉及的主要思想包括：以确定人口规模增长率为依据的预测思想、以人口规模与社会经济之间的相关性为依据的预测思想、以数理逻辑为依据的预测思想；基于系统论的预测思想、以资源环境承载力作为人口规模发展的阈值的预测思想。基于不同的思想，人口规模预测方法也是多样的（表6-10）。

人口规模预测方法　　　　　　　　　　表6-10

类型	方法	公式与原理	适用情况
增长率法思想：分析历史数据和未来发展，设定增长率	平均增长率法	$P_t = P_0(1+k_1+k_2)^n$ P_t为目标年人口规模；P_0为基准年人口规模；k_1为自然增长率；k_2为机械增长率	适用于人口增长率相对稳定的城市
	指数增长模型	$P_t = P_0 e^{rn}$ P_t为目标年人口规模；P_0为基准年人口规模；r为人口平均增长率；n为预测年限	当数据足够多时，常采用指数模型。指数增长模型比较适合于短期预测；同时，它也不太适合于比较成熟和人口基数比较大的城市
	综合增长率法	$P_t = P_0(1+r)^n$ P_t为目标年人口规模；P_0为基准年人口规模；r为人口平均增长率；n为预测年限	广泛应用，其中r值的确定需要对历史数据和未来变化的影响因素进行分析和判断，诸如社会经济发展趋势、城市的资源、环境支撑条件等
	逻辑斯蒂曲线（Logistic）模型	$P_t = \dfrac{P_m}{1+\left(\dfrac{P_m}{P_0}-1\right)e^{-r \cdot n}}$ P_t为目标年人口规模；P_0为基准年人口规模；P_m为规划区最大人口容量；r为人口平均增长率；n为预测年限	考虑到受最大人口容量的影响，人口增长率会随着人口总数的增长而逐渐下降。但最大人口容量还需要进一步的确定
社会经济相关分析法思想：分析与人口规模存在互动关系的因素，推算人口规模	相关分析法	建立人口与相关因素（如GDP、就业等）之间的函数关系来推算	需要较长时间的人口和相关因素的统计数据。适用于影响因素的个数及作用大小较为确定的城市
	区位法	根据城市在区域中的地位、作用来对城市人口规模进行分析预测。如有确定城市规模分布模式的城市首位率、金字塔、"位序－规模"法则、"断裂点"分布等模式	适用于城镇体系发育比较完善、等级系列比较完整、接近克里斯泰勒中心地理论模式地区的城市

续表

类型	方法	公式与原理	适用情况
社会经济相关分析法 思想：分析与人口规模存在互动关系的因素，推算人口规模	劳动力需求法	$P_t = \dfrac{\sum_{i=1}^{3} Y_i \times W_i / y_i}{x_t}$ P_t 为目标年人口规模；Y_t 为目标年 GDP 总量；y_i 目标年第 i（例如一、二、三）产业的劳均 GDP；W_i 目标年第 i（例如一、二、三）产业占 GDP 总量的比例（%）	广泛应用
	劳动平衡法	人口规模 = 基本人口的规划人数 / 基本人口规模的百分比 = 基本人口规模的规划人数 /[1−（服务人口规模的百分比 + 被抚养人口规模的百分比）]	适用于将有较大发展、国民经济发展计划比较具体落实、人口规模统计资料比较齐全的中小城市和新兴工业区
	劳动比例法	人口规模 = 生产性劳动人口规模的规划人数 /（生产性劳动人口规模占劳动人口规模比重 × 劳动人口规模占总人口规模比重）	
	职工带眷系数法	人口规模 = 带眷职工人数 ×（1+ 带眷系数）+ 单身职工	更多的应用于新建工矿城镇的人口规模估算
	剩余劳动力转移法	$P_t = P_0(1+k_1)^n + z[f \cdot P_1(1+k_1)^n - s/b]$ P_t 为目标年人口规模；P_0 为基准年人口规模；k_1 为人口综合增长率；z 为农村剩余劳动力进镇比例；f 为农业劳动力占周围农村总人口规模的比例，一般为 45%~50%；P_1 为城镇周围农村现状人口规模总数；k_2 为城镇周围农村的自然增长率；s 为城镇周围农村的耕地面积；b 为每个劳动力额定担负的耕地数量，一般为 1.4~1.7 公顷；n 为预测年限	有大量剩余劳动力转移的小城镇
数学模型法 思想：通过数学模型推算未来人口的变化	时间序列法	根据人口规模增长与时间变化之间的关系，建立数学模型来进行推算	需要较长时间的人口统计数据。适用于相对封闭、历史长、影响发展因素缓和的城市。适用于线性增长或衰减过程，短期预测较为准确
	GM（1,1）灰色模型法	经过对原始数据累加、微分、还原，得到灰色模型，滤去原始数据中可能混入的随机量或其他噪声，从上下波动的时间数列中寻找某种隐含规律。 $x^{(1)}(t) = \left(1 - e^a\right)\left(x_{(1)}^{(0)} - \dfrac{u}{a}\right)e^{-at}$ x 表示人口规模数，t 表示时间，u 和 a 为待估计的参数	此类无规律可循或资料不全的情况下可以用 GM（1,1）灰色系统来进行预测，在短时期内精度最好

续表

类型	方法	公式与原理	适用情况
资源环境承载力法 思想：量化生态系统可承载的合理人口	环境容量法	根据环境条件（土地、水、生态用地等单个或多个要素）来确定城市允许发展的最大规模。 $P_t = L_t / l_t$ P_t 为目标年人口规模；L_t 为目标年可提供的环境资源量；l_t 为目标年人均占用环境资源量	适用于城市发展受自然条件的限制比较大的城市
	生态足迹法	将人类所消耗的资源与所排放的废弃物折合成生产性的土地面积（生态足迹），与资源环境可提供的生物生产性土地面积（生态承载力）进行对比，进而预测相应的人口规模。一般需要扣除12%的生物多样性保护面积。 $N = EC/ec(1-0.12)$ N 为目标年人口规模；EC 为目标年生态承载力；ec 为目标年人均生态足迹	广泛适用

2. 土地城镇化分析

土地城镇化水平是城镇土地面积占城市全部面积的比重，比重越大表明城镇能够承载的人口越多。城镇化是人口向城镇集聚、生产力不断发展和劳动分工逐渐加深的必然结果。土地作为城镇发展的物质基础和承载空间，与城镇化之间存在着密切的关系。

土地城镇化水平是城镇土地面积占城市全部面积的比重，比重越大表明城镇能够承载的人口越多，人口城镇化水平应当较高。从反面看，土地城镇化水平越高表明乡村的耕地面积越少，能够容纳的农业人口也越少，人口城镇化水平也应较高。城镇化对城镇土地利用的影响主要表现在对城镇土地规模、对城镇土地利用结构及城镇土地利用区域变化的影响。同时土地城镇化还与土地结构、土地利用水平、土地产出水平等具有一定的关系，基于此可对各个乡镇的土地城镇化发展潜力进行评价。

（1）土地结构分析：土地结构分析中选取各乡镇总规中城镇用地率（城镇用地/总面积）、乡镇现状建设用地规模、乡镇2020年和2030年预测建设用地规模、土规乡镇预测建设用地规模、土规乡镇预测新增建设用地规模等几个指标进行统计。

（2）土地利用水平：土地利用水平可作为土地城镇化水平和城镇发展潜力的一般参考因子。土地利用水平分析中选取乡镇现状人均建设用地、乡镇2020年和2030年预测人均建设用地等几个指标进行统计。

（3）土地产出水平：土地产出水平与乡镇的职能类型和主导产业有很大关系。土地产出水平分析中选取地均工农产值（万元/km^2）、地均财政收入、地均农民纯收入等几个指标进行统计。

3. 经济城镇化分析

城镇化是一个全球性的社会经济转型现象，是经济发展进程中必然要面临的重大问题之一。人口地域结构和产业结构的变动是城镇化水平的最为重要的指标之一，因而人口城镇化水平是一国城镇化的基本尺度，其实质是人口经济活动和生活方式非农化过程。与人口城镇化一样，经济城镇化也是影响城镇化的一个重要因素。经济城镇化是城镇化的动力，主要指经济总量的提高和经济结构的非农化，同时经济城镇化又是一个工业化水平不断提升、产业结构不断升级的过程，是人口城镇化的动力与支撑。人口城镇化与经济城镇化不仅能互相作用，而且需要协调发展，人口城镇化如果滞后于经济城镇化，势必会阻碍经济城镇化发展进程，最终影响人口城镇化水平的提高。人口城镇化发展如果超前于经济城镇化，则会使城市因缺乏创造性而贫困化和空心化。同时，人口密度过大带来的诸多不利影响就会使得经济城镇化停滞甚至倒退。反之，如果经济城镇化发展不好，人口城镇化就成了"无米之炊、无水之源"，脱离经济城镇化的人口城镇化最终将得不到有效实现。换言之，经济城镇化带来了人口城市化，同时作为人类资本资源和市场需求它又影响经济城市化的发展。综合考虑经济城镇化的重要性，本节对各乡镇的经济城镇化水平做出了评估，具体指标为：

经济发展指标：工农业生产总值、财政收入

经济结构指标：工业占工农业生产总值比重、产业职能结构

4. 城镇化发展潜力评估

在遵循科学性、系统性、可操作性、可比性、层次性的原则的基础上，从数据可获取性和便于量化的角度，本研究构建人口城镇化、土地城镇化和经济城镇化的城镇化的评价体系，其中人口城镇化是城镇化的核心，其实质是人口经济活动的转移过程，在传统认知上仅用非农业人口比重体现人口城镇化，本研究采用了与人口城镇化密切相关的人口结构和人口就业两个二级指标；土地城镇化是城镇化的载体，主要表现在土地结构、土地的利用水平和土地的产出水平上；经济

城镇化是城镇化的动力,经济发展、经济结构两方面指标已经可以充分表现经济城镇化水平。基于以上指标进行打分归类,建立城镇化发展潜力评价体系,并科学制定县域城镇体系结构。评估指标选取了 3 大类、7 中类、19 小类的评估指标。

城镇化发展潜力评估从高到低分为 3 个等级:分值在 75 分以上为发展潜力Ⅰ级,分值 60~75 分为发展潜力Ⅱ级,分值在 60 分以下为发展潜力Ⅲ级(表 6-11)。

乡镇发展潜力综合评价体系 表 6-11

大类(100)	中类(100)	小类(各 100)
人口城镇化(35)	Ⅰ人口结构(50)	Ⅰ1 城镇人口规模(50)
		Ⅰ2 非农业人口比重(50)
	Ⅱ人口就业指标(50)	Ⅱ1 乡村劳动资源水平(35)
		Ⅱ2 外出从业人员情况(30)
		Ⅱ3 农民人均收入水平(35)
土地城镇化(35)	Ⅰ土地结构分析(50)	Ⅰ1 城镇用地率(30)
		Ⅰ2 乡镇现状建设用地规模(30)
		Ⅰ3 乡镇 2020 年和 2030 年预测建设用地规模(20)
		Ⅰ4 土规乡镇预测建设用地规模(10)
		Ⅰ5 土规乡镇预测新增建设用地规模(10)
	Ⅱ土地利用水平(20)	Ⅱ1 乡镇现状人均建设用地(50)
		Ⅱ2 乡镇 2020 年和 2030 年预测人均建设用地(50)
	Ⅲ土地产出水平(30)	Ⅲ1 地均工农产值(40)
		Ⅲ2 地均财政收入(30)
		Ⅲ3 地均农民纯收入(30)
经济城镇化(30)	Ⅰ经济发展水平(50)	Ⅰ1 工农业生产总值(50)
		Ⅰ2 财政收入水平(50)
	Ⅱ经济结构(50)	Ⅱ1 工业占工农业生产总值比重(50)
		Ⅱ2 产业职能结构评估(50)

城市用地规模是指城市规划区内各项城市建设用地的总和。同样也是城市规划的重要内容。对城市建设用地规模预测的研究方法可以分为直接预测方法和间接预测方法两个方面。在直接预测方面,其基本思路是运用以往的土地利用数据和变化特征进行模拟和预测,如指数增长模型、MGM-Markov 模型、灰色 GM(1,1)

模型等时间序列模型以及 CA 和多智能体方法。在间接预测方面，主要运用城市建设用地扩张的驱动因素来预测未来的用地规模，如通过预测城市人口规模，再结合各种用地法规和标准的人均用地指标得到总的用地规模等。

在城市规划中，通常采用间接预测的方式，即通过预测的城市人口以及城市性质、规模等级、所处地区的自然环境条件，通过人均建设用地指标来计算。《城市用地分类和规划建设用地标准》（GB 50137-2011）规定新建城市的规划人均城市建设用地指标应在 85.1~105.0m^2/人内确定。边远地区、少数民族地区以及部分山地城市、人口较少的工矿业城市、风景旅游城市等具有特殊情况的城市，应专门论证确定规划人均城市建设用地指标，且上限不得大于 150.0m^2/人。各具体城市要求根据表（表 6-12）中的指标级和允许调整幅度的双因子的限制要求进行调整。

现有城市的规划人均建设用地指标 表 6-12

气候区	现状人均城市建设用地规模	规划人均城市建设用地规模取值区间	允许调整幅度		
			规划人口规模 ≤20.0 万人	规划人口规模 20.1~50.0 万人	规划人口规模 >50.0 万人
Ⅰ、Ⅱ、Ⅵ、Ⅶ	≤65.0	65.0~85.0	>0.0	>0.0	>0.0
	65.1~75.0	65.0~95.0	+0.1~+20.0	+0.1~+20.0	+0.1~+20.0
	75.1~85.0	75.0~105.0	+0.1~+20.0	+0.1~+20.0	+0.1~+15.0
	85.1~95.0	80.0~110.0	+0.1~+20.0	−5.0~+20.0	−5.0~+15.0
	95.1~105.0	90.0~110.0	−5.0~+15.0	−10.0~+15.0	−10.0~+10.0
	105.1~115.0	95.0~115.0	−10.0~−0.1	−15.0~−0.1	−20.0~−0.1
	>115.0	≤115.0	<0.0	<0.0	<0.0
Ⅲ、Ⅳ、Ⅴ	≤65.0	65.0~85.0	>0.0	>0.0	>0.0
	65.1~75.0	65.0~95.0	+0.1~+20.0	+0.1~20.0	+0.1~+20.0
	75.1~85.0	75.0~100.0	−5.0~+20.0	−5.0~+20.0	−5.0~+15.0
	85.1~95.0	80.0~105.0	−10.0~+15.0	−10.0~+15.0	−10.0~+10.0
	95.1~105.0	85.0~105.0	−15.0~+10.0	−15.0~+10.0	−15.0~+5.0
	105.1~115.0	90.0~110.0	−20.0~+0.1	−20.0~−0.1	−25.0~−5.0
	>115.0	≤110.0	<0.0	<0.0	<0.0

5. 资源承载能力为前提确定城市发展规模

生态环境资源在城市发展中占有极其重要的地位和作用，是城市生存的首要条件，同时也是城市经济持续增长和人口容量多少的决定性因素，是改善城市生态环境的必要前提。随着城市人口的急剧增长及城市规模的迅速扩张，自然资源被侵蚀，生态环境破坏严重。然而，我国目前大多数城市并没有对生态环境资源给予高度重视，导致一些城市的发展规模与资源环境承载力不相适应，反过来又影响城市可持续发展。因此，城市可持续发展与如何与资源环境承载力相协调，不仅关系到城市未来自身的命运，也关系到其周边地区能否顺利实现可持续发展的目标。因此提出以资源承载能力为前提确定城市发展规模，在市县规划中，可通过可利用水资源、适宜建设土地资源计算承载最大城市人口规模，为土地利用调整方式指明方向，做到以资源定规模，严防城市无序增长，同时也能保护生态环境，促使社会自然和谐发展。

（1）以资源定地

随着城市人口、空间规模的持续快速扩张，各地都面临水资源短缺、交通拥堵、城市公共服务基础设施能力不足、空气环境污染等问题。同时由于缺乏全局统筹下的科学数据分析，导致资源配置错位，特别是经济增长、产业结构、就业与人口规模、城市功能布局、土地投放、基础设施配套等核心要素间尚未实现统一的科学分析方式，甚至出现彼此冲突，导致城市、资源与环境的不匹配。

近年来，北京市人口增长日益加快，无序增长势头难以遏制，《北京城市总体规划（2004—2020年）》中明确，到2020年北京总人口控制在1800万人左右，截至2013年年底，常住人口规模2114.8万，其中59.26%集中于城市功能核心区和城市功能扩展区，大大突破规划控制目标。且水资源短缺现象尚未缓解，交通拥堵现象严重等问题日益严重，人口与资源环境矛盾进一步加剧，同时区域生态空间严重萎缩，成为城乡可持续发展面临的严峻挑战。具体表现为，土地开发强度大，种植业廉价消耗大量的水资源，农业生产过度依赖化肥和化学农药，部分地区仍然使用污水灌溉，畜禽粪便和农作物秸秆没有得到有效利用，造成大面积土壤污染。建设用地的无序扩张对生态空间的侵占也呈上升趋势，特别是中心城内部的楔形绿地的实现愈发艰难，城市基本生态格局遭到被破坏的威胁。第一道绿隔仅剩66%，目前一道绿隔、二道绿隔内，可建设大型生态绿地的单元只有25处。东南部平原地区缺乏大型生态斑块，绿地景观破碎化严重，生态连通度较低。

究其原因是因为在规划中没有考虑资源承载力的因素，缺乏全局统筹下的科学数据分析，导致资源配置错位，特别是经济增长、产业结构、就业与人口规模、城市功能布局、土地投放、基础设施配套等核心要素间尚未实现统一的科学分析方式，甚至出现彼此的冲突，导致城市、资源与环境的不匹配。北京作为首都，必须在全国率先落实好新型城镇化战略，在新型工业化、信息化、城镇化、农业现代化相融合的发展道路上迈出坚实的步伐。必须清醒认识到当前北京城市发展的资源、能源、环境约束更加凸显，必须正视人口、资源、环境的矛盾。

在课题《北京市总体规划（2016—2035年）》的修改建议中提出"以资源环境承载力来控制城市发展规模"的绿色规划理念，强调"减量提质"，正视人口、资源、环境的矛盾，以资源环境承载能力为刚性约束，倒逼城市功能调整、规模控制、结构优化和质量提升。转变北京市发展基本思路，建立北京市建设与发展的合理考核标准，坚持城市发展由"量"的堆积转变为"质"的飞跃，合理调整北京市发展推动力，以城市承载力为北京市三规机制中的重要考量点。同时调整城市建设传统思路，以规划为北京市发展和管理的重要依据，严格遵守规划要求。在北京快速发展的同时，重点考虑北京环境因素的制约以及城市规划中各项指标的落实，形成符合北京市自身需求的城市目标层的统一，遏制城市"摊大饼"的无序蔓延。

（2）以水定域

以水定域的目标是确定人口、建设用地、经济发展规模及城市发展布局引导方向等。核心是确定水资源同人、地、产之间的关系，即关键要素指标（图6-4）。方法主要是通过可供水资源量及定额指标法来最终确定人口、建设用地及产业结构引导方向等。以水定域是空间化的"以水定人、以水定产和以水定地"，同时再考虑水资源保护的空间要求。通过明确水资源保护要求及水资源量的空间分布，以及各区的定额指标，最终实现"以水定人、以水定地和以水定产"在空间上的谋划布局。

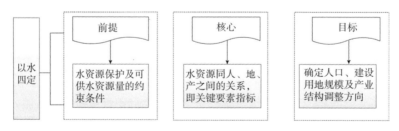

图6-4 "以水定域"的前提、核心和目标

"以水定人"的关键要素指标（方法）包括人均总用水量和人均生活用水量，通过可供水资源量和可供生活用水量确定规划人口规模。"以水定地"要确定规划总建设用地、规划城乡建设用地（扣除区域建设用地的真实耗水用地），通过

可供生活和工业清水量及相应的单位用地用水指标确定。"以水定产"的关键要素指标为万元 GDP 用水指标，通过明确三产总可供水资源量确定三产规模及三产结构引导方向。"以水定城"依据水资源保护要求及可供水资源量的空间分布，实现空间上的"以水定人"和"以水定地"，从而引导各区的空间发展方向。具体技术路线和关键要素指标详见图 6-5。

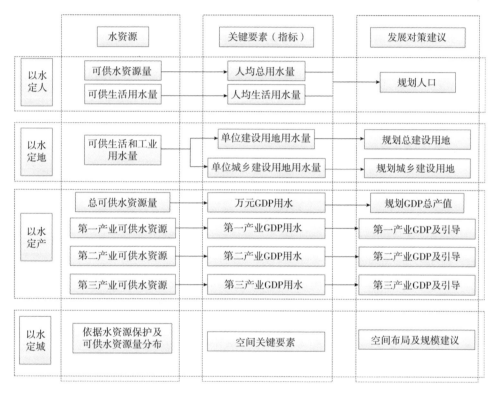

图 6-5　技术路线及关键要素指标

（3）以地定域

从土地供给角度确定土地资源承载力，即通过土地生态适宜性分区，确定适宜开发建设的土地可供给量；在此基础上，确定不同用地情景下土地资源可支撑的人口与经济规模，以此度量土地资源承载力。

土地生态适宜性分区以地理信息系统（GIS）为空间分析工具，生态适宜性评价通过因子加权评分法和评价因子组合法进行。具体可分为生态保护范围识别、评价因子确定与分析、生态适宜性综合评价 3 个步骤。生态保护范围识别主要考虑水生动植物自然保护区、水源涵养区、自然保护区、生态敏感区等因素，结合水环境分级控制图和生态环境分级控制图。识别出的生态保护范围内红线区为不适宜开发土地，黄线区为较不适宜开发土地，其余部分再进行因子识别分析。

评价因子除考虑开发适宜性外，还应对建设适宜性和可开发用地生态适宜性加以考虑，评价因子包括：道路、河道、湖泊和水库、土地利用以及坡度。按照各评价因子对区域生态环境的影响，将评价因子划分为多个生态适宜性等级。不同评价因子对城市土地生态适宜性给予不同权重，划分见表在生态适宜性分区评价结果基础上，计算北海市的土地资源承载力。土地资源承载力，即一定地区在一定营养水平下土地所能持续供养的人口数量。国际上通常采用的城镇用地规划指标是 $90.1 \sim 105 m^2/$人，我国《城市用地分类与规划建设用地标准》（GB 50137-2011）规定的城市规划标准。

6. 分区域开发强度测算

目标指标是规划的龙头和纲目，集中体现了规划的导向和约束。要基于有效整合和分区管治现有各类规划核心事权，针对现有各类规划目标指标资源环境底线管治手段缺、空间效能管治弱、即彼此交叉又相互脱节等突出问题，加强顶层设计和战略谋划，构建满足"一本规划、一张蓝图"管治要求的目标指标体系。

一是设置三类空间比例结构指标，强化市县主体功能定位的空间落地。对不同主体功能类型市县提出不同比例结构要求，设置三类空间比例结构指标，城镇空间占比应当按照优化开发区域、重点开发区域、农产品主产区、重点生态功能区的市县依次递减；农业空间占比，在农产品主产区的市县，一般应高于50%；生态空间占比，在重点生态功能区的市县，一般应高于50%。同时，针对农村管理薄弱、土地利用低效粗放等问题，为加强农村居民点的科学高效管治，设计农村居民点占地面积空间开发调控指标；为提高城镇空间土地利用效能，设计单位面积城镇空间生产总值空间开发调控指标。

二是设置三类空间开发强度指标，差别化分区管治建设用地规模。城镇空间是市县域范围内主要承载工业化城镇化开发活动的空间，要充分保障建设用地供给规模，开发强度在三类空间中最高。农业空间建设用地供给应主要用于满足农业生产和农村生活等的需要，开发强度要有合理控制。生态空间建设用地供给主要用于满足适宜产业发展及散落的农村居民点生产生活需要，开发强度要从严控制。三类空间开发强度。市县域开发总强度要根据市县主体功能定位进行校核，以确保满足不同主体功能定位的分区管治要求。

三是设置产业产值和地均产出水平等指标，科学匡算建设用地规模。创新建设用地规模测算方法，同时与开发强度指标相衔接和校验，切实提高建设用地规模控制总量确定的科学合理性。预计产业园区用地规模时，主要是"以产定地"，即以规划期末产业园区产值目标为基础，综合考虑当地产业结构、产业发展趋势和节约集约用地要去，提出园区的单位土地产出水平提升目标，以此确定园区的用地需求规模，从而将产业发展与土地资源供给结合起来；预计各级城镇建设用地时，主要是"以人定地"，即按照人口规模和结构特点，合理确定城镇的用地规模，增强城镇的宜居性。

6.5 生态空间与其他空间的布局耦合技术

在生态功能溯源理论指导下，结合国家相关技术规范，改变传统分区注重开发目标的划分方法，本研究运用注重功能的划分方法，突出生态空间的划分，与城镇空间和农业空间并列，并在空间使用中强制完善各类空间的生态功能。突出了生态功能的主导性和各类空间的匹配性，在试点单元或者样本案例，设计构建了生态空间与其他空间的布局耦合模型，并制定了相应的技术方法，指标体系和检验路径方法。其作用机理和渠道包含三个层面：一是通过多模型评价，制定生态空间与其他空间相互联系、相互影响、相互作用机制。二是通过增强生态功能在空间的匹配和协调，在各类空间中建立生态功能的平衡协调关系、传递耦合关系、不可逆访关系和系统控制耦合关系，其中，平衡协调关系即以功能为基本导向的不同空间之间的稳定、复合、位势；传递耦合关系即不同的功能在不同空间之间的传递具有差异化、单向性和地域性特征；不可逆访问关系即生态空间的范围约束变更、功能不可减弱、数量不可减少、质量不可降低；系统控制耦合关系即生态空间的优先权，其他空间可以按需增加生态功能；三是在四个关系基础上通过技术方法进行了政策表达，形成了丰富和符合实际的分区管治工具，同时其成效也可测量、可统计、可考核。

6.5.1 生态空间适宜性模型评价

国土空间开发适宜性是国土空间开发格局优化的重要前提，国土空间开发适宜性是空间规划编制的基础性工作之一。本技术流程重点阐述国土空间开发适宜性评价的技术流程、单项评价及指标算法、集成评价与综合方法等技术要点，制定生态空间与其他空间的相互联系、相互影响、相互作用机制。

1. 基本概念与原则

生态空间适宜性模型评价，是制定空间相互联系、相互影响、相互作用机制，确定国土空间开发与保护功能类型的基础，基于资源环境承载潜力和社会经济发展基础评价的基础上，对空间内各类开发与保护功能的适宜程度、相互作用进行综合评价。在评价过程中重点遵循以下原则：

尊重自然和经济规律。评价应树立尊重自然、顺应自然、保护自然理念，充分考虑资源环境本底与承载潜力，并遵循社会经济发展现状和趋势，确保社会经济效益与生态环境效益统一。

均衡发展和保护关系。评价应坚持发展和保护相协调，将保护作为发展的基本前提，坚守自然资源供给上限、粮食安全与生态环境安全的基本底线，力求塑造安全、有序、可持续的空间格局。

兼顾刚性和弹性约束，评价应遵循部门红线以及相关行业标准和规范中的刚性规定，并合理利用本技术规程中预留的弹性空间，因地制宜地选取评价因子设置重要参数、确定分级阈值。

注重横向和纵向协调，评价应重视区域内不同功能的空间协调，加强与邻近区域的功能衔接，考虑滨海地区陆海统筹，并满足主体功能区规划等上位规划的功能定位和开发强度管制要求。

2. 技术流程

在资源环境承载能力、生态功能价值前置测度的基础上，以定量方法为主，以定性方法为辅，评价过程中应确保数据可靠、运算准确、规范操作以及统筹协调。技术流程包括：

第一步：从资源环境承载潜力、社会经济发展基础两个维度构建国土空间开发适宜性评价指标体系。

采用后备适宜用地潜力、水资源开发利用潜力、环境胁迫度、生态敏感度、灾害风险度、以及滨海地区的海域开发利用潜力指标，分别评价土地资源、水资源、环境、生态、灾害、海洋6项资源环境承载潜力要素。采用人口集聚水平、城镇建成区发展状态、经济综合发展水平、交通优势度以及能源保障度指标，分别评价人口集聚、城镇建设、经济发展、交通优势、能源保障5项社会经济发展基础要素。

第二步：基于上述基础数据单项评价结果，结合功能属性分别对城镇空间、农业空间和生态空间适宜性进行分类评价，在此基础上综合集成，划定城镇空间、农业空间和生态空间适宜区范围。

具体技术路线如图 6-6 所示。

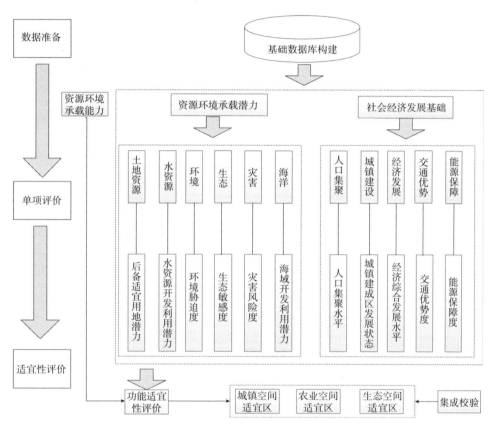

图 6-6　国土空间适宜性评价技术路线图

3. 社会经济发展基础评价

（1）人口集聚评价

人口集聚评价主要表征人口分布的空间分异特征以及人口集聚趋势，采用人口集聚水平作为评价指标，通过区域人口密度和人口增长率集成反映。

1）评价方法

[人口集聚水平]=f（[人口密度][人口增长率]）

[人口密度]=[总人口]/[土地面积]

[人口增长率]=（期末总人口－期初总人口）/[期初总人口]×100%

[人口集聚水平]=[人口密度]×d[人口集聚强度指数]

[总人口]指各评价单元的常住人口总数，即按国家"五普"统计口径确定的常住人口（包括暂住半年以上的流动人口数）；[人口增长率]指在某一时期的常住总人口增长率。

2）评价步骤

第一步，计算评价单元的现状人口密度。

第二步，计算评价单元的近期人口增长率，可按照最近两次人口普查期间的常住总人口增长率测算。

第三步，根据评价单元的现状人口密度及其近期人口增长率分级状况，按表6-13选取权重值确定 d[人口集聚强度指数]，并计算人口集聚水平。

人口集聚水平评价中 d[人口集聚强度指数]值的分级参考阈值　　表6-13

权重值	高人口密度（≥800）	中人口密度（100~800）	低人口密度（≤100）
人口增长率≤0	9	7~6	3~2
人口增长率＞0	8~7	5~4	1

第四步，划分评价单元的人口集聚水平等级。在 GIS 制图软件和数理统计人口增长率＜0方法支持下，分析全省人口集聚水平分布频率及空间分异规律，再根据自然断裂法等方法，按人口集聚水平评价值的高低，依次划分高、较高、中等、较低和低5个等级。

3）评价成果

总体评价：分析人口密度、城镇化水平及人口流动地区差异，刻画人口集聚程度的空间分异特征以及人口集聚趋势。编制人口集聚水平空间评价图。

单要素评价：对人口密度、人口增长率等单要素进行现状、空间特征评价补充评价城镇化率、城镇人口的现状和空间特征。编制人口密度分布评价图、人口增长空间分异评价图。

（2）城镇建设评价

城镇建设评价主要表征城镇建成区规模的空间分异特征以及建成区扩展态势，采用城镇建成区发展状态指数作为评价指标，通过区域建成区用地集中度建成区平均斑块用地规模以及建成区用地平均增长速率集成反映。

1）评价方法

[城镇建成区发展状态指数]=f（[红建成区用地集中度]，[建成区平均斑块用地规模]，[建成区用地平均增长速率]）

[建成区用地集中度]=（[建成区用地面积]/[建成区用地的外切圆面积]）

[建成区平均斑块用地规模]=[建成区斑块平均面积]

[建成区用地平均增长速率]=[近五年建成区用地平均增长速率]/[斑块数量]

[城镇建成区发展状态指数]=[建成区集中度]×（[建成区平均斑块用地规模]$^{d[建成区用地平均增长速率]}$）

2）评价步骤

第一步，将主要建成区及与其连片、临近的大于 0.25km² 的建设用地斑块作为城镇建成区，计算城镇建成区用地面积和其最小外切圆面积，并根据公式得到建成区用地集中度。

第二步，求取所有大于 0.25km² 建设用地斑块的平均面积，作为建成区平均斑块用地规模。

第三步，计算近五年以来城镇建成区用地平均增长速率，按表 6-14 确定 d[建成区用地平均增长速率]赋值，并计算城镇建成区发展状态指数。

城镇建设评价中 d[建成区用地平均增长速率]值的分级参考阈值　表 6-14

赋值	建成区用地平均增长速率				
	< 1%	1%~3%	3%~5%	6%~9%	> 10%
系数	1	2	5	7	9

第四步，划分城镇建成区发展状态等级。分析全省城镇建成区发展水平的分布频率及空间分异，按城镇建成区发展状态指数的高低，依次划分高、较高、中等、较低和低 5 个等级。

3）评价成果

总体评价：分析城镇建成区发展的地区差异，刻画城镇建成区扩展的空间分异特征以及趋势，编制城镇建成区发展状态空间评价图。

单要素评价：对城镇建成区用地集中度、城镇建成区用地平均规模、城镇建成区用地平均增长速率等单要素进行现状、空间特征评价。编制建成区用地集中度分布评价图、建成区用地平均规模指数和建成区用地平均增长速率评价图等。

（3）经济发展评价

经济发展评价主要表征地区经济发展水平与未来作为区域发展核心的基础和潜力，采用经济综合发展水平作为评价指标，通过区域人均GDP和地均经济密度集成反映。

1）评价方法

[经济综合发展水平]=f([人均GDP], [地均经济密度])

[人均GDP]=[GDP]/[常住人口数量]

[地均经济密度]=[GDP]/[区域土地面积]

2）评价步骤

第一步，计算各评价单元的人均GDP和地均经济密度，并分别以两个指标的第25和75个百分位作为分界值，确定评价单元指标的高值区、中值区和低值区。

第二步，各评价单元的经济综合发展水平集成。将人均GDP和地均经济密度分级值进行组合，划分经济发展水平高、较高、中等、较低和低5个等级（表6-15）。

经济综合发展水平等级的参考判别矩阵　　　　表6-15

判别矩阵		人均GDP		
		高值区	中值区	低值区
地均经济密度	高值区	高	较高	中等
	中值区	较高	中等	较低
	低值区	中等	较低	低

第三步，针对经济综合发展水平的辅助性评价。经济综合发展水平也可以结合近年（通常为5年）地区增长速度等经济发展指标进行更加全面的分析，以更准确地判断区域未来发展趋势和潜力。

3）评价结果

总体评价：评价区域经济发展现状和发展态势，分析经济发展水平的空间差异、特征和成因，刻画处于不同经济发展水平的区域在全省及邻近区域中的经济功能和未来发展趋势。编制经济发展水平空间评价图。

单要素评价：对人均 GDP 和地均经济密度等单要素进行评价，分析区域人均 GDP 和地均经济密度的空间差异特征及其成因。编制人均 GDP 和地均经济密度分布评价图。

（4）交通通优势评价

交通优势评价主要表征交通基础设施对国土开发的引导、支撑和保障能力，采用交通优势度作为评价指标通过区域基础设施网络发展水平、干线（或通道）支撑能力、交通区位优势集成反映。

1）评价方法

[交通优势度]=[交通网络密度]+[交通干线影响度]+[区位优势度]

[交通网络密度]=[公路通车里程]/[区域土地面积]

[交通干线影响度]=∑[交通干线技术水平]

[区位优势度]=[距中心城市的交通距离]

2）评价步骤

第一步，将公路网作为交通网络密度评价主体，公路网络密度的计算为各评价单元的公路通车里程与其土地面积的绝对比值，设某评价单元 i 的交通线网密度为 L 为 i 区域的交通线路长度，A 为 f 区域面积，其计算方法为：$DL=L/At$，$t \in$（1，2，…，n）。交通线路主要取高速公路、国道、省道和县道，县道以下交通线路暂不计入分析范围，但在具体操作中根据评价单元等级和需要予以考虑。

第二步，依据交通干线的技术—经济特征，采用专家决策进行分类赋值，对评价单元不同交通干线的技术等级赋值后加权汇总，进而得到交通干线影响度。

第三步，区位优势度主要指由各评价单元与中心城市间的交通距离所反映的区位条件和优劣程度，其计算应根据各评价单元与中心城市的交通距离远近进行分级，并依此进行权重赋值。中心城市原则上取地级以上城市，在实际操作中可根据需要考虑人口和经济和新城市或其他重要城市。

第四步，对交通网络密度、交通干线影响度和区位优势度三个要素指标进行无量纲处理，数据处理方法可根据评价需要择定，建议评价值介于 0~1 之间，并对以上数据进行加权求和，计算省域内各单元的交通优势度，并按其评价值的高低，依次划分高、较高、中等、较低和低 5 个等级，原则上三个指标权重相同，但在实际操作中，可根据本地情况予以调整。

3）评价成果

总体评价：对交通基础设施数量、质量及空间分布状况进行特征概括和丰度评价,在此基础上上,进一步分析交通优势度的空间格局,尤其关注交通优势度高值区分布,编制交通优势度总体评价图。

单要素评价:分别评价省域内公路网密度、交通干线的技术等级、以及与主要经济中心城市的距离等,编制公路网密度、交通干线的技术等级等单要素评价图。

(5)能源保障评价

能源保障评价主要表征能源供给对国土开发的保障、支撑与引导能力,采用能源保障度作为评价指标,通过区域能源供应能力、能源输送能力以及能源结构优化度集成反映。

1)评价方法

[能源保障度]=[能源供应保障度]+[能源输送保障度]+[能源结构优化度]

[能源供应保障度]=[本地能源供应保障能力]+[外部能源供应保障能力]

[本地能源供应保障能力]=[本地能源供应量]/[地区能源消费总量]

[外部能源供应保障能力]=[能源基地/大型电站的技术和距离参数]

[能源输送保障度]=[输变电设施的技术和距离参数]

[能源结构优化度]=[清洁能源消费量]/[地区能源消费总量]

2)评价步骤

第一步,收集地区能源生产量、消费量、消费结构,以及地区现有能源生产基地(含煤炭基地、火电站、水电站、集中式光伏电站和风电场、核电站)、500kV、220kV输电线路与变电站的空间分布数据。

第二步,根据评价单元的本地能源供应量、消费量与消费结构,评价本地能源供应保障能力与地区能源结构优化度。

第三步,地区外部能源供应保障能力评价则取地区距离主要能源生产基地大型电站的技术等级及距离加权汇总获得。其中,能源供应设施的技术等级是根据能源基地的规模标准进行划分不同等级后赋值;距离则根据评价单元距离能源基地电站的距离,按照距离衰减原则后分级赋值。

第四步,地区能源输送保障能力设施则是综合考虑输送设施的等级与距离输送设施的距离后加权汇总获得。以能源输送设施为核心,采用专家决策方法,按照输送设施等级设定距离衰减系数,对评价单元不同输送设施的技术等级赋值,并进行加权汇总,对于不同等级的评价单元,考虑的输送设施等级不同;对于县级以下的空间单元评价,可以适当地增加110kV、38kV、11kV线路的技术指标。

第五步，对于地区能源保障能力、能源输送能力以及能源结构量纲处理后进行加权求和得到能源保障度，并按其评价值的高低，依次划分高、较高、中等、较低和低5个等级。三个指标的权重可根据地区能源供应消费特性与保障目标调整赋值。

3）评价成果

总体评价：对能源供应保障能力和输送能力的规模、等级和空间分布状况进行特征概括和丰度评价，在此基础上，进一步分析能源保障度的空间格局，尤其关注能源保障度高值区分布，编制能源保障度总体评价图。

单要素评价：分别评价省域内各单元的能源供应保障度、输送保障度和能源结构优化度，编制各要素技术等级等单要素评价图。

4. 生态功能适宜性评价

（1）生态空间适宜性评价

生态空间是指维持生态系统服务功能，保障区域生态安全格局的国土空间。生态空间适宜性从生态重要性和生态系统脆弱性，结合局域生态问题，反映国土空间中进行生态空间布局的适宜程度，生态空间适宜性评价结果划分为适宜程度高、适宜程度中、适宜程度低3个等级。

1）评价准则

生态重要性程度高、生态系统脆弱性脆弱、生态敏感性越强，生态空间适宜程度越高土地开发利用难度大、不可利用数量多，且空间分布集中连片，生态空间适宜程度越高局域生态问题突出，对经济社会发展影响越大，生态空间适宜程度越高。

2）评价指标

按照评价准则，选取单项评价中的土地资源和生态评价中的单项评价指并结合局域生态结症指标，综合评价生态空间适宜性评价指标（表6-16）。

生态空间适宜性评价指标选取   表6-16

评价指标	指标功能
生态敏感度	从生态重要性和生态系统脆弱性划分生态空间的适宜程度
可利用土地	从土地资源的利用难度或不可利用程度以及空间分布评估生态空间的适宜程度
局域生态症结	反映人类长期不合理开发活动导致的土地退化地下水超采、海水入侵、地表塌陷等局域性生态问题

3）评价步骤

第一步，按生态敏感度划分生态保护适宜程度高、中和低3个等级。生态敏感度等级为5的区域确定为适宜程度高值区，等级为1的确定为适宜程度低值区，其余归并为中值区。

第二步，以可利用土地评价结果划定的等级为基础，选取合适的分级阈值再将国土空间划分为生态保护适宜程度高、中和低3个等级类型。

第三步，将生态敏感度与土地适宜程度确定的生态保护分级类型图叠加，按照表6-17的参考判别矩阵，形成两项指标组合下的生态空间适宜性划分结果。

生态空间适宜性的参考判别矩阵　　　　　　　表6-17

划分方法		土地适宜程度		
		高	中	低
生态敏感度	高	高	中	中
	中	中	中	低
	低	低	低	低

第四步，依据土地退化、地下水超采、海水入侵、地表塌陷等指标，对上述组合条件下的适宜程度等级类型进行适当调整，形成最终的生态空间适宜性评价高、中，低等级划分方案（表6-17）。

4）注意事项

①生态空间适宜程度划分应和区域资源环境承载能力协调，通常资源环境承载能力评价中，生态本底特征值低的区域也应是生态空间适宜程度高值区。

②主体功能区规划中的各级各类禁止开发区域应划分为生态空间适宜程度高值区，其空间范围参照实际的规划执行。

③针对灾害风险度较高的区域，可考虑将灾害评价结果纳入，用以调整生态空间适宜性划分的最终结果，一般地，可将受灾害影响较大的灾害避让区可适当调高生态空间适宜程度等级，或直接作为其适宜程度高值区。

（2）城镇空间适宜性评价

城镇空间是指资源环境条件较好、承载能力较强、战略区位重要、交通等基础设施优良，适宜承接较大规模的工业化和城镇化发展的国土空间，城镇空间适宜性反映国土空间中进行城镇空间布局的适宜程度，城镇空间适宜性评价结果划分为适宜程度高、适宜程度中、适宜程度低3个等级。

1）评价准则

水土资源条件越好，资源环境承载能力越强，或资源环境承载潜力越高城镇空间适宜程度越高。

生态环境对较大规模的人口与经济集聚的约束性与限制性越弱，城镇空间适宜程度越高。

战略区位越重要，交通条件越优越，城镇空间适宜程度越高。

经济和城镇发展基础越好，并呈现较快的人口、经济集聚态势，城镇空间适宜程度越高。

适宜城镇空间布局的区域具有一定规模，且相对集中连片，城镇空间适宜程度越高。

2）评价指标

按照评价准则，选取资源环境承载能力和承载潜力评价中的单项指标，并结合社会经济发展基础指标，综合评价城镇空间适宜性（表6-18）。

城镇空间适宜性评价指标选取　　　　　　　　　　　　　表 6-18

指标	参考阈值
资源环境承载能力	土地和水资源承载能力较强，大于全省平均水平
资源环境承载潜力	适宜建设用地及可利用水资源潜力比较大，一般应大于全省平均水平
生态环境限制性	自然灾害风险度较低，生态环境敏感度较低
战略区位重要性	交通优势度较高，生态环境敏感度较低
社会经济发展基础	①在拥有10万人城（镇）区人口以上城镇的区域，其人口集聚、经济发展和城镇建设等指标，应超过本省此类指标的平均水平20%~30%以上。 ②在不拥有10万人城（镇）区人口以上城镇的区域，其人口集聚、经济发展和城镇建设等指标，应达到或仅略低于本省此类指标的平均水平

3）评价步骤

第一步，遴选出城镇空间适宜程度低等级的空间单元：将资源环境承载能力较低，或生态环境限制性较强的空间单元，首先确定为城镇空间适宜程度低等级区。这些区域将不再纳入以下各步骤的评价。

第二步，遴选城镇空间适宜程度高等级的现状城镇空间：对拥有10万人城（镇）区人口以上城镇的区域或空间单元，将社会经济发展基础评价中交通优势、人口集聚、经济发展和城镇建设水平等指标较高的空间单元（如超过本省这类指标的平均水平 20%~30% 以上）确定为城镇空间适宜程度高的现状城镇功能区。

第三步，遴选城镇空间适宜程度高等级的潜在城镇空间：对于目前未拥有 10 万人城（镇）区人口以上城镇的区域，将资源环境承载潜力较大，适宜建设用地及可利用水资源潜力大于全省平均水平的空间单元中，符合以下两方面条件之一的，遴选为城镇空间适宜性高级的潜在城镇功能区：①战略区位比较重要交通优势度大于全省平均水平；②现状社会经济发展基础较好，现状人口集聚水平、经济发展水平和城镇发展水平等指标，应达到或仅略低于本省这类指标的平均水平。

第四步，确定城镇空间适宜程度中等级的空间单元：将不属于城镇空间适宜程度低或高等级的其他空间单元，确定为城镇空间适宜程度中等级区。

4）注意事项

①评价空间单元可以资源环境承载能力评价所确定的为基准，但对评价结果为城镇空间适宜程度高等级区，应进行空间融合，并根据各省的具体情况，确定最小规模。

②评价时应优先根据资源环境承载能力或生态环境限制性，首先遴选出城镇空间适宜性低级的空间单元。

③在综合分析战略区位重要性及社会经济发展基础时，可对交通优势、人口集聚、经济发展等级指标进行子综合集成，以便于定量比较分析。例如，可采用计算三维矢量距离的方法，反映这三项指标对区域发展水平的共同作用。计算方法如下：

$$p_1 = \sqrt{\frac{1}{3}\left[(人口集聚水平)^2 + (经济发展水平)^2 + (交通优势度)^2\right]}$$

（3）农业空间适宜性评价

农业空间是建立在水、土地、气候、生物等自然资源和人力、物力、技术、管理等社会经济资源基础上，适宜开展农业生产活动的国土空间。农业空间适宜性从农业资源的数量、质量及组合匹配特点，结合农业发展基础，反映国土空中进行农业空间布局的适宜性程度，农业空间适宜性评价结果划分为适宜程度高适宜程度中、适宜程度低 3 个等级。

1）评价准则

地形坡度小、海拔低，可利用土地资源丰富，且集中连片面积越大，农业空间适宜程度越高降水丰沛、气候湿润，过境水量大，水资源丰度高，水资源保障程度越高，农业空间适宜程度越高。农业垦殖历史悠久，农作物种植面积大，单位产量和商品化率高，农业生产基础条件越好，农业空间适宜程度越高。

2）评价指标

按照评价准则，选取单项评价中的土地资源和水资源评价指标，并纳入农业发展基础指标，综合评价农业空间适宜性（表6-19）。

农业空间适宜性评价指标选取　　　　　　表6-19

评价指标	指标功能
可利用土地	从可利用土地的数量、质量和空间分布等方面土地资源的农业开发适宜程度
水资源丰度	从湿润系数、过境水量等方面反映水资源的农业开发适宜程度
农业发展基础	从种植规模、单产和商品率等农业发展现状反映农业开发适宜程度

3）方法步骤

第一步，将土地资源划分为农业空间开发适宜程度高、中和低3个等级类型，以可利用土地评价中的地形坡度、高程分级和土地利用叠加复合图为基础，确定合适的分级阈值，将可利用土地划分为适宜程度高和中2个等级，将不可利用土地确定为适宜程度低等级区。

第二步，以水资源丰度评价划定的等级类型为基础，选取合适的分级阈值将水资源的农业空间开发适宜性程度划分为高、中和低3个等级类型。

第三步，将土地适宜程度分级类型图与水资源适宜程度分级类型图叠加，按照表6-20的参考判别矩阵，将水土资源组合条件下的农业空间开发适宜性划分为高、中、低3个等级类型。

农业空间适宜性的参考判别矩阵　　　　　　表6-20

划分方法		水资源适宜程度		
		高	中	低
土地适宜程度	高	高	中	低
	中	中	中	低
	低	低	低	低

第四步，依据现状农业种植规模、单产和商品率等指标，对水土组合适宜程度等级类型进行适当调整，形成最终的农业空间开发适宜程度的高、中、低等级。

4）注意事项

①在确定土地资源的农业开发适宜程度分级阈值时，需要注意地形高程与坡度的选择问题，如在海拔 20m 以下的地区，适宜农业开发的坡度一般为 15°，最大值不应超过 25°）以下；在海拔 3000m 以上的地区，适宜农业开发的坡度一般为 8°以下。

②在对水土资源组合的适宜程度等级进行调整时，农业种植规模、单产和商品率等指标数据需要采用连续 3 年的平均值；国家级或省级商品粮基地应划入适宜程度高值区。

5.集成评价

集成评价基于单项评价和三类空间的功能适宜性评价结果，划定城镇空间适宜区、生态空间适宜区和农业空间适宜区范围，综合反映国土空间的开发保护格局和优化调整方向。

（1）集成步骤

第一步：根据空间红线和开发现状划定三类空间的Ⅰ类适宜区。基于有关部门划定的空间红线，结合城镇空间开发现状，将红线管制范围直接划定为对应空间的Ⅰ类适宜区。具体划定方法如下：

Ⅰ类生态空间适宜区（EⅠ）：依法设立的各级自然保护区、风景名胜、森林公园、地质公园等，应划定为生态空间适宜区；具有较高生态价值或文化价值，但尚未列入法定自然文化资源保护区域的地区，可划定为生态空间适宜区；重要蓄滞洪区、重要水源地以及湖泊、水库上游集水区，距离湖岸线一定范围的区域，应划定为生态空间适宜区；对天然林保护地区、退耕还林还草地区等，原则上应划定为生态空间适宜区。

Ⅰ类农业空间适宜区（AⅠ）：依法划定的永久性基本农田，应全部划定为农业空间适宜区。

Ⅰ类城镇空间适宜区（UⅠ）：空间斑块面积较大、集中连片分布的城镇建成区，应划定为城镇空间适宜区。

第二步：根据适宜性评价高值区划定三类空间的Ⅱ类适宜区，针对第一步中未划定的区域，遴选城镇空间、农业空间和生态空间适宜性评价结果有一项或多项适宜程度为高的区域，进一步划定三类空间的Ⅱ类适宜区。具体划定方法如下：

对于城镇空间、农业空间和生态空间适宜性评价结果仅有一项适宜程度为高的区域，划分为该种类型的Ⅱ类适宜区（UⅡ、EⅡ、AⅡ）。

对于生态空间适宜程度高且城镇或农业空间适宜程度也为高的区域，一般可按照生态保护优先原则，划定为Ⅱ类生态空间适宜区。

对于城镇空间适宜程度高、农业空间适宜程度高，且生态空间适宜程度为中或低的区域，一般可按照粮食安全保障原则，优先划分为Ⅱ类农业空间适宜区，局部地区也可按城镇空间集中原则，划分为Ⅱ类城镇空间适宜。

第三步：根据适宜性评价中值区和低值区划定三类空间的Ⅲ类适宜区。针对第一步、第二步中未划定的区域，进一步遴选城镇空间、农业空间和生态空间适宜性评价结果有一项或多项适宜程度为中的区域，划定三类空间的Ⅲ类适宜区。具体划定方法如下：

对于城镇空间、农业空间和生态空间适宜性评价结果仅有一项适宜程度为中的区域，划分为该种类型的Ⅲ类适宜区（UⅢ、EⅢ、AⅢ）。

对于适宜性评价结果有两项或三项适宜程度为中的区域，按照贯彻主体功能定位原则，划分为与其主体功能定位相一致的空间类型。

对于适宜性评价结果有两项适宜程度为中，但与其主体功能定位对应的空间类型适宜程度为低的区域，可在适宜程度为中的两种空间类型中进行选择，一般可参照农业空间，城镇空间生态空间的优先级次序进行确定，也可按照三种空间类型的空间集中原则、参考三类空间面积比例等方法确定对于城镇空间、农业空间和生态空间的适宜程度均为低低的区域，一般可划分为Ⅲ类生态空间适宜区。

第四步：三类空间适宜区的初步方案集成。综合三类空间适宜性评价基础上划定的结果，其中，全部城镇空间适宜区的备选区域为UⅠ∪UⅡ∪UⅢ，全部农业空间适宜区的备选区域为AⅠ∪AⅡ∪AⅢ，全部生态空间适宜区的备选区域为EⅠ∪EⅡ∪EⅢ。原则上，三类空间适宜区的初步方案在划定后应实现空间无重叠，同时，功能无交叉。

（2）集成校验

坚持生态保护优先、贯彻主体功能定位、落实红线分区管治要求以及预留未来发展空间的基本理念进行初步方案校验，反复调整并修正初步方案，确定三类空间适宜区范围，校验主要包括以下方面：

与主体功能区规划衔接校验，城镇空间适宜区比重不应突破各类主体功能区内约束的开发强度，一般地，城镇空间适宜区的所占面积比重，城市化地区（重点开发区域和优化开发区域）＞农产品主产区＞重点生态功能区，禁止开发区域内不应划定城镇空间适宜区。此外，在城市化地区的初步方案UⅡ、UⅢ中，属于城镇空间适宜性中值区但近期暂不优先重点开发的区域，应在本阶段根据资源环境承载潜力先预留为生态空间或农业适宜区。

与邻近区域功能衔接校验。在宏观层面，本省三类空间适宜区的数量与结构应与周边省份进行横向比较，特别是应合理确定城镇空间适宜区的比重，通过省际衔接避免区域性开发强度过高且无序态势；在微观层面，与周边区域之间不应发生功能冲突和干扰，城镇空间适宜区的上风上水区域，应保留一定范围的生态空间适宜区，不应在生态空间适宜区的上风上水方向划定大面积城镇空间适宜区，而位于各省边界周围均质性较强的区域应确定为同一类型空间适宜区。

海陆统筹校验。在滨海地区空间适宜区划定时，应考虑海域开发利用潜力，结合毗邻海域适宜的功能类型、发展方向和分区管治要求，坚持海陆统筹原则并考虑海洋主体功能区规划，将陆地空间适宜区划分与海域开发利用潜力评价结果相互衔接，修正并调整陆地三类空间适宜区范围，如可在滨海地区的UⅡ和UⅢ，或AⅡ和AⅢ中，将海域开发利用潜力低的海岸带预留作为生态空间适宜区避免功能冲突、实现有机对接。

与本省发展需要和空间战略衔接校验三类空间适宜区的划定应充分保障全省社会经济发展与国土开发的总体需求，城镇空间适宜区划定应满足健康推进城镇化的基本要求，农业空间适宜区划定应满足农产品供给安全要求，生态空间适宜区划定应满足国家生态安全屏障建设要求，要充分考虑本省空间战略衔接集中型、绵延式城镇空间适宜区布局应与重点开发轴（带）建设相协调，农业空间适宜区布局应与粮食生产基地建设相协调，生态空间适宜区布局应与生态网络主骨架和重点生态廊道建设相协调，促进国土整体开发和均衡布局要求。

（3）集成结果

以初步方案为基础，经过集成校验反馈与修正，采取政府与专家主导、公众参与的方式，经过反复征求意见、修订，最终集成结果由规划决策者确定国土空间开发布局总图。

刻画国土空间开发总体格局。编制城镇空间适宜区、生态空间适宜区和农业空间适宜区分布图，汇总表，分析三类空间适宜区的数量和面积、空间分布特征，总结国土空间开发适宜性的基本规律。此外，可根据三类空间适宜区的面积、比例或通过综合指数测算，划分行政区尺度的国土空间开发适宜性等级。

解析国土空间开发优化路径通过三类空间适宜区与现状开发格局的叠加分

析，结合资源环境承载潜力和社会经济发展基础，测算剩余国土开发强度和可容纳人口与经济规模，解析国土空间开发的调整方向、重点和时序，提出优化路径与政策建议。

6.5.2 生态空间与其他空间的匹配和协调流程

1. 生态空间与城镇空间的协调

应在全面分析区域生态重要性和生态敏感性空间分布规律的基础上，结合区域经济发展规划、土地利用规划、城乡规划、生态环境保护规划等综合确定生态空间，并与全国和省级主体功能区规划、生态功能区划、水生态环境功能区划、生物多样性保护优先区域保护规划、自然保护区发展规划等相协调。生态空间应包括重点生态功能区、生态敏感区、生态脆弱区、生物多样性保护优先区和自然保护区等法定禁止开发区域，以及其他对于维持生态系统结构和功能具有重要意义的区域。

生态空间与城镇空间存在矛盾时，按照"优先保障生态空间，合理安排生活空间，集约利用生产空间"的原则，对规划空间布局提出优化调整意见，以保障生态空间性质不转换、面积不减少、功能不降低。在生态保护红线范围内，按照优先保证生态功能的完整性的原则，应服从生态保护红线，限时最大限度的调出建设用地指标，向城镇空间范围内进行调整；如因重大基础设施、重大民生保障项目建设等需要调整的，由省政府组织论证，提出调整方案，按程序报批。因国家重大战略资源勘查需要，在不影响主体功能定位的前提下，经依法批准后予以安排勘查项目。在与一般生态区冲突的，在符合各类保护区域法定保护要求的前提下，以城镇用地为主进行调整。

2. 生态空间与农业空间的协调

对于生态空间与农业空间的矛盾，应以现状地表覆盖物为依据，与各相关部门进行协商。但农业空间与各类生态保护区域（如将水源涵养区、水源地一、二级保护区、水土保持区、防风固沙区、生物多样性保护区、海洋重点生态功能区、水土流失敏感区、土地沙化敏感区、石漠化敏感区、海洋生态敏感区/脆弱区、自然保护区）冲突时，农业空间应该避让生态空间，缺失的基本农田，从占补平衡的用地进行补充。

3. 农业空间与城镇空间的协调

对于农业空间与城镇空间的矛盾，优先保障近期重点建设项目；优先保障涉及民生的教育、文化、体育、医疗、养老等公益性公共服务设施项目；优先保障给排水、电力、电信、供热、燃气、环卫等市政基础设施项目的城镇空间。其他城镇空间与农业空间冲突的区域需根据实际情况以及部门意见提出相关处理原则。缺失的基本农田部分，从占补平衡的用地进行补充。

规划区域已经划定生态保护红线的，应将生态保护红线区作为生态空间的核心部分。同时，应根据规划特点、区域生态敏感性和环境保护要求，将其他需要重点保护的区域一并纳入生态空间。规划区域尚未划定生态保护红线的，要提出禁止开发和重点保护的生态空间，为划定生态保护红线提供参考依据。

6.5.3 生态空间分区施策技术

按照不同地域、不同生态环境特征，分区分地摸清现状，分区分地施策推进，通过各个区域的环境目标的设定与传导，维护本区域的生态环境整体功能。各个区有个性化、特色化的环境目标，为总目标服务，通过设计共性化和个性化的管理技术实现全域的管理工具全覆盖，达到分区协调平衡，并实现整个区域目标的衔接和平衡。

1. 溯源修复总体区域指标制定

（1）指标体系建立的原则

由于生态修复建设本身的特殊性，其溯源修复的指标体系的建立的基本原则应包括以下几个方面：①综合性。评价指标和标准要全面系统性，能够反映系统的结构、功能和效益，一般包括生态效益、社会效益、经济效益。②可比性原则。指标应该能运用统一的计算方法，并进行正规化处理，也叫无量纲化处理。③可操作性原则。建立的指标的资料尽量可以获取，以及方法的严密性。④独立原则。该指标体系应相互排斥，杜绝重复，避免评价结果失真。⑤定量分析与定性分析相结合的原则。指标尽可能量化，但是结合地区生态修复自身情况特点存在难以定量的重要指标，采取定量与定性相结合的办法。⑥区域唯一性原则。生态修复建设要特定地区的自然环境、地理特征、社会经济地位和区域功能定位，通过实地调查论证，对建设具有自身突出特点和优势的地方进行分析和研究，创造出属于本地区独特的生态名片。同时，建设生态环境，不能单独考虑生态修复建设，应该结合区域发展，乃至从国家的整体战略角度进行分析，评估和规划。

（2）指标体系的筛选和建立

生态修复的影响是多方面，为了客观评价生态修复的综合效益，必须建立能反映生态修复综合效果的多方面的指标体系。根据评价指标体系建立的原则，总结、借鉴前人等相关研究成果，建立生态修复综合评价指标体系，从而正确、全面、系统地反映生态修复的综合效益。

生态修复最终选定的评价指标要正确地、全面地、系统地反映生态修复的综合效益，概念明确。在构建综合指标体系时，一般的方法是：依据确立指标体系的理论和原则建立指标，首先是对评价目标进行"归类划分"，并结合总体情况来构建理论模型，即指标体系的结构框架，最后选择评价指标。

目前，筛选指标的方法大体主要有频度分析法、专家咨询法、理论分析法、以及对这几种方法进行综合运用的筛选方法。本研究采用频度分析法（具体指标的使用频度），利用文献检索，选择使用频度较高的生态修复的指标，在各地具体实践过程中可根据实际情况添加复合当地生态的指标，进行调整。

生态修复后的效益根据以往的研究主要有3方面的效益—生态效益，社会效益，经济效益。生态效益评价主要包括水源涵养功能价值评价、土壤保持功能评价、生物多样性保持功能评价、空气净化功能评价、区域气候调节功能评价、旅游观赏功能评价等。经济效益评价包括主要指物质生产功能评价。社会效益是指生态系统的各种直接和间接的功能和作用，给人类的生存和社会的进步带来的各种效益，包括对环境的美化、人体健康的改善、增加就业、提高居民生活质量和社会关系和文明程度的进步等。

本研究在构建指标体系时，主要采用层次分析法（AHP）进行指标的筛选，建立了一套三级的指标体系，其中第一层，目标层，即"生态修复综合评价指标"，总体反映生态修复的实施对社会各因素总的贡献与影响情况。第二层，准则层，反映生态修复对社会相关领域的影响挥着贡献程度。本文主要从生态效益、经济效益和社会效益三个领域来考虑。第三层，指标层，反映生态修复的实施对某一具体指标如水土治理面积、森林覆盖率等的影响变化。

在大量的文献阅读的基础上，综合国内外生态修复的常用指标选取了生态方面，社会方面，经济方面的36个指标，通过走访相关生态修复的专家与研究生态的学者，提出生态方面的11个指标，社会方面的4个指标，经济方面的5个指标建立生态修复的指标体系（表6-21）。

国内外生态修复的常用指标　　　　　　　　表 6-21

目标层	准则层	指标层
生态修复综合效益	生态效益	水土治理面积
		森林覆盖率
		单位 GDP 能耗
		单位 GDP 水耗
		自然灾害次数
		地下水位
		矿区修复个数
		空气质量
		荒山荒（沙）地造林面积
		公益林建设
		森林资源保护
	社会效益	林业从业人数
		医疗平均支出
		林区固定资产额
		美化满意度
	经济效益	旅游观赏收入
		畜牧业产值
		农业产值
		林业产值
		林业人均产值

1）生态效益指标

生态效益主要包括水源涵养功能价值、土壤保持功能、生物多样性保持功能、空气净化功能、区域气候调节功能、旅游观赏功能等产生的效益。通过以下指标来反映这些功能带来的效益：

水土治理面积：指的是开展生态修复以来的水土修复面面积，直观反映修复情况的一个指标。

森林覆盖率：指一个国家或地区森林面积占土地总面积的百分比，是反映森林资源的丰富程度和生态平衡状况的重要指标

单位 GDP 能耗：指的是地区规模以上工业企业单位 GDP 能源消耗。

单位 GDP 水耗：指的是地区规模以上工业企业单位 GDP 水资源消耗。

自然灾害次数：门头沟区属于山区，有地质灾害，该指标能反映出于生态的治理，各种地质灾害减少的情况。

地下水位：涵养水源是植被的一个基本功能，通过水位的测量，能比较正确的反应生态修复的改善情况。

废矿修复个数：对于采矿地区来说矿区的修复是客观直接反应这个生态修复的一个工作情况。

空气质量：生态系统通过植物光合作用及呼吸作用与大气进行 CO_2 和 O_2 交换，固定大气中的 CO_2，同时释放 O_2，对维持地球大气中的 CO_2 和 O_2 的动态平衡，减缓温室效应，以及提供人类生存的最基本条件有着不可替代的作用。因此空气质量是反映生态环境的一个重要指标。

荒山荒（沙）地造林面积：对于山区地区来说，该指标能反映由于生态治理，荒山荒（沙）地面积缩小的情况，是反映生态修复的一个重要指标。

公益林建设指的是开展生态修复以来的对宜林地上通过人工造林、封山育林、飞播造林等措施形成或恢复森林、林木、灌木林的过程，是客观反映修复情况的一个指标。主要包括水源涵养林、退耕还林、荒山造林、水土保持林、退耕还林、荒山造林、农田防护林。其中水土保持林面积是指在水土流失面积上，按照综合治理的原则，采取各种治理措施，如造林种草、封山育林育草、小流域综合治理等措施所治理的水土流失面积总和，是直观反映修复情况的一个指标。

森林资源保护除了对森林资源日常管护之外，还包括公益林补偿、林木有害生物防治及中幼林抚育等内容。

2）社会效益指标

生态系统除了提供直接的物质产品和服务以外，也向社会提供良好的环境，改善生产生存条件，即生态系统除了具有生态效益和经济效益以外，还具有促进社会发展等社会效益。生态系统服务功能的社会效益是指生态系统的各种直接和间接的功能和作用，给人类的生存和社会的进步带来的各种效益，包括对环境的美化、人体健康的改善、增加就业、提高居民生活质量和社会关系和文明程度的进步等。

林业从业人数：是指在国有单位及其附属机构工作，工资的资金来源于政府的财政，是林业吸纳劳动力的重要指标。

医疗平均支出：生态系统服务功能所提供的疗养保健效益主要表现在：吸

收 CO_2，释放 O_2，吸收粉尘、SO_2 等污染物的功效，相关研究表明大气中 NO_X、SO_2、CO、TSP、PMO 五种污染物浓度与呼吸系统疾病死亡率呈显著相关关系，因此医疗支出反映了生态环境的改善。

林区固定资产额：是指属于国家及其附属机构的固定资产。

美化满意度：以森林、草地为主的生态修复为当地及其周边地区提供了优美的环境，清新的空气，居民对美化的满意度反映了生态修复的效果。

3）经济效益指标

生态修复不仅带来生态效益、社会效益等间接的经济效益，如水源涵养功能价值、土壤保持价值、生物多样性保持价值、空气净化价值、区域气候调节价值，还有旅游观赏效益，增加就业等直接的经济效益。

旅游观赏收入：指的是地区能满足人类旅游、休闲娱乐、丰富人们的精神生活方面的需求，包括各种奇特的自然景观、动植物种类等的景观收益，较好的反映一个地区的生态。

畜牧业产值：指畜牧业创造的生产值，这是负相关的一个指标，能够较好的反应大型畜生的饲养数量。

农业产值指农业生产总值，是反映一定时期内某个地方的农业生产的总规模和总水平。林业产值指林业生产总值，是反映一定时期内某个地方的林业发展的总规模和总水平。

林业人均产值可以反映出从事林业工作的人员为地区经济发展所作出的贡献。

2. 绿色发展总体区域指标制定

（1）现行发展指标领域分析

根据对现有规划指标体系分析，各类规划关联性较强的指标涉及三大领域、六个细分领域。三大领域分别是经济社会、资源需求、污染物排放。经济社会领域指标以人口、经济总量指标为主，是区域发展的愿景，也是确定其他指标的主要依据。资源需求领域指标主要包括用地需求、水资源需求、能源需求三个细分领域，是支撑区域经济社会领域指标的物质基础。污染物排放领域指标重点考量水污染物和大气污染物两个细分领域，是影响人类生存环境的最主要因素。而自然生态与环境既是提供资源的载体，又是接纳污染物的受体，"多规合一"目标指标的确定，就是要协调经济社会发展和自然生态与环境之间的关系，以保障区域的健康可持续发展。

各类规划中关联性较强的指标主要涉及三大类别，分别为规模指标、效率指标和需求总量指标。三大类指标之间的简化逻辑关系为：规模指标 × 效率指标 = 需求总量指标。

第一，规模指标。规模类指标是偏重宏观经济和社会发展的指标，重点包括人口、经济两大类指标，是编制"多规合一"的基础，其他规划指标的设计、规划内容、工程项目和保障措施的安排均是为了支撑经济社会发展的总体目标。人口指标包括区域常住人口，并通过城镇化率指标确定常住城镇人口、常住农村人口。经济指标包括GDP，并通过产业结构确定农业、工业、服务业的增加值。规模指标均属于预期性指标，是根据区域发展形势、外部环境等对规划目标年最可能的情景进行的预判。

第二，效率指标。效率指标主要是根据规模指标和需求指标的运算结果而确定。部分指标是规划重点控制的指标，如人均GDP、人均城镇工矿用地、人均农村居民点用地、人均生活用水量、单位工业增加值用水量（下降率）、农业灌溉用水有效利用系数、单位GDP能源消耗（下降率）。上述指标基本上是四大类规划，也是"多规合一"中需要重点控制的效率型指标，以约束性为主。也有部分指标是根据工程、项目、措施的安排，可实现效率提升的指标，以资源环境类为主，如城镇生活废水处理率、综合脱硫率、综合脱硝率、综合除尘率等。

第三，需求总量指标。需求总量指标是偏重于资源环境开发与保护的指标，是支撑区域经济社会发展的基础条件，是引导调节规模指标的前提。各指标的需求总量是根据规模指标和效率指标共同决定。

资源类需求指标主要包括土地、水、能源三大类，重点考量区域的资源本底能否支持区域的发展需求。其中土地类指标包括城乡建设用地规模、城镇工矿用地规模、农村居民点用地；水资源类重点包括年总用水量，并可分解为生活用水量、工业取水量、服务业用水量、农业用水量（灌溉）；能源类指标主要为能源消费量，可通过能源结构调整控制进一步延伸到煤炭总量控制指标。

环境类需求指标主要是指污染物排放量相关指标，重点考量区域的环境本底能否承载区域发展需求，同时考虑需要配套的环境基础设施和基本公共服务总供给。主要指标包括水污染物、大气污染物两大类，其中水污染物包括废水排放量、化学需氧量（COD）、氨氮，各指标可分解到城镇生活、工业、农业三大部分。大气污染物排放量与煤炭消费量关联性强，主要包括二氧化硫、氮氧化物、烟粉尘（可吸入颗粒物），一般包括生活和工业两部分。

（2）承载力倒逼下的指标值确定思路

"多规合一"指标数值的确定，不能像以往规划中不计生态环境资源耗损的拍脑门式长官意志决定，更不能是不切实际的逐级式分解下达指标值，而是要改变目前"刻意做大人口规模""先定经济增速后定产业规模"的规划逻辑，要严格建立在区域资源环境承载力分析的基础上，以资源环境承载力倒推三大领域、三类指标数值。坚持"以地、以水定人""以地、以水、以环境容量定产业"和"以产业需求定人口规模"相结合的原则综合决策人口规模，坚持以单位面积产值、人均民居收入目标确定经济增速及规模指标，坚持以资源利用效率统筹制定土地、水、能源、污染物等总量指标。"多规合一"中核心指标值应做到 10~15 年以上的中长期预测，同时，根据国内外宏观经济形势，以 5 年或 3 年为区间，分解制定局部微调的阶段指标，建立统一的刚性与弹性衔接、协调机制。

"多规合一"指标值的确定，一方面要根据区域的发展现状值、内外部发展环境来确定，另一方面要重点考虑资源环境承载力的先导与约束，避免区域经济社会发展因透支资源环境承载力而给生态与环境带来不可逆的影响。因此，在确定规划目标指标前，需要优先重点评估区域资源环境承载力，确定资源环境承载力的上限，框定区域经济社会发展的天花板。

土地承载力："多规合一"的核心任务在于强化空间的分区管治力度，因此在制定涉及用地的空间总控性指标时，要优先开展土地资源承载力评价。一是开展生态系统评价，要将极具保护价值的生态功能区、基本农田作为红线区加以优先保护，制定其他用地指标时要在扣除两类红线区的基础上做统筹安排。二是坚持"以人定地和以效率定地相结合"的刚性原则，在城镇空间增长边界内，根据人均用地、居民人均居住面积和单位面积产值来综合确定城乡建设用地规模、农村居民点用地规模和城镇工矿用地规模，以此约束以往以人均用地乘以人为做大的人口规模数据来无限扩展城市用地规模，避免"摊大饼"式的低效率城市开发建设。三是在坚持适宜建设用地面积为土地承载力上限原则的基础上，制定弹性的用地指标，如规划期内可通过有效技术水平和措施提高适宜建设用地规模，则可考虑调整相应的用地指标。总之，在不超越土地承载力的情况下，根据国民经济和社会发展实际需求及国土部门的相关政策要求，综合确定用地指标值。

水资源承载力：在坚守最严格的水资源管理制度基础上，依据区域水资源平衡分析及可供水量，确定能够承载区域发展的用水指标。一是坚持"以水定人，

"以水定产业"与"以产业定水效率"相结合的刚性原则,共同确定用水指标和用水效率,"以水定人,以水定产业"就是要以区域水资源承载力为上线,确定人口和农业、工业、服务业发展规模,因为发展形势及实际需求,超过水资源可承载的人口和产业规模时,就要坚持"以产业定水效率",通过技术和政策措施,倒逼提高有效灌溉利用系数、单位产值用水强度等水效率指标。二是制定可调控的弹性用水指标,在用水规模不超过水资源总量,但超过可供水量的情况下,考虑部署相应的供水设施来增加区域用水指标,在考虑节水技术贡献和区域调水可行性等因素的情形下,综合确定弹性用水指标。

能源承载力:由于我国能源资源分布不均,跨区域煤炭运输、石油天然气管道、电网输电是发展的常态,因此对于区域来说,能源承载力的约束作用相对较弱,可以不作为区域发展的刚性制约指标。但在考虑落实节约资源、保护环境的基本国策及应对全球气候变化等因素时,必须制定能源消费总量和能源利用效率等刚性约束指标,以此倒逼能源利用效率的提高,共同推动绿色低碳发展。能源消费总量的制定,要根据区域的能耗结构和产业发展阶段,适地适策,通过节能技术等手段,倒逼用能效率的提高、能耗强度的降低,因此"多规合一"中应将能耗降低水平作为共同的约束指标。

环境承载力:污染防治在坚持"政策性的源头分区管治和技术性的末端治理"双向驱动原则的同时,要重点突出环境容量和承载力的先导作用,以环境容量及排污强度定人口及产业规模,以环境承载力定污染物排放约束性指标,以此倒逼规划布局。由于环境承载能力由区域的自然生态本底、环境治理技术水平和环境治理基础设施供应量共同决定,环境治理技术水平越高、环境治理基础设施供应越充足,则环境可承载的人口和经济发展能力越强,因此在制定污染物排放控制指标时,既要考虑污染产生量及自然环境容量,又要考虑环境基础设施和环境基本公共服务的贡献,制定弹性的排放总量控制指标,刚性的排污强度下降指标。

废水排放量与用水总量(城镇生活、工业、服务业用水)关系密切,决定了污水处理设施集配套管网的需求规模。水污染物排放量(化学需氧量、氨氮)分解为城镇生活(服务业排放纳入其中)、工业、农业排放三部分。城镇生活污染物排放量分为污水治理设施处理部分和未经处理直接排放部分,污水处理部分排放量根据污水治理设施排放量和排放浓度核算,未经处理部分则根据人均经验排放系数进行核算。工业污染物排放量有两种核算方法,一是按照工业废水排放浓度和废水排放量核算,二是按照单位工业增加值污染物排放强度进行估算。农业面源排放量重点考虑具有环境治理设施的规模化畜禽养殖排放，规模化以下的散户养殖污染排放及种植业面源污染排放根据农业部门的统计数据，依据经验系数确定。大气污染物（二氧化硫、氮氧化物、烟粉尘）排放量主要来源于能源活动，指标值的确定主要由煤炭消费量、治理设施实现的削减量（综合脱硫率、综合脱硝率、综合除尘率）共同决定。

指标体系如图6-7所示：

3.目标指引下分区施策流程

（1）三线划定

在本研究中，强调"三条底线"的刚性特征，是不可逾越的警戒线，强调"三条底线"的统筹协调，是守住发展和生态两条命脉的保障。初步划定保障空间安全格局的生态保护红线、永久基本农田红线、城镇空间增长边界三条底线，针对相互之间的冲突进行科学协调。

1）生态保护红线

生态保护红线是指依法在重点生态功能区、生态环境敏感区和脆弱区等区域划定的严格分区管治边界，是国家和区域生态安全的底线。生态保护红线所包围的区域为生态保护红线区，对于维护生态安全格局、保障生态系统功能、支撑经济社会可持续发展具有重要作用。

2）永久基本农田保护红线

基本农田是指根据一定时期人口和国民经济对农产品的需求而必须确保的耕地的最低需求量以及对建设用地的预测而确定的在土地利用总体规划期内未经国务院批准不得占用的耕地，老百姓称之为"吃饭田"、"保命田"。划定永久基本农田，是加强耕地保护的重要措施，是确保基本农田保护面积和质量的重要手段，在确保基本农田数量、提升基本农田质量的同时，调整和优化基本农田空间布局和环境，既保障城乡经济社会发展用地需求，又切实保护耕地。

3）城市空间增长边界

城市空间增长边界是指为限制城市无序发展，保障重点功能区、重点建设项目及民生建设项目用地，有效引导城市空间发展和建设项目布局，一定期限内划定城市空间拓展的外部范围边界。它是城市的预期扩展边界，边界之内是"当前城市与满足城市未来增长需求而预留的土地"。城市空间增长边界是一种多目标的城市空间控制规划工具，以生态、经济与社会效益的综合最大化为目标，力图将城市开发向适宜的地区引导，并规避风险地区和保护林地、水域、农田等生态

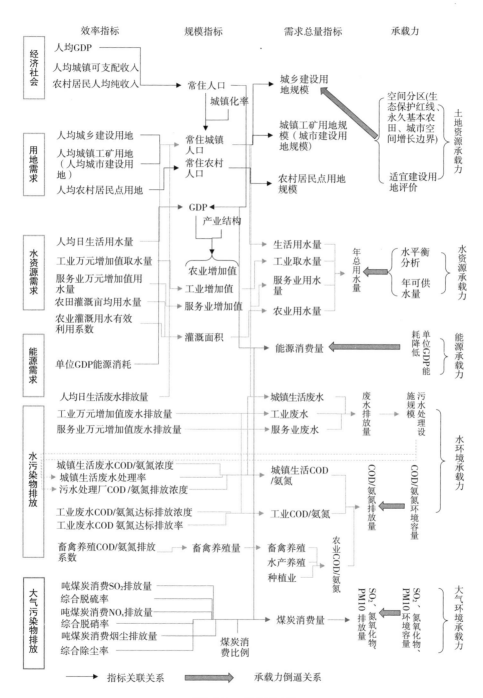

图 6-7 指标体系

敏感地区，同时结合紧凑增长理念提高基础设施和公共服务设施的使用效率。因此，划定的城市空间增长边界是一条战略性的"刚性"底线。

（2）三区划定

按照《"多规合一"试点正式批文—发改规划》（[2014]3003号）、《国家发展改革委关于"十三五"市县经济社会发展规划改革创新的指导意见》（发改规划[2014]2477号）的指引和要求，需划定城镇、农业、生态三大空间格局。

城镇、农业、三大空间划定的核心关键是边界划定，以什么边界作为区分三大空间的界尺。一般划定的常规思路多以土地利用类型边界为依据，规划目标年的空间划定是以土规的土地用途分区作为三大空间的划定依据。以土规为依托划定的三大空间有以下局限性：土规以指标落空间，"图数一致"的本质特征（如：土规规划目标年的城镇、村建设用地用途区的面积=规划目标年的城镇建设用地+农村居民点用地），以土规用途分区作为三大空间的划定依据，导致对于空间发展的刚性过强，对于发展的不确定考虑不足。在现实中，由于土规在编制过程中对区域经济社会发展的预判不足，各项指标均被屡屡突破成为普遍现象，各地根据现实情况依法调规越加频繁，土规的严肃性和约束性受到巨大挑战。尽管土规在建设用地空间管治分区给出的有条件建设区的弹性空间，但其对应的土地用途分区可能是一般农用地、林业用地、牧业用地区。有条件建设区的弹性空间配置在土地用途分区中并未单独分立出来。综上，对于规划目标年，以土规的严格指标对应落实三大空间分区管治，可能导致划定的三大空间边界与实际发展产生较大出入（表6-22，图6-8）。

以土规为依托的三大空间划定 表6-22

三大空间	用途分区	空间管制分区
城镇空间	030 城、镇建设用地	010 允许建设区
	050 独立工矿区	
农业空间	020 一般农地区	020 有条件建设区/030 限制建设区
	040 村建设用地	010 允许建设区
	010 基本农田保护区	030 限制建设区
生态空间	090 林业用地区	
	100 牧业用地区	
	060 风景旅游用地区	
	070 生态环境安全控制区	040 禁止建设区
	080 自然与文化遗产保护区	

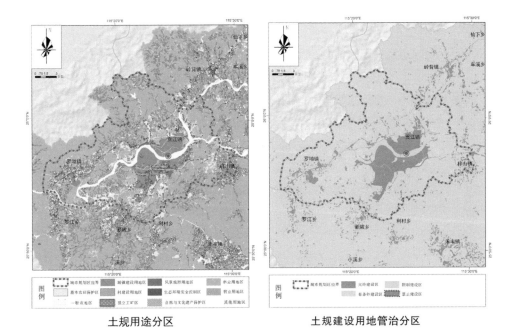

土规用途分区　　　　　　　　　　土规建设用地管治分区

图 6-8　城市规划区范围土规用途分区与建设用地管制分区比较

三大空间中，变数最大的是城镇空间，城镇空间随着外围环境（重大基础设施建设、加速发展政策）、人口集聚变化而发生变化，具有较大的不确定性，因此城镇空间划定应给予一定的弹性空间，划定增长的底线，城镇建设不可越界。在三大空间划定中，划定城镇空间的极限边界范围，是约束城镇无序建设的最有效行为。相比之下，农业空间、生态空间的土地利用整体格局相对稳定，地类变化主要集中在城镇发展区与周边。基于上述考量，三大空间确定原则方法如下：

城镇空间：城市空间增长边界、乡镇建设用地控制边界内部范围均划定为城镇空间。此外，独立于上述空间的采矿用地、水利交通用地归并进入城镇空间。

农业空间：以土地利用类型作为划分依据，城市空间增长边界、乡镇建设用地控制边界、生态保护红线区以外的耕地、村庄、坑塘水面、沟渠、部分其他用地。

生态空间：除去城镇空间、农业空间以外的区域都归并为生态空间，以生态保护红线区为核心。包含的土地利用类型主要有：园地、林地、草地、河流水面、湖泊水面。在土地利用类型中存在极小部分比例的未利用地类型，这部分土地一般是作为建设用地占用耕地或林地进行占补平衡调配使用的，其空间归属可先全部划为生态空间。此外，园地以脐橙、茶油、光皮树种植为主，尽管种植初期不具备生态效益，但长成后其植被覆盖度和灌木林地相当，因此将园地划入生态空间（表6-23）。

三大空间划定准则 表6-23

三大空间	划定主要准则	土地利用类型	
		土地利用现状地类（2013年土地利用现状）	土地规划地类（土规2020年规划地类）
城镇空间	城市空间增长边界、乡镇建设用地控制边界内部范围	现状土地利用分布	规划土地利用分布
	再追加区域以外的采矿用地、水利交通用地等	101 铁路用地 102 公路用地 204 采矿用地 118 水工建筑用地	215 采矿用地 221 铁路用地 222 公路用地 227 水工建筑用地 232 特殊用地
农业空间	以土地利用类型作为划分依据，城市空间增长边界、乡镇建设用地控制边界、生态保护红线区以外的耕地、村庄、坑塘水面、沟渠、部分其他用地	011 水田 012 水浇地 013 旱地 104 农村道路 114 坑塘水面 117 沟渠 122 设施农用地 203 村庄	111 水田 112 水浇地 113 旱地 151 设施农用地 152 农村道路 153 坑塘水面 154 农田水利用地 213 农村居民点用地
生态空间	除去城镇空间、农业空间以外的区域都归并为生态空间，以生态保护红线区为核心。包含的土地利用类型主要有：园地、林地、草地、河流水面、湖泊水面	021 果园 022 茶园 023 其他园地 031 有林地 032 灌木林地 032 其他林地 041 天然牧草地 042 人工牧草地 111 河流水面 113 水库水面 205 风景名胜及特殊用地	120 园地 130 林地 140 牧草地 226 水库水面 310 河流水面
	特殊说明：未利用地比例极小，可暂归入生态空间	043 其他草地 116 内陆滩涂 127 裸地	320 滩涂 330 自然保留地

（3）空间管治区

生态保护红线、永久基本农田红线、城市空间增长边界（乡镇建设用地范围控制线）三条底线的划定，及城镇、农业、生态三大空间格局的划定奠定了空间发展的战略格局。从精细化管理角度出发，在三大空间和三条底线之间还存在具有一般保护性质的农业和生态空间。这部分空间相对受保护和管制的力度低于永久基本农田、生态保护红线，是被城镇空间侵蚀占用的主要对象。尽管划定的城市空间增长边界对上述空间施以了保障，但仍需要制定更细致的管制措施对上述空间加以保护。

另一方面，城规、土规的空间管制都是针对建设行为进行的约束，土规的用途分区在明确部分区域保护目标的同时，对建设行为进行约束，整体呈现被动式保护，缺少对空间优化、环境改善的积极引导措施。因此，针对不同区域的特性，划分更细致的空间分区。

在"城镇、农业、生态"三大空间基础上，进行空间管治区的进一步细分，初步建立八大空间管治区（表6-24）：

空间管治区划定 表6-24

空间管治区		控制要素	各范围内土地利用情况	
			土地利用现状地类 （2013年土地利用现状）	土地规划地类 （土规2020年规划地类）
城镇空间	城市建设管治区	城市空间增长边界内范围	现状土地利用类型	规划土地利用类型
	镇（乡）域建设管治区	乡镇建设用地控制边界内范围	现状土地利用类型	规划土地利用类型
	区域基础设施和独立产业管治区	独立于城市建设管治区、镇（乡）域建设管治区外的采矿用地、交通水利用地	101 铁路用地 102 公路用地 204 采矿用地 118 水工建筑用地	215 采矿用地 221 铁路用地 222 公路用地 227 水工建筑用地 232 特殊用地
农业空间	永久基本农田管治区	永久基本农田红线内范围	011 水田 012 水浇地 013 旱地	111 水田 112 水浇地 113 旱地
	一般耕地管治区	除永久基本农田以外的耕地及相关附属设施用地	011 水田 012 水浇地 013 旱地 104 农村道路 114 坑塘水面 117 沟渠 122 设施农用地	111 水田 112 水浇地 113 旱地 151 设施农用地 152 农村道路 153 坑塘水面 154 农田水利用地
	农村生活管治区	农村居民点用地	203 村庄	213 农村居民点用地

续表

空间管治区	控制要素	各范围内土地利用情况	
		土地利用现状地类 （2013年土地利用现状）	土地规划地类 （土规2020年规划地类）
生态空间	生态保护红线管治区	生态保护红线内范围	—	
	一般生态管治区	除生态保护红线区以外的生态空间	021 果园 022 茶园 023 其他园地 031 有林地 032 灌木林地 032 其他林地 041 天然牧草地 042 人工牧草地 111 河流水面 113 水库水面 205 风景名胜及特殊用地	120 园地 130 林地 140 牧草地 226 水库水面 310 河流水面
	未利用地		043 其他草地 116 内陆滩涂 127 裸地	320 滩涂 330 自然保留地

1）城市建设管治区：城市空间增长边界内范围。

2）镇（乡）域建设管治区：乡镇建设用地控制边界内范围。

3）区域基础设施和独立产业管治区：独立于城市建设管治区、镇（乡）域建设管治区外的采矿用地、交通水利用地。

4）永久基本农田管治区：永久基本农田红线内范围。

5）一般耕地管治区：除永久基本农田以外的耕地及相关附属设施用地，城市建设管治区与镇（乡）域建设管治区两区域内相应地类面积不计入。

6）农村生活管治区：农村居民点用地区域，城市建设管治区与镇（乡）域建设管治区两区域内相应地类面积不计入。

7）生态保护红线管治区：生态保护红线内范围。

8）一般生态管治区：除生态保护红线区以外的生态空间，包含的土地利用类型主要有：园地、林地、草地、河流水面、湖泊水面。城市建设管治区与镇（乡）域建设管治区两区域内相应地类面积不计入。

（4）分区落实流程

划定三类空间，为市县域国土空间开发与保护提供了空间指引。利用CAD、Photoshop以及Arcgis软件等制图技术，依托六大二级分区管治分区、按照差异化分区管治要求，深度整合城乡建设、土地利用、生态保护等各类空间性规划，以及基础设施、产业发展、公共服务等各类专项性规划，通过依次高效配置基础设施、城镇建设、乡村发展、生态保护和产业发展、公共服务等各类空间要素，真正实现本质上的"多规合一"，切实做到"一张蓝图"干到底。

首先，规划布局基础设施。交通、能源、水利、通信等跨区域的重大基础设施，对市县域城镇空间布局、产业发展、人口分布等具有重要先导支撑作用。要在空间规划底图上，整合纳入各类基础设施专项性规划内容，对一些重要线位通道、重要站点枢纽地块等本底资源，进行前瞻性预留安排和布置，为其他空间要素配置设定基础性格局；同时，根据三类空间差异性分区管治要求，合理确定路线走向、规模和等级，采取必要的建设运营管理措施，为市县域长远发展奠定基础。

其次，规划布局城镇建设。城镇化地区是人口和经济集聚发展的重要载体和平台。要依托基础设施空间格局和现有城镇建设基础，合理布局城镇发展结构，并在城镇开发边界控制线范围内，整合纳入城镇总体规划和控制性详细规划等空间性规划内容，市县城镇核心区内部功能斑块、用地类型以及市政要素等的科学合理布局；同时，严格遵守城镇空间开发强度要求，避免大搞"造城运动"，导致过度无序开发。

第三，规划布局乡村发展。散落在农业空间和生态空间的乡村是统筹推进农业生产、农民生活和生态保护的重要载体和平台，要通过统筹安排农产品生产加工布局、农村居民点布局和配套设施建设，推进乡村山、水、林、田、路、房全方位综合规划分区管治，实现乡村地区协调发展。要依托基础设施空间格局和农业生产、自然生态等本底条件，整合纳入农业农村发展等专项性规划内容，统筹安排农产品生产加工布局和农业配套设施的建设分区管治，协调落实各类农业项目发展空间；整合纳入市县镇村体系等空间性规划内容，根据不同类型农业生产组织方式特点和自然生态分区管治要求，统筹安排与之相适应的农村居民体系；以改善农村人居环境、节约集约用地为目标，科学规划村庄开发利用功能布局，统筹安排村庄各类开发活动、基础设施建设和生态环境保护，促进美丽宜居乡村建设；同时，严格遵守农业空间和生态空间的开发强度要求，避免无序占用耕地和破坏生态环境。

第四，规划布局生态保护。生态空间是市县域生态文明建设和经济社会发展的重要屏障。要依托市县域生态系统特征和自然资源本底条件，整合纳入生态建设和环境保护等空间性和专项性规划内容，通过优化生态系统、强化环境保护和分区管治生态要素，构建生态安全格局，合理配置环境监管和环保治理设施，制定有针对性的保持和增进生态功能的措施，实现对市县域生态环境的严格保护和整体改善，保障生态空间健康发展。

第五，规划布局产业发展。产业发展是人口和经济集聚的重要基础。要准确分析把握产业发展现有基础、比较优势和未来趋势，整合纳入产业发展等专项规划内容，明确产业空间布局，促进产城融合，并结合三类空间的不同需求和主要特征，实施各有侧重的发展策略。

第六，规划布局公共服务。改善民生是经济社会发展的出发点和落脚点。要统筹考虑人口变动趋势和人口结构特征，整合纳入教育、医疗、体育、文化等公共服务领域专项性规划内容，并按照三类空间的不同需求和分区管治方向，合理布局重要公共服务设施，提高公共服务设施配置效率，引导和支撑城镇化健康发展。

第七，落实各类用地布局。用地布局是落实各类空间要素在市县域范围内高效配置和差异化分区管治开发建设行为的必要手段，要按照不同主体功能定位要求和三类空间分区管治方向，整合纳入土地利用等空间性规划内容，对生态用地、农用地、建设用地等各类用地的规模、分布及开发利用时序进行安排。首先，根据维护生态安全格局和刚性保护生态区域的要求，布局自然保护区、饮用水水源保护区、天然湿地滩涂、自然保留地等生态环境高敏感的生态用地；其次，根据农产品生产布局，落实基本农田范围和用地类型；第三，根据区域性重大基础设施线网和站点枢纽布局要求，安排各类重大基础设施建设用地；第四，根据城镇发展、民生设施、城镇产业集聚区、环境设施等空间要素的配置要求，协调布局各类城镇建设用地布局，优化空间结构；第五，根据农村居民点、农产品加工区、农业配套设施等要素的布局要求，统筹安排农村建设用地；第六，以优化增进生态系统功能、拓展现代特色农业生产等为目标，布局其他各类农业、林业和生态用地。

4. 战略分区落实方案

在白洋淀空间发展战略规划案例中，遵循分区施策的统筹安排，提出"望山、见水、显城、优田"的布局理念，践行"人地相宜，山水相连"的整体生态观"望山"是指保护狼牙山主峰等太行山脉，积极实施生态恢复和退耕还林，强化山林对水源的涵养能力；"见水"是指严格保护白洋淀及其入淀河流水系，重点是拓宽水面两侧绿化带；"显城"是指通过保定市城市功能疏散和承接京津产业转移，形成以历史文化名城为核心的、东联白洋淀，西接太行山的旅游休闲空间体系；"优田"是指逐步减少白洋淀区域范围内的漫灌农田面积，进一步涵养水源，并优化生态景观基底；"人地相宜、山水相连"是将白洋淀周边城镇群融入自然生态中，构建以人为本、人地和谐的生态安全架构，为雄安新区的生态安全和保护框架奠定了基础。

第 7 章

综合管治技术与方法

本章节改变以往的单项管治,切实做好综合管治,做到从用途管治到用态管治,从规模管治到质量管治,从方法管治到效益管治,实现稳布局与提效益的双赢,特别是将综合效益提高到一个新水平,促进环境综合管理迈向新台阶。空间综合管治的关键是在划定的空间分区的基础上,统筹生态、城镇、农业三大布局,通过用途管治与功能管治相结合,把环境属性落实到用地中的核心原则,形成红线定界、容量定底、强度定顶、三维管治、清单准入、以图定责的综合管治技术体系,充分强调土地用途、规模、结构、分布的用途管制制度,强化以土地用途管制为主要措施,实现生产空间集约高效、生活空间宜居适度、生态空间山清水秀。

7.1 概述

7.1.1 相关定义及内涵

综合管治的技术方法包括空间综合划分、红线定界管理、容量定顶限制和强度定顶控制等内容。

空间综合管治是指在划定的空间分区的基础上,统筹生态、城镇、农业三大空间布局,通过用途管治与功能管治相结合,把环境属性落实到用地中,同时将各部门分区管治目的与管治原则有机整合成一套便于统一实施并综合管治的导则。

红线定界的底线管治是指采用底线管治思维,进行重点保护对象的红线定界,划定生态保护红线界限并识别生态空间,衔接其他管理部门的永久基本农田红线、城市开发边界，并制定相应的管治要求。

容量定底的管治是指基于资源环境承载力评价和生态安全格局的预警的生态功能价值的前置测度，指导和引导空间要素布局，制定分区的环境质量底线和污染排放总量控制策略。

强度定顶的管治是指在红线定界、容量定顶的空间约束、环境约束管治策略下，结合区域经济社会发展趋势，基于城镇化发展潜力评估和资源环境承载力先导下的分区开发强度的空间布局安排。

7.1.2 总体目标与原则

在生态文明体制改革的背景下，面对资源约束趋紧、环境污染严重、生态系统退化的严峻形势，本章节通过探索用途、功能和环境管治叠合的三维空间综合管治体系以及从宏观到微观，兼用途管治、功能管治、环境管治的管治方案用以构建了生态环境管理新的话语体系和管治模式，为生态空间落地和有效管理提供支撑，促进环境综合管理迈向新台阶，有力推进国家空间规划体制改革的进程。

改革创新，先试先行。转变政府职能，构建服务型政府，简政放权、放管结合、优化服务。在综合管治体制机制方面推进改革创新。以强大的政治勇气和创新精神，在改革创新中先试先行，争做深化体制改革的先行军。

集约高效，精细管治。强调空间资源的集约高效，控制城镇规模，提高用地效率，减少对耕地和生态用地的占用；强调资源的集约高效，减少相应的污染排放。坚持问题导向，强化精细管理，精准发力，全面控制生产生活不利影响，实现环境质量改善。

绿色先导，协调发展。以"绿色化"作为统筹区域发展的总体战略，将绿色化贯穿于空间布局、生产方式、生活方式和价值理念，筑起绿色发展的生态文明根基，在更高层次上实现人与自然、经济社会发展与资源环境协调。

7.1.3 总体技术路线

总体技术路线包含四个系统：一是空间综合管治技术体系，通过一定技术方法保障管治结果的合理性；二是空间综合管治维护技术体系，通过制定多元的开放性接口，保证管治内容的全面性；三是正负面空间准入清单机制，通过正负两面要素的评估，制定鼓励和限制性内容，保障管治的成效；四是全力推进规划体制改革，形成更科学、更客观、更有效的管理体制（图7-1）。

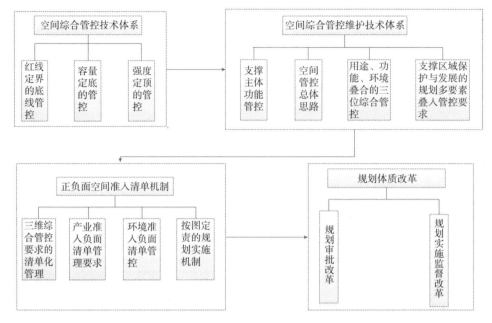

图 7-1　综合管治技术路线

7.2　空间综合管治体系技术研究

空间综合管治体系设计应采用底线管治思维，进行重点保护对象的红线定界，包括生态保护红线、永久基本农田、城市开发边界，并制定相应的管治要求；评估区域生态环境本身的功能，并通过保护性原则的提出，指导和引导未来空间要素布局，制定分区的污染排放总量控制策略；在红线定界、容量定顶的空间约束、环境约束管治策略下，结合区域经济社会发展趋势进行整体开发强度的空间布局安排。

土地经济背景下的唯 GDP 论，导致城市发展过于强调建设引领，而缺少底线约束的思路。空间层面，城市建设逐渐侵占优质的农业空间和优美的生态空间；属性层面，城市规划对资源环境客观约束考虑不足，导致"资源天花板"屡屡被突破，"环境质量红线"常常被触及。

这些年，我国城市建设与发展中，变动最多的是城市规划，而且，这些城市规划变动往往是对未明确产权的空间侵蚀和侵占，如水体、绿地等生态环境。一些城市空间无序开发、人口过度集聚，重经济发展、轻环境保护，重城市建设、轻管理服务，导致人口集聚区人居环境较差。城市不是规划的客体，可以任意发挥，可以写意发展；城市只是以人为中心的发展的载体。规划折腾是最大的忌讳，因此，要以底线思维严控。

7.2.1 红线定界的底线管治

基于县市发展和保护的双重迫切需求，首先以底线保护思维划定严防死守的"生态保护红线、永久基本农田红线、城市空间增长边界"思维空间底线。国家层面已明确生态保护红线的法律地位，要严格按照优化开发、重点开发、限制开发、禁止开发的主体功能定位，在重要生态功能区、陆地和海洋生态环境敏感区、脆弱区等区域划定并严守生态保护红线。为解决城市扩张大量侵占优质耕地导致的城乡失衡问题，自然资源部、农业农村部两部联合部署划定永久基本农田红线，严格实行特殊保护，扎紧耕地保护的"篱笆"，筑牢国家粮食安全的基石。在县市层面，在推进"多规合一"中也要率先划定"两条红线"，在有形可控层面率先实现对生态、农业空间的保护，及对城市建设行为的约束。从限定城镇空间无序蔓延及对农业空间、生态空间过分蚕食的角度，提出划定城镇开发边界，通过减小空间扰动范围，延长空间被扰动时间等手段，保护生态环境。

城镇开发边界是指为限制城市无序发展，保障重点功能区、重点建设项目及民生建设项目用地，有效引导城市空间发展和建设项目布局，一定期限内划定城市空间拓展的外部范围边界（由建设用地、有条件建设区的边界围合形成）。它是城市的预期扩展边界，边界之内是"当前城市与满足城市未来增长需求而预留的土地"。提出城镇开发边界的主要目的是：限制城市无序蔓延，圈定明确的城市边界；保护城市外部开放空间；保护乡村与基本农田；实现高密度、更加紧凑的发展模式。城镇开发边界是一种多目标的城市空间控制规划工具，以生态、经济与社会效益的综合最大化为目标，力图将城市开发向适宜的地区引导，并规避风险地区和保护林地、水域、农田等生态敏感地区，同时结合紧凑增长理念提高基础设施和公共服务设施的使用效率。城镇开发边界内部，还可进一步强化提升城市规划"五线"中"蓝线、绿线、紫线"地位，保护城市内部有限的水体、绿地等生态空间和历史文化传承的建筑风貌。

7.2.2 容量定底的管治技术

属性底线以"资源天花板"作为的相对柔性约束条件，以"环境质量底线"

作为刚性约束底线。在认识到资源、环境要素是生产力的生态文明背景下，城市发展需要摸清支撑自身可持续发展的资源、环境"家底"，避免过度触及或跨越底线的发展态势导致城市长期处于亚健康状态。"资源天花板"以水资源、能源三大资源为约束条件。水资源和能源本身就具有空间分布不均的特征，可通过工程建设及跨区域输送解决资源不足的问题，属于柔性约束条件。但在区域规划体系中，城市的等级、定位及发展潜力决定了外部资源供给的保障程度，无论城市大小都以外部调水工程保障其城市发展显然是不合理的。相比之下，可供城市建设的土地资源的约束力更具刚性，既是空间底线又是属性底线。因此，"多规合一"需要确定支撑城市发展的资源总量，对于能源和水资源的柔性约束特征，实施强度与总量双控，对于土地资源的刚性约束，实施供地总量控制。"环境质量底线"是保障城市范围内居民健康的"安全线"和"警戒线"。"环境质量底线"同样具有空间分布差异的特征，城市内部环境功能定位决定其环境质量标准，环境质量标准决定其环境容量及允许排放的污染物总量，从而形成对城市发展的刚性约束。环境质量底线需要考虑城市集聚发展特征，污染排放和受众人群集中分布的特征确定合理的环境容量。因此，"多规合一"需要确定城市分区域的环境容量，以保障整体和局部均能达到环境质量标准要求。现有各类规划和相关研究领域，对可供开发利用资源量及环境容量的核算技术方法已积累了丰富的成果，从国家层面需要对成果进行整合，出台相对简单易操作的技术方法，规范"多规合一"的编制方法。

针对环境质量底线的刚性约束，提出以下容量定底的管治思路：

以控制排放密度的思路，分区分级细化大气污染物排放总量控制。大气污染物排放以工业源为主，排放量呈现区域高度集中的态势。在大气污染物普遍存在排放密度高造成环境容量局部超载的情况下，按既有思路县域全境范围环境容量控制下的总量控制目标难以实现区域环境质量改善。为解决污染减排绩效与群众环境感受不符的现状，大气污染物总量控制需制定分区分级的总量控制方案。制定分区总量控制方案，优先考虑人口集中和产业集中的区域，保证人居环境空气质量达标，制定重点区域的总量控制目标，避免环境容量局部超载；确定分级质量目标，不同区域的生态保护目标、环境功能不同，环境质量目标有所差异，采用分级质量目标管理模式，作为总量控制方案的核算依据。通过污染密度控制引导下的分区分级污染物总量控制方案切实实现与环境质量改善的挂钩。

以流量管理控制排放的思路，分时分段分级分区细化水污染物排放总量控制。

水污染物呈现工业点源、城镇生活点源、农村生活面源、农业面源叠加排放的特征，工业点源兼具连续性和间断性、城镇生活点源排放具有连续性、农村生活面源、农业面源排放随降雨径流入河具有间断性特征。既往河流环境容量核算以河段为单元保守计算枯水年全年可接纳污染物的总量，未考虑年内丰枯水季河流流量差异，从而造成枯水季节水质断面超标现象；排污口在某一河段过于集中也造成河段水质超标现象。制定分时、分段、分区、分级细化的水环境总量控制方案，确实保障地表水环境质量的改善。制定分时总量控制方案，根据年内各河段丰枯水季流量进行环境容量年内分配；制定分段分级总量控制方案，对地表水功能区划进行细化管理，确定不同河段单元的水质功能目标，作为核算依据；制定分区总量控制方案，以城镇空间、农业空间为依托，针对水污染源的分区特征，细化城镇源和农业源的总量控制方案。

7.2.3 强度定顶的管治技术

在划定红线、容量定底的管治技术基础上，要进一步对区域经济社会发展进行空间布局总体约束，明确区域总体开发强度，再针对三大空间承载功能不同制定开发强度的总体约束。《全国主体功能区规划》明确给出了"开发强度"的定义：指一个区域建设空间面积占该区域总面积的比例。建设空间包括城镇建设、独立产业建设、农村居民点建设、区域性基础设施建设（交通、水利等）及其他建设用地等空间。

1. 开发强度测度差异分析

既往国土部和住建部对于建设用地规模的配置均有各自的方法体系。主要体现在以下差别：

"土地规划"本着"以供给定需求，并引导需求"原则，在全域土地总量控制约束下，自上而下层层分解建设用地规模指标，强调用地的刚性控制。"土地规划"的工作路线一般采用自上而下、逐级落实的方法，同时也会适当考虑当地需求，自下而上汇总各类意见，主要还是严格执行上级规划指标，充分显示其很强的计划性。根据上级下达指标，"土地规划"主要控制性指标包括建设用地总规模、城乡建设用地规模、城镇工矿用地规模，在编制过程中将建设用地总规模、城乡建设用地规模、城镇工矿用地规模分解到各个乡镇行政区范围。

"城乡规划"确定建设用地规模时采用"以需求确定供给，并调控需求"的原则，主要保障经济发展、人口规模增长和城镇化需求，属于发展型的规划手段。

"城乡规划"在工作路线上采取自上而下与自下而上相结合的方法，充分重视基层的发展需求。"城乡规划"建设用地规模确定基本路径如下：根据区域城镇化和社会经济发展需求划定城市规划区、中心城区范围，进而确定规划目标年的中心城区城镇人口数量；分析城市规划区范围、中心城区范围的城乡用地现状规模和城镇人口规模，根据现状人均城乡居民点用地（H1）、人均城市建设用地（H11）水平，按照《城市用地分类与规划建设用地标准》（GB 50137—2011）要求确定规划人均城市建设用地水平（H11），最终核定城市规划区、中心城区建设用地规模。需要指出的是，城市规划区、中心城区并不完全以行政边界为界定，而是以行政边界与自然边界相结合形成的区域范围。

综上，"城乡规划"和"土地规划"在建设用地配置时关注区域范围不同、同时指标配置方法存在差异，建设用地规模产生冲突也很正常。以县市为例，冲突差别通常表现为县域总规和各乡镇总体规划建设用地总规模大于县域总规建设用地总规模，近期基本能与县域/乡镇土地利用总体规划建设用地规模相协调，但远期规模将远大于按照土地利用总体规划测算的指标值。

2. 基于城镇化发展潜力分析分区开发强度测算

以县市为单元，为了合理确定开发强度，采用本研究构建人口城镇化、土地城镇化和经济城镇化的城镇化发展潜力分析法，在区域发展潜力识别基础上，进行人口、用地的统筹安排，最终确定开发强度指标，同时也实现了对县域城乡总规、乡镇总规、土地规划之间的协调。

7.3 空间综合管治维护技术体系

本研究首先在梳理现有各部门规划分区及其管治规则的基础上，为了解决同一空间多个分区的单一管治导致的相互掣肘的矛盾冲突问题，以三区三线为载体，构建以保护为核心的分级管治思路，包括一级为三类空间管治，主要明确开发强度、开发与保护原则方向、"三线"划定、廊道建设和预留等的总体方向；二级为六类分区管治，根据不同功能定位和保护重要程度，制定差异化的空间管治原则，提出空间开发行为的准入要求、准入条件和管治严格程度，对保护性地区实行准入负面清单管治。三级为土地用途管制，重点针对三大类用地，从总量、等级、用途转用等方面提出规划、审批、开发建设等管制规则，特别是严格对农用地、生态用地的用途转用管制；其次，以保障主体功能为总体指引，考虑国土空间承载经济社会发展功能差别，针对不同功能区的产业发展、城镇布局等方面对生态功能、农业功能、城镇功能提出保护与建设思路；再次，突出空间的环境属性，从生态环境管治视角，从源头预防、过程管理、末端治理的思路进行管治措施的制定。最后，将用途管治、功能管治和环境管治在空间上进行精细化配置，形成分层级、精细化的综合管治体系，即三类空间管治＋六类分区管治＋土地用途管治的三级管治，并针对基础设施网络、产业发展、城镇建设、农村发展、生态保护、公共服务等六大空间叠入要素的优先次序与矛盾协调提出管治要求，将各部门分区管治目的与管治原则有机整合成一套综合管治导则。

7.3.1 用途管治总体思路设计

空间综合管治原则制定目的是在梳理现有各部门规划分区及其管治规则的基础上，解决既有具有部门特色的、对同一空间多个分区的单一管治导致的相互掣肘的矛盾冲突。空间综合管治原则制定以三区三线为载体，将各部门分区管治目的与管治原则有机整合成一套综合管治原则，以满足三区三线管治要求，有效指导空间的开发与保护。

空间综合管治原则制定包括确定空间管治重点对象和制定分级管治原则两个组成部分。

1. 空间综合管治重点对象

开发强度是空间综合管治的约束性指标，按照《全国主体功能区规划》中开发强度的定义"开发强度：指一个区域建设空间面积占该区域总面积的比例。建设空间包括城镇建设、独立工矿、农村居民点、交通、水利设施建设以及其他建设用地等空间。"

空间综合管治重点对象是空间开发建设行为，从有利于空间管治原则制定的角度，将空间开发建设行为划分为城镇建设、农村居民点建设、区域性基础设施建设、采矿建设、其他独立建设五类。五类开发建设行为与空间规划的网络框架和各类空间要素具有以下对应关系：

（1）城镇建设，包含产业建设、基础设施建设、居住建设、公共服务设施建设，主要对应空间要素中的城镇建设、产业发展和公共服务。

（2）农村居民点建设，包括农村居民点以及所属的商服、住宅、工业、仓储、学校等建设，也包括畜禽养殖建设，对应空间要素中的乡村发展。

（3）区域性基础设施建设，包含交通基础设施建设、水利基础设施建设和其他公共基础设施建设，对应基础设施网络框架。

（4）采矿建设，对应空间要素中的产业发展。

（5）其他独立建设，包括独立选址的工业、服务业，生态环境保护建设、旅游开发建设、特殊用途建设。特殊用途建设主要指城市（镇）规划区外军事设施、涉外、宗教、监教、殡葬等建设行为，主要对应空间要素中的产业发展、生态保护。

上述各类空间开发建设行为与土地利用类型对应关系见表7-1。

空间开发建设行为类型划分及对应地类关系　　表 7-1

建设类型划分		对应地类（空间规划三级地类）
城镇建设	居住建设	居住用地
	公共服务设施建设	公共管理与公共服务设施用地
	产业建设	商业服务设施用地 工业用地 物流仓储用地
	基础设施建设	道路与交通设施用地 公用设施用地 绿地与广场用地
农村居民点建设		农村居民点用地
区域性基础设施建设	交通基础设施建设	铁路用地 公路用地 港口码头用地 民用机场用地 管道运输用地
	水利基础设施建设	水工建筑用地
	其他公共基础设施建设	区域公用设施用地
采矿建设		采矿用地
其他独立建设	独立产业建设	产业用地 服务设施用地
		其他建设用地（边境口岸）
	生态环境保护建设	环境设施用地
	旅游开发建设	风景名胜设施用地
	特殊用途建设	特殊用地

2. 空间分级管治思路

空间综合管治分级实现，分为以下三级：

一级为三类空间管治。合理确定规划期限内三类空间开发强度上限,依据空间主导功能提出空间开发与保护的总体原则和方向,对贯穿连接三类空间且与其共同构成区域空间发展底图的区域性基础设施网络的基础设施廊道和生态廊道提出建设和预留的管治要求。

二级为六类分区管治。三条控制线将三类空间划分为六类分区,根据各区功能定位及保护程度不同,制定差异化的空间管治原则。明确各类分区主导用途和保护重点,在各类分区中针对各类空间要素叠入提出空间开发建设行为空间准入要求、条件、程度,明确禁入要求。

三级为土地用途管治。以空间规划土地利用分类标准为基础,重点针对农用地、建设用地、其他用地三大类型中的各类用地类型,从现状管制、规划管制和审批管制等方面提出管治原则。农用地、其他用地重点是控制现状用地转为其他用地制订用途管治规则,建设用地重点是针对现状及规划的建设用地制定管治规则。

3. 空间管治原则制定依据

（1）《中华人民共和国城乡规划法》（2007年中华人民共和国主席令第七十四号）；

（2）《中华人民共和国土地管理法》（2004年第十届全国人民代表大会常务委员会第十一次会议修订）；

（3）《中华人民共和国森林法》（1998年4月29日第九届全国人民代表大会常务委员会第二次会议修订）；

（4）《中华人民共和国草原法》（2002年12月28日第九届全国人民代表大会常务委员会第三十一次会议修订）；

（5）《中华人民共和国水法》（2002年中华人民共和国主席令第七十四号）；

（6）《中华人民共和国公路法》（2009年8月27日第十一届全国人民代表大会常务委员会第十次会议修订）；

（7）《中华人民共和国环境保护法》（2014年中华人民共和国主席令第九号）；

（8）《基本农田保护条例》（1998年中华人民共和国国务院令第257号）；

（9）《中华人民共和国土地管理法实施条例》（中华人民共和国国务院令第256号）；

（10）《中华人民共和国自然保护区条例》（1994年中华人民共和国国务院令第167号）；

（11）《公路安全保护条例》（2011年中华人民共和国国务院令第593号）；

（12）《国家级森林公园管理办法》（2011年国家林业局令第27号）；

（13）《饮用水水源保护区污染防治管理规定》（2010年环境保护部令第16号）；

（14）《风景名胜区条例》（2006年中华人民共和国国务院令第474号）；

（15）《湿地保护管理规定》（2013年国家林业局令第32号）；

（16）《国家湿地公园管理办法（试行）》（林湿发[2010]1号）；

（17）《地质遗迹保护管理规定》（1995年地质矿产部第二十一号令）；

（18）《世界文化遗产保护管理办法》（2006年中华人民共和国文化部令第41号）；

（19）《历史文化名城名镇名村保护条例》（2008年中华人民共和国国务院第524号）；

（20）《国务院关于印发全国主体功能区规划的通知》（国发[2010]46号）；

（21）《国土资源部办公厅关于印发市县乡级土地利用总体规划编制指导意见的通知》（国土资厅发[2009]51号）；

（22）《国家建设项目环评分类管理名录》（2015年环境保护部令第33号）；

（23）《建设项目使用林地审核审批管理办法》（2015年国家林业局令第35号）；

（24）关于印发《全国生态功能区划（修编版）》的公告（2015年环境保护部中国科学院公告第61号）。

7.3.2 支撑主体功能的管治思路

生态、农业、城镇空间和划定的三大空间是基于主体功能区划的总体思路，实现在县市尺度空间落地的要求，因此在管治要求上要以发挥主体功能为总体指引，考虑国土空间承载经济社会发展功能差别，针对不同功能区的产业发展、城镇布局等方面提出管治方向。总体思路如下：

1. 生态功能保护与建设思路

生态空间，是主要承担生态服务和生态服务系统维护功能的地域，以自然生态为主，包含一些零散分布的村落。应强化点上开发、面上控制的空间格局，应以保护为主。适度发展特色农业和生态旅游业；环境治理方面，生态空间主要是减轻生活对生态环境的压力，是生态修复工程建设集中区域。生态空间土地在用途转用时重点考虑在满足适宜产业发展及零星分布的农村居民点生产、生活的基本需求，严格控制与其主导功能不相符的建设与开发活动，鼓励适度的生态移民。应控制基础设施建设规模；沿交通通道和水系建设生态廊道。

不断扩大生态空间保护布局，加强生态建设和用途管制。加强林地、草地、河流、湖泊、湿地等生态空间的保护和修复，提升生态产品服务功能。实行严格的产业和环境准入制度，严格开发活动，控制开发强度。对划定的生态保护红线，实施强制性保护。生态空间强调土地用途管治，重点强调生态保护和建设。发展要素的空间集聚和功能集聚的过程，在集聚发展过程中如何处理"三大空间"的转换关系，杜绝功能转型和集聚过程中生态空间受挤压，在划定形成的"三大空间"格局基础上，通过空间和功能的集聚发展，实现生态空间面积逐年扩大，生态退化面积和速度逐年下降。

2. 农业功能保护与发展思路

农业空间，是主要承担农产品生产和农村生活功能的地域，以田园风光为主，分布着一定数量的集镇和村庄。农业空间是第一产业发展的载体，着重专业化、规模化发展，在重点城镇周边发展城郊农业、都市农业；环境治理方面，农业空间重点是面源污染的控制和土壤污染的治理，建设生态修复工程着重农业生态系统的维护和改善。应强化点上开发、面上保护的空间格局。农业空间土地在用途转用过程中应主要满足农业生产和农村生活的需求，合理控制开发强度；应对新增农村居民点、独立产业、道路等线性基础设施和其他新增的开发建设活动进行限制，防止农业空间内的建设用地任意扩大。基础设施尽量采用整合通道，减少对土地尤其是耕地的占用。沿交通通道和水系建设生态廊道。

提升农业空间生产效率，加强保护和改善农业生产条件。要强农地保护，推动土地整理，促进农地规模化、标准化建设。严格建设用地管治，优化整合农村居民点，繁荣历史文化村落，保护农村田园景观。通过改善农业生产条件，大力实施中低产田改造和高标准农田建设，改善撂荒严重的现状；邻近城区的乡镇按季节错峰发展现代采摘农业、休闲农业；县域传统种植业依赖高标准农田建设和绿色有机农业提升产量和质量，特色农业依托"互联网+"和现代物流发展的新趋势提升品牌影响力，农林特色产品重视精深加工，整体提升农业空间生产效率，实现农民增收。

3. 城镇功能发展与建设思路

城镇空间，是重点进行城镇建设和发展城镇经济的低于，包括已经形成的城镇建成区和规划的城镇建设区以及一定规模的开发园区。城镇空间是第二产业、第三产业发展的载体，按照集中集聚的原则，着眼于产业链培育、产业集群集中布局；城镇空间布局按照优化布局形态、集约节约用地用材、立面空间美化等原则进行布局；环境治理方面，城镇空间着重加强生产、生活污水和垃圾的无害化处理。矿产资源开发，按照点上开发、面上保护的要求，资源开发同时加强生态环境的修复，减少对生态环境的破坏。应综合考虑自然、资源、区位、政策、人口、经济发展等条件，存量挖潜和整合改造，提高现有建设用地对经济社会发展的支撑能力；优先保障城镇内部基础设施和公共服务用地需求，预留并整合基础设施廊道，应沿交通通道和水系建设生态廊道。

优化城镇空间建设布局，存量优化和增量引导同步进行。城镇空间要着力提高土地集约利用水平，提升单位国土面积的投资强度和产出效率。对于城镇建成区的存量空间，应着力促进存量空间的优化调整，对于规划建设区，应控制工矿建设空间和各类开发区用地比例，促进产城融合和低效建设用地的再开发。城镇空间承载着产业发展和居民生活两大功能，产业空间是污染排放的重点区域，强调减量化、低碳化、循环化的全过程管理，强调生产布局的优化调整。生活空间强调基础设施和基本公共服务的均等化。

7.3.3 用途、功能和环境叠合的三维综合管治体系

将空间属性划分成用途、功能和环境三个维度，将用途管治、功能管治和环境管治在空间上进行精细化配置，形成分层级、精细化的综合管治体系。管治措施在叠合过程中，根据各县市不同主体功能定位、三类空间的功能定位和发展方向，及经济社会发展与资源环境相互作用呈现出的不同问题，制定出特色化的综合管治优先原则，加强市县对县域空间的管治能力。如城镇空间，着力提高土地资源集约利用水平，提升单位国土面积投资强度和产出效率。控制公开建设空间和各类开发区用地比例，促进产城融合和低效建设用地的再开发。优化开发区的市县城镇空间，要进一步控制开发强度，着力促进存量空间的优化；农业空间，要强化农地保护，推动土地整理，促进农地规模化、标准化建设。要严格建设用地管治，优化整合农村居民点，繁荣历史文化村落，保护农村田园景观；生态空间，要加强林地、草地、河流、湖泊、湿地等生态空间的保护和修复，提升生态产品服务功能。实行严格的产业和环境准入制度，严控开发活动，控制开发强度。

为便于在执行时区别对待，对要求严格程度不同的用词说明如下：表示很严格，非这样不可：正面词采用"必须"，反面词采用"严禁"或"禁止"。表示严格，在正常情况均应这样做的：正面词采用"应"，反面词采用"不应"或"不得"。

表示允许稍有选择，在条件许可时首先应这样做的：正面词采用"宜"、"允许"或"可"，选择程度逐渐减弱；反面词采用"不宜"。综合管治技术体系如下：

1. 三类空间管治

（1）生态空间

规划至目标年，生态空间开发强度应在考虑现状开发强度下，按照市县主体功能定位及开发强度测算方法要求制定开发强度上限。

生态空间是开展生态保护，发挥生态效益的重点区域，是生态修复工程建设集中区域，兼具承载部分独立产业发展的功能，但应严格控制开发建设类型和强度。强化点上开发、面上保护的空间格局。应鼓励人口适度迁出，防止区域内的建设用地任意扩大，区域内污染物排放总量不得增加。应加强林地保护和建设，提高森林蓄积量，重点加强生态公益林保护与建设，优化林地结构。应优先生态环境保护设施建设，包括水土保持、饮用水安全保障等水利工程、环境污染治理工程及其附属构筑物建设。

生态空间应严格控制基础设施建设规模。交通、能源、给排水、信息等民生保障工程建设整合布局，降低基础设施网络建设对自然本底的扰动。架空电力线路边导线与建筑物之间安全距离范围内禁止建设一切人工建筑物。输油输气管道廊道控制范围应按照相关规范、设计标准的安全保护距离进行空间管治。

生态空间应加强交通通道、水系两侧以及脆弱的生态环境过渡区（例如湖泊、坑塘、山体等）的生态恢复，加强生态保护建设，将其建设成为区域重要的生态安全格局框架组成部分。交通生态廊道结合现状在具备条件的基础上，宜控制单侧绿带宽度50m以上，严格限制各类建设活动对绿带廊道的侵占。禁止侵占水域和改变河道自然形态，沿主要河流水系建设生态廊道，生态廊道宽度结合现状在具备条件的基础上，宜控制在单侧50m以上。水系生态廊道范围内禁止新建与供水、供电等市政设施、生态景观建设及湿地保护无关的建设项目。除防洪、供水工程、通航需求等必需的护岸外，禁止非生态型河湖堤岸改造。

（2）农业空间

规划至目标年，农业空间开发强度应在考虑现状开发强度下，按照市县主体功能定位及开发强度测算方法要求制定开发强度上限。

农业空间是乡村发展和与乡村发展关系密切的独立产业发展的重点区域。土地主导用途为农业生产生活，是开展土地整理复垦开发和基本农田建设的主要区域。乡村发展重点按照发展中心村、保护特色村、整治空心村的原则引导农村居民点建设，保护和传承乡村地域文化特色。农业空间一产发展应着重专业化、规模化发展。强化点上开发、面上保护的空间格局。应严格限制采矿建设、与农业生产生活和生态保护无关的其他独立建设，应控制农村居民点和区域性基础设施建设新增用地。生态保护应着重建设维护和改善农业生态系统的生态修复工程，重点是面源污染的控制和土壤污染的治理。

农业空间基础设施网络布局应尽量采用整合通道，减少对土地尤其是耕地的占用。铁路、高速公路、国、省、县道形成交通网络，应控制两侧用地并预留车道加宽空间。架空电力线路边导线与建筑物之间安全距离范围内禁止建设一切人工建筑物。输油输气管道廊道控制范围应按照相关规范、设计标准的安全保护距离进行空间管治。

农业空间应加强沿交通通道和水系建设生态廊道，加强生态保护建设，将其建设成为农业空间的生态保护屏障。交通生态廊道结合现状在具备条件的基础上，宜控制单侧绿带宽度30m以上，严格限制各类建设活动对绿带廊道的侵占。禁止侵占水域和改变河道自然形态，沿主要河流水系建设生态廊道，生态廊道宽度结合现状在具备条件的基础上，宜控制在单侧30m以上。水系生态廊道范围内禁止新建与供水、供电等市政设施、生态景观建设及湿地保护无关的建设项目。除防洪、供水工程、通航需求等必需的护岸外，禁止非生态型河湖堤岸改造。

（3）城镇空间

规划至目标年，城镇空间开发强度必须控制在80%以下，或按照现状开发强度的比例和发展水平推算。

城镇空间土地是城镇建设、产业发展和公共服务配置的重点区域。主导用途为城镇建设、工业园区建设，是存量挖潜，整合改造，提高现有建设用地对经济社会发展的支撑能力。应优先保障城镇内部基础设施和公共服务设施用地需求。城镇空间二、三产业发展，按照集中集聚的原则，着眼于产业链培育、产业集群集中布局，提高产业建设项目控制指标水平，逐步提高城镇空间的土地利用效率。用地控制指标应符合国家、省、市国土部门、住房和城乡建设部门联合其他主管部门发布的相关行业用地控制指标要求。

城镇空间内部主要交通、能源、给排水、信息基础设施应整合布局，有条件地区优先推进综合管廊建设。应预留与运输通道相应站场设施建设空间，实现客货运输便捷中转。新建架空高压线路电力廊道位置不宜选择在极具城镇发展潜力的地区，架空电力线路边导线与建筑物之间安全距离范围内禁止建设一切人工建筑物。输油输气管道廊道控制范围应按照相关规范、设计标准的安全保护距离进行空间管治。应加强无线电通信管理，合理规划各类无线电站点、划定收发讯区、安排无线电收发讯站点和划定保护范围。减少通过城镇区低高程微波通道，逐步搬迁现状对城镇影响较大的通道。长距离输水工程应采取措施严格保护，针对明渠、暗渠、管道不同类型的引水线路，在两侧一定范围划定保护区。

城镇空间应沿交通通道和主要水系建设生态廊道，加强生态保护建设，发挥城镇空间生态廊道的防护作用和生态服务功能。高速公路、国道、省道、县道两侧生态廊道范围与《公路安全保护条例》的公路建筑控制区的范围一致。水系生态廊道范围宜控制在 20m 以上，水系生态廊道范围内禁止新建与供水、供电等市政设施、生态景观建设及湿地保护无关的建设项目。除防洪、供水工程、通航需求等必需的护岸外，禁止非生态型河湖堤岸改造。

2. 六类分区管治

生态保护红线、永久基本农田红线、城镇开发边界三条控制线将城镇、农业、生态三类空间划分为六类分区。根据六类分区功能定位及保护程度不同，制定差异化的空间管治原则。

（1）生态保护红线区

生态保护红线以内区域为生态保护红线区。该区是生态保护的核心区域，是区域生态安全格局的重要组成部分，一经划定，必须确保保护性质不转变，生态功能不降低，空间面积不减少。性质不转换，生态保护红线区内的自然生态用地不得转换为非生态用地，生态保护的主体对象保持相对稳定。功能不降低，生态保护红线区内的自然生态系统功能能够持续稳定发挥，退化生态系统功能得到不断改善。面积不减少，生态保护红线区边界保持相对固定，区域面积规模不得随意减少。

区内的自然保护区、森林公园、湿地公园、饮用水源地保护区、地质公园、文化自然遗产、风景名胜区、生态公益林等，由相关职能部门严格按照相关法律法规及管理规定执行。

区内实行最严格的管治措施，除必要的科学实验、教育研究、生态旅游、生态产业以及供水供电、防洪等民生工程和交通线性工程外，禁止其他与生态保护无关的开发建设活动。区内不得新建工业性和资源性开发项目，已建工业企业一律向园区搬迁。因国家重大战略资源勘查需要，在不影响主体功能定位的前提下，经依法批准后予以安排勘查项目。

区内已有的区域性基础设施，需制定将环境风险降至最低程度的严格的生态保护措施；对规划建设的需穿越生态保护红线区的重点基础设施线性工程和民生工程，由省级政府组织论证，提出调整方案，经环境保护部、国家发展改革委会同有关部门提出审核意见后，报国务院批准。

区内的已设采矿权、探矿权仍尊重现状，由原主管部门按照相关政策和制度进行严格管理。但在开采中应加强矿产开发生态环境的监管力度，实行更为严格的保护措施，强化执法监管。对经评估造成重大生态环境损害的确需关闭的违法企业，要责令关闭停产。对正在正常生产的企业，通过建立生态补偿退出机制逐步引导退出。

区内原则上禁止乡村发展相关要素落地布局，区内禁止新建农村居民点，现有人口逐步迁出，禁止畜禽养殖，区内耕地、园地、农村居民点用地应逐步通过生态补偿等形式转为生态公益林。区内存在需要保护的历史文化名村、传统村落，应予以保留、保护。严格按照相关保护规定规划建设，保护具有历史价值的古建筑，保护具有特色的村落空间，保护与发展相结合，改善人居环境。

饮用水源地，对水源地内影响供水安全的居民区应予搬迁，以减轻人为因素对水源地水质的不良影响。从源头杜绝污染源对饮用水源地水质的破坏，坚决依法取缔饮用水源地保护区内的排污口及排污企业、渗坑、旱厕、垃圾池等威胁水质安全的设施。加快建设饮用水源地保护区周边生活污水和垃圾无害化处理设施，在水源地内禁止或者限制使用含磷洗涤剂、化肥、农药以及限制种植养殖等措施。

生态公益林，禁止将该区域内的土地开垦为农田，加强生态修复。污染排放总量控制在环境容量允许的范围内，合理控制排污许可证的增发。控制人类活动强度，严禁在区内建设工厂，在区域周边设置隔离带，控制农田和城镇污染物的排入。

自然保护区及森林公园，该类区域的自然保护区按照核心区、缓冲区、和实验区进行分类管理，并按照顺序逐步转移自然保护区内的居住人口，根据自然保护区的实际情况，实行异地转移和就地转移两种方式，一部分人口转移到自然保护区外，一部分就地转为自然保护区管护人员。城市规划中的交通、通信和电网等基础设施的建设能避则避，新建公路、铁路和其他基础设施不得穿越自然保护区的核心区，尽量避免穿越缓冲区。建立保护区完善实用的日常林火管理和森林防火、森林灭火辅助决策支持系统，有效提高森林防火、灭火的信息化和现代化水平。加大资金的投入，吸纳高层次的管理技术人员，在自然保护区内开展科学观测和研究，解决自然生态资源的有效保护、合理开发和利用等问题，在自然保护区的建设和发展中有针对性的参谋和决策作用。

生态敏感区，造林绿化，补偿和恢复生态系统的功能。确保林地斑块和具有多种功能的绿色林带廊道组成的网络体系以一定比例分布在遭受破坏的景观中，形成新的景观格局，即人工构建林地景观。包括防护林、经济林、生态灾害防御林及改造的天然次生林等。将大于25度的坡耕地全部退耕还林还草。将小于25度的坡耕地，修成水平梯田或退耕还林还草。土壤条件好的部分山坡脚部及平地农业耕作，沟谷河塘养殖水产品。根据当地的地势、地貌、植被、土壤等特点采用科学的开发方法进行合理规划。

重要生态功能区，保持并提高区域的生态调节功能，保障区域生态系统的完整性和稳定性，维护生态安全。同时，严格控制污染物排放总量，对污染物排放总量和浓度标准实施较严格的要求，采取限制排污许可证发放等措施，实现污染物排放总量的持续下降。大力推进生态保护与建设，在极重要的生态功能区开展生态移民，减轻人类活动对生态环境的压力。制定并实施水资源、森林资源、草地资源、生物多样性等的生态补偿政策和用于生态保护工程的信贷优惠政策。

（2）生态缓冲区

除生态保护红线区以外的生态空间为生态缓冲区。该区是生态保护、林业发展的重点区域，兼有独立产业发展的点状开发。

区内应重点加强生态公益林建设和生态环境保护设施建设，构建区域生态安全格局框架。禁止毁林开垦耕地，禁止围湖造田和侵占江河滩地。禁止在坡度25度以上的陡坡开垦耕种。区内零星耕地、荒地、废弃地因生态建设和环境保护需要可转为林地，改善区内地类结构，增加林地面积，提高森林覆盖率。应加强对生物多样性影响的评估，任何开发建设活动不得破坏珍稀野生动植物的重要栖息地，不得阻碍野生动物的迁徙通道。

区内未纳入生态保护红线的自然保护区、森林公园、湿地公园、饮用水源地保护区、地质公园、文化自然遗产、风景名胜区、生态公益林等，由相关职能部门严格按照相关法律法规及管理规定执行。

产业发展以林业发展为主，适度开展特色农业和生态旅游。区内生产性林地宜开发林下种养业，同时开展林业观光、采摘等休闲旅游项目，稳定增加林农收入及多种经营方式的发展。可进行旅游开发建设及配套产业建设，区内可合理安排生态旅游网络和旅游线路，在不破坏区内主导生态功能的前提下，合理规划旅游设施用地，控制周边建筑体量和景观。

严格控制采矿建设和独立工业建设。必须占用生态空间且无法在城镇空间内安排用地的情况下，区内可适度发展不影响主导生态功能的产业，如特色农林产品加工、旅游开发建设、新能源及清洁能源建设（发电）。禁止新建、扩建、改建三类工业项目及有毒有害物质排放的工业项目，现有上述工业企业逐步关闭搬迁，并进行相应的土壤修复。禁止新建、扩建二类工业项目，通过政策引导和资金补偿鼓励企业搬迁至城镇空间工业园区或开发区。

区内应减少农村居民点建设规模，严格控制村庄数量和规模，鼓励人口外迁；区内留守居民以服务林业生产、旅游开发、保护生态环境的人群为主。严格执行畜禽养殖禁养区、无扰动区、限养区规定，严格控制规模化畜禽养殖项目规模。随着人口逐步迁出，区内耕地、园地、农村居民点用地宜逐渐还林还草。

该区域内的发展要以"环境保护为前提，以资源丰富为基础"的保护意识；严格保护一切景物、自然环境和文化环境，不得破坏或随意改变；严格控制人工景观的建设；禁止从事与生态旅游无关的生产、建设活动；根据资源状况和环境容量对旅游的规模进行有效控制，不得对景物、水体、植被及其他野生动植物资源等造成损害；建设旅游设施及其他基础设施等必须符合区域内的规划，逐步拆除违反规划的设施；建立监测体系，拟定监测规范，加强对环境的监测和保护。

（3）永久基本农田红线区

该区是乡村发展的重要组成部分，是保障粮食安全的核心区域。永久基本农田红线一经划定，在规划期内必须得到严格保护，除法律规定的情形外，不得擅自占用和改变。永久基本农田保护应按照《基本农田保护条例》严格执行。

农业生产重点推进专业化、规模化发展。永久基本农田应优先用于发展粮食、蔬菜生产。应完善农业配套设施，改善农业发展基础条件，确保规划期间永久基本农田数量不得减少、质量有提高、用途不改变，建设高产稳产永久基本农田。

加强建设用地选址论证，原则上区域性基础设施建设不得占用永久基本农田，但由于避让改线造成经济社会成本大幅增加的情况下，报省级国土部门审批允许占用，按照"占优补优、先补后占"的原则，通过补划以保障上级下达的永久基本农田保有量目标。

禁止任何单位和个人在基本农田保护区内建窑、建房、建坟、挖砂、采石、采矿、取土、堆放固体废弃物或者进行其他破坏基本农田的活动。禁止任何单位和个人占用基本农田发展林果业和挖塘养鱼。禁止任何单位和个人闲置、荒芜基本农田。

该地区主要是农业生产，随之可能产生的主要污染则为面源污染，因此，在该区域内进行农业生产应改变种植业生产方式，全面推广生态农业生产模式，提升食品安全程度。积极发展无公害、绿色、有机农产品。实现农业生态系统内的物质循环利用，有效减少化肥、农药等使用量和使用强度，降低土壤重金属、水体富营养化等污染程度；改善种植业生态环境。

（4）一般农业区

除永久基本农田红线区以外的农业空间为一般农业区。区内是乡村发展和农业生产的主要区域，兼有独立产业发展的点状开发。土地主导用途为农村生活和农业生产，区内土地利用主要类型为农村居民点、耕地、园地、畜禽水产养殖地和直接为农业生产服务的农村道路、农田水利、农田防护林及其他农业设施用地。

区内宜进行为农业生产服务的设施农用地、农村道路、坑塘水面、农田水利、农田防护林等建设。鼓励集中兴建公用设施，共同兴建粮食仓储烘干、晾晒场、农机库棚等设施，提高农业设施使用效率，促进土地节约集约利用。应加强土地整理，对田、水、路、林、村综合整治，提高耕地质量，增加有效耕地面积，改善农业生产条件和生态环境。

区内允许乡集镇开发建设，原则上在乡集镇不属于城镇化快速发展的重点地区，规划期内乡集镇用地规模增加量不得超过规划基准年50%。乡集镇建设优先满足提升基本公共服务的用地需求，其次满足人口集聚的居住用地需求，所辖行政区范围内农村居民点用地规模应当缩减。

区内应重点优化村庄布局，引导区域内部农村居民点集中、集聚发展，自然村逐渐向中心村集聚发展，保留与农业生产紧密关联的农村居民点，形成疏密适度、分布有致的空间格局。应推行农村居民点总量和强度双控，严格控制人均用地指标，严格控制农村居民点建设规模。除无房户、危房户、分户建房需求外不得新增规模，其他建房需原拆原建、利用闲置宅基地。在接纳生态空间人口迁入的前提下，可适当增加农村居民点建设规模，但要严格控制人均农村居民点用地指标。应优先满足农村公共服务设施建设用地需求。应加强对内涝隐患地区和地面沉降地区的农村居民点的控制与引导管理。

区内现存历史文化名村、传统村落应予以保留保护，划定保护区范围，允许维持原有风貌的修缮性建设和旅游开发活动。允许在古村落保护区外围进行新村建设，但应严格控制规模，主要功能是承接从古村落迁出居民和接待游客两方面需求。

产业发展应重点推进特色农业、设施农业等高附加值农业发展，鼓励观光、采摘、休闲于一体的现代农业，保障发展用地需求。可适度进行旅游开发建设，严格控制开发强度和影响范围。

区内禁止产业集中连片建设。必须占用农业空间且无法在城镇空间内安排用地的情况下，可适度进行点状开发的独立产业建设和矿产开发项目，以农林产品加工业、物流仓储、规模化畜禽养殖、水产养殖等带动农村剩余劳动力就业、农民增收的产业为主；区内禁止新建、扩建、改建三类工业项目及涉及有毒有害物质排放的工业项目。现有该类企业必须逐步关闭搬迁，并进行相应的土壤修复。禁止新建、扩建二类工业项目，现有二类工业项目改建，只能在原址基础上，并须符合污染物总量替代要求，且不得增加污染物排放总量。

区内可进行必要的区域性基础设施建设、生态环境保护建设及特殊用途建设，遵循点上开发、面上保护的原则，但应严格控制开发强度和影响范围。

该类区域地表水环境质量应不低于Ⅲ类，空气环境质量不低于二级标准，土壤环境不低于《土壤环境质量标准》（GB 15618）二级标准。

开展林-草-田复合生态系统的建立，加强对防护林的保护，排查修缮水库，对灌渠清淤修正，提高农业水资源的利用效率。

该类区域地表水环境质量目标应不低于Ⅳ类，空气质量不低于二级标准，土壤环境不低于《土壤环境质量标准》二级标准。该区域内畜禽养殖业污染，养殖场没有畜禽粪尿处理设施，粪便随意堆放，污水任意排放，造成的环境污染相当严重（不确定）。农村人口分散、数量众多，加上没有污水及固体废弃物收集和处理设施，导致生活污水随意排泄、垃圾随处堆放。加强农村生活垃圾治理。推进农村生态示范建设标准化、规范化、制度化。因地制宜建设农村生活污水处理设施，分散居住地区采用低能耗小型分散式污水处理方式，人口密集、污水排放相对集中地区采用集中处理方式。实施农村清洁工程，开展农村环境综合整治，鼓励生活垃圾分类收集和就地减量无害化处理。选择经济、适用、安全的处理处置技术，提高垃圾无害化处理水平，城镇周边和环境敏感区的农村逐步推广城乡一体化垃圾处理模式。开展观光休闲农业，拓展生态农业功能，提升农业现代化水平，促进社会主义新农村建设，发展生态畜牧业，发展农牧结合的规模化养殖，建设规模化养殖场，推广生物治理技术。加快农业生产经营及废弃物利用的专业化和规模化，促进农村企业间循环和区域间循环，大力推进生态农业示范园的建设，推进生态农业产业化经营。

（5）城镇开发建设区

城镇开发边界以内区域，包括城镇建成区、城镇规划建设区、一定规模的开发区。该区是城镇建设、产业发展的重点区域，城镇建设规划布局满足产业发展和公共服务配置需求。

严格规划控制区域基础设施网络框架布局。优化区域基础设施网络框架布局，有条件地区应以综合管廊建设为主，交通、能源、水利、电信等基础设施廊道应统一规划建设，避免对城镇建设用地形成蛛网式切割。

重点优化城镇功能布局。合理布局工业、商业、居住、科教等功能区块及绿地系统。区内用地应从注重增量向注重存量土地的转变，应优先利用现有建设用地和闲置土地。城镇更新建设应充分考虑区域的历史文化保护与传承，禁止破坏性建设，对具有历史文化保护价值的街区必须予以保留保护。

优化布局产业发展。应遵循集中集聚原则，引导工业向园区布局，提升工业用地土地利用效率，集中、集约、高效发展生态产业。

重点整治农村居民点。区内农村居民点建设规模应逐步缩减，重点进行农村居民点整治，严禁"城中村"、"园中村"规模扩大，并逐步改造。控制村庄发展规模，分类管治村民自建住房。

加强生态建设。在城镇建设的基础上，加强生态环境保护，完善城镇绿地系统规划。最大限度保留自然山地、林地、水系等，充分考虑环境对城镇建设的影响。生态保护重点推进城镇绿地绿廊建设，在各功能区块间应设置保障安全和降低环境影响的防护绿带，建设城镇生态空间与区域生态空间的有机联系。

完善公共服务设施建设。优先满足基本公共服务设施用地需求，以公共服务设施配置相关要求为依据，加快优化公共服务设施布局，完善公共服务设施建设。

该区域主要问题是粗放型发展，以高耗能源、重污染为代价维持着城市生活。

应从新能源利用、清洁技术、绿色规划、绿色建筑与绿色消费等多个方面，为民众的低碳消费与低碳生活提供支持，引导民众的绿色低碳生活。

按照清洁生产的标准，从生产工艺与装备要求、资源能源利用指标、产品指标、污染物产生指标、废物回收利用等方面进行清洁生产的评价和管理。

开展节约能源与新能源开发与利用的试点工作，包括：太阳能、生物质能源、风电、水电的新技术新工艺，并逐步引导民众的绿色低碳生活习惯。建筑节能政策与法规的建立；建筑节能设计与评价技术，供热计量控制技术的研究；可再生能源等新能源和低能耗、超低能耗技术与产品在住宅建筑中的应用等。

倡导和实施低碳的消费模式，可持续的消费模式，在维持高标准生活的同时尽量减少使用消费能源多的产品，节省含碳产品的使用，实行可持续的消费模式。

（6）城镇开发建设预留区

除城镇开发边界内区域以外的城镇空间，是城镇开发建设的预留区域。该区是为城镇建设预留未来发展空间，将适于城镇建设的土地提前划定出来，重点放到远期去开发，对未来可能出现的状况预留解决的空间，同时部分作为规划期内城镇建设的弹性空间。区内大部分土地在规划期内土地利用类型不改变，应按原土地用途使用。

优化基础设施网络框架，应以共用基础设施廊道为基本原则，尽量避免未来城镇发展的重点方向，避免对适宜开发地块的无序切割。

强化城镇建设用地弹性调整。规划期内城镇开发建设区用地布局需要调整，可在城镇开发建设预留区内进行城镇建设。通过定期评估与动态评估，符合相关规划调整程序与要求的情况下，可对用地布局进行相应调整，规划期内调整幅度不得大于规划城镇建设用地总规模的15%。

严格控制区内农村居民点建设规模。规划期内应尽可能缩减规模，重点对现有农村居民点进行搬迁引导，集中集聚建设。严格执行畜禽养殖禁养区、低扰动区、无扰动区规定。

加强服务业发展。该区应减少工业用地弹性调整比例，提高旅游、商业、健康养生等服务业设施调整比例，以服务业发展为主。

保护生态环境。该区是城镇建成区的重要生态屏障，在城镇建设进行弹性调整时，应进行严格的可行性研究论证，避免城镇建设对水系、山地等重要生态资源的破坏。

3. 土地用途管治

重点针对《空间规划土地利用分类表》的农用地、建设用地、其他用地三大类型中的主要二级地类用地类型制定土地用途管治。

农用地、其他用地重点制定现状用地转为他用地类型的管治规则。

建设用地分别针对现状地类及规划地类制定管治规则。规划中未列明，或虽已列明但未安排用地布局的建设项目，须由城乡规划管理部门和国土资源管理部门组织开展项目选址和用地的专家论证，论证通过后方可审批。规划建设用地区内农用地、其他土地在批准改变用途之前，应当按原用途使用，不得荒芜。

（1）农用地

1）耕地

非农业建设必须节约使用土地，可以利用荒地的，不得占用耕地；可以利用劣地的，不得占用好地。非农建设占用耕地，应按照法定程序进行规划修改，严格农用地转为建设用地的审批管理。县级以上地方人民政府可以要求占用耕地的单位将所占用耕地耕作层的土壤用于新开垦耕地、劣质地或者其他耕地的土壤改良。

禁止占用耕地建窑、建坟或者擅自在耕地上建房、挖砂、采石、采矿、取土等。禁止任何单位和个人闲置、荒芜耕地。

不得破坏、污染耕地。因挖损、塌陷、压占等造成耕地破坏，用地单位和个人应当按照国家有关规定负责复垦。没有条件复垦或者复垦不符合要求的，应当缴纳土地复垦费，专项用于土地复垦。复垦的土地应当优先用于农业。

2）园地

加强对园地的管理，不得破坏、污染和荒芜园地；因灾毁坏园地进行复垦或还林。

限制各类建设占用名、特、优、新种植园用地。允许园地配套的服务设施建设，但应严格控制规模。

3）林地

林地的建设和保护应尽可能符合本地的林地保护规划。

严格控制各类建设行为占用水土保持林、水源涵养林及其他各种防护林用地，加强有林地的管理，严禁乱砍滥伐，严禁毁林开荒。

建设项目应当不占或者少占林地，必须使用林地的，经林业主管部门审核同意后，建设单位和个人应当依照法律法规的规定办理建设用地审批手续。

占用和临时占用林地的建设项目应当遵守林地分级管理的规定：

各类建设项目不得使用Ⅰ级保护林地。

国务院批准、同意的建设项目，国务院有关部门和省级人民政府及其有关部门批准的基础设施、公共事业、民生建设项目，可以使用Ⅱ级及其以下保护林地。

国防、外交建设项目，可以使用Ⅱ级及其以下保护林地。

县人民政府及其有关部门批准的基础设施、公共事业、民生建设项目，可以使用Ⅱ级及其以下保护林地，不得使用一级国家级公益林地。

战略性新兴产业项目、勘查项目、大中型矿山、符合相关旅游规划的生态旅游开发项目，可以使用Ⅱ级及其以下保护林地。其他工矿、仓储建设项目和符合规划的经营性项目，可以使用Ⅲ级及其以下保护林地。大中型矿山不得使用Ⅱ级保护林地中的有林地、一级国家级公益林地及军事禁区、自然保护区实验区、国家级和省级森林公园及沿海防护林基干林带内的林地。其他矿山和采石项目，不得使用Ⅲ级保护林地中的省级公益林的有林地。

符合城镇规划的建设项目和符合乡村规划的建设项目，可以使用Ⅱ级及其以下保护林地，不得使用一级国家级公益林地。

符合自然保护区、森林公园、湿地公园、风景名胜区等规划的建设项目，可以使用自然保护区、森林公园、湿地公园、风景名胜区范围内Ⅱ级及其以下保护林地。

公路、铁路、通讯、电力、油气管线等线性工程和水利水电、航道工程等建设项目配套的采石（沙）场、取土场使用林地按照主体建设项目使用林地范围执行，但不得使用Ⅱ级保护林地中的有林地及军事禁区、自然保护区实验区、国家级和省级森林公园及沿海防护林基干林带内的林地。其中，在国务院确定的国家所有的重点林区（以下简称重点国有林区）内，不得使用Ⅲ级以上保护林地中的有林地。不得使用一级国家级公益林地。

上述建设项目以外的其他建设项目可以使用Ⅳ级保护林地，均不得使用一级国家级公益林地。

不得占用林地进行采石、挖沙、取土等活动。禁止在幼林地和特种用途林内砍柴、放牧。加大对临时占用林地和灾毁林地修复力度。

（2）建设用地

1）城镇用地

城镇建设用地不得随意改变用途，各类城镇建设用地允许按照以下规则进行兼容协调：

兼容程度规定：按照"部分兼容"、"完全兼容"、"禁止兼容"区分。"部分兼容"是指在地块原规划用地性质上，混合其他单种性质用地或混合其他两种及两种以上性质用地的用地规模比例之和不超过40%。"完全兼容"是指在地块原规划用地性质上，混合其他一种或几种性质用地的用地规模比例可达100%。"禁止兼容"是指在地块原规划用地性质上不得混合或转变为其他用地性质。

居住用地兼容规则："部分兼容"公共管理与公共服务用地、商业服务设施用地、道路与交通设施用地、公用设施用地。"完全兼容"与绿地与广场用地。"禁止兼容"工业用地和物流仓储用地。

公共管理与公共服务用地、商业服务设施用地兼容规则："部分兼容"道路与交通设施用地、公用设施用地、二类居住用地、一类工业用地、一类物流仓储用地、绿地与广场用地。"禁止兼容"二类三类工业用地、二类三类仓储用地。公共管理与公共服务用地、商业服务设施用地之间为"部分兼容"关系。

工业用地、物流仓储用地兼容规则："部分兼容"公共管理与公共服务用地、绿地与广场用地、道路与交通设施用地、公用设施用地。兼容绿地与广场用地不得超过总用地规模的20%。"禁止兼容"居住用地、商业服务设施用地。属于物流园区的仓储用地可兼容商业服务设施用地。工业用地、物流仓储用地之间为"部分兼容"关系。工业用地、物流仓储用地细分类型遵循以下原则：三类工业用地"完全兼容"一类二类工业用地，"禁止兼容"三类物流仓储用地；二类工业用地"完全兼容"一类工业用地，"禁止兼容"三类物流仓储用地；一类工业用地"禁止兼容"二类三类物流仓储用地。一类二类物流仓储用地"禁止兼容"三类工业用地。

规划城镇用地建设，涉及农用地转为建设用地的，应当办理农用地转用审批手续。

2）农村居民点用地

鼓励村庄土地整理和旧村改造，鼓励农村村民向中心村或集镇集聚，鼓励统一规划建设住宅小区。

农村村民住宅建设用地，应当符合乡镇土地利用总体规划和村庄、集镇规划，不符合规划或未编制土地利用总体规划和村庄、集镇规划的，不得审批农村村民住宅建设用地。

严格控制在地质灾害易发区内建设农村村民住宅，因自然条件限制确需建设住宅的，应当进行地质灾害危险性评估，禁止在地质灾害危险区建设住宅。

农村村民一户只能拥有一处宅基地，其宅基地的面积不得超过省、市、县规定的标准。农村村民建住宅，应当符合乡（镇）土地利用总体规划，并尽量使用原有的宅基地和村内空闲地。

3）采矿用地

规划采矿用地应符合地方矿产资源开发利用与保护等相关规划的禁采区、开采区、限采区规定，应遵循相关规划布局。

因采矿建设挖损、塌陷、压占的土地应及时复垦。

采矿建设应优先利用现有低效、闲置和废弃地；必须使用新增建设用地指标的，要严格执行规划的土地投资强度和土地产出效率等用地准入门槛，达不到节约集约用地要求的，不得安排供地。

4) 其他独立建设用地

规划其他独立建设用地主要是不宜在居民点内配置的产业用地，以及对区域发展起重要支撑作用的不宜安排在居民点内配置的公共服务设施用地。

因生产建设挖损、塌陷、压占的土地应及时复垦。

独立建设应优先利用现有低效、闲置和废弃地；严格控制独立产业建设用地指标，必须使用新增建设用地指标的，要严格执行规划的土地投资强度和土地产出效率等用地准入门槛，达不到节约集约用地要求的，不得安排供地。

5) 交通水利用地

规划交通水利用地应符合地方交通、水利等相关规划的总体布局安排。

任何单位和个人不得擅自占用、挖掘交通水利用地。其中因修建铁路、机场、电站、通信设施、水利工程和进行其他建设工程需要占用、挖掘公路或者使公路改线的，建设单位应当事先征得有关交通主管部门的同意；影响交通安全的，还须征得有关公安机关的同意。占用、挖掘公路或者使公路改线的，建设单位应当按照不低于该段公路原有的技术标准予以修复、改建或者给予相应的经济补偿。

6) 其他建设用地

规划风景名胜设施用地应符合自然保护区、森林公园、湿地公园、风景名胜区、地质公园、湿地公园等相关总体规划布局安排。按照旅游资源开发建设要求，控制周边建筑体量和景观。

（3）其他土地

1) 水域

禁止在江河、湖泊、水库、运河、渠道内弃置、堆放阻碍行洪的物体和种植阻碍行洪的林木及高秆作物。禁止在河道管理范围内建设妨碍行洪的建筑物、构筑物以及从事影响河势稳定、危害河岸堤防安全和其他妨碍河道行洪的活动。

在河道管理范围内建设桥梁、码头和其他拦河、跨河、临河建筑物、构筑物，铺设跨河管道、电缆，应当符合国家规定的防洪标准和其他有关的技术要求，工程建设方案应当依照防洪法的有关规定报经有关水行政主管部门审查同意。

实行河道采砂许可制度，在河道管理范围内采砂，影响河势稳定或者危及堤防安全的，有关县级以上人民政府水行政主管部门应当划定禁采区和规定禁采期，并予以公告。

禁止围湖造地。已经围垦的，应当按照国家规定的防洪标准有计划地退地还湖。禁止围垦河道。确需围垦的，应当经过科学论证，经上一级人民政府水行政主管部门同意后，报本级人民政府批准。

2）自然保留地

规划期内不得占用规划的自然保留地。

7.3.4 支撑区域保护与发展的规划多要素叠入管治要求

当各类其他空间要素叠入到"三区三线"形成的空间底图中时，可能会产生矛盾冲突。本章重点探索空间要素叠入矛盾处理原则。规划叠入矛盾包括两个方面：一是各类规划叠入时，与"三区三线"空间管治原则之间的矛盾冲突需要协调；二是各类规划叠入时，各类规划之间产生的矛盾冲突需要协调。

1. 空间要素叠入优先次序探讨

空间叠入要素包括基础设施网络、产业发展、城镇建设、农村发展、生态保护、公共服务。在空间要素叠入过程中，存在优先次序问题。法律依据上，各类规划的部门平行特征，并不存在优先次序。但从促进区域保护和开发科学发展的角度看，应优先叠入对区域发展趋势和发展格局有着重要影响的重大基础设施，其次叠入保障区域生态安全格局的生态保护空间要素，再次叠入城镇建设与产业发展要素，再叠入公共服务要素，最后叠入乡村发展要素。在叠入过程中相互之间发生矛盾，在考量优先次序的基础上，进行科学合理的矛盾协调原则制定。

2. 各类规划要素叠入与空间管治原则间的矛盾协调

在划定的"三区三线"空间底图指导下，县市本层级各部门综合性（总体）规划在编制和落实过程中应遵循空间管治原则的总体要求，原则上不会发生大的矛盾冲突。

本部分重点针对空间规划对其他各类空间要素规划叠入过程中的矛盾协调，而建设项目用地的矛盾不作重点讨论，主要考虑如下：一是本矛盾处理协调原则主要用于规划咨询和规划设计条件的管理阶段，涉及具体项目建设都是在各部门专项规划指导下完成的；二是建设项目矛盾多样，进行罗列挂一漏万。

（1）区域性基础设施叠入

区域性基础设施空间叠入要素主要包括交通、水利、能源及其他基础设施。交通基础设施主要包括公路、铁路以及站场、港口、码头、机场等交通枢纽。水利基础设施主要包括跨区调水工程和水利水电工程。能源基础设施主要包括能源输送通道、可再生能源、核电及火电。其他基础设施主要指广播电信的微波发射区、接收区及微波通道。可能出现的矛盾及协调处理原则见表7-2。

重大基础设施叠入可能出现的矛盾及处理原则建议 表7-2

类型	可能出现的矛盾问题	处理原则建议
区域性基础设施	区域性基础设施建设占用永久基本农田	原则上区域性基础设施建设不得占用永久基本农田,但由于避让改线造成经济社会成本大幅增加的情况下,报省级国土部门审批允许占用,按照"占优补优、先补后占"的原则,通过补划以保障上级下达的永久基本农田保有量目标
区域性基础设施	线性基础设施布局或实施选线定桩时穿越生态保护红线区域,点状基础设施布局在生态保护红线区范围内	线性基础设施进行规划线路调整,避让生态保护红线区域。点状基础设施在生态保护红线区外部进行重新选址。其中保护饮用水水源地的相关基础设施允许建设在饮用水水源保护区的生态保护红线范围内
能源	规划架空高压线路电力廊道穿越城镇开发建设区或城镇开发建设预留区	有条件规划地下管廊建设的区域优先考虑地下管廊建设,必须采用架空高压线路的电力廊道应尽量进行调整,避开城镇开发建设区
能源	风电、光伏发电、生物质发电(热电联产)项目占用永久基本农田或公益林地	上述项目原则上禁止占用永久基本农田。风电、光伏发电项目优先利用未利用土地和"四荒地",不得占用公益林地时,不得占用一级国家生态公益林
能源	核电建设项目占用永久基本农田	核电项目是国家保障能源安全战略性部署,可以占用。涉及占用基本农田的,建设单位应履行占补平衡义务,当地政府要足额补划基本农田。对于确不具备补划条件(质量和数量无法保障)的县市,由上级土地部门对其永久基本农田指标进行核减,在上级行政区范围内或省域内统筹补划相应数量和质量的永久基本农田
水利	大中型水利水电工程建设坝址、淹没区占用永久基本农田	水库水面按建设用地办理农用地转用和土地征收审批手续。涉及农用地转用的,不占用规划确定的建设用地规模和年度用地计划指标;涉及占用基本农田的,建设单位应履行占补平衡义务,当地政府要足额补划永久基本农田。对于确不具备补划条件(质量和数量无法保障)的县市,由上级土地部门对其永久基本农田指标进行核减,在上级行政区范围内或省域内统筹补划相应数量和质量的永久基本农田

(2)生态(环境)保护要素叠入

生态(环境)保护要素叠入的空间要素主要包括林业部门的林业工程建设、生态公益林建设,水利部门的重点水源工程、江河湖泊治理工程、水土流失综合治理工程,环保部门的环境治理保护重点工程。重点关注各部门空间要素叠入过程中需要占用土地指标的工程项目矛盾,可能出现的矛盾及处理建议见表7-3。

生态（环境）保护规划叠入可能出现的矛盾及处理原则建议　表 7-3

类型	可能出现的矛盾问题	处理原则建议
林业	林业工程建设规划布局占用永久基本农田、高标准农田或道路、灌排等配套设施相对完善农用地	在核定所占用地确为永久基本农田、高标准农田以及配套设施相对完善的农用地后，对林业工程建设的规划布局进行调整，优先利用山坡地、25°以上坡耕地、严重沙化耕地和重要水源地15°~25°坡耕地进行林业工程建设
林业	林业工程建设规划布局占用城镇开发建设区	城镇开发建设区是城镇建设用地的集中区域，在规划期内大部分区内农用地将转为建设用地。林业工程建设规划布局应避开城镇开发建设区。但可结合城镇绿地系统布局进行林业工程建设布局安排，改善城镇空间的生态环境质量
林业	林业工程建设规划布局占用城镇开发建设预留区	城镇开发建设预留区是为城镇建设预留的弹性空间，在规划期内可能发生农用地转成建设用地的情况。林业工程建设规划布局应避开城镇开发建设区
林业	规划新划定的生态公益林位于城镇开发建设区和城镇开发建设预留区	生态公益林的划定应尽可能避开城镇开发建设区和城镇开发建设预留区。若城镇开发建设区和城镇开发建设预留区内存在森林公园或其他可规划为城镇大型公共绿地的林地可考虑划定生态公益林
水利环保	位于城镇开发建设区范围内的重点水源保护工程、江河湖泊治理工程、水土流失综合治理工程、环境治理保护工程用地与《空间规划》用地布局用地类型不一致	原则上优先保障水利、环保用地需求。从保障水质安全等角度进行饮用水水源地（水厂）位置调整，需配置相应的供水或水源保护建设用地指标，与《空间规划》用地布局用地类型不一致，可进行用地布局调整。江河湖泊治理工程、水土流失综合治理工程、环境治理保护工程建设布局与《空间规划》用地布局用地类型不一致的，从保障安全角度出发，确实不能另行选址易位的，可进行用地布局调整。规划用地布局中被占用地块相应地类与面积可在城镇开发建设预留区内进行布局调整
水利环保	重点水源保护工程、江河湖泊治理工程、水土流失综合治理工程、环境治理保护工程占用永久基本农田	相关部门组织专家论证，从保障安全的角度出发，确实无法另行选址易位的，允许占用。当地政府要足额补划永久基本农田。对于确不具备补划条件（质量和数量无法保障）的县市，由上级土地部门对其永久基本农田指标进行核减，在上级行政区范围内或省域内统筹补划相应数量和质量的永久基本农田

（3）产业发展要素叠入

产业发展空间叠入要素主要包括位于城镇开发建设区的产业建设用地（商业服务设施用地、工业用地、物流仓储用地）、独立产业建设用地（采矿用地、工业用地（城镇区外））、物流仓储用地（城镇区外）、其他建设用地（边境口岸、盐田）、旅游开发建设（风景名胜设施用地）。位于城镇开发建设区内的产业用地布局遵循《空间规划》用地布局安排，独立产业建设用地遵循"三区三线"空间管治规则。可能出现的主要矛盾见表 7-4。

产业发展叠入可能出现的矛盾及处理原则建议　　　　表 7-4

类型	可能出现的矛盾问题	处理原则建议
城镇开发建设区内产业建设	编制产业园区总体规划以及各地块在编制控制性详细规划等实施性规划时对产业用地性质进行调整	首先从用地性质、用地规模上判断是否遵循本规程制定的用地兼容性原则，不兼容的情况不予调整
独立产业建设（矿产资源开发利用与保护）	矿产资源开发利用与保护等相关规划的划定的开采区、限采区与永久基本农田保护区、生态保护红线区重合	应对开采区、限采区范围进行调整，位于永久基本农田保护区和生态保护红线区范围内的区域开采区、限采区都应调整为禁采区
旅游开发建设	随着未来旅游业的发展，单一的风景名胜设施用地类型难以满足需求	依法实行用地分类管理制度。旅游项目中，属于永久性设施建设用地的，依法按建设用地管理；属于自然景观用地及农牧渔业种植、养殖用地的，不征收（收回）、不转用，按用途管理，由景区管理机构和经营主体与土地权利人依法协调种植、养殖、管护与旅游经营关系
旅游开发建设	旅游开发建设项目用地位于生态保护红线区内	风景名胜区、自然保护区、国家公园等旅游资源开发，建设项目用地供应和使用管理应同时符合自然保护区、风景名胜区规划、国家公园及其他相关区域保护发展建设等规划，不符合的，不得批准用地

（4）城镇建设要素叠入

城镇建设规划叠入空间要素包含居住用地、公共管理与公共服务设施用地、商业服务设施用地、工业用地、物流仓储用地、道路与交通设施用地、公用设施用地和绿地与广场用地，以及各类用地细分的用地类型。可能出现的主要矛盾见表 7-5。

城镇建设叠入可能出现的矛盾及处理原则建议　　　　表 7-5

类型	可能出现的矛盾问题	处理原则建议
城镇开发建设区	各地块在编制控制性详细规划等实施性规划时对用地性质进行调整	对地块性质调整，首先从用地性质、用地规模上判断是否遵循本规程制定的用地兼容性原则，不兼容的情况不予调整如是出于保障安全、生态环境保护等角度对道路与交通设施用地、公用设施用地、公共管理与公共服务用地进行调整，经主管部门组织相关部门及专家进行规划论证，重点论证调整后的规模、布局、交通、环境及景观要求是否合理，通过后予以调整

续表

类型	可能出现的矛盾问题	处理原则建议
城镇开发建设预留区	各地块在编制控制性详细规划等实施性规划时对用地布局进行调整，在城镇开发建设预留区内进行布局	出于保障安全和环境保护等角度，原规划建设用地布局范围不适合进行建设时，可在城镇开发建设预留区内进行选址，同时城镇开发建设区内进行建设用地规模核减。同时原规划用地选址保留现状用地性质和用途

（5）公共服务要素叠入

公共服务设施空间叠入要素对应用地类型是公共管理与公共服务用地，包含的细部分类有：行政办公用地、教育科研用地、体育用地、医疗卫生用地、社会福利设施用地、文物古迹用地、外事用地、宗教设施用地。

公共服务规划用地是在编制《空间规划》时用地布局统一确定的，是城镇建设规划叠入的其中一部分。在编制控制性详细规划等实施性规划时应遵循《空间规划》的公共管理与公共服务用地布局安排。如是出于保障安全、生态环境保护等角度对公共管理与公共服务用地进行调整，经主管部门组织相关部门及专家进行规划论证，重点论证调整后的规模、布局、交通、环境及景观要求是否合理，通过后予以调整。

（6）乡村发展要素叠入

乡村发展空间叠入要素主要涉及农村居民点用地。农村居民点可能是规划管理中相对薄弱的环节。农村建设用地规模大，人均用地多，农村居民点分布散乱，土地利用率低等是农村居民点用地存在的普遍问题。实行城乡建设用地增减挂钩政策，地方编制土地整治规划，农村建设用地整治是一项重点内容。各地在规划编制过程中通过拆旧建新、整体搬迁、拆村并点等多种形式对农村居民点用地进行规模缩减。但在规划实施过程中，由于缺少有效的管治手段和措施，导致农村居民点的实际规模远远大于规划规模。可能出现的矛盾一般不出现在规划层面，而是实施层面。

3. 各类空间要素叠入中的矛盾协调

各类规划在遵循本规程的空间管制原则基础上进行叠入。叠入过程中各空间要素之间如发生矛盾，应优先保障区域性基础设施、生态（环境）保护、公共服务等用地需求。对于出于安全、生态环境保护角度的用地安排予以优先保障。

原则上，各类空间要素在布局时应遵循空间规划的管治要求，各类规划发生矛盾，由政府组织相关部门人员及专家进行规划论证，予以协调。

7.4 建立正负面空间准入清单机制

为进一步推动传统空间管治转变方式、提升效能、改善紊乱状态、激发生态潜能、确保全域各项生态功能有效发挥，全面引入正负面清单机制，对趋于进行准入性考评，约束空间开发行为。

7.4.1 三维综合管治要求的清单化管理

考虑生态环境管制工具属于政府制定政策的手段，因此在考虑工具分类的时候参考对普通政策工具的分类来进行分类。对于政策工具，不同的学者依据不同的分类标准有不同的分类方式。在20世纪60年代，德国经济学家基尔申最初将政策手段分为了64类。随后不同的学者陆续做出他们的分类研究，相比基尔申的细分方式，大多数的学者采取的是更为笼统更为概括性的分类。现有的较为普遍划分方式有：两大类、三大类、四大类。结合不同学者的划分方式以及环境管理与规制工具的演变过程，从政府在进行生态环境管理与规划过程中的不同干预程度进行分析，研究将环境管制工具划分为规制性工具、经济性工具、社会性工具三大类（图7-2）。

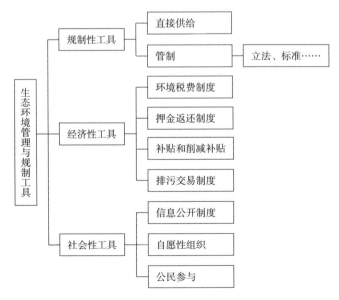

图7-2 生态环境管理与规制工具分类

不同的环境政策工具有不同的适用环境以及使用对象，有不同的优缺点，难以直接判断出某个环境管制工具最适合于某个国家，工具与工具之间也会存在互补的关系，如环境税费制度的制订需要有法律作为支撑才能够更为高效的实施。在评价环境管理与规章制度的时候也不能简单的评价优劣，需要综合考虑多方面因素来进行考虑。在经过对不同生态环境管理与规制工具案例分析后，本文从政府、企业、民众角度分别考虑成本、操作难易等因素结合使用情况进行生态环境的不同管理与规制工具的评价（表7-6）。

不同生态环境管理与规制工具的评价　　　　表7-6

	类别	政府层面	企业层面	民众社会层面	使用情况
规制性工具	直接供给	低信息成本，简单直接地达成目的	不需要花费成本，没有改善的动机	作为纳税人直接承担治理成本	使用广泛，作为对公共产品的供应
	技术管制	高信息技术成本	企业没有技术自主选择权	基本上没有参与	使用广泛，可用于某些特别危险的有害物质控制
	绩效管制	制定简单，高监督成本，易出现寻租情况	企业可自主选择，但与企业的财务状况相关联	基本上没有参与	相比技术管制更为广泛，更加灵活
经济型工具	环境税费制度	高信息设计成本，需要反复调整完善；制定程序复杂	相比绩效管制更加公平，谁污染谁治理	"公众负担原则"需要民众共同承担	在部分西方国家成体系使用，我国制度并不完善
	押金返还制度	低监督成本，需要合理制定押金数额	激励企业对固体废弃污染物进行处置	对消费者有一定的激励作用，宣传循环经济思想	常作为辅助性工具，使用广泛，针对固体废气污染物
	补贴与削减补贴	增加财政负担	帮助环保型新能源技术企业开拓市场，降低成本	更多接触环保型产品	常作辅助工具，部分国家使用，多用于农业环境保护
	污染交易制度	低信息成本、执行成本；需要较高的政府环境治理能力	更多自主选择权，激励企业进行环保型经济活动；会有垄断情况出现	基本上没有参与	比环境税费制度更加广泛使用，西方国家较多，我国还处于实行阶段
社会性工具	信息公开制度	政府工作更加公开透明化，需要数据统计成本	更加透明化，激励企业做好环保工作	民众参与环境保护政策制定、监督过程	可采用的工具较多，广泛使用于不同国家
	自愿性组织	低成本	参与较少	自愿组织，激励民众更加积极参与环境保护团队中	逐渐发展阶段，受到基金等多重因素限制
	公众参与	低成本，受到民众监督，创造民众参与环境	受到民众监督	作为参与主体，对政府企业的行为进行约束监督	部分国家使用广泛，需要良好的社会环境，我国还处于发展阶段

综合比较了不同的生态环境管理与规制工具，探讨了他们在不同国家的使用情况发现，规制性工具是目前使用最广泛的工具，是其他工具高效运作的基础性政策工具，必不可少。不同的政策工具各有优缺点，随着经济社会不断进步，经济性工具和社会性工具的作用越来越重要，有着很大的发展空间。

我国目前使用的生态环境管理与规制工具也是以规制性的工具为主导，经济性工具以及社会性工具的使用还非常不成熟，多数处于试行阶段，需要选择性的参考不同国家的成功的管制工具，进行更为全面的分析，综合考虑多种工具进行有机协调来进行生态环境的保护。

针对空间综合管治技术体系实施提出清单式管理模式，为政府提供清晰明了、简单易操作综合管治要求清单，为专项规划空间布局和建设项目选址提供依据，管治清单内容包含正面清单和负面清单两种类型。本研究报告的"5.3.4 用途、功能和环境叠合的三维综合管治体系"即为可供执行的国土空间综合管治清单。

7.4.2 产业准入负面清单管理要求

针对不同管治分区的生态环境功能差别提出制定差异化的产业准入负面清单，进一步为空间综合管治提供精细化管理支撑，从用水管治、农业、林业畜牧业及矿产资源开发方、加工业、工业和城镇建设产开发等面提出规模、效率、强度以及布局的产业准入负面清单。

1. 水源涵养重点生态功能区

加强用水管治，禁止或限制发展高耗水、高污染产业，对现有高耗水、高污染产业要提出限期关闭或整改。限制类行业对用水总量、用水效率、污染排放指标提出管治要求。产业规模与布局应符合水功能区限制纳污要求。

农林牧及加工业管治，应对农业开发项目布局、规模、品种等进行管治，对现有开荒农业项目提出退耕还林、还湿、还草的要求。限制农药化肥施用量、禁止施用高毒农药。禁止对生态公益林进行商业性采伐，限制大规模人工造林、纸浆原料林基地建设，限制以优质林木为原料的一次性木制品与木制包装生产产业建设。划定畜禽养殖禁养区，提出草原合理载畜量。对农林牧产品加工业开发规模、工艺技术、清洁生产水平提出管制要求。

矿产资源开发管治，对矿产资源开发规模、空间布局、工艺技术及清洁生产水平提出管制要求。

工业及城镇建设开发方面，严格限制工业和房地产开发产业对林地的占用。

2. 水土保持重点生态功能区

农林牧及加工业管治，禁止在 25° 以上坡耕地开垦种植农作物，禁止毁林开荒、毁草开荒、烧山开垦，控制开垦规模，应提出旱作节水农业管治要求。坡耕地应逐步退耕还林还草。25° 以上坡地种植经济林应科学选择树种、合理确定规模、采取水土保持措施等管治要求。严格控制皆伐、天然林保护实行禁伐或限伐，对防护林进行抚育或更新采伐，应对采伐区和集材道提出防止水土流失措施，禁止或限制纸浆原料林基地建设。对退化的草原牧区应禁牧休牧、划区轮牧、舍饲圈养，对严重退化、沙化、盐碱化、石漠化草原牧区提出禁牧、休牧等管制措施。

矿产资源开发管治。应对开采规模、空间布局、开采方式、扰动强度及工艺技术、清洁生产水平提出管治要求。应对水土流失重点治理区现有采矿业提出加强水土流失治理和生态修复措施要求，对位于水流失重点预防区的现有采矿业提出限时退出和对尾矿库进行生态修复，对现有废弃矿山提出水土流失治理、生态复垦和恢复等管治要求。

工业和城镇化建设管治。应对限制类产业提出布局、规模、工艺技术与装备水平、清洁生产水平等管治要求，提出单位产品新鲜水耗、废水回用率等指标满足国内清洁生产先进水平及以上要求。城镇化建设应选择承载力较高区域集中布局、点状开发，禁止在大片林地内、草原上、退耕还林还草区域新建、改扩建。禁止在水土流失重点预防区和治理区新建、改扩建高尔夫球场、跑马场等土地资源高消耗体育业。

基础设施建设管治，公路、铁路、大型水利水电、产业园区等基础设施建设布局、选线、选址及施工应尽可能避开水土流失重点预防区和重点治理区，无法避让的应制定相应的水土流失防治措施。

3. 防风固沙重点生态功能区

农林牧及加工业管治，应对沙尘源区、沙尘暴频发草原地区提出封禁管治要求，对草原超载过牧地区提出合理控制载畜量和退牧还草等管制要求。禁止对草原垦殖开荒，对开荒农业项目应提出退耕还林、退耕还草、发展节水旱作农业提出管制要求。禁止建设灌溉型造纸原料林基地，限制纸浆原料林基地建设，及以优质林木为原料的一次性木制品与木制包装的生产企业。

加强用水管治，禁止或限制发展高耗水、高污染产业，对现有高耗水、高污染产业要提出限期关闭或整改。对限制类规划发展产业提出规模、布局和清洁生产水平等管治要求。

矿产资源开发管治，应对开采规模、空间布局、开采方式、扰动强度及工艺技术、清洁生产水平提出管治要求。对位于沙尘源区、沙尘暴频发敏感区的现有采矿企业应限时退出，对废弃矿山应进行生态恢复。

工业及城镇建设开发方面，严格限制工业和房地产开发产业对林地的占用。

4. 生物多样性维护重点生态功能区

生物多样性维护管治，应对防御外来物种入侵进行严格管治，提出保护野生动植物措施，禁止对野生动植物滥捕滥采，应提出保持物种平衡的管制要求。

农林牧及加工业管治，应提出减少林木采伐、扩大天然林保护、加强热带雨林保护、遏制山地生态环境恶化管治要求，禁止林纸一体化相关产业，应提出保持草畜平衡、加强湿地保护等管治要求。应提出对毁林开荒、湿地和草地开垦等管治要求。

矿产资源开发管治，严禁损害珍稀、重要物种栖息地的采矿行为，对现有上述栖息地的采矿企业限期退出。

基础设施建设管治，基础设施建设严禁损害珍稀、重要物种栖息地控制新增公里、铁路建设规模，禁止大规模进行水电开发，基础设施建设应建设或预留动物迁徙通道。

7.4.3 环境准入负面清单管治

1. 国家层面环境准入要求梳理

环保部 2014 年印发了严格大气污染环境影响评价准入的通知，提出从以下几方面入手。

（1）严格把好建设项目环境影响评价审批准入关口

严格控制"两高"行业新增产能，不得受理钢铁、水泥、电解铝、平板玻璃、船舶等产能严重过剩行业新增产能的项目。产能严重过剩行业建设项目和城市主城区钢铁、石化、化工、有色、水泥、平板玻璃等重污染企业环保搬迁项目须实行产能的等量或减量置换。

不得受理城市建成区、地级及以上城市规划区、京津冀、长三角、珠三角地区除热电联产以外的燃煤发电项目，重点控制区除"上大压小"、热电联产以外的燃煤发电项目和京津冀、长三角、珠三角地区的自备燃煤发电项目；现有多台燃煤机组装机容量合计达到 30 万 kW 以上的，可按照煤炭等量替代的原则建设为大容量燃煤机组。

不得受理地级及以上城市建成区每小时 20 蒸吨以下及其他地区每小时 10 蒸吨以下的燃煤锅炉项目。

实行煤炭总量控制地区的燃煤项目，必须有明确的煤炭减量替代方案。新改扩建煤矿项目，必须配套煤炭洗选设施。

排放二氧化硫、氮氧化物、烟粉尘和挥发性有机污染物的项目，必须落实相关污染物总量减排方案，上一年度环境空气质量相关污染物年平均浓度不达标的城市，应进行倍量削减替代。

（2）强化建设项目大气污染源头控制和治理措施

火电、钢铁、水泥、有色、石化、化工和燃煤锅炉项目，必须采用清洁生产工艺，配套建设高效脱硫、脱硝、除尘设施。

重点控制区新建火电、钢铁、石化、水泥、有色、化工以及燃煤锅炉项目，必须执行大气污染物特别排放限值。

石化、有机化工、表面涂装、包装印刷、原油成品油码头、储油库、加油站项目，必须采取严格的挥发性有机物排放控制措施。

改扩建项目应当对现有工程实施清洁生产和污染防治升级改造。加快落后产能、工艺和设备淘汰，集中供热项目必须同步淘汰供热范围内的全部燃煤小锅炉。

对涉及铅、汞、镉、苯并（a）芘、二恶英等有毒污染物排放的项目和执行《环境空气质量标准》（GB 3095-2012）的区域排放细颗粒物及其主要前体物的项目，应对相应污染物进行评价，并提出污染减排控制措施。

2. 地方层面环境准入要求梳理

南京市政府 2015 年印发了全国首个市域范围内的环境准入负面清单。2015 年 2 月，南京市政府印发了关于建立严格的环境准入制度实施方案的通知，明确了全市禁止和限制建设的产业门类、空间区域，严格污染物排放总量控制、污染物排放标准和清洁生产等要求，提出建立生态空间、产业结构和总量控制"三位一体"的环境准入目标，从而形成严格的环保倒逼机制，从源头控制污染排放，倒逼产业结构调整和布局优化，促进绿色发展、循环发展、低碳发展。规划的重点任务如下：

（1）生态空间准入制度

1）划定生态红线保护区

制定《南京市生态红线区域保护规划》，明确生态功能定位，实行分级分类管治。生态红线一级管治区内，严禁一切形式的开发活动；二级管治区内，严禁有损生态功能、对生态环境有污染影响的开发建设活动。

制定《南京市生态红线区域保护监督管理考核暂行办法》，明确各区（园区）政府主体责任和相关部门的监管责任，切实把生态红线的刚性约束，落实在项目引进、项目审批、土地利用等环节，实现最严格的空间保护，形成生态红线保护的新机制。

2）实施严格的区域准入

在南京城市总体规划、产业布局规划及环境保护规划框架下，针对不同区域，实行差别化的环境准入严控制度，促进区域布局优化调整。

严控大气污染排放的项目。长江以南绕城公路以内不得新（扩）建工业生产项目，现有工业企业按要求逐步关停搬迁、退城入园；全市主城、副城、郊区建制镇以及市级以上（含）开发区（工业集中区）内不得新建、扩建燃烧原（散）煤、重油、石油焦等高污染燃料的设施和装置。

金陵石化及周边地区、梅山地区、大厂地区和长江二桥至三桥沿岸等区域不得新（扩）建工业项目（除节能减排、清洁生产、安全除患和油品升级改造等技改项目外）和货运码头。

城市清洁空气廊道保护区（都市区绿地系统和城市通风走廊）内严控新增成片新区建设，严控各类开发区扩园，严控大型构筑物和有大气污染物排放并造成明显影响的项目，保障空气清洁、风道畅通。

3）实施严格的流域准入

制定重点流域建设项目准入规定，严控重污染项目建设，改善流域水环境质量。

"两河三湖"流域（秦淮河、滁河及太湖、固城湖、石臼湖），禁止新（扩）建印染、造纸、酿造、制革、电镀等水污染重的项目，禁止建设排放含汞、砷、镉、铬、铅等重金属污染物以及持久性有机污染物的工业项目。太湖流域禁止建设工艺废水含氮、磷排放的工业项目。

（2）产业环境准入制度

1）严禁重污染项目准入

制定环境准入负面清单，明确提出禁止准入的新（扩）建产业、行业名录，从源头控制污染排放。

全市范围内，禁止新（扩）建燃煤发电、钢铁、水泥、原油加工、制浆造纸、平板玻璃、有色金属冶炼、多晶硅冶炼等和以煤炭为主要原料的高耗能、重污染项目。

凡列入负面清单的项目，投资主管部门不予立项，金融机构不得发放贷款，土地、规划、住建、环保、安监、质监、消防、海关、工商等部门不得办理相关手续。

2）严格执行污染排放标准

在严格执行国家和省现行环境标准的基础上，针对南京实际需要，研究制订相关行业、区域更严格的污染物排放规定，倒逼企业升级转型和产业退出。

研究制订重点流域（秦淮河、滁河、固城湖、石臼湖）制造业污水排放限量规定。

执行石化、化工、钢铁、火电、水泥等行业大气污染物特别排放限值要求；严控排放恶臭气体的医药、农药和染料中间体生产等化工项目建设。

3）实行工业项目先进性评估

按照建设项目必须达到国内清洁生产领先水平，引进国外工艺设备必须达到国际清洁生产先进水平的要求，从生产技术和工艺、物耗能耗、产排污情况及环境管理等方面，对重点工业项目试行先进性评估制度。

（3）排放总量准入制度

1）实行排污总量前置管理

出台建设项目污染物排放总量管理规定，将建设项目污染物排放总量指标作为项目环评审批的前提条件，严控新增排放量；明确建设项目总量控制原则、控制因子、平衡机制等。

对主要污染物排放总量实行区域和企业排放总量控制制度。新增主要污染物排放的建设项目，需取得主要污染物排放总量指标，其中，新、改、扩建项目的二氧化硫、氮氧化物、烟粉尘、挥发性有机物等排放指标，实行现役源2倍削减量替代，其他主要污染物排放总量指标与可用于建设项目指标总量实行等量削减替代。

2）建立环保限批制度

制定建设项目环保限批规定，明确限批类别、要求以及限批解除条件，对未完成污染减排任务、未落实环保限期治理要求以及配套环保设施未建成等的区域（企业），不予受理其新（扩）建项目审批；实施规划环评与项目环评联动，对未依法进行规划环评的开发区（工业集中区），暂停审批该区域内的具体建设项目。

（4）环境准入保障体系

1）建立科学的决策机制

建立专家评审和公众参与相结合的环境准入决策机制。完善建设项目环评报告技术评估制度，发挥专家在环境准入制度上的技术支撑，提高决策的科学性。

制定建设项目环评信息公开管理办法，进一步加大信息公开内容和范围，规范行政审批。完善公众参与方式，增加透明度。

2）建立严格的考核制度

建立健全环境准入制度考核机制，把环境准入制度的执行情况作为环保考核的重要内容，纳入各级领导干部实绩考核。建立责任追究制度，对盲目决策、把关不严并造成严重后果的，依法实行严格问责。

3. 建立环境准入负面清单框架

从提升资源环境承载力，优化空间布局提升空间生态效率角度，建立空间布局、生态环境保护、能源利用效率、水资源利用效率、国土资源利用效率、规模工艺装备六维的环境准入负面清单。

（1）空间布局准入

应符合主体功能区要求。禁止开发区严禁准入一切工业企业，限制开发区有选择性准入与农产品生产和生态功能保护相适应的行业企业。限制开发区域内，仅保留对本区域生态功能不产生不良影响的鼓励类条目，对生态环境有可能造成影响的条目调整为限制类，对空气、水资源等生态环境有较大污染的条目调整为淘汰类。支持重点开发区域承接沿海优化开发区域产业转移，但承接产业转移必须坚持高标准，严禁高污染产业和落后生产能力转入。

符合空间管治分区要求。永久基本农田保护区，严禁准入与主导功能定位不符的开发项目。生态保护红线区，在划定的生态红线一级管治区，实行最严格的管治措施，严禁一切形式的开发建设活动；在生态红线二级管治区有选择性准入不对主导生态功能构成直接或潜在威胁的行业企业。严控与主导生态功能相左的产业、项目落地。

（2）污染防治准入

优先生态功能保护。禁止准入有损区域主导生态功能的行业企业。产业准入中，应严格生产空间布局，加强生态空间管治，在生态敏感区、脆弱区、关键物种与种质资源分布小区等生态红线区，严控与主导生态功能相左的产业、项目落地。

环境保护设施要求。优先准入配备国家推荐或鼓励的重点环境保护设施的行业企业。

强化污染排放控制。限制准入高排放强度行业企业。引进和发展相关行业时，应严格环境准入门槛，既要考虑行业企业的排放总量、达标排放能力，也要限制企业的排放强度，确保达到良好的环境经济效益。重点生态功能区应禁止或限制准入生产高污染、高环境风险产品的行业企业。慎重准入生产或使用国家重点监管的危险化学品、危险废弃物的行业企业。

污染治理技术要求。优先准入采用国家鼓励发展的环境保护技术或国家先进污染防治技术的行业企业。

（3）能源利用效率准入

限制准入单位能耗高于国家或行业标准值的行业企业。优先准入单位产品能耗达到国家相关行业平均值和先进值的行业企业，限制准入单位产品能耗高于国家相关行业限额标准限定值的行业企业。优先准入国家重点推广的节能低碳技术相关行业企业。

（4）水资源利用效率准入

有选择性准入高耗水行业，限制准入用水效率较低行业企业。限制有悖国家水资源三条红线的行业企业准入，优先准入单位产品取水量达到国家相关行业先进值、平均值的行业企业，限制准入单位产品取水量高于国家相关行业限定值的行业企业。

（5）国土资源利用效率准入

禁止准入用低效率较低行业企业。强化落实最严格的耕地保护制度，限制准入有悖国家耕地资源保护红线的行业企业。

强化矿产资源综合利用。优先准入鼓励类矿产资源节约与综合利用技术，限制准入限制类矿产资源节约与综合利用技术，禁止准入淘汰类矿产资源节约与综合利用技术。优先准入金属矿产类、非金属矿产类矿产资源节约与综合利用先进适用技术。

（6）规模工艺装备准入

按照《产业结构调整指导目录》（2013修订本），应优先准入国家鼓励发展的行业产业，限制准入国家限制发展的行业产业，禁止准入国家即将淘汰的落后生产工艺装备和产品。按照《部分工业行业淘汰落后生产工艺装备和产品指导目录》，应禁止准入国家即将淘汰的落后生产工艺装备和产品。按照《国家鼓励的循环经济技术、工艺和设备名录》，应优先准入国家鼓励发展的循环经济类项目。

7.4.4 建立按图定责的规划实施机制

按图定责、以定行止，将生态环境功能、用途管治、准入清单及分区施策等信息集成体现在图纸中，在分区进行标注说明，将操作顺序和规程依次展示，并形象化、信息化予以勾勒，做到以图析文和遵规守范，对地域、领域、落地项目和责任人严格履职尽责。

在"三区三线"落图的基础上，理顺"多规"职责分工，对于约束性的指标和红城镇开发边界、永久基本农田红线、生态保护红线等三条控制线（以下简称三条控制线）的落实，应分解到具体相关部门，明确责任要求及进度，确保管得住，控得牢，发展得好，加强经济社会发展政策和空间管治政策的统筹协调，注重发展规划目标在空间方面的落实。发改、国土、规划、建设、环保行政管理部门分别设置负责"三区三线"指导业务的固定责任科室，为建设工程项目提供控制线管治咨询服务，开展服务业务咨询、"三区三线"修改、报批衔接方面的对口指导业务，强化建设工程项目"三区三线"符合性审查，凡不符合发展总体规划控制线要求的，不得受理建设工程项目行政审批申请，或不得做出准予行政许可（审批）决定。建立部门业务联动制度，项目建设单位申报审批或核准需要申请使用土地的建设项目时，必须通过建设工程项目"三区三线"符合性审查。

另外，为推动"三区三线"以及约束性指标的有效落地实施，保证资源的最大化有效利用，实现管得住，控得牢，发展得好的目标，各地区建立相关部门的规划实施绩效考核机制。以目标指标体系以及城镇开发边界、永久基本农田红线、生态保护红线等三条控制线作为标准考核各部门对主要规划的实施绩效制定差异化的规划实施考核机制（图7-3）。

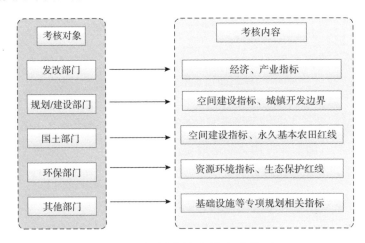

图7-3 规划实施考核内容体系

7.5 规划体制机制改革

规划是国家加强和改善宏观调控的重要手段，也是政府履行经济发展、社会管理和公共服务职责的重要依据。自新中国成立以来，经过几十年的实践积累，初步形成了相对完善的"三级三类"规划体系，但由于规划编制技术不衔接、部门分割管理的规划体制等原因，导致出现了规划数量过多、规划矛盾冲突、内容交叉重复、空间分区繁杂、规划时效低下等亟需解决的问题，严重影响了规划的严肃性、科学性和权威性。本研究以县市一级入手，在系统分析规划现状及体制问题基础上，从提高"多规合一"实效性的角度出发，提出实行编制、审批、执行、考核"四权分立"的规划管理体制，提出重组相关规划机构的建议。

为解决部门职能交叉、上级审批流程复杂耗时、规划监督考核体制多样、执法检查各自为政、规划部门"自编自导自演"等问题，及"重编制、重审批，轻实施、轻考核"的现实，建议按照"化繁为简、有效集中"的原则，实行编制、审批、执行、考核"四权分立"的规划管理体制，实施"统一编制、统一审批、统一执行、统一考核"。

统一编制，形成一本规划、一张蓝图；统一审批，形成一个平台，包括梳理整合现有空间规划，形成"1+N"的规划体系。结合政府信息化建设，构建统一的空间规划信息管理协同平台。理清部门之间的职责事权，严格按照本部门权限开展相关规划信息操作。精简审批层级，改革现有行政审批体制，实行一级政府一级规划的审批机制。统一执行，形成一批方案，通过重组相关规划机构，科学划分事权职能，统一规划的实施方案；统一考核，形成一套机制。建立规划动态评估制度，加强综合行政执法，配合综合行政执法，建立规划督察员制度。重点提出加强涉及空间资源开发和生态环境保护的综合行政执法，尤其是关于规划执行情况的执法检查，对于发现的问题，需及时做出依法处理，同时作为规划考核评估的重要依据。

7.5.1 规划审批改革建议

1. 理顺规划体系

梳理整合现有空间规划，形成"1+N+n"的规划体系。梳理整合现有空间规划，形成"1+N+n"的规划体系。其中"1"为"多规合一"试点中新编制的发展总体规划，为其他规划的总控性规划；"N"为与三大空间相关的部门专项规划，如与城镇发展空间关系最为紧密的城市总体规划，与农业生产空间关系最为紧密的土地利用总体规划、农业发展规划，与生态保护空间关系最为紧密的环境保护规划、生态保护规划、林地保护利用规划等；"n"为其他各部门、各乡镇的专项规划及区域规划。一切规划的制定和修编都应以发展总体规划中规划的经济社会发展目标和三大空间布局为根本，做到规划目标、空间布局的有效衔接。

2. 建立规划平台

结合政府信息化建设，构建统一的空间规划信息管理协同平台。加强规划信息公开，实现建设项目信息、规划信息、空间资源管理信息的共享共用。同时，联通行政服务中心、城乡规划、发改、国土、环保、海洋渔业、林业、水利、农业、文保等部门的业务管理信息系统，将各部门规划涉及空间规划管理和项目审批的信息逐步纳入该平台，并通过创新申报模式、再造流程、精简审批环节等机制，实现部门业务联动，从而为打破行政壁垒、提高行政审批效率、创新政府管理模式提供技术支撑。

理清部门之间的职责事权，严格按照本部门权限开展相关规划信息操作。建设部门强化城镇发展空间管治区的规划执行，环保部门强化以生态保护空间为重点的全县域生态环境保护与监管，国土部门强化以农业生产空间为重点的全县域用地信息动态监控，发改部门强化重大投资、建设项目的综合协调和宏观调控。

3. 推行本级审批

改革现有行政审批体制，实行一级政府一级规划的审批机制。新编制的发展总体规划在报市人民政府对接后，由本级人大审批实施；其他部门或行业的专项规划及各乡镇级的区域规划，经与发展总体规划的规划期限、目标指标、空间布局、重点任务进行衔接后，报本级人民政府审批实施。

7.5.2 规划实施监督机制改革建设

1. 重组相关规划机构

组建发展改革委直属的"多规合一"领导小组办公室（以下简称多规办），专门负责发展总体规划的编制及衔接、对接其他专项规划、区域规划；负责组建并维护"多规合一"信息平台，统筹协调三大空间的开发布局与生态保护；统一发布各类空间规划实施方案，考核评估各类规划执行情况。

组建深化改革领导小组直属的规划编制委员会（以下简称编委），统一组织编制县域内除总体规划以外的所有专项规划和区域规划，统一组织规划立项论证、规划编制、规划评审、规划备案、规划修编等工作。

组建政府直属的综合行政执法局，按照十八届四中全会要求及国家司法体制改革进度，规范县域内行政执法主体，整合相关行政执法力量，实行统一行政执法，尤其是侧重督查各类规划实施情况。

重新整合、分配相关规划职能权责。梳理现有机构中涉及编制规划的职能，统一整合为新组建的编委机构职能。将涉及空间执法检查相关的职能全部整合为综合行政执法局机构职能。

多规办负责统一发布总体规划及相关专项规划实施方案及年度执行计划。编委组织编制完成各类专项规划和区域规划后，下发至各具体业务主管部门，各业务主管部门制定规划实施方案和年度执行计划，报送发展改革委多规办与总体规划衔接后，统一印发各类规划的综合实施方案和年度计划。

2. 实施考核评估

建立规划动态评估制度，多规办统一负责规划实施情况考核评估。"多规合一"是一项涉及多部门、跨区域的重大改革和复杂性工程，在加强组织领导和协调的同时，多规办需要根据规划综合实施方案的执行情况，定期开展考核评估。规划评估应主要围绕规划提出的目标指标、重点任务和政策措施进行，对规划执行效果和各项政策的落实情况做出分析评价，并针对环境变化和存在的问题，对调整和修订规划提出意见。发展总体规划的评估报告应提交同级人大审议，专项和区域规划的评估报告应提交本级人民政府审议，多规办根据报告审议情况，最后做出考核评估结果，并予以公示。规划实施期间经评估需要做出调整修订的规划，要由编委和业务主管部门共同提出调整修订意见，按规定程序审批发布。当外部环境发生重大变化，原规划内容已明显不适应新的形势时，要经合法程序宣布规划废止。

3. 加强执法并建立督察制度

加强综合行政执法。新成立的综合执法局依据赋予的事权职能和执法范围，加强涉及空间资源开发和生态环境保护的综合行政执法，尤其是关于规划执行情况的执法检查，对于发现的问题，需及时做出依法处理，同时作为规划考核评估的重要依据，报送多规办予以备案。

配合综合行政执法，建立规划督察员制度。在各重点乡镇和街道配备规划督察员，统一监督规划执行情况，将发现的问题及时报送多规办，多规办根据实际情况，向具体业务部门提出督办意见，相关业务部门需及时予以调整和纠正，对于情节严重和多次拒不落实督办意见的，多规办可提请综合执法局依法处理。

下篇 实践篇

第 8 章
于都"多规合一"案例应用

8.1 空间耦合技术方法体系应用

8.1.1 生态本底识别

率先进行保障于都县生态安全和维护生态功能的溯源。

1. 生态功能维护机理溯源

重点生态功能保障溯源。包括水源涵养区、水土保持区、生物多样性维护区等类型。其中水源涵养区包含饮用水源地保护区。

饮用水源地保护区。以现有取水点为坐标,下游 100m,上游 1000m 的河段两侧 100m 的缓冲区为一级保护区,面积为 $0.73km^2$;以一级保护区边界向上游 3000m,分别到贡江与梅江支流,河段两侧 100m 的缓冲区为二级保护区,面积为 $2.13km^2$。饮用水源地保护区面积总和为 $2.86km^2$,占国土面积的 0.10%。

生态功能极重要区的分布存在较高的一致性。集中分布在靖石乡、铁山垅镇的南部和盘古山镇东南部、北部主要分布在葛坳镇中部地区,此外,生态功能较为重要的区域集中在于都县西部山区海拔较高的地区。并且生态功能重要区的分布与于都县的 DEM 分布趋势相似,也说明了于都县的山林地区是生态功能重要性较高的区域。于都县重要生态功能区域范围面积为 $558.00km^2$,占整个县域面积的 19.28%(图 8-1)。

敏感性溯源。包括水土流失敏感区、土地沙化敏感区等(图 8-2)。

于都县大部分属于轻度敏感,中度敏感集中分布在于都县中部的贡江镇、岭背镇、梓山镇、车溪乡、禾丰镇、段屋乡、新陂镇以及罗坳镇也有交大面积的分布;高度敏感地区分布非常零散,西部山区、中南部有非常小面积的零散部分。根据

图 8-1 于都县重要生态功能溯源

图 8-2 于都县生态敏感区溯源

分析结果,于都县境内不存在水土流失极敏感区分布。

由于水土流失敏感性分析结果与该地区水土保持规划的结论一致性不高。且于都县属于赣江上游的国家级重点治理区,因此,参考水土保持规划中对于都县水土流失现状的分析,将剧烈侵蚀区域定为该地区水土流失极敏感区域的分布。从图中可以看出,剧烈侵蚀区域主要分布在靠近贡水和梅江的罗坳镇、贡江镇和岭背镇,面积为 15.60km^2,占整个县域面积的 0.54%。

2. 生态要素溯源

包括国家级自然保护区、世界文化自然遗产、国家级风景名胜区、国家森林公园和国家地质公园等类型;此外,还包括重要湿地以及生态公益林。

(1) 自然保护区、森林公园和湿地公园

祁禄山自然保护区:2013 年 3 月于都县林业局申报祁禄山自然保护区列为省级自然保护区。祁禄山自然保护区始建 2009 年 9 月,经于都县人民政府批准,批准文号于府字 [2009]124 号。自然保护区类型为自然生态类森林生态系统类型自然保护区,主要保护对象为中亚热带的常绿阔叶林森林生态系统,地理坐标为东经 115°18′45″~115°22′29″,北纬 25°37′45″~25°45′00″,管理机构名称为江西祁禄山自然保护区管理处。总面积 3999.4ha,核心区面积 1425.5ha,缓冲区面积 863.7ha,实验区面积 1710.2ha。区域边界为扫描图件,根据初步定位并进行边界数字化。本次生态保护红线划定总面积 4158ha,核心区面积 1551ha,缓冲区面积

917ha，实验区面积 1690ha。

屏山省级森林公园：2006 年 11 月批准为省级森林公园（赣林造字 [2006]377 号），现经营管理单位为于都县林业局，批复面积 4528.6ha。区域边界为扫描图件，无法进行准确定位，根据《于都县土地利用总体规划（2006—2020 年）》，将屏山森林公园划定为生态环境安全控制区，给定了粗略区域范围作为划定参考，划定面积 569ha，远低于批复面积。根据本次划定结果，屏山省级森林公园周边基本被国家级、省级生态公益林包围，也均划入了禁止开发区范围。下一步请于都县林业局确定屏山省级森林公园的边界。

罗田岩森林公园：1996 年 2 月批准为省级森林公园（赣林国字 [1996]51 号），现经营管理单位为于都县罗田岩森林公园管理处，批复面积 900 公顷。区域边界为扫描图件，无法进行准确定位，根据《于都县土地利用总体规划（2006—2020 年）》，划定面积 1238.65ha。其中核心景区 110ha 位于罗田岩森林公园区域的西侧。下一步请于都县林业局及于都县罗田岩森林公园管理处确定森林公园的边界。

于都长征源省级湿地公园：湿地公园范围为跃州水电站大坝以上贡江镇范围内的供水、梅江河段及周边湿地，为省级湿地公园。总面积 1150.66ha，湿地面积 803.74ha。本次生态保护红线划定以《于都县城市总体规划（2013—2030 年）》的土地利用规划底图为依托，进行边界划定，划定面积为 8.17km^2，划定面积包含了贡江、梅江河段大部分水域面积，因此划定面积相对较大，下一步请于都县林业局确定确实保护的湿地分布边界。

（2）生态公益林

本次生态保护红线划定中，生态公益林边界根据于都县提供的生态公益林图件（非矢量）进行数字化处理，并利用 2013 年国土局提供的土地利用数据的林地进行提取。划定国家级公益林面积为 535.54km^2，省级公益林面积为 145.09km^2，占国土面积比例的 23.52%。根据 2015 年 6 月《于都县生态保护红线区划（第一次征求意见稿）》，于都县国家级生态公益林面积 540km^2，省级公益林面积为 219.8km^2，占国土面积比例的 26.3%。相比较之下略有差别，下一步请于都县林业局协调江西省林业厅确定准确边界（见图 8-3、图 8-4）。

8.1.2 承载力先导的"多规合一"指标体系

合理的目标指标体系是"多规合一"的重点任务之一。现行四大规划目标指标数量达上百个，且存在大量重复、相似、关联指标，正是这些指标造成了各规划的目标

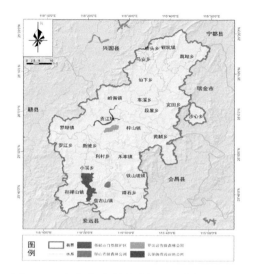

图 8-3　于都县自然保护区、森林公园、湿地公园分布

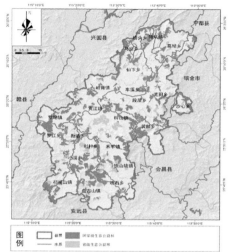

图 8-4　于都县生态公益林分布

管理冲突。"多规合一"的目标指标体系设计既要解决原有规划目标冲突问题，又要避免提出过分庞大繁杂的目标指标体系，还要真正起到龙头规划的指导和约束作用。

于都县"多规合一"在制定指标体系时，首先，关注关联性指标。各类规划关联性较强的指标涉及三大领域（经济社会、资源需求、污染物排放）、六个细分领域（人口、经济总量、用地需求、水资源需求、能源需求、水污染物、大气污染物），包括规模指标、需求总量指标和效率指标三大类型。规模指标偏重于经济社会发展类指标，是整个规划编制的基础，四大类规划编制时的指标设计和工程、项目、措施安排均是为了支撑经济社会发展的总体目标。需求总量指标偏重于资源与环境类指标，是支撑区域发展的基础条件，是引导调节规模指标的前提（需求总量＝指标规模指标×效率指标）。效率指标，一般是规模指标和需求指标的运算结果，部分指标是规划重点控制指标；其次，在指标值确定过程中强调资源环境承载力先导作用，全面分析资源环境承载力对规划指标作用关系，强调各规划指标值的协调适应；再次，强化资源环境方面的约束性指标设计，以客观的生态环境质量约束性目标作为调整规模型指标、效率型指标的要求；最后，增加空间指标设计，体现"多规合一"的改革核心。

1. 建立目标指标体系

于都县总体发展规划目标指标体系在系统梳理国民经济社会规划、城市总体规划、土地利用总体规划和环境保护规划指标体系基础上，关注关联性极强的基础性指标（经济发展和城镇化建设指标），增加空间管治指标，强化约束性指标设计。淡化市场起主导作用的经济指标，强化市场失灵的生态文明建设指标。在"十三五"强调环境质量改善和污染减排双控的背景下，增加环境质量约束性指标。

指标体系的设计上，总体遵循以下原则：

加强空间指标设计。在"多规合一"中增加永久基本农田面积、城市空间增长边界面积、生态保护红线面积等空间管治核心指标。

突出生态文明建设。在国民经济和社会发展规划指标体系的基础上，增加生态建设和环境保护相关指，突出绿色化发展方向。

明确指标统计口径。对涉及人口、用地类型等指标时，以指标体系解释的形式明确各类指标的含义、归口部门，统计来源、口径、范围等（表8-1）。

于都县总体发展规划目标指标体系　　　　表 8-1

指标		单位	2014 年	2020 年	2030 年	属性
空间开发与保护	生态保护红线面积（比例）	km²（%）	—	1075.10（37.15）	1075.10（37.15）	约束性
	永久基本农田红线面积（比例）	km²（%）	307.31（10.63）	308.53（10.66）	308.53（10.66）	约束性
	城市空间增长边界面积（比例）	km²（%）	—	95.87（3.31）	95.87（3.31）	约束性
	乡镇建设用地控制边界面积（比例）	km²（%）	—	37.65（1.30）	37.65（1.30）	约束性
经济发展	地区生产总值（GDP）	亿元	153.43	300	800	预期性
	GDP 增速	%	10.4	10	8	预期性
	三次产业结构	—	14.5：52.1：33.4	10：50：40	6：42：52	预期性
城镇化建设	常住人口	万人	86.62	105	123	预期性
	常住人口城镇化率	%	45.81	56	65	预期性
	农民工随迁子女接受义务教育比例	%	—	99	99	约束性
	城镇常住人口保障性住房覆盖率	%	—	25	35	约束性
社会事业	城镇调查失业率	%	3.8	<3.5	<3	约束性
	年新增就业人口数量	人	6464	7000	8000	预期性

续表

指标		单位	2014年	2020年	2030年	属性
社会事业	城镇居民人均可支配收入	元	20358	>37000	80000	预期性
	农村居民人均可支配收入	元	6215	>12000	>30000	预期性
	城镇居民医疗保险覆盖率	%	92	99	99	约束性
	新型农村合作医疗覆盖率	%	99	99	99	约束性
生态文明建设	耕地保有量	公顷	41258	35713	35713	约束性
	森林覆盖率	%	71.11	≥71.86	≥73.36	约束性
	森林蓄积量	万 m^3	743	817	965	约束性
	空气质量达到国家二级标准以上天数	天	—	310	330	约束性
	地表水监测断面水质达标率	%	100	100	100	约束性
	饮用水水源地水质达标率	%	100	100	100	约束性
	主要污染物减排比例	%	—	[7]	—	约束性
	单位工业增加值用水量降低	%	—	[30]	[50]	约束性
	单位GDP能源消耗量降低	%	—	[17~19]	[31~34]	约束性
	县城生活污水处理率	%	60	80	95	约束性
	县城生活垃圾无害化处理率	%	86	100	100	约束性
	危险废物安全处置率	%	—	100	100	约束性

注：[]表示五年累计或十年累计值。

（1）空间开发与保护指标

空间开发与保护指标包含三大类指标：①"多规合一"背景下强化空间管治的指标，包括生态保护红线面积、永久基本农田红线面积、城市空间增长边界面积；②针对县域发展和建设特征，本规划增加的乡镇建设用地控制边界面积指标；③土地利用总体规划控制建设用地的约束性指标，以城乡建设用地总规模为总控指标。

生态保护红线面积（比例）：保障生态安全底线，划定生态保护红线区面积，区域分布不随规划期限发生变化。

永久基本农田红线面积（比例）：保护农业生产底线，划定永久基本农田红线，区域分布不随规划期限发生变化。

城市空间增长边界面积（比例）：避免城市建设无限蔓延，率先划定城市空间增长边界，是城市发展的极限边界。

乡镇建设用地控制边界面积（比例）：考虑城市总体规划重点对城市规划区进行规划，对县域其他乡镇建设行为缺少约束，为避免城镇化进程中乡镇建设无限蔓延，划定乡镇建设用地控制边界，是乡镇建设的极限边界。

（2）经济发展

经济发展类指标均为预期性指标，是基础性指标，包括地区生产总值（GDP）、GDP 增速和产业结构三个指标。

地区生产总值（GDP）、GDP 增速：于都县城市总体规划制定 2020 年目标为 380 亿元，按瑞兴于规划目标 2020 年目标应为 350 亿元，上述目标制定仅考虑了振兴苏区等一系列国家战略的经济拉动作用，但未考虑新常态下全国经济下行的影响。根据于都发展实际情况判断，要达到 350 亿元，扣除价格因素，"十三五" GDP 增速要达到 13% 以上，分别高出全国、江西省、赣州市目标 6.5、4 和 3.5 个百分点，目标偏高。结合于都"十二五"发展实际情况，考虑国家战略和新常态复合影响，"十三五"时期，扣除价格因素，于都经济保持 10% 的增速，2020 年 GDP 达到 300 亿元；2021~2030 年，仍然保持经济发展的稳态，扣除价格因素 GDP 增速维持在 8%，2030 年 GDP 达到 800 亿元。

产业结构：优化调整于都的产业结构，保持经济高速增长，工业仍是经济发展的支撑，服务业是于都经济的新的增长点，同时拉动就业增长。2020 年产业结构比例为 10∶50∶40，2030 年调整到 6∶42∶52。

（3）城镇化建设

城镇化建设涉及两大类指标：①城镇化规模指标包括常住人口和常住人口城镇化率，是基础性、预期性指标；②新城城镇化建设指标包括农民工随迁子女接受义务教育比例和城镇常住人口保障性住房覆盖率两项。

常住人口、常住人口城镇化率：城市总体规划核心论证指标，是城市总体规划编制的基础性指标、建设用地、基础设施、基本公共服务配置的基础。根据于都城市总体规划，2020 年常住人口 105 万，常住人口城镇化率 56%，2030 年常住人口 123 万，常住人口城镇化率 65%。

农民工随迁子女接受义务教育比例：县域范围城镇化是产业发展拉动的城镇化，是产业移民带来的发展红利，是新型城镇化的重要体现。《国家新型城镇化规划（2014-2020 年）》《长江中游城市群发展规划》均将此目标纳入城镇化建设，指标值设计参考两国家规划。

城镇常住人口保障性住房覆盖率：推动快速城镇化发展进程中，保障低收入人群的居住条件。《国家新型城镇化规划（2014—2020年）》、《长江中游城市群发展规划》均将此目标纳入城镇化建设，指标值设计参考两国家规划。城镇常住人口保障性住房覆盖率＝享受了保障性住房和通过棚户区改造改善住房条件的家庭户/城镇常住家庭户数。

（4）社会事业

社会事业涉及指标庞杂、数量较多，本规划指标设计只关注就业、收入和社会保障方面，更具体的指标交由国民经济社会规划进行总体部署。指标选取以《中华人民共和国国民经济和社会发展第十二个五年规划纲要》为依据，选取城镇调查失业率、年新增就业人口数量、城镇居民人均可支配收入、农村居民人均纯收入、城镇居民医疗保险覆盖率、新型农村合作医疗覆盖率6个指标。

城镇调查失业率：国家"十三五"时期经济社会发展基本思路建议在扩大就业方面，将登记失业率调整为调查失业率，以更好地反映就业真实情况，在2014年现状基础上持续降低。

年新增就业人口数量：在2014年现状基础上有所增加，考虑到产业层次的提高，劳动密集型产业占比可能降低，因此增速不宜过高。

城镇居民人均可支配收入：2014年，于都城镇居民人均可支配收入为20358元，按照国家全面建成小康社会居民收入增长和经济增长同步的要求，扣除价格因素，"十三五"时期人均收入年均增长至少也要达到GDP增速10%以上，到2020年，城镇居民人均可支配收入达到36686元，扣除价格因素年均增长10.5%。

农村居民人均可支配收入：2014年，于都农村居民人均纯收入为6215元，考虑到要缩小城乡差距，其年增长率要高于城镇居民人均可支配收入的年增长率，则按可行性分析，到2020年，于都农村居民人均纯收入要达到11966元，扣除价格因素年均增长12%。

城镇居民医疗保险覆盖率、新型农村合作医疗覆盖率：基本对应《中华人民共和国国民经济和社会发展第十二个五年规划纲要》中的约束性指标城乡三项基本医疗保险参保率。

（5）生态文明建设

生态文明建设指标重点考虑四大类指标：①资源总量指标，重点包括耕地资源和森林资源；②环境质量保障类指标，重点包括保障人居环境的环境空气质量、地表水水质和饮用水源地水质；③资源效率和污染减排类指标，包括能源效率、工业用水效率和主要污染物减排；④环境治理基础保障指标，包括污水处理、垃圾处理及危险废物处理指标。

耕地保有量：土地利用总体规划中的约束性指标，在经济发展和城镇化过程中保障农业生产空间不被过分侵占。2020年耕地保有量的目标是赣州市给于都下达的指标。

森林覆盖率：于都县2014年森林覆盖率71.11%，以森林资源二类调查（2014年）的数据为准。2020年以前重点发展油茶、楝木果油等林产业，上述产业用地部分在土地利用中属于园地范围，但覆盖度与灌木林地相当。森林覆盖率以年均提高0.15%为目标。

森林蓄积量：于都县2014年森林蓄积量743万m^3，以森林资源二类调查（2014年）的数据为准。于都单位林地面积森林蓄积量较低，提高林地质量是生态保护和建设的重点，因此森林蓄积量设定年均增长2%的目标。

空气质量达到国家二级标准以上天数：衡量区域环境质量的指标，于都环境空气监测为每月连续5天人工采样测定，暂无法计算空气质量达到国家二级标准以上天数比例。《国家环保模范城市考核指标及其实施细则》（环办[2011]3号）要求主要污染物日平均浓度达到二级标准的天数占全年总天数85%以上，即310天。因此确定2020年于都县该指标值为310天，2030年比例提高到90%以上，为330天。

地表水监测断面水质达标率：衡量区域环境质量的指标，于都县现状水质达标率已达100%，规划目标年仍要维持稳定达标。

饮用水水源地水质达标率：既是衡量环境质量的指标，又是保障安全的指标，基于现状全部达标的情况，规划目标年必须100%达标。

主要污染物减排比例：是国民经济社会规划的约束性指标，于都"十二五"期间由于城镇化快速推进，城镇人口增长带来的化学需氧量、氨氮增量较大，上述两指标减排任务完成难度较大。"十三五"期间，在新减排基数基础上，延续"十二五"的减排比例，加强城镇污水处理设施和配套管网建设，基本可以完成减排任务。由于于都产业都不属于高污染排放产业，在实现城镇生活污染治理的基础上，现状污染源减排治理空间有限，于都位于限制开发区的区域特征，未来也不会上马高污染排放企业，因此，2021~2030年暂不设计减排目标。

单位工业增加值用水量降低：是国民经济社会规划的约束性指标，于都2013年该指标值是26.53m^3/万元，还远高于国家生态文明建设试点示范区指标-生态县的指标（≤12m³/万元）。按照国民经济社会规划每五年下降30%设计指标。

单位GDP能源消耗量降低：是国民经济社会规划的约束性指标，于都2013年该指标值是0.634t标煤/万元，还远高于国家生态文明建设试点示范区指标-生态县的指标（限制开发区＜0.35t标煤/万元）。《强化应对气候变化行动——中国国家自主贡献》文件提出："2030年中国单位国内生产总值二氧化碳排放比2005年下降60%~65%"的目标，意味着2005~2030年期间碳强度年均下降率必须维持在3.6%~4.1%，以此作为于都2020年、2030年的目标依据。

县城生活污水处理率：于都县环境保护目前最主要的问题是城镇污水快速增长，污水处理及管网基础设施尚未跟上快速城镇化过程。提高生活污水处理率是于都改善环境质量的重点任务。根据于都现状数据粗略核算，于都县城污水处理率在60%左右（若考虑乡镇镇区污水排放，该比例仅为30%~35%），规划目标年需通过基础设施建设大幅度提高生活污水处理率。

县城生活垃圾无害化处理率：县城生活垃圾处理往往是薄弱环节，因此规划期间应加强生活垃圾的治理，100%实现县城生活垃圾无害化处理。

危险废物安全处置率：于都尚不具备危险废物处理机构和场所，危险废物均有赣州市一家有资质企业进行处理，由于清运不及时等问题存在安全隐患。规划期内于都需建设危险废物处理能力，100%实现危险废物安全处理。

2. 关键基础目标指标预测

（1）人口指标确定

通过对人口、城镇人口、户籍人口概念界定，结合于都城市总体规划中现状及预测人口规模，对23个乡镇总规中的常住人口、户籍人口、常住城镇人口数据进行了修正，并对各乡镇近、远期人口规模进行了校核。

于都县2020年预测常住人口约为105万人，2030年约为123万人。结合于都城市总体规划中现状及预测人口规模，2020年预测常住城镇人口约为58.7万人，2030年约为79.7万人。

（2）经济指标确定

从高情境——2020年，人均GDP实现《瑞兴于经济振兴试验区发展总体规划》规划设想，中情境——"十三五"期间，经济维持中高速增长，低情境——"十三五"期间，经济增速显著放缓进行经济发展相关指标预测，并结合于都发展现实确定经济发展目标。

1）近期——2020年。到2020年，于都国民GDP增至300亿元人民币以上，同比 2014 年，扣除价格因素，年均增长约 10%，人均 GDP 升至 28500 元以上。同时，三产结构调整为 10∶50∶40。即到 2020 年，第一产业增加值约为 30 亿元，第二产业增加值约为 150 亿元，第三产业增加值约为 120 亿元。

2）远期——2030 年。从 2020 年到 2030 年的十年中，扣除价格因素，于都 GDP 将以年 11% 的比率增长，到 2030 年，GDP 增至 800 亿元，人均 GDP 升至 65000 元以上。同时，三产结构优化为 6∶42∶52。即到 2020 年，第一产业增加值约为 48 亿元，第二产业增加值约为 336 亿元，第三产业增加值约为 416 亿元。

3. 基于资源环境承载力的经济和人口指标合理性分析

从资源、环境两方面分析承载力基本情况对经济、人口等指标的支撑作用，判断指标判断的合理性。

（1）土地承载力分析

根据建设用地适宜性分析结果，最适宜建设用地、适宜建设用地、比较适宜建设用地、有条件限制建设用地面积分别为 172.41km^2、490.57km^2、776.81km^2、756.61km^2，分别占县域面积比例 5.83%、17.14%、27.34%、26.44%。上述用地面积扣除相应的生态保护红线面积、永久基本农田红线面积后，可用于建设的面积为 2187km^2。

从规划建设用地需求看，根据于都县城市总体规划和各乡镇总体规划，城镇化建设规划建设用地需求 2020 年为 59.98km^2、2030 年为 88.31km^2，适宜建设用地满足规划需求。但需要关注的是，各乡镇建设建设用地存在规划过大的情况，应予以调整。

尽管适宜建设用地面积满足发展需求，但是根据我国现行的土地政策日益趋紧，占耕补耕、占林补林必须落实，结合于都地形条件等，建设用地占用耕地、林地时，考虑"耕地向园地要指标，园地、林地向未利用地要指标"，将原土地整理与土地开发、复垦结合起来，通过农业地结构调整，实施土地综合整治，补充耕地指标。若以上途径仍无法全面满足建设需求，将来很可能对外购买占补平衡指标，这是于都未来发展面临的一大现实问题，需要在土规编制时重点予以考虑。

（2）水资源承载力

于都县年平均水资源总量约 25 亿 m^3，地表水占 80% 左右，枯水期水资源量减半。于都县可供水量为 3.6 亿 m^3，占水资源总量的 14.61%，地表水占近 95%。

从用水现状看，于都县年需水量 2.74 亿 m³/年，占年供水量的 76.11%。农业灌溉用水量 24780 万 m³/年，占总需水量的 90.52%；工业用水量 1573 万 m³/年，城乡居民生活用水量 484 万 m³/年，环境用水 537 万 m³/年，所占比例依次为 5.75%、1.77%、1.97%。

从规划用水需求看，按照经济发展高情景和人口情景预测，到 2030 年的用水量预测为 3.44 亿 m³/年，其中农业用水量 1.83 亿 m³/年、居民生活用水量 1.26 亿 m³/年、工业用水量 0.36 亿 m³/年。年用水量占总水资源量的 14%，枯水年水资源量的 27.90%，因此水资源供给充足。从供水能力角度考虑，已开发的用水量为 3.60 亿 m³，从数量上足以承担 2030 年的年用水规模。但是相对结构上来说，生活的供水工程不足。根据预测，生活用水大幅度增加，农业用水大量减少，需要增加生活的供水工程。

（3）能源承载力

于都县现状单位 GDP 能源消耗强度为 0.634t 标煤/万元，低于江西省平均水平，但仍高于全国平均水平。

降低万元 GDP 能耗是我国长期实施的政策，根据《强化应对气候变化行动——中国国家自主贡献》文件提出："2030 年中国单位国内生产总值二氧化碳排放比 2005 年下降 60%~65%"的目标，意味着 2005~2030 年期间碳强度年均下降率必须维持在 3.6%~4.1%。能源利用是碳排放主要来源之一，本研究假设能耗强度以同比例下降，即万元 GDP 能耗年均降低 3.6%~4.1%。即到 2020 年万元 GDP 下降到 0.47~0.49t 标煤/万元，2030 年下降到 0.31~0.34t 标煤/万元，达到《国家生态文明建设试点示范区指标》（环发 [2013]58 号）中位于限制开发区的生态县要求能耗指标低于 0.35t 标煤/万元的要求。

由于能源不构成实质性约束因子，只需要达到国家下达的相关指标要求。按照于都能耗强度现状，按照国家要求的能耗强度下降率，2030 年才能达到生态县建设指标要求。于都要积极申请生态县建设，需要加大节能降耗力度。

（4）水环境承载力

于都县水环境质量现状是水环境承载能力情况的最直接体现。于都地表水水质状况良好，基本达到 Ⅱ-Ⅲ 类，说明现状污染排放量低于水环境容量。通过水环境容量核算和污染物排放预测推断于都水环境能否承载区域经济和人口目标。

于都县五大水体理想环境容量合计为化学需氧量 103971.54t、氨氮 6697.86t、其中，贡江和梅江环境承载能力最强，容量占比达85%以上。2013年，水环境剩余容量比例为80%以上。其中贡江、梅江环境容量充裕，小溪河剩余容量有限。1月和10~12月环境容量相对较小，2~9月环境容量相对较充裕。应注重年度不同月份的污染排放流量控制。

基于现状污染治理水平（仅县城城镇污水进行治理，其他乡镇城镇生活污水不经处理直接排放进入水体；畜禽养殖排放方面，考虑维持现状规模养殖比例和治理水平），到2020年，化学需氧量和氨氮排放环境占用比例为30.11%和33.28%，2030年为35.70%和43.51%。其中，小溪河超载严重。从总量上，水环境容量能够承载区域的人口和经济发展，从区域分布上，需要进行合理布局。小溪河流域各乡镇应尽快建设城镇污水处理设施，包括禾丰镇、小溪乡、利村乡、新陂乡，同时调控生猪养殖数量，小溪河流域畜禽养殖以规模养殖为主，且必须配套污水处理设施。

水环境承载力分析采用相对保守的估算方法，在环境容量核算方面，河流流量以多年平均流量的30%计算，允许排污河段长度按照除饮用水源地保护区外河段长度的30%计算（低估）。规划目标年污染物排放量估算采用高经济发展情景预测，污染治理水平仅考虑维持现状水平（高估）。在此条件下，于都水环境仍能承载人口和经济的发展。

（5）大气环境承载力

同样，于都县环境空气质量现状是大气环境承载能力情况的最直接体现。于都县空气质量良好，日均浓度全部达到现行空气质量一级标准，年均浓度达到二级标准，且好于江西省平均水平，说明现状污染排放量低于大气环境容量。通过大气环境容量核算和污染物排放预测推断于都大气环境能否承载区域经济和人口目标。

于都县县域大气理想环境容量为：二氧化硫56429.69t，氮氧化物62101.04t，可吸入颗粒物73372.79t，其中城市控制区所占比例分别为47.12%、74.62%和58.76%。2013年，于都县全县二氧化硫、氮氧化物、烟粉尘排放总量分别为11734.09t、3103.46t和2475.13t，县域环境容量远远高于现状排放量。由于大气污染物排放具有区域排放集中特征，往往人口集中区域与污染物排放集中区域相重叠，污染物排放影响的区域范围也为人口集中的范围。考虑对人口居住环境的影响，对现状污染排放进行污染影响预测。预测结果显示，现状污染源二氧化硫、烟粉尘、氮氧化物排放的年均值均不存在超标现象，日均值二氧化硫、烟粉尘排放不存在超标现象，氮氧化物排放存在局部超标现象，氮氧化物排放日均最大值中最大占标率为50%~133%。

通过基于现状污染物排放的环境影响模拟可知，尽管于都县污染物排放总量低于环境容量，县域范围内主要污染物年均值均达标，但存在个别时段局部区域范围内超标现象。为实现全年全时段达标，运用模型进一步核算基于流量控制的大气环境容量。规划期内，于都大气污染物排放工业企业主要布局在工业新区和罗坳工业小区，整体位于城市规划区内，其排放主要影响贡江新区和老城区的环境空气质量。在保障贡江新区、老城区环境空气质量全年全时段达标的情景下，城市规划区二氧化硫、氮氧化物、可吸入颗粒物允许排放量分别为13055.91t、5474.96t、14190.70t，占城市规划区理想环境容量的43.75%、34.74%和46.89%。2013年城市规划区范围二氧化硫、氮氧化物、烟粉尘排放量分布为3487.69t、2584.67t、1164.45t。城市规划区总剩余容量为二氧化硫9568.22t、氮氧化物2890.29t和可吸入颗粒物13026.25t，其中氮氧化物高架源已远超容量。

规划期内，按照高经济发展情景测算，基于流量控制的二氧化硫、可吸入颗粒物环境容量仍能满足区域的发展需求，远高于规划情景下的排放量。氮氧化物方面主要以高架源（水泥厂）超标影响为主，采用低氮燃烧改造和脱硝设施实现排放源强削减50%，可实现环境空气质量稳定达标，低架面源能够满足规划排放需求。

大气环境承载力分析结果显示，基于流量控制的更严格的环境容量分析，能够承载区域的经济发展需求，大气环境容量整体上不构成约束性瓶颈，仅是在氮氧化物方面需控制现状高架点源排放源强不高于48.66g/s。

8.1.3 开发强度综合测算

于都县"多规合一"开发强度综合测算主要体现在对既有规划开发强度合理性的判断以及分区域开发强度的优化调整，采用城镇化发展潜力的思路进行城镇发展等级判定，最终作为建用地指标调整的合理依据。

在对于都县人口城镇化分析、土地城镇化分析、经济城镇化分析基础上（表8-2），进行城镇化发展潜力判定。重点对于都县各乡镇建设用地规模、利用水平及土地产出率进行分析（表8-3、表8-4）作为指标优化调整分析的依据。

22 个乡镇规划的建设用地规模统计　　表 8-2

乡镇名称	总用地面积（km²）	现状建设用地面积（ha）	现状城镇用地率（%）	2020 年建设用地面积（ha）	2020 年城镇用地率（%）	2030 年建设用地面积（ha）	2030 年城镇用地率（%）
禾丰镇	130.72	179.2	1.37	260.9	2.00	398.9	3.05
梓山镇	173.6	129.2	0.74	182.57	1.05	263.05	1.52
银坑镇	170.88	132.88	0.78	293.08	1.72	532.72	3.12
岭背镇	147.3	119.3	0.81	219.8	1.49	349	2.37
盘古山镇	156.57	79.5	0.51	100.9	0.64	133	0.85
罗坳镇	168	137.97	0.82	297.52	1.77	552.03	3.29
铁山垅镇	70.7	78.4	1.10	102.8	1.45	127.4	1.80
祁禄山镇	171.2	28.21	0.16	43.92	0.26	59.16	0.35
仙下乡	139.33	85.98	0.62	213.25	1.53	321.15	2.30
葛坳乡	197.46	68.79	0.35	163.2	0.83	278.41	1.41
小溪乡	160.85	45.19	0.28	71.12	0.44	98.58	0.61
罗江乡	118.07	48.3	0.41	66.73	0.57	98.2	0.83
黄麟乡	187.4	70.5	0.38	126.82	0.68	169.22	0.90
利村乡	148.22	78.05	0.53	109.95	0.74	147.84	1.00
马安乡	50.42	41.38	0.81	67.05	1.33	110.98	2.20
桥头乡	39.24	67.53	1.73	84.46	2.15	120.22	3.06
新陂乡	49.51	40.71	0.83	58.52	1.18	86.21	1.74
靖石乡	154.94	42.9	0.28	64.9	0.42	98.5	0.64
车溪乡	85.47	34.97	0.41	74.13	0.87	133.09	1.56
段屋乡	43.33	33.35	0.76	49.02	1.13	83.03	1.92
宽田乡	146.93	46.32	0.31	78.11	0.53	109.62	0.75
沙心乡	54.67	22.94	0.42	38.34	0.70	69.9	1.28

22 个乡镇规划的人均建设用地规模统计　　表 8-3

乡镇名称	人均建设用地指标（m²/人）	2020 年人均建设用地指标（m²/人）	2030 年人均建设用地指标（m²/人）
禾丰镇	104.2	96.6	99.8
梓山镇	92.3	91.29	97.43

续表

乡镇名称	人均建设用地指标（m²/人）	2020年人均建设用地指标（m²/人）	2030年人均建设用地指标（m²/人）
银坑镇	44.29	77.13	108.72
岭背镇	90.5	109.9	99.7
盘古山镇	93.5	100.9	95
罗坳镇	72.62	110.19	141.55
铁山垅镇	92.2	97.9	98
祁禄山镇	90.36	97.6	98.6
仙下乡	57.05	106.63	114.69
葛坳乡	46.48	81.6	103.11
小溪乡	82.16	88.9	89.62
罗江乡	89.4	95.3	98.2
黄麟乡	96.6	105.68	105.76
利村乡	94.12	99.77	98.56
马安乡	82.94	95.79	110.98
桥头乡	117.98	112.53	114.49
新陂乡	99.29	97.53	95.79
靖石乡	89.4	92.71	98.5
车溪乡	55.56	87.21	106.47
段屋乡	83.37	89.13	103.79
宽田乡	74.76	100.14	109.62
沙心乡	78.86	87.17	114.6

22个乡镇的土地产出水平统计　　　　表8-4

镇域名称	现状建设用地面积（ha）	工农业生产总值（万元）	财政收入（万元）	农民纯收入（元）	地均工农产值（万元/km²）	地均财政收入（万元/km²）	地均农民纯收入（元/km²）
禾丰镇	179.2	24372	1157	2946	13600.44643	646	1644
梓山镇	129.2	4554	1013	3209	3524.767802	784	2484
银坑镇	132.88	46852	1477	2930	35258.88019	1112	2205
岭背镇	119.3	21508	1013.3	3209	18028.49958	849	2690

续表

镇域名称	现状建设用地面积（ha）	工农业生产总值（万元）	财政收入（万元）	农民纯收入（元）	地均工农产值（万元/km²）	地均财政收入（万元/km²）	地均农民纯收入（元/km²）
盘古山镇	79.5	10248	539	2850	12890.56604	678	3585
罗坳镇	137.97	73824	984	4260	53507.28419	713	3088
铁山垅镇	78.4	11962	330	2432	15257.65306	421	3102
祁禄山镇	28.21	12626	1066	2560	44757.17831	3779	9075
仙下乡	85.98	20138	——	2715	23421.72598	——	3158
葛坳乡	68.79	71190	1173	2617	103488.8792	1705	3804
小溪乡	45.19	3710.6	——	2273	8211.108652	——	5030
罗江乡	48.3	12408	——	——	25689.44099	——	——
黄麟乡	70.5	——	——	2512	——	——	3563
利村乡	78.05	21601	823	2284	27675.84881	1054	2926
马安乡	41.38	8625	467.4	2836	20843.40261	1130	6854
桥头乡	67.53	6771	447.8	2600	10026.65482	663	3850
新陂乡	40.71	6709	453.6	2147	16479.98035	1114	5274
靖石乡	42.9	33266	660	2651	77543.12354	1538	6179
车溪乡	34.97	15890	——	2630	45438.94767	——	7521
段屋乡	33.35	9633	——	2947	28884.55772	——	8837
宽田乡	46.32	15822	——	2050	34158.03109	——	4426
沙心乡	22.94	2055	222	2275	8958.1517	968	9917

处于过渡类的地区尤其需要注意内部各因素的发展关系。通过对于都县乡镇城镇化分析，从时间演变上来看，人口城镇化、土地城镇化和经济城镇化都将呈上升趋势，在总体水平提高的过程中，人口、土地和经济在不同时期表现出不同的发展势头，居于不同的地位。从空间分异上来看，在不同地区中，仍然还存在人口城镇化、土地城镇化与经济城镇化发展的不均衡状态，任何一项超前发展对城镇化协调发展都会有一定影响，在不同地区需要根据不同情况，进一步的加以协调发展，促进三者之间的耦合互动。尤其是像于都县这样的发展区域，属于城镇化过渡类的地区，需要注意内部各因素的发展关系，只有这样未来于都县城镇化的发展才能够朝着更加健康的方向发展。

于都人口城镇化滞后于土地城镇化。从对于人口城镇化和土地城镇化的分析来看，人口城镇化滞后于土地城镇化的现象普遍存在，主要原因第一，中心城区工业化进程的加快带来了城镇建设用地的大规模扩张，但对人口城镇化所发挥的"吸纳效应"则相对有限；第二，政府对土地财政的依赖使其财政收支与城镇化发展存在反向变化关系，而后者又进一步加剧了人口城镇化与土地城镇化的失衡；第三，农地使用期限的延长由于其所带来的"保障效应"而有利于人口城镇化与土地城镇化的协调发展，但效应的发挥应以完善的土地流转机制为前提。另外，城镇开放度水平和城镇建设规模能够促进人口城镇化与土地城镇化的协调发展，这是因为开放程度的提高能够吸引知识型和技术型人才向本地的转移，而这些人群也更易于跨越城镇户籍的门槛而成为推动人口城镇化的主要动力；城镇建设规模的扩大则能够发挥空间和产业的"吸纳效应"，提高流动人口向该地转移并定居的概率，这对于人口城镇化的推进无疑是十分重要的。

采用本研究建立的城镇化发展潜力根据于都县各乡镇的发展潜力进行评估，确定了发展潜力分级（表8-5）。结合各个指标分项评估结果，针对各乡镇发展趋势及存在问题，进行人口、人均指标的调整（表8-6），综合判定建设用地指标即开发强度。

于都县各乡镇城镇化发展潜力评价　　　　表 8-5

乡镇	综合评分	土地城镇化发展潜力评价
贡江镇	86	发展潜力Ⅰ级 （分值75分以上）
禾丰镇	79	
罗坳镇	75	
岭背镇	75	
银坑镇	75	
梓山镇	72	发展潜力Ⅱ级 （分值60~75分以上）
盘古山镇	72	
祁禄山镇	67	
葛坳乡	65	
铁山垅镇	65	
仙下乡	62	
小溪乡	61	

续表

乡镇	综合评分	土地城镇化发展潜力评价
桥头乡	59	发展潜力Ⅲ级 （分值60以下）
罗江乡	58	
宽田乡	54	
新陂乡	53	
马安乡	52	
靖石乡	52	
段屋乡	49	
车溪乡	48	
利村乡	46	
黄麟乡	43	
沙心乡	35	

乡镇建设用地控制边界统计及2030年用地规模调整建议　表8-6

乡镇名称	2013年现状		乡镇规划2030年		2030年"多规合一"调整建议		
	建设用地规模（m²/人）	人均用地（m²/人）	建设用地规模（ha）	人均用地（m²/人）	城镇人口（万人）	建设用地规模（ha）	人均用地（m²/人）
禾丰镇	179.20	104.20	398.9	99.73	4	398.90	99.73
梓山镇	129.20	92.30	263.05	114.37	2.3	230.00	100.00
银坑镇	132.88	60.41	532.72	156.68	3.4	306.00	90.00
岭背镇	119.30	90.50	349	99.71	3.5	349.00	99.71
盘古山镇	79.50	93.50	133	102.31	1.3	133.00	102.31
铁山垅镇	78.40	92.20	127.4	106.17	1.2	127.40	100.00
祁禄山镇	28.21	90.36	59.16	98.60	0.6	59.16	100.00
仙下乡	85.98	57.05	321.15	128.46	2.5	187.50	75.00
葛坳乡	68.79	46.48	278.41	116.00	2.4	180.00	75.00
小溪乡	45.19	82.16	98.58	98.58	1	95.00	95.00
罗江乡	48.30	89.40	98.2	122.75	0.8	76.00	95.00
黄麟乡	70.50	96.60	169.22	130.17	1.3	136.50	105.00
利村乡	78.05	94.12	147.84	113.72	1.3	130.00	100.00
马安乡	41.38	82.94	110.98	110.98	1	95.00	95.00

续表

乡镇名称	2013年现状		乡镇规划2030年		2030年"多规合一"调整建议		
	建设用地规模（m²/人）	人均用地（m²/人）	建设用地规模（ha）	人均用地（m²/人）	城镇人口（万人）	建设用地规模（ha）	人均用地（m²/人）
桥头乡	67.53	117.98	120.22	150.28	0.8	84.00	105.00
新陂乡	40.71	99.29	86.21	123.16	0.7	66.50	95.00
靖石乡	42.90	89.40	98.5	98.50	1	95.00	95.00
车溪乡	34.97	55.56	133.09	166.36	0.8	60.00	75.00
段屋乡	33.35	83.37	83.03	166.06	0.5	47.50	95.00
宽田乡	46.32	74.76	109.62	137.03	0.8	68.00	85.00
沙心乡	22.94	78.86	69.9	139.80	0.5	47.50	95.00
合计	1473.60	—	3788.18		31.7	2971.96	—

8.1.4 三大空间布局耦合

采用生态环境敏感性优先考量和建设适宜性双评价作为三大空间耦合划定的基础。

1. 三大空间耦合基础评价

（1）生态环境敏感性评价

通过对规划研究区自然生态本底特征分析与关键生态资源的识别，结合数据的可获得性和可操作性，选用植被、水域、水源地、地形、农田、建设用地等6大要素作为生态敏感性分析的主要影响因子，所有的生态因子按表8-7进行等级划分并赋值。根据生态敏感性程度划分为5个等级：极高敏感性、高敏感性、中敏感性、低敏感性、非敏感性，相应的分别赋值为9、7、5、3、1。

生态因子及影响范围所赋属性值　　表8-7

生态因子	分类	分级赋值	生态敏感性等级
植被	自然保护区、森林公园	9	极高敏感性
	山顶林地	9	极高敏感性
	一般林地	7	高敏感性
水域	主要河流水系	9	极高敏感性
	缓冲区100m	7	高敏感性

续表

生态因子	分类		分级赋值	生态敏感性等级
地形	坡度	>25°	9	极高敏感性
		15°~25°	7	高敏感性
		10°~15°	5	中敏感性
		5°~10°	3	低敏感性
		0°~5°	1	非敏感性
	地形起伏度	<15m	1	非敏感性
		15~30m	3	低敏感性
		30~60m	5	中敏感性
		60~90m	7	高敏感性
		>90m	9	极高敏感性
农田	基本农田		5	中敏感性
	一般农田		3	低敏感性
水源地	水源保护区		9	极高敏感性
建设用地	城镇建设用地		1	非敏感性
	农村居民点		1	非敏感性
	工矿用地		1	非敏感性

将植被、地形、农田、水域、水源地等 5 个单因子分析图按照"取最大值"原则进行镶嵌叠合，随后采用"取最小值"原则将叠合结果与建设用地因子进行镶嵌叠合，得到总的生态环境敏感性分区结果（图 8-5~ 图 8-10）。

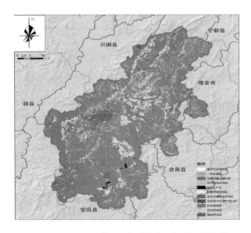

图 8-5　2013 年于都县土地利用现状单因子分析图

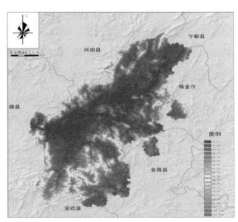

图 8-6　于都县地形高程单因子分析图

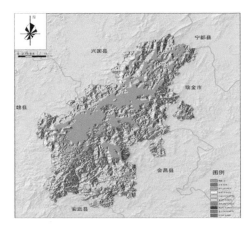

图 8-7　于都县地形坡向单因子分析图

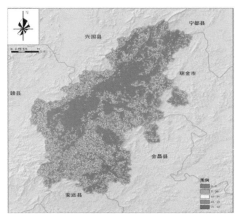

图 8-8　于都县地形坡度单因子分析图

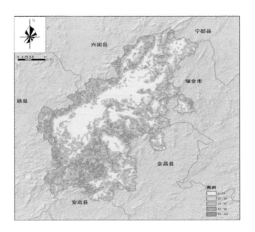

图 8-9　于都县地形起伏度单因子分析图

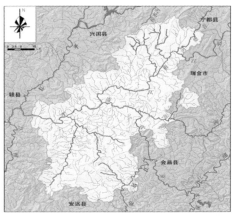

图 8-10　于都县地表水系单因子分析图

由分析结果可见，规划区敏感性总体上，县域周边的山体地带比较高，而低中敏感区主要分布在现有建设用地及其周边，空间分布相对较为分散（图 8-11）。

（2）建设用地适宜性评价

由于城镇空间管制分区主要是从生态环境保护的角度出发而制定的，在划定城镇空间增长边界时，还需要充分的考虑交通、水系、工矿企业建设等交通可达性条件及环境适宜度条件对于城镇建设的影响。因此在划定城镇空间增长边界之前，先对城镇建设的适宜性进行分析。

首先，对选定的交通便捷性、环境适宜性、城市氛围和地形适应性等4类评价因子分为1~5级，其中3级是勉强可用于居住用地的建设，但需要进行特殊处理，5级代表最适宜建设，1级代表完全不适宜建设（图8-12）。

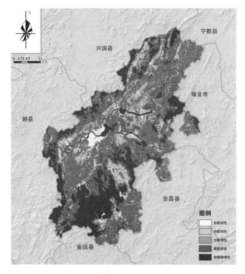

图8-11　于都县生态环境敏感性分区图　　图8-12　《于都县城市总体规划2013—2030》县域综合交通规划图

1）交通便捷性评价

交通影响评价依据《于都县城市总体规划2013—2030》中的县域综合交通规划图中距离主干道路网及次干道路网的远近来确定（表8-8、图8-13）。

交通便捷性评价标准　　　　　　　　表8-8

评价因子	分类	分级
交通便捷性	距离主干路 0~500m，或距离次干路 0~250m	5
	距离主干路 500~1000m，或距离次干路 250~500m	4
	距离主干路 1000~1500m，或距离次干路 500~1000m	3
	距离主干路 1500~3000m，或距离次干路 1000~2000m	2
	距离主干路 3000m 以上，或距离次干路 2000m 以上	1

2）环境适宜性评价

滨水环境评价：水环境评价根据距离河流的远近加以确认（表8-9、图8-14）。

滨水环境的评价标准　　　　　　　　　　　　表 8-9

评价因子	分类	分级
滨水环境	距离河流 0~250m	5
	距离河流 250~500m	4
	距离河流 500m 以上	3

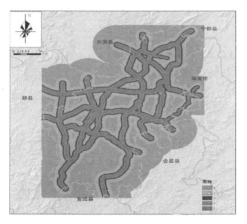
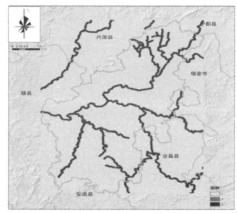

图 8-13　交通便捷性评价因子图　　　图 8-14　滨水环境评价因子图

远离工业污染评价：县域内有独立工矿区用地，由于存在空气、噪声和水污染，离它们近的区域环境较差（表 8-10、图 8-15）。

远离工业污染的评价标准　　　　　　　　　　表 8-10

评价因子	分类	分级
远离工业污染	距离工矿区 1000m 以上	4
	距离工矿区 200~1000m	3
	距离工矿区 100~200m	2
	距离工矿区 0~100m，或工矿区内部	1

3）森林环境评价

由于林区环境宜人，因而靠近林区的环境最好（表 8-11、图 8-16）。

森林环境的评价标准　　　　　　　　　　　　表 8-11

评价因子	分类	分级
森林环境	距林区 0~500m，或在林区内	5
	距林区 500~1000m	4
	距林区 1000m 以上	3

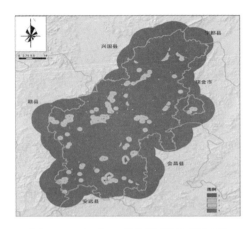

图 8-15　远离工业污染评价因子图　　图 8-16　森林环境评价因子图

4）城市氛围评价

城市氛围的评价根据距离镇、村的远近加以确认（表 8-12、图 8-17）。

城市氛围的评价标准　　　　　表 8-12

评价因子	分类	分级
城市氛围	距离城镇建成区 0~250m，或城镇建成区范围内	5
	距离城镇建成区 250~500m，或村庄范围内	4
	距离城镇建成区 500~1000m，或距离村庄 0~250m	3
	距离城镇建成区 1000~2000m，或距离村庄 250~500m	2
	距离城镇建成区 2000~5000m，或距离村庄 500~5000m	1

5）地形适应性评价

对地形起伏度的评价：地形起伏度越高，城市基础设施建设的难度机会越高（表 8-13、图 8-18）。

地形起伏度评价标准　　　　　表 8-13

评价因子	分类	分级
地形起伏度	<15m	5
	15~30m	4
	30~60m	3
	60~90m	2
	>90m	1

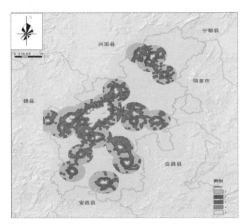 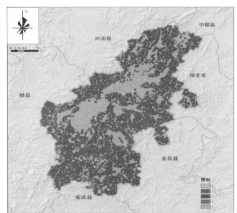

图 8-17　城市氛围评价因子图　　　　图 8-18　地形起伏度评价因子图

对地形坡度的评价：按一般工程建设的用地要求，将 25 度坡度以下用地确定为允许建设用地（表 8-14、图 8-19）。

地形坡度评价标准　　　　　表 8-14

评价因子	分类	分级
地形坡度	>25°	1
	15°~25°	2
	10°~15°	3
	5°~10°	4
	0°~5°	5

6）城镇建设适宜性评价

对前面4项分析的结果按权重进行叠加运算，将建设用地的适宜性分为最适宜建设用地、适宜建设用地、比较适宜建设用地、有条件限制建设用地、不适宜建设用地，特别不适宜建设用地等6个等级（表 8-15、表 8-16、图 8-20）。

用地适宜性评价因子及权重　　　　　表 8-15

评价因子	子因子	权重
交通便捷性	——	0.25
环境适宜性	滨水环境	0.09
	远离工业污染	0.07
	森林环境	0.07

续表

评价因子	子因子	权重
城市氛围	——	0.21
地形适应性	地形起伏度	0.155
	地形坡度	0.155

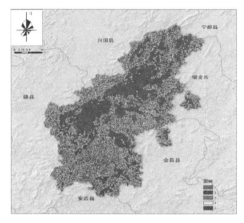 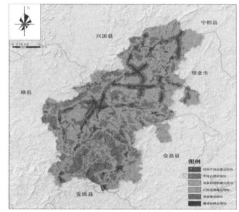

图 8-19　地形坡度评价因子图　　　　图 8-20　城镇建设适宜性评价图

于都城镇建设适宜性评价面积统计表　　　表 8-16

分区名称	面积（ha）	百分比
最适宜建设用地	17241	5.96
适宜建设用地	49057	16.95
比较适宜建设用地	77681	26.84
有条件限制建设用地	75661	26.14
不适合建设用地	63460	21.93
特别不适合建设用地	6296	2.18
合计	289396	100

2. 构建三大空间布局

在生态环境敏感性评价和建设用地适宜性评价结果叠加基础上，考虑生态本地识别的重点生态功能保障溯源、敏感性溯源和生态要素溯源空间分布，进行以生态优先为考量的空间布局耦合确定。于都县三大空间划定结果如下：

以质量、数量双控划定"城镇、农业、生态"三大空间格局，给城镇留下宜居宜业的环境、给农业留下更多的良田沃土、给生态留下更多的修复空间。"城市空间增长边界、乡镇建设用地控制边界、永久基本农田红线、生态红线"是"城镇、农业、生态"三大空间的质量核心，是三大空间的"魂"之所在，构成于都县发展和保护的"骨架"。结合于都县土地利用空间布局现状及未来发展空间需求，最终确定"城镇、农业、生态"三大空间面积比例及空间分布格局（图8-21）。

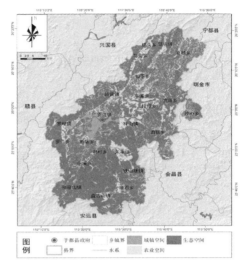

图 8-21 于都县三大空间格局

（1）扩大生态空间保护布局

生态空间承载着保障区域生态安全格局和提供生态服务的重要功能，是保障于都县环境质量不退化并逐渐改善的根本。于都县是典型的"七分半山半分水，一分田园一分路"丘陵山区县，林地面积比例在 70% 以上，山体和林地形成了西北部雩山余脉、东部武夷山余脉、南部九连山余脉的天然生态屏障，同时林地为赣江上游地区水源涵养、水土保持提供了重要的生态功能保障。于都县生态空间的核心承载是生态保护红线区，另外其他生态用地作为保障生态功能得以充分发挥的缓冲保护带。综合考虑生态保护红线区范围及生态空间涉及的土地利用类型，于都县生态空间面积为 2212.09km^2，占县域国土空间面积的比例约 76.5%。

（2）提升农业空间生产效率

农业空间承载着于都农民增收和现代农业产业发展的希望，是于都县农业现代化发展和支撑农村生活功能的区域。包括于都县永久基本农田区、耕地、农业设施用地及农村居民点等区域。重点集中在罗江乡、新陂乡、禾丰镇、梓山镇、黄麟乡、段屋乡、车溪乡、仙下乡、银坑镇、马安乡分布。综合考虑农业空间涉及的土地利用类型，于都县农业空间面积为 544.25km^2，占县域国土空间面积的比例约 18.81%。

（3）优化城镇空间建设布局

城镇空间承载着于都县人民与全国人民同奔小康的梦想，是于都县城镇化建设、县域经济发展的核心区域。于都县城镇空间包括三部分，首先是城市空间增长边界内范围，面积为95.87km²，覆盖贡江镇、罗坳镇大部分区域，罗坳镇镇域中心区域纳入到于都城市空间增长边界范围内；其次是划定的乡镇建设用地控制边界内范围，21个乡镇面积合计37.65km²，以禾丰镇、银坑镇、岭背镇为重点发展区域；最后是独立于上述两区域的采矿用地、交通水利用地，2013年现状面积为15.14km²，于都土规2020年规划面积11.78km²。城镇空间面积覆盖了11.42km²的生态保护红线区面积，在生态保护红线最终修正确定前，从城镇空间进行核减。城镇空间面积为137.24km²，占于都县国土面积的4.74%。

3. 管治分区划定

在"生态保护红线、永久基本农田红线、城市空间增长边界、乡镇建设用地控制边界"、"城镇、农业、生态"三大空间基础上，进行空间管治区的进一步细分，初步建立八大空间管治区（图8-22）：

（1）生态保护红线管治区：生态保护红线内范围，该区面积1071.59km²，占国土面积比例的37.03%。

（2）一般生态管治区：除生态保护红线区以外的生态空间，包含的土地利用类型主要有：园地、林地、草地、河流水面、湖泊水面。城市建设管治区与镇域建设管治区两区域内相应地类面积不计入。

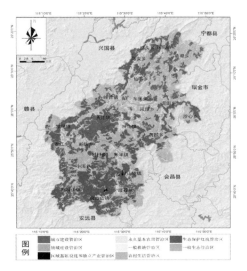

图 8-22 于都县八大空间管治分区

该区域面积为1140.49km²，占县域国土空间面积的比例约39.41%。

（3）永久基本农田管治区：永久基本农田红线内范围，该区域面积348.95km²，占县域国土空间面积的比例约12.06%。

（4）一般耕地管治区：除永久基本农田以外的耕地及相关附属设施用地，城市建设管治区与镇域建设管治区两区域内相应地类面积不计入。该区域面积为90.51km²，占县域国土空间面积的比例约3.13%。

（5）农村生活管治区：农村居民点用地区域，城市建设管治区与镇域建设管治区两区域内相应地类面积不计入。该区域面积为104.80km²，占县域国土空间面积的比例约 3.62%。

（6）城市建设管治区：于都县城市空间增长边界内范围，面积为 95.87km²，覆盖贡江镇、罗坳镇大部分区域，核减区域内生态保护红线重叠面积后，最终面积为 84.45km²，占国土面积的 2.92%。

（7）镇域建设管治区：乡镇建设用地控制边界内范围，21 个乡镇面积合计 37.65km²，占国土面积的 1.30%，以禾丰镇、银坑镇、岭背镇为重点发展区域。

（8）区域基础设施和独立产业管治区：独立于城市建设管治区、镇域建设管治区外的采矿用地、交通水利用地。区域性交通和市政设施，重点包括 319 国道、323 国道、厦蓉高速公路、宁定高速公路、赣龙铁路复线等纳入区域性交通用地，重大水利设施用地等。同时还包括远离城镇的独立工矿用地区域。该区域面积为 15.14km²，占县域国土空间面积的比例约 0.52%。

8.2 综合管治技术方法体系应用

1. 红线定界、容量定底、强度定顶先导管治
（1）优先划定三大红线
1）生态保护红线

生态保护红线依据保护优先、合理布局、控管结合、相对稳定的原则进行划定。保护优先，以保护于都县具有重要生态功能的区域，维护地区生态安全为根本目的，坚持把保护放在优先位置，为推动生态文明建设提供重要保障；合理布局，遵循自然环境分异规律，综合考虑流域上下游关系、区域间生态功能的互补作用，按照保障区域、流域和于都县生态安全的要求，明确不同区域的主导生态功能，科学合理确定保护区域；控管结合，针对不同类型的生态红线区域，实行分级分类保护措施，明确环境准入条件，强化环境监管执法力度，确保各类生态红线区域得到有效保护；相对稳定，生态保护红线区域关系到于都县的生态安全和可持续发展，生态保护红线区域未经县人民政府批准不得擅自调整。

划定于都县生态保护红线面积 1075.10km²，占国土面积比例的 37.15%。由于各类红线划定时存在重合区域，根据生态红线区的管制措施要求严格程度，将不同红线类型的优先保护原则规定如下，饮用水源地＞自然保护区＞森林公园＞湿地公园＞国家级生态公益林＞省级生态公益林＞生态敏感红线区（水土流失红线区）＞重要生态功能区。如以上类型红线区域发生重合，则以优先序列较高的区

域为主。划定县城饮用水源地保护区红线面积 2.86 平方公里，占国土面积比例的 0.10%；禁止开发区包括祁禄山自然保护区、屏山省级森林公园、罗田岩省级森林公园、长征源省级湿地公园、国家级生态公益林、省级生态公益林。最终划定面积 709.74km²，占国土面积比例的 24.52%；生态敏感区为于都县水土流失剧烈区，剧烈侵蚀区域主要分布在靠近贡水和梅江的罗坳镇、贡江镇和岭背镇。最终划定面积 12.04km²，占国土面积比例的 0.42%；重要生态功能区主要为土壤保持极重要功能区和生物多样性维护区的极重要区叠加区域。最终划定面积 350.46km²，占国土面积比例的 12.11%。

生态保护红线实行分级分类的管治措施，划定生态保护红线二级管治区，按类型实现红线管治的"一线一策"。于都县生态保护红线划定生态保护红线二级管治区，一级管治区包括饮用水源地保护区、自然保护区核心区和缓冲区、森林公园生态保护区、湿地公园湿地保育区、国家级生态公益林；二级管治区为水源涵养的重要生态功能区、土壤保持的极重要生态功能区、生物多样性维护的极重要生态功能区、水土流失的极敏感区、自然保护区实验区、森林公园其他区域、湿地公园其他区域和省级生态公益林。于都县森林公园和湿地公园尚未划定生态保护区和湿地保育区，因此皆划为生态保护红线二级管治区。一级生态红线保护区域实行最严格的管治措施，禁止一切与生态保护无关的开发建设活动。二级管治区允许适度的不影响主导生态功能的开发建设活动，以保持区域生态产品供给能力。按红线类型实现红线管治的"一线一策"，由相关职能部门和当地政府继续按照环境保护"一岗双责"工作分工，依据现有的法律法规进行监管（图 8-23）。

图 8-23　于都县生态保护红线区

2）永久基本农田红线

基本农田是指根据一定时期人口和国民经济对农产品的需求而必须确保的耕地的最低需求量以及对建设用地的预测而确定的在土地利用总体规划期内未经国务院批准不得占用的耕地，老百姓称之为"吃饭田"、"保命田"。划定永久基本农田,是加强耕地保护的重要措施,是确保基本农田保护面积和质量的重要手段,在确保基本农田数量、提升基本农田质量的同时,调整和优化于都县基本农田空间布局和环境,既保障于都县城乡经济社会发展用地需求,又切实保护耕地。

永久基本农田划定遵循永久性、实事求是、统筹兼顾、质量保证原则。永久性,永久基本农田一经划定,在保护时效内,即不能占用,不得通过规划修改将永久性基本农田调整为一般农田,除对国家经济社会有重大影响的重点交通、水利、能源、军事项目外,不得占用作为非农业建设用地;实事求是,实行政府主导、部门协作,又要根据于都县经济发展、自然条件状况。充分征求群众意愿,并实行严格的考核验收制度,防止盲目追求保护指标和以次充好,科学划定;统筹兼顾,做好与城市规划、村镇规划、生态建设规划等的协调衔接工作。划定时要综合考虑、留有余地,既保证高质量耕地划入基本农田,又充分考虑地方经济社会发展需求;质量保证,与农用地分等定级成果相结合、与建设用地合理布局相联系,确保划定的永久性基本农田数量充足、土壤肥沃、地力优质、设施配套完善、生态环境良好。

结合于都经济社会发展新形势和保障永久基本农田的严肃性,调整并划定永久基本农田面积308.53km^2,占国土面积比例10.66%;最终划定的永久基本农田片区面积为348.95km^2,占国土面积比例12.06%。于都县现状基本农田分布与于都县整体城市发展重点布局存在一定冲突。城市空间增长边界内存在基本农田分布、重点发展乡镇岭背镇、银坑镇镇区集中发展区域也存在基本农田分布。随着于都城镇化的发展,上述基本农田保护压力将持续加大,建议予以调整。划定永久基本农田,是将我国基本农田保护提至更加严格地位,但目前就基本农田和永久基本农田的内涵看,似乎并未进行区分。永久基本农田同样是受上级下达目标约束的,截至规划上报时间,于都县永久基本农田保护目标并未下达。因此,本次划定永久基本农田目标仍以基本农田现状面积作为最低约束(图8-24)。于都县现状基本农田面积是

图8-24 于都县永久基本农田划定结果

307.31km²，按照《于都县土地利用总体规划（2006—2020年）》，赣州市下达基本农田保护面积304.07km²，基本农田保护率达到101.07%。拟调出基本农田图斑面积11.77km²，其中水田图斑面积11.54km²，水浇地图斑面积0.002km²、旱地面积0.23km²。在县域范围内依附现状基本农田、避让发展用地基础上，拟调入基本农田图斑面积12.99km²，其中水田图斑面积12.40km²、旱地图斑面积0.59km²。最终划定永久基本农田图斑面积308.53km²，占国土面积比例10.66%。

3）城市空间增长边界及乡镇建设用地控制边界

城市空间增长边界，是指为限制城市无序发展，保障重点功能区、重点建设项目及民生建设项目用地，有效引导城市空间发展和建设项目布局，一定期限内划定城市空间拓展的外部范围边界（由建设用地、有条件建设区的边界围合形成）。它是城市的预期扩展边界，边界之内是"当前城市与满足城市未来增长需求而预留的土地"。建设用地是依据土地利用总体规划建设用地规模指标，确定可建设的空间区域。有条件建设区是为保障城市功能的完整性，增强规划弹性，预留满足特定条件后可开展城乡建设的空间。

城市空间增长边界的划定原则遵循生态优先的环境底线、尊重事实的资源流动、政策管治的综合考量原则。生态优先的环境底线，以城市周边各类需要保护的资源作为出发点，确定各类"限制和控制类"要素，明确建设行为禁止侵入的生态底线，是确定城市空间增长边界的首要步骤，也是必须坚守不可突破的重要原则；尊重事实的资源流动，尊重人口流动规律，珍惜现有的土地资源，有效配置公共服务设施及基础设施，避免以经济发展为导向的盲目圈地扩张；政策管治的综合考量，城市空间增长边界不是简单的生态保护，也不是简单的严控建设占用耕地，其管治的对象"开发边界"是城市的，自身特点和运转规律就极其复杂，因此在制定过程中必然要考虑它在城市环境、经济、社会、空间等各种体系中的综合作用及发挥作用的协同条件，力图促使各大系统工具的协调运转，而不是重新建立一套独立的体系。

于都县城市规划区内划定城市空间增长边界面积95.87km²，约为本次城市规划区空间范围的31.96%，占国土面积的3.31%。空间增长边界范围分解为江北、江南和江东以及罗坳四个片区。江北片区东至梅江，南至贡江，西至跃洲片区，北至丘陵山体南麓；江南片区东至贡江与梅江交汇口，南至小溪河北部支流，西至贡江和山体边线，北至贡江；江东片区为梅江以东的滨水平坦区域；罗坳片区为现镇区周边地形相对平缓地区。空间增长边界内主要包含已建设用地、适宜建设用地，总面积为 95.87km²，约为本次城市规划区空间范围的 31.96%。城市空间增长边界面积覆盖了 11.42km² 的生态保护红线区面积，主要是涉及生态公益林、饮用水源地保护区、罗田岩森林公园部分区域，由于公益林、罗田岩森林公园边界不确定等因素，暂不进行城市空间增长边界的调整（图 8-25）。

于都是百万人口大县，除城市规划区外的其他乡镇在县域规划中也承担了聚集人口、推动城镇化的进程，为合理控制乡镇的建设和发展，建议划定乡镇建设用地控制边界。乡镇建设用地控制边界在一定程度上对应城市规划区

图 8-25 于都县城市空间增长边界

的城市空间增长边界。乡镇建设用地控制边界内尽可能规避永久基本农田红线区、生态保护红线区。其主要管制目标是约束镇域空间无序扩张，即除区域性基础设施和独立工矿用地外，镇域建设行为必须控制在乡镇建设用地控制边界内。乡镇在编制乡镇总体规划时，应遵守乡镇建设用地布局控制边界。

乡镇规划现状用地布局与永久基本农田、生态保护红线冲突。于都县除中心城区贡江镇外，其他 22 个乡镇均编制了乡镇总体规划（2013—2030 年），对各乡镇划定的 2020 年、2030 年用地布局进行分析，各乡镇建设用地布局范围内存在占压大量永久基本农田、部分占用生态保护红线的情况，建议予以调整。除罗坳镇外（已纳入城市规划区范围），其他 21 个乡镇，2030 年建设用地布局范围合计 45.37km²，其中与生态保护红线冲突面积 0.14km²，冲突相对较小，主要集中在梓山镇、祁禄山镇、盘古山镇、银坑镇、沙心乡；与永久基本农田冲突较大，冲突面积 9.26km²，占建设用地布局范围的 20.4%，各乡镇均存在冲突。

乡镇建设用地控制边界划定以生态环境敏感性分析和建设用地适宜性分析为基底，依托圩镇建设用地现状，结合人口分布情况进行划定。敏感性分析结果为规划确定空间管治分区提供了科学支撑和参考。在现有经济条件和技术水平下，敏感性等级越高越不适宜进行建设活动，反之，应在等级较低的地区优先开展。根据敏感度等级，初步确定适于建设用地安排的区域（对应中敏感性、低敏感性、

非敏感性），面积在 492.82km²，占国土面积的 17% 左右。建设用地适宜性分析结果，最适宜建设用地、适宜建设用地、比较适宜建设用地、有条件限制建设用地面积分别为 172.41km²、490.57km²、776.81km²、756.61km²，分别占县域面积比例 5.83%、17.14%、27.34%、26.44%。乡镇建设用地控制边界综合考虑生态环境敏感性分区中初步确定适于建设用地安排的区域（对应中敏感性、低敏感性、非敏感性），建设用地适宜性分析划定最适宜建设用地、适宜建设用地、比较适宜建设用地、有条件限制建设用地，依托圩镇建设用地现状，结合人口分布情况进行划定。

划定 21 个乡镇的建设用地控制边界面积 37.65km²，占国土面积的 1.30%（图 8-26）。由于乡镇规划编制过程中对人口数据的夸大，与于都城规并不统一，均采取于都城规推荐上限甚至远远突破上限，因此本次"多规合一"下对于都城规、乡镇规划人口协调的基础上，本着集约用地的思路，对 2020 年、2030 年乡镇建设用地规模提出调整建议。划定的乡镇建设用地控制边界是在调整后的 2030 年建设用地规模基础上给予一定的弹性空间，以保障乡镇的发展。在避让永久基本农田、生态保护红线基础上，本着集约用地的思路，划定 21 个乡镇的建设用地控制边界面积

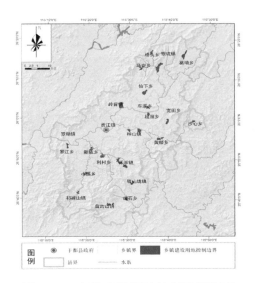

图 8-26　乡镇建设用地控制边界划定

37.65km²，比乡镇规划用地布局范围面积减少 7.72km²。划定的建设用地控制边界同时考虑了一定的弹性空间安排，比 2030 年乡镇调整后的用地需求多划了 27% 左右的弹性空间比例。

（2）基于流量控制的容量定顶管治

以控制排放密度的思路，分区分级细化大气污染物排放总量控制。大气污染物排放以工业源为主，排放量呈现区域高度集中的态势。在大气污染物普遍存在排放密度高造成环境容量局部超载的情况下，按既有思路县域全境范围环境容量控制下的总量控制目标难以实现区域环境质量改善。为解决污染减排绩效与群众

环境感受不符的现状,大气污染物总量控制需制定分区分级的总量控制方案。制定分区总量控制方案,优先考虑人口集中和产业集中的区域,保证人居环境空气质量达标,制定重点区域的总量控制目标。于都大气污染物排放主要集中在贡江镇、罗坳镇、银坑镇,优先制定上述区域总量控制方案,避免环境容量局部超载,保障人口集中区域的环境质量;确定分级质量目标,不同区域的生态保护目标、环境功能不同,环境质量目标有所差异,采用分级质量目标管理模式,作为总量控制方案的核算依据。通过污染密度控制引导下的分区分级污染物总量控制方案切实实现与环境质量改善的挂钩。

通过基于现状污染物排放的环境影响模拟可知,虽然县域范围内主要污染物年均值均达标,但存在个别时段局部区域范围内超标现象。为实现全年全时段达标,本研究运用Aermod模型进一步核算基于流量控制的环境容量。

"十三五"期间,于都大气污染物排放工业企业主要布局在工业新区和罗坳工业小区,整体位于城市规划区内,其排放主要影响贡江新区和老城区的环境空气质量。因此,本研究以城市规划区作为控制区范围进行模拟,以距离工业小区最近的居民点作为关心点,以 1km×1km 网格作为单元格,进行模拟计算。以关心点全年不超标为准则,以新空气质量二级标准为污染浓度排放限值,进行容量反推。

污染源设计:根据大气污染物排放现状模拟结果,二氧化硫和可吸入颗粒物主要受面源污染影响,氮氧化物同时受高架点源和面源同时影响。而基于于都县"十三五"规划,近期将城市规划区内高架电源仍只为江西赣州南方万年青水泥有限公司,污染源以低架点源变化为主,因此本研究二氧化硫、可吸入颗粒物容量核算以城市规划区范围内面源作为污染源进行处理,氮氧化物容量核算以 1 个高架点源与城市规划区范围的面源作为污染源进行容量倒推。

城市规划区二氧化硫、氮氧化物、可吸入颗粒物允许排放量分别为 13055.91t、5474.96t、14190.70t,占城市规划区理想环境容量的 43.75%、34.74% 和 46.89%。以流量管理的思维,规划情境下,保障贡江新区、老城区环境空气质量日均值最大浓度达到二级标准,推算于都县城市规划区允许排放量。二氧化硫、氮氧化物、可吸入颗粒物允许排放量分别为 13055.91t、5474.96t、14190.70t。仅为理想环境容量的 43.75%、34.74% 和 46.89%。

城市规划区总剩余容量为二氧化硫 9568.22t、氮氧化物 2890.29t 和可吸入颗粒物 13026.25t，其中氮氧化物高架源已远超容量。从剩余容量来看，城市规划区二氧化硫、氮氧化物和可吸入颗粒物现状排放量占基于流量管理的允许排放量的 26.71%、47.21% 和 8.21%，三大污染物总剩余容量为 9568.22t、2890.29t 和 13026.25t。其中氮氧化物高架源允许排放量为 1534.54t，2013 年现状排放量（江西赣州南方万年青水泥有限公司）已远超允许排放量，需要采用低氮燃烧改造和脱硝设施实现排放源强削减 50%，才实现环境空气质量稳定达标（表 8-17，图 8-27~图 8-32）。

基于流量控制的环境容量核算结果　　　　　　　　　　表 8-17

指标		单位	二氧化硫	氮氧化物	可吸入颗粒物
低架源	允许排放源强	g/m²/s	3.52E-05	1.06E-05	3.57E-05
	允许排放量	t	13055.91	3940.42	13239.80
高架源	允许排放源强	g/s	—	48.66	—
	允许排放量	t	—	1534.54	—
基于流量管理的允许排放量		t	13055.91	5474.96	14190.70
城市规划区理想环境容量		t	29842.08	15761.66	30262.39
2013 年城市规划区范围污染物排放量		t	3487.69	2584.67	1164.45
其中高架源排放量		t	220.6	2438.1	755.4
年均值最大占标率		%	72	70	77
日均值最大占标率		%	99	107	101

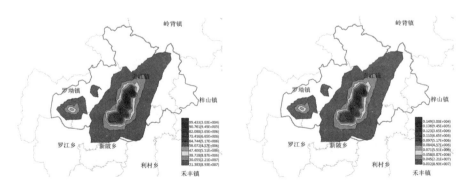

图 8-27　流量控制情境下二氧化硫浓度日均最大值占标率及日均最高值等值线

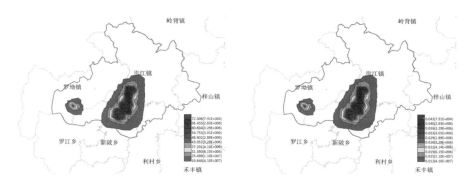

图 8-28　流量控制情景下二氧化硫浓度年均最大值占标率及年均最高值等值线

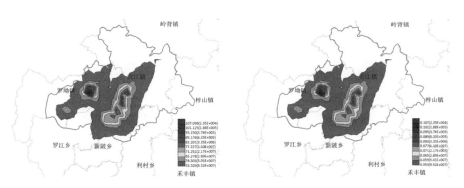

图 8-29　流量控制情景下氮氧化物浓度日均最大值占标率及日均最高值等值线

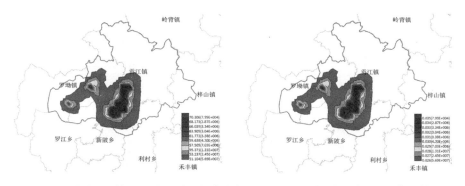

图 8-30　流量控制情景下氮氧化物浓度年均最大值占标率及年均最高值等值线

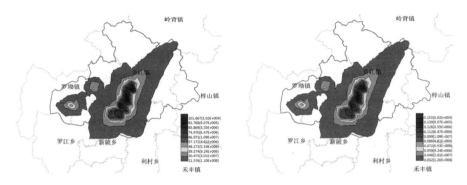

图 8-31　流量控制情景下可吸入颗粒物浓度日均最大值占标率及日均最高值等值线

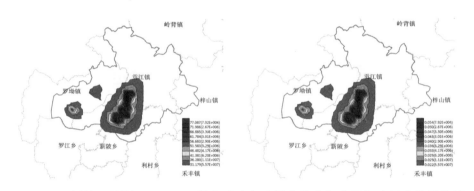

图 8-32　流量控制情景下可吸入颗粒物浓度年均最大值占标率及年均最高值等值线

2. 用途、功能、环境相叠合的三维管治维护技术体系

"多规合一"背景下应实现从"空间管制"分区向"空间管治"分区的转型。主体功能区划、城规、土规空间管制区划定中均划定了无扰动区和低扰动区，尽管划定原则、划定方法、划定结果存在差异，但总体上是以农业保护和生态环境保护的思路，锁定刚性管治的非建设用地，形成了初步的农业和生态环境保护的本底框架和基础。从管制规则上看，土规和城规空间管制分区规则设定以明确保护目标、对建设行为提出限制性要求，对生态建设、农业和环境保护行为关注不足，属于被动式保护性分区。主体功能区划对各区从资源开发、生态建设、环境保护方面提出了方向原则性的指导，但指导市县一级操作性还存在障碍。"多规合一"背景下，要体现资源环境承载力的先导作用，要体现生态环境保护与经济社会发展之间的协调，需要实现空间管制向空间管治的转型，变被动式保护为主动式建设引导，对不同空间分区提出环境保护目标，生态建设和环境保护的重点。

分区管治不是单纯的规范和限制,而是包含三方面的内涵:对于不同类型的管治区,首先应从管治区的功能出发,以发展的视角,明确各管治区的建设重点,允许建设的条件、建设的设施,以及允许的用地类别;同时要从管制区的保护对象出发,以保护的视角,明确保护目标,制定保护原则,同时明确不允许的建设行为,明确建设行为的准入条件;最后,必须从生态环境管治视角,明确各管治区的已有的突出环境问题,针对问题从源头预防、过程管理、末端治理的思路进行管治措施的制定,明确各管治区的环境功能目标、提出分区的生态环境管治政策、措施、实施路径以及评价机制,对环境问题突出的区域进行生态修复与治理。

(1)三大空间管治

1)生态空间

生态空间,是主要承担生态服务和生态服务系统维护功能的地域,以自然生态为主,包含一些零散分布的村落。生态空间以保护为主,适度发展特色农业和生态旅游业;环境治理方面,生态空间主要是减轻生活对生态环境的压力,是生态修复工程建设集中区域。

不断扩大生态空间保护布局,加强生态建设和用途管制。加强林地、草地、河流、湖泊、湿地等生态空间的保护和修复,提升生态产品服务功能。实行严格的产业和环境准入制度,严格开发活动,控制开发强度。对划定的生态保护红线,实施强制性保护。生态空间强调土地用途管治,重点强调生态保护和建设。于都县处于工业化发展初期阶段,未来发展还是发展要素的空间集聚和功能集聚的过程,在集聚发展过程中如何处理"三大空间"的转换关系,杜绝功能转型和集聚过程中生态空间受挤压,在划定形成的"三大空间"格局基础上,通过空间和功能的集聚发展,实现生态空间面积逐年扩大,生态退化面积和速度逐年下降。

生态空间是开展生态保护的重点区域,是生态修复工程建设集中区域,兼具承载部分独立产业发展的功能,但应严格控制开发建设类型和强度。强化点上开发、面上保护的空间格局。应鼓励人口适度迁出,防止区域内的建设用地任意扩大,区域内污染物排放总量不得增加。应加强林地保护和建设,提高森林蓄积量,重点加强生态公益林保护与建设,优化林地结构。应优先生态环境保护设施建设,包括水土保持、饮用水安全保障等水利工程、环境污染治理工程及其附属构筑物建设。

生态空间应严格控制基础设施建设规模。交通、能源、给排水、信息等民生保障工程建设整合布局,降低基础设施网络建设对自然本底的扰动。架空电力线路边导线与建筑物之间安全距离范围内禁止建设一切人工建筑物。输油输气管道廊道控制范围应按照相关规范、设计标准的安全保护距离进行空间管治。

生态空间应加强交通通道和水系两侧的生态恢复，加强生态保护建设，将其建设成为区域重要的生态安全格局框架组成部分。交通生态廊道结合现状在具备条件的基础上，宜控制单侧绿带宽度 50m 以上，严格限制各类建设活动对绿带廊道的侵占。禁止侵占水域和改变河道自然形态，沿主要河流水系建设生态廊道，生态廊道宽度结合现状在具备条件的基础上，宜控制在单侧 50m 以上。水系生态廊道范围内禁止新建与供水、供电等市政设施、生态景观建设及湿地保护无关的建设项目。除防洪、供水工程、通航需求等必需的护岸外，禁止非生态型河湖堤岸改造。

2）农业空间

农业空间，是主要承担农产品生产和农村生活功能的地域，以田园风光为主，分布着一定数量的集镇和村庄。农业空间是第一产业发展的载体，着重专业化、规模化发展，在重点城镇周边发展城郊农业、都市农业；环境治理方面，农业空间重点是面源污染的控制和土壤污染的治理，建设生态修复工程着重农业生态系统的维护和改善。

提升农业空间生产效率，加强保护和改善农业生产条件。要加强农地保护，推动土地整理，促进农地规模化、标准化建设。严格建设用地管治，优化整合农村居民点，繁荣历史文化村落，保护农村田园景观。通过改善农业生产条件，大力实施中低产田改造和高标准农田建设，改善于都撂荒严重的现状；新陂乡、梓山镇、利村乡、禾丰镇、黄麟乡等邻近城区的乡镇按季节错峰发展现代采摘农业、休闲农业；县域传统种植业依赖高标准农田建设和绿色有机农业提升产量和质量，脐橙等特色农业依托互联网＋和现代物流发展的新趋势提升品牌影响力，农林特色产品重视精深加工，整体提升农业空间生产效率，实现农民增收。

农业空间是乡村发展和与乡村发展关系密切的独立产业发展的重点区域。土地主导用途为农业生产生活，是开展土地整理复垦开发和基本农田建设的主要区域。乡村发展重点按照发展中心村、保护特色村、整治空心村的原则引导农村居民点建设，保护和传承乡村地域文化特色。农业空间一产发展应着重专业化、规模化发展。强化点上开发、面上保护的空间格局。应严格限制采矿建设、与农业生产生活和生态保护无关的其他独立建设，应控制农村居民点和区域性基础设施建新增用地。生态保护应着重建设维护和改善农业生态系统的生态修复工程，重点是面源污染的控制和土壤污染的治理。

农业空间基础设施网络布局应尽量采用整合通道，减少对土地尤其是耕地的占用。铁路、高速公路、国、省、县道形成交通网络，应控制两侧用地并预留车道加宽空间。架空电力线路边导线与建筑物之间安全距离范围内禁止建设一切人工建筑物。输油输气管道廊道控制范围应按照相关规范、设计标准的安全保护距离进行空间管治。

农业空间应加强沿交通通道和水系建设生态廊道，加强生态保护建设，将其建设成为农业空间的生态保护屏障。交通生态廊道结合现状在具备条件的基础上，宜控制单侧绿带宽度30m以上，严格限制各类建设活动对绿带廊道的侵占。禁止侵占水域和改变河道自然形态，沿主要河流水系建设生态廊道，生态廊道宽度结合现状在具备条件的基础上，宜控制在单侧30m以上。水系生态廊道范围内禁止新建与供水、供电等市政设施、生态景观建设及湿地保护无关的建设项目。除防洪、供水工程、通航需求等必需的护岸外，禁止非生态型河湖堤岸改造。

3）城镇空间

城镇空间，是重点进行城镇建设和发展城镇经济的地域，包括已经形成的城镇建成区和规划的城镇建设区以及一定规模的开发园区。城镇空间是第二产业、第三产业发展的载体，按照集中集聚的原则，着眼于产业链培育、产业集群集中布局；城镇空间布局按照点上开发、面上保护的格局进行布局；环境治理方面，城镇空间着重加强生产、生活污水和垃圾的无害化处理。矿产资源开发，按照点上开发、面上保护的要求，资源开发同时加强生态环境的修复，减少对生态环境的破坏。

优化城镇空间建设布局，存量优化和增量引导同步进行。城镇空间要着力提高土地集约利用水平，提升单位国土面积的投资强度和产出效率。对于城镇建成区的存量空间，应着力促进存量空间的优化调整，对于规划建设区，应控制工矿建设空间和各类开发区用地比例，促进产城融合和低效建设用地的再开发。城镇空间承载着产业发展和居民生活两大功能，产业空间是污染排放的重点区域，强调减量化、低碳化、循环化的全过程管理，强调生产布局的优化调整。生活空间强调基础设施和基本公共服务的均等化。

城镇空间土地是城镇建设、产业发展和公共服务配置的重点区域。主导用途为城镇建设、工业园区建设，是存量挖潜，整合改造，提高现有建设用地对经济社会发展的支撑能力。应优先保障城镇内部基础设施和公共服务设施用地需求。

城镇空间二、三产业发展，按照集中集聚的原则，着眼于产业链培育、产业集群集中布局，提高产业建设项目控制指标水平，逐步提高城镇空间的土地利用效率。用地控制指标应符合国家、省、市国土部门、住房和城乡建设部门联合其他主管部门发布的相关行业用地控制指标要求。

城镇空间内部主要交通、能源、给排水、信息基础设施应整合布局，有条件地区优先推进综合管廊建设。应预留与运输通道相应站场设施建设空间，实现客货运输便捷中转。新建架空高压线路电力廊道位置不宜选择在极具城镇发展潜力的地区，架空电力线路边导线与建筑物之间安全距离范围内禁止建设一切人工建筑物。输油输气管道廊道控制范围应按照相关规范、设计标准的安全保护距离进行空间管治。应加强无线电通信管理，合理规划各类无线电站点、划定收发讯区、安排无线电收发讯站点和划定保护范围。减少通过城镇区低高程微波通道，逐步搬迁现状对城镇影响较大的通道。长距离输水工程应采取措施严格保护，针对明渠、暗渠、管道不同类型的引水线路，在两侧一定范围划定保护区。

城镇空间应沿交通通道和主要水系建设生态廊道，加强生态保护建设，发挥城镇空间生态廊道的防护作用和生态服务功能。高速公路、国道、省道、县道两侧生态廊道范围与《公路安全保护条例》的公路建筑控制区的范围一致。水系生态廊道范围宜控制在20m以上，水系生态廊道范围内禁止新建与供水、供电等市政设施、生态景观建设及湿地保护无关的建设项目。除防洪、供水工程、通航需求等必需的护岸外，禁止非生态型河湖堤岸改造。

（2）八大空间管治区管治

1）生态保护红线区

区内用地以具有重要生态功能的林地为主，饮用水源地保护区、森林公园、自然保护区、生态敏感区内用地为现状土地利用类型。生态保护红线区一级管治区内禁止一切与生态保护无关的开发建设活动，原有的各种生产、开发活动应逐步退出；生态保护红线区二级管治区内允许适度的不影响主导生态保护功能的开发建设活动，在不破坏区内主导生态功能的前提下，允许土地进行农业生产活动和适度的旅游开发活动，旅游开发土地利用应符合风景旅游区规划；区内零星耕地因生态建设和环境保护需要可转为林地；严禁占用区内土地进行破坏景观、污染环境的开发建设活动。

优化生态保护红线区管理机制体制。将县城饮用水源地保护区、省级自然保护区、省级森林公园、省级湿地公园、国家级及省级生态公益林、重要生态功能区均纳入生态保护红线范围，明确其空间分布线和二级空间管治要求；推进省级自然保护区、省级森林公园、省级湿地公园建设。

大力推进生态建设和生态修复重大工程。重要生态功能区实施生物多样性重大工程、小流域综合治理、退耕还林还草、退牧还草等生态修复工程；严禁盲目引入外来物种，严格控制转基因物种环境释放活动；通过建立生态廊道，增强区域内部的连通性。

推进实施生态保护补偿及监测机制。逐步加大政府投资对生态环境保护方面的支持力度，积极争取国家重要生态功能区生态补偿专项资金；配合国家完善生态环境监测体系，在生态红线保护区内优先规划生态环境监测布点。

饮用水源地保护区，区内用地以水域及现状土地利用为主。对水源地保护区内影响供水安全的企业、居民区应予搬迁，以减轻人为因素对水源地水质的不良影响；严格执行饮用水源保护制度，推进饮用水水源一级保护区内的土地依法征收；从源头杜绝污染源对饮用水源地水质的破坏，坚决依法取缔饮用水源地保护区内的排污口等威胁水质安全的设施；水源地保护区内禁止或者限制使用含磷洗涤剂、化肥、农药以及限制种植养殖等措施；加快建设饮用水源地保护区周边生活污水和垃圾无害化处理设施。

生态公益林，区内用地均为林地，包括国家和江西省林业部门划定的生态公益林。加强生态公益林林地管理，公益林不得擅自调整和变更用途，确需调整或者变更的，应当经原批准机关批准；对因占用或者征用所减少的生态公益林林地面积，根据"占一补一"的原则在县域内补齐；禁止商业性采伐生态公益林；因抚育、更新或者森林火灾等自然灾害因素影响，需要采伐国家重点生态公益林和省级生态公益林中的毛竹或者非天然阔叶林的，应当报江西省林业厅审批；在该区域内控制人类活动强度，严禁在区内建设工厂，在区域周边设置隔离带，控制农田和城镇污染物的排入。积极推进生态公益林建设，提高林地质量。生态公益林的建设应当利用原有地形、地貌、水系、植被，并符合国家有关技术标准；生态公益林区域内的荒山荒地、火烧迹地等宜林地，应当尽快实施造林，恢复森林植被；生态公益林区域内的疏林、残次林等生态功能低下的林地，应当尽快进行封育改造，逐步提高生态公益林的生态保护功能。

自然保护区、森林公园及湿地公园，区内土地以林地、草地为主，同时分布永久基本农田、耕地、农村居民点、交通水利用地、风景名胜及特殊用地等土地利用类型。逐步转移自然保护区的人口，实现核心区无人居住，缓冲区和实验区人口大幅度减少；区域性基础设施建设能避则避，禁止新建铁路、公路和其他基础设施穿越自然保护区核心区和缓冲区，尽量避免穿越实验区；除文化自然遗产保护、森林草原防火、应急救援外，禁止在自然保护区核心区和缓冲区进行包括旅游、种植和野生动植物繁育在内的开发活动；严格控制森林公园、湿地公园内人工景观建设。建立自然保护区与森林公园完善实用的日常林火管理和森林防火、森林灭火辅助决策支持系统。以政府投资为主，推进区内保护设施的建设，配备充足的人员和装备，加强生态保护技术培训，保障日常保护工作运行的经费。吸纳高层次的管理技术人员，在自然保护区内开展科学观测和研究。对自然保护区与森林公园进行整合，通过建立生态廊道，增强自然保护区间的连通性。

生态敏感区，于都县生态敏感区主要为水土流失剧烈分布区域，区内用地为现状土地利用类型。在该区域内应积极进行造林绿化，补偿和恢复生态系统的功能。根据当地的地势、地貌、植被、土壤等特点采用科学的开发方法进行合理规划，将大于25°的坡耕地全部退耕还林还草；将小于25°的坡耕地，修成水平梯田或退耕还林还草；土壤条件好的部分山坡脚部及平地农业耕作，沟谷河塘养殖水产品。

重要生态功能区，区内用地均为林地。保持并提高区域的水源涵养、水土保持、防风固沙、生物多样性维护等生态调节功能，保障区域生态系统的完整性和稳定性，土壤环境维持自然本底水平；禁止大规模水电开发和林纸一体化产业发展；严格控制污染物排放总量，实现污染物排放总量的持续下降；大力推进生态保护与建设，在极重要的生态功能区开展生态移民，减轻人类活动对生态环境的压力；制定并实施水资源、森林资源、草地资源、生物多样性等的生态补偿政策和用于生态保护工程的信贷优惠政策；着力实施重大生态修复工程建设。

2）一般生态管治区

区内主要用于生态保护与环境保育，区内土地利用以林地、草地、园地、水域为主，自然保留地等作为耕地及林草地后备资源暂时纳入一般生态管治区。区内现有非农建设用地，应当按其适宜性调整为林草地或其他类型的营林、牧业设施用地，规划内确实不能调整的，可保留现状用途，但不得扩大面积。除符合建设选址条件的区域性道路交通、市政公用、公园和旅游设施、采矿及特殊项目外（与经批准的相关专项规划相衔接），原则上禁止各项非农建设；区内已建合法建筑物、构筑物，不得擅自改建和扩建；未经批准，禁止占用区内土地进行非农业建设，禁止占用区内土地进行毁林开垦、采石、挖沙、取土等破坏活动；严禁占用区内土地进行破坏景观、污染环境的开发建设活动。

允许适度发展不影响主导生态功能的开发建设活动，如旅游、现代农业、新能源产业及区域性基础设施建设。根据资源状况和环境容量对旅游的规模进行有效控制，不得对景物、水体、植被及其他野生动植物资源等造成损害；建设旅游设施及其他基础设施等必须符合区域内的规划，逐步拆除违反规划的设施；在不损害生态系统功能的前提下，因地制宜地发展旅游、农林牧产品生产和加工、观光休闲农业及风电、太阳能等新能源产业。

持续推进生态修复工程及监测体系建设。逐步实施小流域综合治理、退耕还林还草等生态修复工程建设；重点加强植被修复和水土流失防治；积极布局县级生态环境监测网络，定期监测、加强对环境的监测和保护。

3）永久基本农田保护区

区内土地主要用作基本农田和直接为基本农田服务的农田道路、水利、农田防护林及其他农业设施，空间范围是划定的永久基本农田红线保护片区。区内耕地应按（永久）基本农田管制政策进行管护；区内现有非农建设用地和其他零星农用地应当整理、复垦或调整为永久基本农田，确实不能整理、复垦或调整的，可保留现状用途，但不得扩大面积；禁止占用区内永久基本农田进行非农建设，禁止在基本农田上建房、建窑、建坟、挖砂、采矿、取土、堆放固体废弃物或进行破坏永久基本农田的活动；禁止占用永久基本农田发展林果业和挖塘养鱼；鼓励通过土地整治，改善农业生产条件、完善农田基础设施，提高永久基本农田生产能力。

建立土壤环境质量监测体系，加强土壤环境治理。规划布局永久基本农田土壤环境监测网点，重点优先在矿业开采周边永久基本农田进行布点，定期进行土壤环境质量监测并进行信息发布；对土壤清洁的永久基本农田，在其周边划出一定范围保护区域，禁止在防护区域内新建有色金属、皮革制品、石油煤炭、化工医药、铅蓄电池制造、电镀以及其他排放有毒有害污染物的项目，逐步关闭或搬迁防护区域内已有项目；对于土壤中轻度污染永久基本农田，加强周边污染源监管并严格环境准入，防治土壤污染加重，相关责任方在土壤环境健康风险评估基础上开展土壤污染管治与修复；对于土壤重度污染永久基本农田，建立永久基本农田退出机制，划入一般耕地管治区，同时从一般耕地管治区优先补足土壤清洁的相同数量的耕地进入永久基本农田。

加强区域农业面源污染控制。在该区域内应积极推进农业清洁生产，在河道上建立人工湿地、改善水田的灌溉条件，合理施用化肥和农药，建立健全农药废弃包装物回收处理体系、废旧地膜回收加工网络，以减轻种植业面源污染对区域内水体的影响。

4）一般耕地管治区

区内土地主要为耕地和直接为农业生产服务的农村道路、农田水利、农田防护林及其他农业设施用地。区内现有非农业建设用地和其他零星农用地应当优先整理、复垦或调整为耕地，规划期内确实不能整理、复垦或调整的，可保留现状用途，但不得扩大面积；该区域内的耕地原则上不允许被建设占用，确需占用的，批准转用后修改规划；不得破坏、污染和荒芜区内耕地；除生态保护需要外，限制占用耕地发展园、林、牧、渔业；原则上禁止改变耕地用途用于建窑、建房、建坟、挖砂、采矿、取土及堆放固体废弃物；鼓励实施土地整理，搞好土地建设，提高土地质量，改造中低产田等等。

建立土壤环境质量定期监测和信息发布制度。对于土壤清洁的耕地，在其周边划出一定范围的防护区域，禁止在防护区域内新建有毒有害污染物的项目，逐步关闭或搬迁防护区域内的已有项目；对中轻度污染耕地，采取严格环境准入、加强污染源监管等措施；对重度污染耕地，严格用途管制，有序开展重度污染耕地种植结构调整，有效控制土壤环境风险。

加强区域农业面源污染控制，积极发展生态农业生产模式。在该区域内应积极推进农业清洁生产，在河道上建立人工湿地、改善水田的灌溉条件，合理施用化肥和农药，建立健全农药废弃包装物回收处理体系、废旧地膜回收加工网络，以减轻面源污染对区域内水体的影响；全面推广生态农业生产模式，发展休闲现代农业，积极发展无公害、绿色、有机农产品；实现农业生态系统内的物质循环利用，有效减少化肥、农药等使用量和使用强度，降低土壤重金属、水体富营养化等污染程度；加快农业生产经营及废弃物利用的专业化和规模化，促进农村企业间循环和区域间循环，大力推进生态农业示范园的建设，推进生态农业产业化经营。

5）农村生活管治区

区内土地主要用于农村居民点及畜禽养殖用地建设。积极引导农民向集镇、中心村集中居住，新增规模上用于宅基地建设的，应符合村镇建设有关标准或村镇规划；区内建设应优先利用现有低效建设用地、闲置地和废弃地；规划期内农村居民点用地面积原则上不扩大，积极通过提升、整合、整治发展多种途径减少农村居民点用地面积；鼓励区内基础设施和基本公共服务设施优先建设；区内可复垦农村居民点用地的宜耕地列入耕地后备资源，规划期内鼓励该部分用地转为宜农耕地。

开展农村环境连片综合整治。加大村镇供水和污水、垃圾处理设施建设，并对污泥进行妥善的处理处置。因地制宜建设农村生活污水处理设施，分散居住地区采用低能耗小型分散式污水处理方式，人口密集、污水排放相对集中地区采用集中处理方式；实施农村清洁工程，开展农村环境综合整治，鼓励生活垃圾分类收集和就地减量无害化处理。选择经济、适用、安全的处理处置技术，提高垃圾无害化处理水平，城镇周边和环境敏感区的农村逐步推广城乡一体化垃圾处理模式；开展观光休闲农业，拓展生态农业功能，促进社会主义新农村建设；以规模化养殖为重点，对畜禽养殖废弃物实施综合治理，推广生产有机肥，持续推进污染减排及废弃物综合利用。发展生态畜牧业，发展农牧结合的规模化养殖，推广生物治理技术。

6）城市建设管治区

区内土地主要用于城市规划区范围内各类建设行为，与经批准的城市规划相衔接，空间范围是划定的城市空间增长边界内区域，对于边界内存在的生态保护红线区范围经核定边界后予以扣除。区内城市建设应优先利用现有低效建设用地、闲置地和废弃地；区内现状土地利用类型在批准改变用途之前，应当按现用途使用，耕地不得荒芜；区内农村居民点用地，原则上不再扩大其规模，并应通过多种模式和途径，引导其功能、环境和管理逐步向城市社区转型；鼓励优先满足基础设施和社会公益性的基本公共服务设施用地需求。

优化区域空间布局，加强环境综合整治。按照严控污染、优化发展原则，引导城市集约紧凑、绿色低碳发展，合理布局工矿建设空间，减少农村生活空间，扩大服务业、交通、城市居住、公共设施空间；控制城市蔓延扩张，扩大城市绿色生态空间，加强城市公园绿地、绿道网、绿化隔离带等生态廊道建设。加强环境综合整治，大力实施大气环境综合整治、水环境综合整治、土壤污染管治、环境噪声影响严重区管治等环境综合整治工程，严格化学品环境管理，强化城市污水、垃圾收集与处理设施建设，加强环境管理和监督力度，着力提高各类治污设施的效率。

实行更加严格的产业准入标准。将区域资源环境承载力和环境容量作为承接产业转移的重要依据，严格资源节约和环保准入门槛。基于限制开发区的特征，严格限制区内"两高一资"产业落地，原则上不再新建各类产业园区，严禁随意扩大现有产业园区范围；楂林工业小区应加快完成循环化改造、鼓励上欧、罗坳工业小区推进低消耗、可循环、少排放的生态型工业区建设，对不符合主体功能定位的现有产业，通过设备折旧补贴、设备贷款担保、迁移补贴、土地置换、关停补偿等手段，实施搬迁或关闭。

深化污染物总量控制和环境影响评价制度。有效控制区域性复合型大气污染，现有存量污染源通过结构调整、转型升级或提标改造削减排放量。区内工业企业排污许可允许的主要污染物排放量须满足国家主要污染物排放总量削减任务和区域环境质量标准要求；严格执行排污许可管理制度，从严控制污染物排放总量，实现工业污染物排放总量持续下降；严格依法开展建设项目环境影响评价和区域规划环境影响评价；制定建设项目分类管理目录，提出鼓励发展的产业目录和产业发展的环保负面清单；强化对企业污染物稳定达标排放的监管。

强化环境风险管理。建立区域环境风险评估和风险防控制度。楂林、上欧和罗坳工业小区，要根据环境风险评估建立风险预警和风险控制机制，制定突发环境事件应急预案；对于环境问题突出或居民反应强烈的高环境健康风险的区域开展环境与健康调查，采取有效措施降低环境健康损害风险，确保不发生大规模环境污染损害健康的事件。

积极推行清洁生产和绿色低碳发展。对于区域的工业发展应尽量按照清洁生产的标准，从生产工艺与装备要求、资源能源利用指标、产品指标、污染物产生指标、废物回收利用等方面进行清洁生产的评价和管理；新建项目清洁生产应达到国内先进水平，逐步完成现有工业企业清洁生产水平提升；开展节约能源与新能源开发与利用的示范工作，逐步引导民众的绿色低碳生活习惯；加强可再生能源等新能源和低能耗、超低能耗技术与产品在住宅建筑中的应用等。

7）镇域建设管治区

区内土地主要用于乡镇镇区建设，与经批准的乡镇总体规划相衔接，空间范围是本规划初步划定的乡镇建设用地控制边界内区域。区内城市建设应优先利用现有低效建设用地、闲置地和废弃地；区内现状土地利用类型在批准改变用途之前，应当按现用途使用，耕地不得荒芜；区内农村居民点用地，原则上不再扩大其规模，并应通过多种模式和途径，引导其功能、环境和管理逐步向城镇转型；鼓励优先满足基础设施和社会公益性的基本公共服务设施用地需求。

扩大绿色生态空间。保护区内具有重要生态功能的基础生态用地，扩大城镇绿色生态空间，将区域开敞空间与城镇绿地、农田等系统有机结合起来，加强人工生态用地与自然生态用地的连通性。

加强乡镇环境基本公共服务体系建设。加快环保基础设施建设，加强区域生活污水、生活垃圾处理等环境基础设施的投入，加大生态环境保护的投资比例；加强环境管理和监督力度，提高各类治污设施的效率；强化对乡镇企业污染物稳定达标排放的监管；加大乡镇工矿企业污染治理力度，依法执行环境影响评价制度；制定突发环境事件应急预案，尤其是位于河流附近的工业，要加强对水体污染事件的应急预案制定，强化对环境事件应急工作的监管；完善生态环境保护的保障体系，提高环境监督管理水平。

8）区域基础设施和独立产业管治区

区内基础设施用地主要为跨区域的水利设施、能源设施、交通设施等不宜安排在城市规划区和乡镇镇区范围内的用地，区内产业用地主要用于采矿业以及其他不宜在居民点内安排的工业用地。区内土地使用应符合经批准的工矿建设规划；区内因生产建设挖损、塌陷、压占的土地应及时复垦；区内建设应优先利用现有低效建设用地、闲置土地和废弃地；区内现状土地利用类型在批准改变用途之前，应当按现用途使用，耕地不得荒芜；区内产业用地建设应以集约高效为原则，提高建设用地集约利用水平；区内基础设施建设要着力提高科学性和前瞻性，避免盲目和无序建设；区内可复垦废弃工矿用地的宜耕地列入耕地后备资源，规划期内鼓励该部分用地转为宜农耕地。

加强区域基础设施生态保护与恢复。道路交通建设生态保护与恢复按照《道路交通建设生态保护与恢复标准（征求意见稿）》技术要求，其他区域基础设施参照道路交通。全面执行生态恢复与保护技术要求（一般要求、选线要求、施工场地生态保护与恢复要求、陆生植物保护要求、陆生动物和鸟类保护要求、湿地保护要求、水资源保护要求、陆域绿化要求、景观要求）、生态保护与恢复控制要求、生态保护与恢复监测要求。强化监督实施，确保最小限度占用临时占地，最大限度恢复区域基础设施及周边植被。

加强矿山生态环境保护和恢复治理。采取必要的预防和保护措施，避免或减轻矿产资源勘探和采选矿造成的生态破坏和环境污染；对矿产资源勘探和采选矿过程中造成的各类生态破坏和环境污染采取人工促进措施，依靠生态系统的自我调节能力与自组织能力，逐步恢复与重建其生态功能；按照《矿山生态环境保护与恢复治理方案（规划）编制规范（试行）》（HJ 652—2013），积极编制恢复治理方案。识别矿区主要生态环境问题；分析矿山环境污染治理情况；预测生态环境影响；评估清洁生产、污染控制、水土保持和生态恢复指标；制定污染防治工程、生态恢复与重建工程、水土保持建设工程、地质环境保护与治理恢复工程、生态产业工程方案；提出矿山生态环境监测方案。

严格执行污染物排放总量控制和环境影响评价制度。区内独立于城市、城镇建设的工业企业，严格执行排污许可制度，主要污染物排放量必须满足国家主要污染物排放总量削减任务和区域环境质量标准要求；现有存量污染源通过结构调整、转型升级或提标改造削减排放量。新、改、扩建项目要按照《新建项目主要污染物排放总量指标审核及管理暂行办法》的要求，严格落实替代削减方案，以保障县域范围内环境质量逐步改善。

3. 提出于都县环境准入管治负面清单

于都县"多规合一"从生产空间布局准入、污染防治准入、能源利用效率准入、水资源利用效率准入、国土资源利用效率准入、规模工艺装备准入和其他准入要求。

（1）生产空间布局准入

1）应符合主体功能区要求

禁止开发区严禁准入一切工业企业，限制开发区有选择性准入与农产品生产和生态功能保护相适应的行业企业。于都县在国家主体功能区中位于限制进行大规模高强度工业化、城镇化开发的长江流域农产品主产区，国家赋予的主体功能以提供农产品为主，要求着力保护耕地，增强农业综合生产能力，控制开发强度，优化开发方式，促进农业资源的永续利用。国家要求对限制开发区内项目的占地、耗能、耗水、资源回收率、资源综合利用率、工艺装备、"三废"排放和生态保护等实行强制性标准，对不符合主体功能定位的现有产业，要通过设备折旧补贴、设备贷款担保、迁移补贴、土地置换等手段，促进产业跨区域转移或关闭。

于都县在江西省主体功能区中，除贡江镇、岭背镇为重点开发城镇外，其他区域均为限制开发区中的农产品主产区。要求在限制开发区域内，仅保留对本区域生态功能不产生不良影响的鼓励类条目，对生态环境有可能造成影响的条目调整为限制类，对空气、水资源等生态环境有较大污染的条目调整为淘汰类。支持重点开发区域承接沿海优化开发区域产业转移，但承接产业转移必须坚持高标准，严禁高污染产业和落后生产能力转入。

2）符合于都县空间管治分区要求

永久基本农田保护区，严禁准入与主导功能定位不符的开发项目。生态保护红线区，在划定的生态红线一级管治区，实行最严格的管治措施，严禁一切形式的开发建设活动；在生态红线二级管治区有选择性准入不对主导生态功能构成直接或潜在威胁的行业企业。严控与主导生态功能相左的产业、项目落地。

（2）污染防治准入

1）优先生态功能保护

禁止准入有损区域主导生态功能的行业企业。于都县生态本底良好，拥有屏山和罗田岩两个省级森林公园，总面积约 55km^2，全县森林植被覆盖率达 70% 以上，具有较高的生态服务价值。境内河流纵横，湿地资源丰富，生物多样性价值较高。在江西省整体推进生态文明先行示范区建设进程中，于都县需要坚持生态立县、建设生态强县，未来产业准入中，应严格生产空间布局，加强生态空间管治，在生态敏感区、脆弱区、关键物种与种质资源分布小区等生态红线区，严控与主导生态功能相左的产业、项目落地。

2）环境保护设施要求

优先准入配备国家推荐或鼓励的重点环境保护设施的行业企业。目前，于都县环境保护设施较少，污染防治能力欠缺，全县只有一个运营的县城生活污水处理厂，各乡镇的生活污水基本直排江河。2013 年，纳入环境统计的 125 家重点企业中，只有工业废水治理设施 13 套，工业废气治理设施 14 套，除尘设施 14 套，无脱硫设施，脱硝设施只有一套，但尚未正式运行。装有在线自动监测系统的企业只有 4 家。于都县未来制定行业企业准入政策时，应鼓励相关产污排污企业优先安装《环境保护综合名录（2014 年版）》或《国家鼓励发展的重大环保技术装备目录》中推荐的大气污染防治、水污染防治、固体废物处理、资源综合利用、环境监测专用仪器仪表等环保基础设施，从源头上控制污染物排放。

3）强化污染排放控制

限制准入高排放强度行业企业。2013 年于都县除氮氧化物和烟粉尘排放强度外，其他主要污染物排放强度均明显高于全国和江西省平均水平。于都县未来引进和发展相关行业时，应严格环境准入门槛，既要考虑行业企业的排放总量、达标排放能力，也要限制企业的排放强度，确保达到良好的环境经济效益。

禁止准入生产高污染、高环境风险产品的行业企业。于都县未来行业产业发展时，应严格环境准入门槛，禁止《环境保护综合名录》（2014 年版）中高污染、高环境风险产品进入。

慎重准入生产或使用国家重点监管的危险化学品、危险废弃物的行业企业。参照《重点环境管理危险化学品目录》和《国家危险废物名录》，于都县未来应慎重选择使用或生产相关危险化学品、危险废物的行业企业落户，加强危险化学品和危险废物监管。

4）污染治理技术要求

优先准入采用国家鼓励发展的环境保护技术或国家先进污染防治技术的行业企业。根据《国家鼓励发展的环境保护技术目录》或《国家先进污染防治示范技术名录》，优先准入城镇污水、污泥处理技术，除尘、脱硫、脱硝技术，工业废气治理、净化及资源化技术，固体废物综合利用、处理处置及土壤修复技术，农村污染治理技术及工业清洁生产技术。

优先准入可进行污染场地修复的行业企业。参考《污染场地修复技术目录》，优先准入采用水泥窑协同处置技术、土壤阻隔填埋技术、土壤植物修复技术、生物堆技术、地下水修复可渗透反应墙技术等进行污染场地修复的行业企业。

（3）能源利用效率准入

限制准入单位能耗高于国家或行业标准值的行业企业。于都县主要耗能行业为非金属矿物制品业、造纸和纸制品业、食品制造业等六个行业，其中非金属矿物制品业能耗强度最大，2012年单位工业增加值能耗高达7.8t标煤，远远高于国家3.3t标煤每万元工业增加值的平均水平。于都县未来制定行业准入政策时，应参考《参考全国工业能效指南》（2014年版），优先准入单位产品能耗达到国家相关行业平均值和先进值的行业企业，限制准入单位产品能耗高于国家相关行业限额标准限定值的行业企业，禁止准入单位产品能耗高于国家相关行业准入值的行业企业。同时鼓励企业生产和使用《中华人民共和国实行能源效率标识的产品目录》中的能效标识产品。

优先准入国家重点推广的节能低碳技术相关行业企业。参考《国家重点节能技术推广目录》（1-7批），优先准入建材、轻工、纺织、机械、交通、建筑类重点节能技术企业；根据《国家重点推广的低碳技术目录》，优先准入非化石能源类、燃料及原材料替代类、碳汇类重点低碳技术企业。

（4）水资源利用效率准入

有选择性准入高耗水行业，限制准入用水效率较低行业企业。于都县目前年可供水量约3.59亿 m^3，年需水量约2.74亿 m^3，其中工业用水量1573万 m^3，单位工业增加值用水量为 40t（均为 2010 年数据）。虽然工业用水效率远高于全国水平（2010 年全国每万元工业增加值的用水量为 90m^3），但由于于都目前的工业基础相对薄弱，未来在实施工业强县战略目标下，仍需严格落实最严格的水资源管理制度。限制有悖国家水资源三条红线的行业企业准入，参考《重点工业行业用水效率指南》，优先准入单位产品取水量达到国家相关行业先进值、平均值的行业企业，限制准入单位产品取水量高于国家相关行业限定值的行业企业，禁止准入单位产品取水量高于国家相关行业准入值的行业企业。开展节水型企业创建活动，参考节水型企业相关标准，优先准入达到国家节水型企业标准的行业企业。

（5）国土资源利用效率准入

禁止准入用低效率较低行业企业。于都县位于长江中下游低山丘陵区，可利用耕地资源较少，2012 年人均农村居民点用地为 172.81m^2，城镇人均工矿用地面积为 100.56m^2。于都县未来在推进新型工业化、城镇化进程中，更需要强化落实最严格的耕地保护制度，限制准入有悖国家耕地资源保护红线的行业企业。参考《限制用地项目目录》（2012 年本），限制准入相关用地项目，依据《禁止用地项目目录》（2012 年本），禁止准入相关用地项目。

强化矿产资源综合利用。参考《矿产资源节约与综合利用鼓励、限制和淘汰技术目录（修订稿）》，优先准入鼓励类矿产资源节约与综合利用技术，限制准入限制类矿产资源节约与综合利用技术，禁止准入淘汰类矿产资源节约与综合利用技术。根据《矿产资源节约与综合利用先进适用技术目录》（1-3 批），优先准入金属矿产类、非金属矿产类矿产资源节约与综合利用先进适用技术。

（6）规模工艺装备准入

于都县未来准入的行业企业必须符合国家产业政策。按照《产业结构调整指导目录》（2013 修订本），于都县未来应优先准入国家鼓励发展的行业产业，限制准入国家限制发展的行业产业，禁止准入国家即将淘汰的落后生产工艺装备和产品。按照《部分工业行业淘汰落后生产工艺装备和产品指导目录》，于都县未来应禁止准入国家即将淘汰的落后生产工艺装备和产品。按照《国家鼓励的循环经济技术、工艺和设备名录》，于都县未来应优先准入国家鼓励发展的循环经济类项目。

（7）其他准入要求

产品质量效益准入。于都县未来准入的行业企业必须达到相关产品的国家、行业或企业质量标准，禁止准入无法达标的行业企业。

安全与社会责任准入。于都县未来准入的行业企业必须达到各行业制定的安全生产设计标准和企业社会责任管理体系，禁止准入无法达标的行业企业。

行政监督与管理。对不符合准入条件的项目：投资管理部门不得备案，土地管理部门不得办理土地审批手续，环保部门不得办理环保审批手续，建设部门不得办理建设开工手续，安全监管部门不得办理安全许可，融资部门不得提供任何形式的授信支持。达到准入条件并符合项目建设要求的，企业应按照规定办理《安全生产许可证》《排污许可证》等相关许可后，方可进行生产销售。

第 9 章 临湘"多规合一"案例应用

本研究提出的以环境承载为基础，通过识别生态本底划定生态保护红线，构建环境功能区应用于临湘环境总体规划中，并基于绿色发展的全域空间管治措施对生态功能分区分别提出管治措施，发挥生态环境本底优越的支撑优势，推进临湘经济社会发展和环境保护的高度融合。

9.1 生态红线划定

1. 生态红线范围

依据《生态保护红线划定技术指南》，划定临湘市生态红线范围，主要包括重点生态功能区、重要水体、生态敏感区、生态脆弱区以及无扰动区等等，其中，生态红线区面积 610.79km²，占国土面积的 35.54%（表 9-1）。

生态红线区统计　　　　表 9-1

分类		名称	面积（km²）	占比(%)
生态红线一类区	"必须划定"生态红线	黄盖湖湿地核心区	11.91	0.69
		龙窖山景区核心区	41.09	2.39
		龙源水库	3.50	0.20
		团湾水库	2.13	0.12
		五尖山国家森林公园核心区	10.02	0.58
		忠防水库	1.84	0.11
		小计	70.49	4.10

续表

分类		名称	面积（km²）	占比(%)
生态红线二类区	"应该划定"生态红线	白鳍豚保护区	5.89	0.34
		黄盖湖湿地（除核心区）	44.41	2.58
		龙窖山景区（除核心区）	26.27	1.53
		龙源水库水源涵养区	12.69	0.74
		生态敏感区	209.87	12.21
		五尖山国家森林公园（除核心区）	17.94	1.04
		忠防团湾水源涵养区	38.04	2.21
		小计	355.11	20.66
	"建议划定"生态红线	石漠化治理区	141.52	8.23
		植被修复区	43.68	2.54
		小计	185.20	10.78
	合计		540.30	31.44
汇总			610.79	35.54

从空间分布来看，北部主要以水体为主，包括长江、黄盖湖等；东南部以水源涵养地为主，临湘市三座水源地均位于东南部；西南部生态较为脆弱，石漠化现象显著，矿区开采造成了一定的生态破坏，生态修复任务较重；重点生态功能区分布在山区，较为分散，包括国家级森林公园、水源保护区、湿地、主要林场等（图9-1）。

图9-1　生态红线范围

2. 管治策略

生态红线范围划分为两级管治区。

一级管治区为重点生态功能区，包括大云山森林公园、黄盖湖湿地、龙窖山风景名胜区、五尖山森林公园。一级管治区严禁一切与保护主导生态功能无关的开发建设活动。

二级管治区为重要水体、生态敏感区与生态脆弱区。二级管治区严禁有损主导生态功能的开发建设活动。

3. 重点生态功能区的生态红线管治方案

重点生态功能区是绝对禁止任何开发行动的区域，以保持原始生态环境状态为主，必要时开展适量的保护性修复工作。

五尖山国家森林公园、龙窖山风景名胜区以及大云山国家森林公园，严格保护好现有森林资源，除了为公园建设服务的项目外，严格禁止其他建设项目占用林地。以国家级森林公园为规划目标，合理开发、保护龙窖山景区。

黄盖湖湿地在国家主体功能区规划中被列为无扰动区，在不降低生态质量前提下，可适度开展黄盖湖周边地区经营利用和生态旅游，达到区域社会、经济、环境协调发展，实现人与自然和谐共存。

4. 重要水体与水源涵养地的生态红线管治方案

水体主要分布在北部与东南部。尽快完善饮用水源保护规划，对饮用水源地及水源涵养区以相关专项规划为准则。

北部以长江为主体，分布着三座湖泊。临湘市北部有滨江产业园，是临湘市工业发展主要聚集地，因此，必须保证工业生产不能影响水体质量，保证水质不下降，规划至2020年实现工业污水处理率达到100%。

东南部除龙源水库外，还分布有忠防水库、团湾水库，也是临湘市饮用水源地。为逐步提升水源水质，确保饮用水质安全，规划至2020年前，编制完成龙源水库、忠防水库和团湾水库饮用水源地保护规划，并加强对周边水源涵养林的建设。

5. 生态脆弱区的生态红线管治方案

临湘市西南部生态较为脆弱，是临湘市生态保护与建设的重点。

西南石漠化综合治理区以保护为主，积极采取人工造林、封山育林等保护和恢复林草植被措施，控制水土流失，遏制石漠化扩展趋势，改善生态状况。改进林地结构，提高森林涵养水源、保持水土能力，遏制土地石漠化和水土流失。

矿区植被恢复治理区主要分布在桃林镇、忠防镇、詹桥镇和白羊田镇，区域内矿区开采对地表植被造成严重破坏，生态环境有所退化，矿区植被恢复急需开展。根据临湘市生态破坏情况，水土流失重点防控区为白羊田镇。长塘镇和詹桥镇，地质灾害多发区主要在詹桥镇和白羊田镇。区域内严禁私挖滥采，无序开发，对生态状况严格监控。保护地表植被，对于停产矿区、塌陷区应积极回填，优先用于植树造林。

9.2 分区施策

临湘市全域分为 6 个环境功能区：自然生态保留区、生态功能保育区、食物环境安全保障区食物环境安全保障区、聚居环境维护区聚居环境维护区、资源开发环境引导区（表 9-2、图 9-2）。

各环境功能区划的面积及占比　　　表 9-2

环境功能区		面积（km²）	占比（%）
Ⅰ	自然生态保留区	70.49	4.10
Ⅱ	生态功能保育区	907.71	52.81
Ⅲ	食物环境安全保障区	643.92	37.47
Ⅳ	聚居环境维护区	42.63	2.48
Ⅴ	资源开发环境引导区	53.96	3.14
总计		1718.71	100

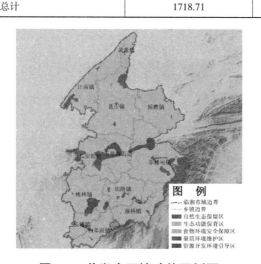

图 9-2　临湘市环境功能区划图

1. 自然生态保留区

自然生态保留区自然保留区主要包括各级自然保护区、森林公园、风景名胜区等。临湘市环境功能区划中，自然保留区主要包括五尖山国家森林公园、大云山国家森林公园、龙窑山风景区、黄盖湖湿地（表 9-3）。

自然生态保留区范围　　　　　　　　　表 9-3

编号	类型	名称	面积（km²）
Ⅰ-1	森林公园	大云山国家森林公园	18.4113
Ⅰ-2	森林公园	五尖山国家森林公园	28.0897
Ⅰ-3	自然保护区	黄盖湖湿地	56.4263
Ⅰ-4	自然风景区	龙窑山风景名胜区	46.294
总计			149.2214

自然生态保留区逐步提高生态环境质量要求，到 2020 年地表水执行Ⅰ类标准，大气环境达到一级功能区要求，土壤环境质量保证不退化。自然生态保留区逐步减少人类生活与生产对自然生态环境的影响，最大限度的保留原有自然生态系统，到 2020 年完成红线区内的生态修复。

五尖山森林公园（图 9-3）（总面积 28.09km²）与大云山森林公园（总面积 83 km²，其中临湘市境内面积 18.45km²）执行国家森林公公园生态环境质量标准，地表水达到Ⅰ类标准、环境空气达到一级或功能区要求、土壤环境质量保持本底状态。

黄盖湖湿地（图 9-4）（总面积 311km²，其中临湘市部分面积 91.7km²）及周

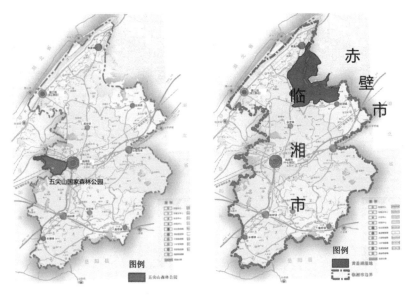

图 9-3　五尖山森林公园　　　　　图 9-4　黄盖湖湿地

边共 105.52km² 执行省级自然保护区的要求，保证黄盖湖水质不低于《地表水环境质量标准》（GB 3838-2008）中的Ⅲ类标准。严格限制黄盖湖及周边地区的生产活动，保证湿地及水面面积不减少。

2. 生态功能保育区

生态功能保育区主要包括临湘市重要水体、水源涵养区、生态敏感区及生态脆弱区。

生态功能保育区地表水质量不低于Ⅲ类标准，环境空气达到一级或功能区要求；土壤环境质量保证不退化。

对生态功能保育区内的非生态功能用地与生产活动进行排查，规划至 2020 年，清理生态功能保育区内工厂，禁止毁林、开荒等行为，逐步减少生态功能保育区内耕地的农药化肥使用。

忠防水库与团湾水库作为临湘市饮用水源地，要求水质不低于Ⅲ类标准，规划于 2020 年之前编制完成饮用水源地保护规划，并划定饮用水源地保护区。积极开展水源地保护规划，水源地保护以专项规划为准则，开展合理的水源保护措施与开发建设活动。

3. 食物环境安全保障区

食物环境安全保障区主要包括基本农田分布地区及主要农产品种植区。防止土壤与水环境污染，保障食品安全。食物环境安全保障区主要分布在长塘镇、白羊田镇、江南镇、桃林镇、羊楼司镇、定湖镇、坦渡乡、乘风乡、坦渡镇、聂市镇等。

食物环境安全保障区内地表水达到灌溉水Ⅴ类标准，环境空气达到二级标准，土壤环境质量达到二级标准。对区内工业生产活动进行严格控制，至 2020 年，杜绝涉重、涉危、涉化企业的存在，并逐步控制化肥农药使用量，发展有机农业。

4. 聚居环境维护区

划定临湘市主城区及各乡镇驻地作为聚居环境维护区。聚居环境维护区总面积 22.2024km²，占临湘市国土总面积的 1.29%。

聚居环境维护区内水环境质量达到景观用水水质标准、空气质量达到二级标准、声环境质量达到Ⅰ类标准。规划至 2020 年，搬迁、关闭重污染等工业企业，禁止新建、扩建、改建重污染工业企业；提高人居环境，保护区域内耕地与生态功能用地，加强环境基础设施建设，污水处理率达到 100%，污水回用率达到 50%。

5. 资源开发环境引导区

资源开发环境引导区是维护矿产资源集中连片开发地区生态环境安全、依据当地及周边生态环境条件引导资源有序开发的区域，服务于保障资源开发区域生态环境安全。

临湘市资源开发引导区主要包括矿产资源较为丰富的地区，分布在桃林、白云、忠防、长塘等地。

第 10 章
保定服务首都对接京津战略编制案例应用

本研究提出的环境协同发展战略的绿色规划理念和以气定形的立体空间管治措施在保定服务首都对接京津战略编制试点研究中得到应用，依据山水林田湖是一个生命共同体的理念，从区域一体化角度构建"从山到水"的开放式绿廊，同时结合自身生态基底，将自身的生态要素与其他区域的生态环境资源进行整合，构筑区域生态管治，增强生态系统循环能力，实现区域内生态环境的协调发展与保护，生态安全格局，维护生态平衡。

10.1 生态问题区域共性特征明显，京津冀联防联控不足

京津冀地区正面临着经济发展程度与生态环境建设不协同，环境恶化与资源短缺状况并存等诸多问题。京津冀地区人口的快速集聚，城市的无序扩张给生态环境造成极大的压力，导致生态系统功能下降、资源供应不足、污染物排放增多，超出了城市生态系统的承载能力，生态问题表现出明显的区域普及化特征。

根据环境保护部发布的京津冀、长三角、珠三角区域及直辖市、省会城市和计划单列市等 74 个城市 2013 年度空气质量状况数据显示：京津冀、长三角、珠三角区域成为空气污染相对较重的区域，尤以京津冀区域污染最为严重。京津冀地区的 13 个地级及以上城市，空气质量平均达标天数比例仅为 37.5%，比 74 个城市平均达标天数比例低 23 个百分点，有 10 个城市达标天数比例低于 50%；在 74 个城市排名中，京津冀地区有 11 个城市排在污染最重的前 20 位，其中有 7 个城市排在前 10 位。可以看出，京津冀地区空气质量整体较差。

其次，京津冀地区雾霾天气出现的频次和程度最为严重。其中一些大中城市的大气污染排放总量远远超过了生态环境容量，造成雾霾不断发生，不但冬天有，夏天也时有发生。监测表明，这些地区每年出现霾的天数在 100 天以上，个别城市甚至超过 200 天（图 10-1）。

图 10-1　北京与保定雾霾天气情况图

选取 2013 年 9 月 26~28 日雾霾扩散过程作为个例，来分析京津冀地区污染物的扩散趋势。这段时间正是夏季向冬季的过渡期，京津冀北部地区主导风向转变为偏北风，风力偏弱，南部地区主导风以南风为主。这时山前平原区（包括石家庄、保定、廊坊、北京）正处于气流交汇带上，形成雾霾自西南向东北的聚集与扩散的主要廊道。同时也受到地形因素的影响，如雾霾汇集在山前迎风面，并沿着山谷向山区逐渐扩散。可以看出，京津冀地区大气污染区域共性特征明显，加强区域联防联控已经成为共识（图 10-2）。

京津冀资源问题同样严重。根据《京津冀发展报告（2013）——承载力测度与对策》，北京资源环境正处于紧运行的状态，天津资源环境较紧运行。如近几年，北京平均供水总量约为 23 亿 m³，平均用水总量基本稳定在 35 亿 m³，水资源缺口为 12 亿 m³；天津平均供水总量约为 12 亿 m³，平均用水总量基本稳定在 23 亿 m³，水资源缺口为 11 亿 m³；京津城市用地也接近土地承受的极限值（图 10-3，图 10-4）。

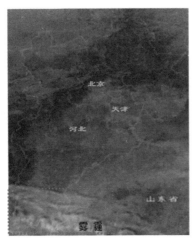 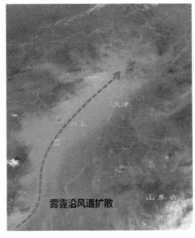

图 10-2　京津冀地区空气污染监测图
（左图时间为 2013 年 9 月 26 日，右图时间为 2013 年 9 月 28 日）

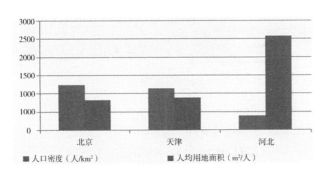 

图 10-3　京津冀人均用地分析图　　　　图 10-4　人均水资源分析图

京津冀地区山水相连、地缘一体、生态共融，未来协同发展、生态一体化建设已经成为趋势，必然会构建区域一体的生态安全格局。京津冀水资源同丰同枯，资源调配之路是个"死胡同"，区域协同发展才是破解之路（图 10-5）。

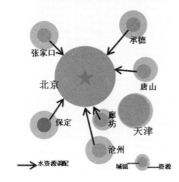 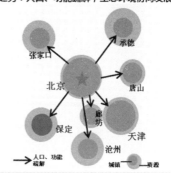

图 10-5　京津冀发展趋势分析图
（左图为现状发展模式、右图为未来协同发展模式）

10.2　区域气候背景与发展基础分析

1. 京津冀地区风向分布特征

京津冀地区属于暖温带大陆性季风气候，位于季节变化区。这一区域的特点是盛行风向随着季节的变化而转变，夏季盛行来自海洋的偏南风，冬季劲吹来自亚洲大陆内部的偏北风，冬、夏季风向基本相反，风向稳定。同时，受特殊的地理环境形成的山谷风、海陆风和城市热岛环流的影响，该区域的风向分布特点更是复杂多变。

（1）京津冀主导风向分布特征

就主导风向空间分布而言，京津冀地区以偏南风和西北风为主导风向的地区最多。其中，以偏南风为主导风向的区域主要分布在太行山和燕山东南的平原地区；冀北高原地区地势平坦开阔，受蒙古高压影响较重，大部分区域主导风向以西北风和偏北风为主；而太行山和燕山山区及山前平原区，由于受地形影响，主导风向各地差异很大，其中很大一部分地区静风频率较高。

从年平均主导风向分布图上可以看出，从保定到廊坊位于气流交汇区，是山谷风与海陆风相遇的主要区域，风向多变，风速也比较小，可以推测这一带应该是污染扩散不通畅区域，污染出现的频次和程度相对严重（图 10-6）。

（2）京津冀四季风向分布特征

由于京津冀地区属于季风气候，大部分城市的盛行风向随季节的变化而转变，冬夏季风向基本相反。因此在城市规划时，不仅要考虑年风向玫瑰图，还要重视四季风向的变化，特别是冬夏季（1、7 月）风向。

京津冀地区四季主导风向分布情况：在 1 月（代表冬季），京津冀地区受大陆冷高压的控制，盛行偏北风，风速较大。但受山体阻挡的影响，河北东南部风速减弱，保定东部与廊坊、衡水与石家庄之间的区域常形成气流涡旋，污染物不易于扩散。4 月（代表春季）是冬季向夏季过渡时期，大陆冷高压逐渐变弱，故北部主导风主要仍为偏北风为主，南部主导风向转为偏南风。其中，东南沿海地区的偏南风风速较强。承德西南部、石家庄北部和保定南部地区常出现涡旋区，空气质量较差。7 月（代表夏季），京津冀区域大部分地区受西太平洋副热带高压的影响，除了冀西，其他地区盛行南风和东南风。冀西山体成为迎风面，风速相对较弱，使得山前平原区域容易出现窝风，形成大面积的污染浓度高值区。10 月（代表秋季）是夏季向冬季的过渡期，北部地区主导风向已由东南风转变为偏北风，南部地区主导风仍以南风为主。天津、廊坊、沧州、保定、石家庄位于气流交汇带上，容易形成高污染浓度带（图 10-7）。

2. 保定市地形地貌与风向分布特征分析

保定市位于太行山东麓，河北省中部，北邻北京市和张家口市，东接廊坊市和沧州市，南与石家庄市和衡水市相连，西部与山西省接壤。气候属于典型的暖温带大陆性季风气候，受山谷风、海陆风和城市热岛环流三者影响的特征明显（图 10-8）。

图 10-6 年平均主导风向分布
（椭圆圈内表示气流交汇区，易出现高度污染。资料来源：京津冀气象专题报告）

图 10-7 主导风风向分布 a：1 月；b：4 月；c：7 月；d：10 月
（椭圆圈内表示气流交汇区，易出现高度污染。资料来源：京津冀气象专题报告）

图 10-8 保定市地形与主导风向分布图

10.3 环境协同发展战略

1. 构建"从山到水"的开放式绿廊

根据《环首都绿色经济圈总体规划》、《京津冀城镇群区域规划要点》等相关规划，京津冀将沿滦河、子牙河、永定河、蓟运河、北运河、潮白河、拒马河等主要河流水系，规划建设多条生态廊道，构建区域一体的生态安全格局。其中，北京构建"从山到山"的半环状绿廊；天津构建"从海到海"的半环状绿廊；河北构建"从山到海"的开放式绿廊。

大清河流域地跨晋、冀、京、津四省市，流域内山水一体。保定市位于大清河水系的中上游，河流水系众多，呈"九河下梢"之势分布于山区、平原，最终成扇形汇入华北地区最大的淡水湖泊——白洋淀。保定境内还建有南水北调中线总干渠以及天津干渠、廊涿干渠和保沧干渠，形成纵横成网的水系特点。

因此，保定市将沿水系、南水北调工程、湖泊湿地、蓄滞洪区等生态资源，主动构建"从山到水"的开放式绿廊，融入京津冀区域一体的生态防护廊道中；同时作为城镇群的重要隔离带以及为居民服务的重要生态旅游休闲带（图 10-9，图 10-10）。

图 10-9　京津冀生态廊道分布图　　图 10-10　保定市山 - 水格局

2. 构建区域性通风廊道

针对区域日益严重的环境污染问题，特别是雾霾天气，通过对保定风向、风速、地形地貌的分析,规划预留区域性通风廊道,加强与周边城市对接,并指引城市建筑形态,改善城市通风条件。通风廊道具体如下(图10-11)。

(1)"西通东导":规划"四横两纵"的区域一级通风廊道

其中,"四横"从北向南依次为拒马河及上游支流沿线(东侧沿南拒马河)、拒马河上游—北易水河沿线、唐河沿线、沙河沿线,打通西部山区与东部平原的空气流通通道;"两纵"从东向西依次为京昆高铁沿线、白沟河—白洋淀—磁河、潴龙河沿线,打通南北向北京、保定、石家庄之间的空气流通通道。

(2)"引风入城":规划"五横一纵"的区域二级通风廊道

其中,"五横"分别为瀑河沿线、漕河——亩泉河沿线、界河沿线、府河沿线、唐河沿线,打通都市区与西部山区、白洋淀之间的空气流通通道;"一纵"为京广铁路沿线,打通京广沿线密集城镇与城郊之间的空气流通通道。

图10-11　通风廊道规划图

3. 构筑区域生态基底,优化生态安全格局

西部山区以构建生态保护屏障,维护区域生态安全为主要目标,加强水土保持区、风沙治理区与自然保护区、风景名胜区、森林公园、地质公园及林场的生态保护和治理,提高森林覆盖率,维护生物多样性稳定;城镇建设突出山、水特色,产业逐步升级转型,减少污染排放,完善城镇生态基础设施建设,改善城镇人居环境品质。山前缓冲区是西部山区到东部平原的过渡区域,是主要的饮用水水源涵养区,以提高林草覆盖率,恢复原生态系统为主要目标,鼓励发展生态农

业、特色农业。东部平原以保障区域防洪安全，改善人居环境景观为主要目标，重点恢复水源涵养区、湿地保护区、河流及区域交通两侧等地区的自然生态系统，提高森林覆盖率。实现区域内生态环境的协调保护，维护生态基底和生态斑块的生态稳定性，优化生态安全格局。

10.4 资源与生态环境规划与策略

1. 生态廊道规划指引

依据"从山到水"开放式绿廊的生态协同战略，构建"从山到水、纵横成网"的生态防护廊道，加强与北京、廊坊、沧州、石家庄等周边城市生态防护廊道的对接，融入京津冀区域一体的生态安全格局。根据现状河流分布与流量、水利工程及区域交通干道走向，结合城市的空间布局，生态廊道规划建设分为中期、远期两个阶段逐步实施（图10-12）。

图10-12 现状河流及水利工程分布图

（1）近远期规划

1）中期：塑造"两横两纵"的区域生态廊道、"三横一纵"的南水北调生态廊道、四条景观生态廊道。

其中，"两横"为北部的北支拒马河—南拒马河生态廊道和南部的沙河上游—王快水库与西大洋水库连通工程—唐河下游生态廊道；"两纵"为西侧的京港澳高铁生态廊道和京白河—沙河、潴龙河生态廊道;"三横一纵"为保定境内的南水北调中线总干渠以及天津干渠、廊涿干渠和保沧干渠生态廊道;四条景观生态廊道从北向南依次为北易水河生态廊道、唐河总干渠生态廊道、曲逆河—百草沟河生态廊道、沙河总干渠生态廊道(沙河灌区—月明河—孝义河)及都市区环城水系(图10-13)。

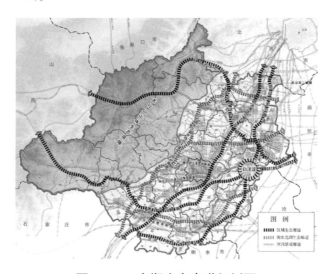

图 10-13　中期生态廊道规划图

2)远期:塑造"四横两纵"的区域生态廊道、"三横一纵"的南水北调生态廊道、八条景观生态廊道

在生态廊道中期规划目标的基础上,增加涞水县西北部拒马河上游支流和北拒马河生态廊道、唐河上游和沙河下游生态廊道,形成"四横两纵"的区域生态廊道;增加中易水河生态廊道、易水灌区生态廊道、瀑河生态廊道和漕河生态廊道,打造八条景观生态廊道(图10-14)。

(2)生态廊道建设指引

1)建议采用乔、灌结合的多树种混交模式,4~10行乔木配置6~20行灌木,有利于改善林地立地条件,增强稳定性,发挥林地的生态效益。

2)树种选择按照适地适树的原则,选择适应性强、抗风力强、深根固土、病虫害少的本地乔、灌木树种。树种株行距参照河北省退耕还林工程技术规范、平原农田防护林建设综合技术标准等标准。

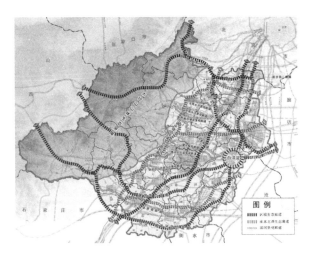

图 10-14 远期生态廊道规划图

3）绿化宽度要求

按照区域区域生态廊道、景观生态廊道两个级别分别设置廊道宽度，具体生态廊道边界建议在各市、县总规中落实（表10-1）。

生态廊道绿化宽度建设标准　　　　　　　　　　　表 10-1

廊道	绿化总宽度（m）
区域生态廊道、南水北调生态廊道	≥200
滨河景观廊道	≥100

注：其中单侧绿化缓冲区宽度≥15m，穿越旧城区部分的宽度应≥1.5m，穿越新城区部分的宽度≥3m。

2. 通风廊道规划指引

依据规划预留区域性通风廊道的生态协同战略，规划"四横两纵"的区域一级通风廊道和"五横一纵"的区域二级通风廊道，加强与北京、石家庄等周边城市通风廊道的对接，完善大气污染联防联控机制。同时指引保定市城市建筑形态，改善城市通风条件（表10-2，图10-15）。

规划通风廊道　　　　　　　　　　　　　　　　　表 10-2

分级		廊道
一级通风廊道	"两纵"	从东向西依次为京昆高铁沿线、白沟河—白洋淀—磁河、潴龙河沿线
	"四横"	从北向南依次为拒马河及上游支流沿线（东侧沿南拒马河）、拒马河上游—北易水河沿线、唐河沿线、沙河沿线

续表

分级		廊道
二级通风廊道	"一纵"	京广铁路沿线
	"五横"	分别为瀑河沿线、漕河——亩泉河沿线、界河沿线、府河沿线、唐河沿线

图 10-15　通风廊道规划图

（1）生态廊道建设指引

1）建设模式：采用"生态防护区＋生态缓冲区"的组织结构

生态防护区以生态防护林为主体，建议采用乔、灌结合的多树种混交模式，树种选择原则参照生态廊道建设要求；生态缓冲区以农田为主体，按照"田成方、树织网、田林水路相配套"的建设要求，构建农田林网。

2）生态防护林建设宽度指导原则

①根据生态功能需求，选择防护林宽度。保护生物多样性比较适合的宽度为 100~200m；产生森林边缘效应的宽度为 200~600m；能创造本土物种丰富的景观结构所需的宽度要求在 600~1200m；存在真正内部生境的宽度在 1200m 以上（表 10-3）；

②通风廊道与生态廊道重叠部分应满足通风廊道规划需求。

3）通风廊道控制指引

根据城镇布局和生态功能需求，确定生态防护区和生态缓冲区宽度及生态缓冲区建筑高度控制。具体通风廊道边界建议在各市、县总规中落实。

通风廊道建设标准　　　　　　　　　表 10-3

廊道		两侧生态防护区宽度（m）	生态缓冲区宽度（m）	生态防护区外侧生态缓冲区建筑高度控制（m）
一级通风廊道	"两纵"	≥ 500	1000~5000	≤ 30
	"四横"	≥ 200	400~3000	
二级通风廊道		≥ 100	200~600	

注：穿越城镇部分两侧隔离带宽度应≥ 50m；"四横"一级通风廊道受山地地形影响，建议结合地形地貌建设生态防护林，建设宽度有别于平原区"两纵"一级通风廊道。

（2）城市形态设计指引

根据保定市风向、风速、地形地貌等自然因素，结合城市规划布局、预留区域通风廊道，对保定市城镇部分节点的城市形态进行分区指引。具体分区与指引如下（图 10-16）：

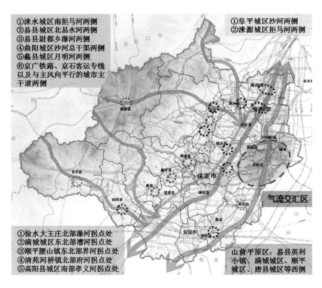

图 10-16　分区示意图

1）粉区：山谷 - 河流区域

采用"中间低两侧高，依山而建"的城市建筑形态。主要位于涞源城区拒马河两侧、阜平城区沙河两侧（图 10-17）。

2）蓝区：道路、河流与风向平行区域

采用"中间低两边高"的城市建筑形态。主要位于涞水城区南拒马河两侧、易县城区北易水河两侧、易县尉都乡瀑河两侧、曲阳城区沙河总干渠两侧、蠡县城区月明河两侧、京广铁路、京石客运专线以及与主风向平行的城市主干道两侧（图10-18）。

图10-17　城市建设形态设计指引

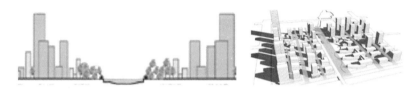

图10-18　城市建设形态设计指引

3）红区：山前平原区

采用"西低东高"的城市建筑形态。主要位于易县英利小镇、满城城区、顺平城区、唐县城区等区域的西侧（图10-19）。

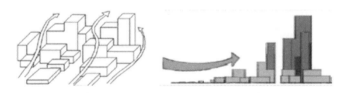

图10-19　城市建设形态设计指引

4）橙区：河流拐点区域

建议规划郊野公园或河流湿地，同时控制建筑高度。主要位于徐水大王庄北部瀑河拐点处、满城城区东北部漕河拐点处、顺平腰山镇东北部界河拐点处、清苑河桥镇北部府河拐点处、高阳县城区南部孝义河拐点处（图10-20）。

图10-20　城市建设形态设计指引

5）绿区：气流交汇区

采用"中间高周边低"的形式，预留多个方向的通风路径，减少低层裙房建设；同时增加城市绿化率。主要位于安新县、容城县、雄县等城镇（图10-21）。

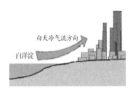

图 10-21　城市建设形态设计指引

3. 生态绿地系统规划指引

（1）建立西部生态保护屏障，保障区域生态安全

在西部山区用地条件差、人工造林困难的深远山区，采用封造结合、乔灌结合的方式，实施封山育林工程；对区域内自然保护区、森林公园、地质公园、风景名胜区、林场以及基本农田等重要资源和水源涵养区、水土流失重点治理区、灾害易发区等生态敏感区应提出严格保护和控制要求，加强管治；将符合国家要求的省级自然保护区提升为国家级自然保护区；将阜平、涞源、易县、涞水等重点山区县列入国家重点生态功能区，享受国家生态补偿政策；符合公益林标准生态林纳入国家级或省级公益林补偿范围；将西部山前缓冲区纳入"京津冀水源涵养功能区"，提高林草覆盖率和水源净化功能；在科学合理的生态适宜性和资源环境承载力分析基础上确定城镇规模和发展布局；加快产业转型升级，加强污染治理力度，鼓励发展生态农业、特色农业；完善城镇生态基础设施建设，改善城镇人居环境品质。

（2）推进湿地保护区综合治理，恢复湿地生态系统功能

白洋淀：严格控制白洋淀上游地区工矿企业污水排放入淀和淀内旅游带来的各种污染，以及淀区居民的污水直接排放；控制淀区及周边建设规模和高度，严禁淀区周边厂矿企业、城镇建设、公用基础设施建设侵占淀区；严禁围淀造地，对破坏湿地生态环境的农田，要退耕还湿；优化全流域水资源调度，建设白洋淀引水通道，争取南水北调补充淀区生态用水；围绕白洋淀水系及其上下游河流湿地，坚持"林水相依、林水相连、依水建林、依林涵水"的理念，建立净水护堤林、水源涵养林、湿地保护林，减少水土流失和入淀泥沙淤积；白洋淀上游及其周围要大力发展节水农业和节水工业，调整高耗水产业，停止新上高耗水项目，以加

快湿地的恢复进程。

水库：加强控制和治理水库周边工业与生活污染，对一些污染性强的污染源要坚决予以关闭撤除；在水库区及其上游大力营造水源涵养林，较少水土流失、泥沙淤积等状况，建设绿色生态屏障，维护整个水库区的生态系统；制定合理的蓄水、调水运行计划，保证流域的生态需水量，保证河流生命基本水量；加强对水库的管理，保持和维护水库的生态系统健康和水库功效完整。

（3）修复河流废弃河滩地及沙石坑，改善水系景观环境

加强河道、河滩地及沙石坑的治理与保护力度，禁止在河道内采沙、石等活动，加强河道两侧本土植物的修复，提高绿化率，改善河流水质，恢复河道水体功能；生态、景观、防洪等多功能兼顾，在满足基本使用功能的前提下，特别是蓄滞洪区在满足防洪安全的前提下，协调城镇空间发展布局，增加滨水绿地的游憩机会和景观效果；自然景观整治与文化景观保护相结合，挖掘历史文化特色，增强滨水绿地的地方特色、文化性。

（4）构建交通生态防护廊道，增加城市绿色慢行系统

加强区域交通，特别是连接京津的京港澳、京昆、保津、大广、张石、荣乌等高速公路、铁路及国道沿线的防护林网建设，依据绿化范围宜宽则宽的原则，坚持区域干道两侧绿化宽度不低于100m，省道、县道两侧至少30~50m，山区干道两侧可视范围内的第一面坡宜林荒山建议全部绿化。

建议都市区、临京城镇群沿生态廊道，建设有一定绿色缓冲带的绿色慢行系统，步行道和自行车道相结合，并配置一定的人工服务设施，增加城镇居民休闲游憩的户外场所。

第 11 章
白洋淀空间发展战略编制试点研究案例应用

本研究提出的以环境承载为基础，通过识别生态本底划定生态保护红线，构建环境功能区的技术方法应用于白洋淀空间发展战略编制试点研究中。白洋淀通过合理高效利用资源，开发利用和保护土地、水源、森林等重要自然资源，通过生态空间管制，划定生态控制底线；构建区域生态安全格局，完善区域生态网络构架；污染防治措施与生态修复并举，恢复白洋淀生态系统；严格实行产业准入制度，促进区域产业升级转型等方式构建空间管制策略，实现区域可持续性发展的目标。促进生态环境改善、资源可持续利用及城镇环境品质提高的和谐的生态环境系统。

11.1 生态保育战略

1.涵养地山林保育和主河道网络绿道建设

规划区西部太行山和山前冲积地带的山地森林、草地是保定市最重要的水源地，更是海河流域、华北平原和白洋淀的汇水源头，具有十分重要的战略地位，应进一步发挥其涵养水源、保持水土、防风固沙、调节气候、保存生物资源、维护生态平衡、保护生态环境等方面的重大的生态作用。

白洋淀区域水资源基础条件好，但总量匮乏，水环境有待提升。保定城古有"北四水环、南五水绕"之说，境内河流主要属海河流域大清河水系，长 10 公里以上的河流有 99 条，有大型水库 4 座、中型水库 6 座，其中白洋淀片区为天然积水区，是华北地区最大的河湖湿地，面积 366km^2（其中安新境内 312km^2），淀区被 39 个村落、3700 条沟壕、12 万亩芦苇分割成大小不等、形状各异的 143 个淀泊，涉及保定、沧州两个地级市的 4 县 1 市。

近年来，随着人口增长，产业发展，尤其是漫灌农业种植面积的不断扩大，保定市的水资源占有量逐步减少，白洋淀区域甚至出现"干淀"现象。而潴龙河、漕河等河流甚至有半数年份常年断流。目前，保定年多年平均降水量566.9mm（1956~2000年系列），保定市年水资源总量为19.92亿m^3，年人均地表水资源量仅为208m^3，仅占全国水资源总量的1/7，远低于国际公认的人均500m^3的极度缺水线。

由于地表水的匮乏，保定市加大了对地下水的开采利用强度，地下水的超量开采造成地下水位持续下降，引发了许多地质环境和生态问题，更进一步地加剧了地表水和生态环境的恶化。同时，随着经济高速发展和人口的不断提升，工业废水和生活污水的排放量逐年增加，保定市的许多河流都不同程度地受到污染。

结合区域生态自然条件，保留并治理白洋淀区域主要流域自然生态环境，重点完善水源涵养地山林保育和主干河流网络绿道建设，并将其融入保定市历史文化名城保护中，实现历史文化城镇和自然山水的联动发展。

2. 绿色生态空间建设

以水为心、以田为基、以山为底，水廊绿带、东西贯通，构建区域绿色生态空间。遵循"望山、见水、显城、优田"的生态空间布局理念，完善城市的生态空间结构。"望山"是指保护狼牙山主峰等太行山脉，积极实施生态恢复和退耕还林，强化山林对水源的涵养能力。在空间上表现为京昆高速以西禁建集中城镇和大面积农田。"见水"是指严格保护白洋淀及其入淀河流水系，重点是拓宽水面两侧绿化带，形成穿越城市的绿化生态廊道和市民休闲公园。"显城"是指通过保定市城市功能疏散和承接京津产业转移，将保定市历史文化名城的保护区域进行整合，优化环境质量，形成以历史文化名城为核心的、东联白洋淀，西接太行山的旅游休闲空间体系。"优田"是指逐步减少白洋淀区域范围内的漫灌农田面积。一是提高设施农业水平，二是优化种植结构，逐步实现从粮食作物向兼有经济作物和观赏作物转变的区域种植结构，以进一步涵养水源，并优化生态景观基底（图11-1）。

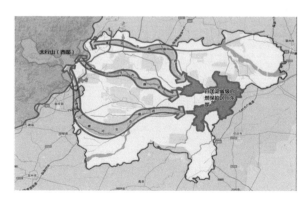

图11-1 白洋淀区域生态安全格局分析图

11.2 分区施策

1. 环境体系构建目标

（1）规划构建安全的生态环境体系，确保区域可持续发展的环境底线。

（2）促进生态环境改善、资源可持续利用及城镇环境品质提高的和谐的生态环境系统。

（3）规划合理高效利用资源，实现区域可持续性发展的目标。合理开发利用和保护土地、水源、森林等重要自然资源。

（4）规划加强生态恢复和环境重建，切实治理、控制和防止水、空气和噪声等环境污染。大气环境、水环境达到清洁标准，噪声得到有效控制，垃圾、废弃物的处理率和回收利用率高，排除任何超标的环境污染，环境卫生、空气新鲜、物理环境良好，实现合理的环境容量。

2. 构建总体策略

（1）通过生态空间管制，划定生态控制底线

通过区域生态空间研究分析，得出区域现状生态格局。对区域进行生态功能区划分，明确区域生态环境中生态建设的方向和内容，引导生态建设科学、合理的展开。结合用地布局分析，对区域进行空间管制区划，以网络结构高效解决生态保护问题，建立可持续性的生态空间结构。

（2）构建区域生态安全格局，完善区域生态网络构架

通过构建区域生态安全格局，使生态基础设施落实在城市中，一方面用来引导城市空间扩展、定义城市空间结构、指导周边土地利用；另一方面，可以延伸到城市结构内部，与城市绿地系统、雨洪管理、休闲游憩、非机动车道路、遗产保护和环境教育等多种功能相结合，有效控制环境污染，恢复和保持良好的生态环境。

（3）污染防治措施与生态修复并举，恢复白洋淀生态系统

依靠政策调控，采取经济、技术和管理手段强化白洋淀区域环境管理和污染治理。同时，采取工程治理与自然修复相结合的方式，加大淀区湿地恢复治理力度，增强区域净化水质、涵养水源、维系生物多样性的能力。

（4）严格实行产业准入制度，促进区域产业升级转型

建立严格的产业准入制度，实行企业入驻环评，建立起预防环境污染和生态

破坏的第一道防线，从源头控制污染；推行循环经济，加快实施创新驱动战略，推动战略性新兴产业发展取得新进展，促进传统产业改造升级，促进服务业与制造业融合发展，推动产业转型升级，降低对环境的影响（图11-2）。

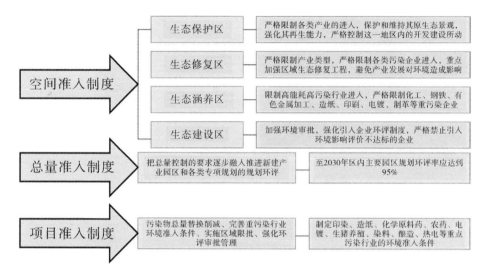

图11-2　企业准入制度结构图

（5）推动区域生态协作，完善实施保障机制建立跨区域多方合作的生态保护机制，提升区域经济的总体竞争力，实现生态环境与社会经济协调发展。同时强化政策引导，完善促进生态文明建设的制度保障机制，使生态环境工作保护落到实处。

3. 生态红线划定

生态红线是为维护区域生态安全和可持续发展，根据生态系统完整性和连通性的保护需求，划定的需实施特殊保护的区域。

（1）白洋淀区域生态红线划定

结合各保护区域的相关保护规划及各县总规中相关保护内容划定了生态红线，划定出需进行生态保护的区域有：白洋淀省级自然保护区、龙门水库、瀑河水库、陵山—抱阳山风景名胜区、水源保护区、水源涵养生态功能区、生物多样性生态功能区和河流廊道生态功能区（图11-3，表11-1）。

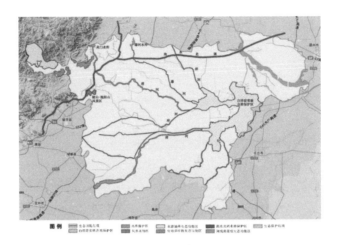

图 11-3　白洋淀区域生态红线规划图

白洋淀生态保护区域统计表　　　　　　表 11-1

区域	控制内容	保护范围
白洋淀省级自然保护区	白洋淀湿地自然保护区的核心区和缓冲区内不得建设任何生产设施，禁止开展旅游和生产经营活动。在实验区开展参观、旅游活动的，由自然保护区管理机构提出方案，经省人民政府有关自然保护区行政主管部门批准。严禁开设与保护方向不一致的参观、旅游项目	白洋淀省级自然保护区，面积约 297km²
水源保护区	在南水北调干渠两侧一级保护区内，不得建设任何与干渠水工程无关的项目，农业种植不得使用不符合国家有关农药安全使用和环保有关规定、标准的高毒和高残留农药。在地下水源各级保护区内必须遵守下列规定：禁止利用渗坑、渗井、裂隙排放、倾倒含有毒有害污染物的废水、含病原体的污水和其他废弃物；禁止利用透水层孔隙、裂隙及废弃矿坑储存石油、放射性物质、有毒有害化工原料、农药等；实行人工回灌地下水时不得污染当地地下水源；在饮用水水源保护区禁止设置排污口	南水北调水源保护区、一亩泉等地下水水源保护区
水源涵养生态功能区	坚持退耕还林、禁牧养林、封山育林、植树造林；大力推广雨水集蓄工程，提高地表水使用率，加大小流域综合治理力度，涵养水源，防止水土流失和水体污染	坡度在 15°~25° 之间的山林区域适宜做水源涵养区，本水源涵养区位于满城西部山区，面积约 72km²
陵山—抱阳山风景名胜区	在文物保护单位的保护范围和建设控制地带内，不得建设破坏文物保护单位及其环境的设施，不得进行可能影响文物保护单位安全及其环境的活动；建设工程选址，应当尽可能避开不可移动文物；因特殊情况不能避开的，对文物保护单位应当尽可能实施原址保护	以陵山外缘边线为基础，向东 360m 至环城西路南延，向南 90m 至自然沟北岸，向西 50m 至耕地，向北 50m 至耕地，向东北 170m 至保涞公路。抱阳山碑廊保护范围：以建筑物外墙为基线向四周外扩 30m

续表

区域	控制内容	保护范围
生物多样性生态功能区	坚持退耕还林、禁牧养林、封山育林、植树造林	位于满城西部山区，面积约102km²
河流廊道生态功能区	改善区域现状生态环境作为开发建设的前提，使区域承担起对环境污染物的控制、容纳与净化的功能	在漕河和唐河两条重点水道两侧设置至少50~100m的生态廊道宽度；白沟引河、萍河、瀑河、府河、清水河、孝义河和大清河两岸各设30~70m以上的绿带

（2）白洋淀区域河道生态控制线划定

结合区域内各县镇总体规划和相关保护内容，划定各河道的生态控制线，分为水源地及保护区控制、重点水道控制、一般水道控制（图11-4，表11-2）。

图11-4　白洋淀区域河道生态控制线

白洋淀区域河道生态控制统计表　　　　　　表11-2

分区	名称	控制范围	工业类型控制
水源地及保护区控制	环白洋淀区龙门水库瀑河水库一亩泉河水源地南水北调工程	环白洋淀区设置200~500m的绿带。水源地保护地段两侧设置各宽500~1000m的永久性水源涵养林带。沿线城市建设区设置50~100m防护绿带。	控制范围内为严格控制区域，严禁设置对水源有影响的工业
重点水道控制	漕河唐河	在漕河和唐河两条重点水道两侧设置各宽500m的绿带。沿线城市建设区设置50~100m宽防护绿带	控制范围200m内，严禁设置工业，可设置旅游服务产业。控制范围200~500m，可设置一类工业

续表

分区	名称	控制范围	工业类型控制
一般水道控制	白沟引河 萍河 瀑河 府河 清水河 孝义河 大清河	城市建成范围两岸各设 30~70m 以上的绿带，在建成区以外的其他地段设置 100~200m 以上的绿带	控制范围 100m 内，严禁设置对水源有影响的工业可设置旅游服务产业。 控制范围 100~200m，可设置一类工业

4. 空间增长边界划定

（1）空间增长边界划定的原则

结合不同空间层次规划分层次划定；将引导发展方向作为空间增长边界划定的目标之一；预留足够空间；刚性与弹性相结合；与其他已有政策相结合。

（2）空间增长边界划定的方法

分层次划定，分级管理，刚性与弹性相结合：

在城市总体规划、镇总体规划中分别划定城市的空间增长边界和镇村增长边界（图 11-5）。

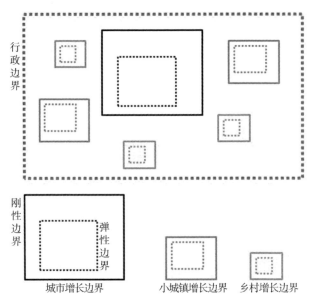

图 11-5 空间增长边界划定方法示意图

依据生态红线及用地适用性评价划定刚性红线，并依据刚性边界严格控制城市规模；

依据城市发展规律，在预留足够空间的基础上划定弹性边界；

规划期内控制总量和发展方向，结合规划修编进行评估，依据评估调整范围和方向。

与其他已有绿线、用地红线等政策工具相结合统一考虑。

5. 生态安全格局

（1）生态安全格局理念

生态安全格局也称生态安全框架，指景观中存在某种潜在的生态系统空间格局，它由景观中的某些关键的局部，其所处方位和空间联系共同构成。生态安全格局对维护或控制特定地段的某种生态过程有着重要的意义。不同区域具有不同特征的生态安全格局，对它的研究与设计依赖于对其空间结构的分析结果，以及研究者对其生态过程的了解程度。

研究生态安全格局最重要的生态学理论支持是景观生态学，而将现代景观生态学理论创造性地与现代城市规划、城市设计理论与实践相结合，则是生态安全格局的难点，也是生态规划的要点所在。

生态安全格局的研究离不开景观生态学的学术成果。长期以来传统的生态学缺乏把空间格局、生态学过程和尺度结合起来进行研究，而这一点正为景观生态学所擅长。欧洲的景观生态学理论强调土地和景观规划、管理等诸多内容，而北美的生态学理论则强调空间格局、过程、与尺度的研究，它们的结合形成了现代景观生态学鲜明的可应用价值，从而为我国的生态规划提供了重要理论与实践依据。

（2）生态安全格局构建的主要内容

应加强林、草业生态体系建设，形成密布城乡、点线面结合的绿色生态网络，进一步增强区域的生物多样性及生态系统服务功能。

1）构建生态廊道。坚持宜林则林、宜草则草原则，积极建设环淀区、沿主要河流、沿交通干道的生态保护带。在滨水控制开发带建设防护林，在"入淀8条河流"沿岸积极开展绿化带建设，大力实施交通沿线绿色通道工程，推进实施农田林网工程，合理布局城镇和产业密集区周边的开敞式绿色生态空间。

2）加强植树造林。重点加强区内河流源头及水源保护区的水源涵养林、水土保持林以及森林公园建设，积极实施造林绿化工程，加大造林补植、低效林改造、阔叶树补植力度。加强森林防火和病虫害防治,在生态比较脆弱、水土流失比较严重的区域和森林公园等地区实行封山育林、禁伐天然阔叶林。巩固林业产权制度改革成果,落实退耕还林后期扶持政策。扩大生态公益林补偿范围,提高补偿标准。

3)强化水土保持。以小流域为单元,综合治理水土流失。加大工程治理力度,加强坡耕地、崩岗、荒山、荒坡、残次林、沿湖沙山、沿河沙地及交通沿线侧坡等水土流失易发区的治理。大力推进水土保持生态修复工程,加大封育保护力度,促进水土流失轻微地区植被恢复。加强对开发建设项目的水土保持监督管理,做好城镇化过程中的水土保持工作。

(3) 构建区域生态安全格局

规划遵循"望山、见水、显城、优田"的生态空间布局理念,构成"西山东水、山水相连"的整体生态格局(图11-6)。

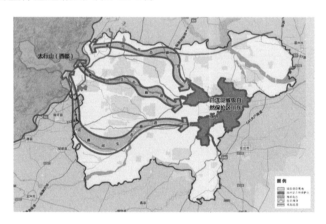

图 11-6　白洋淀区域生态安全格局规划图

"望山"是指保护狼牙山主峰等太行山脉,积极实施生态恢复和退耕还林,强化山林对水源的涵养能力。在空间上表现为京昆高速以西禁建集中城镇和大面积农田。

"见水"是指严格保护白洋淀及其入淀河流水系,重点是拓宽水面两侧绿化带,形成穿越城市的绿化生态廊道和市民休闲公园。

"显城"是指通过保定市城市功能疏散和承接京津产业转移,将保定市历史文化名城的保护区域进行整合,优化环境质量,形成以历史文化名城为核心的、东联白洋淀,西接太行山的旅游休闲空间体系。

"优田"是指逐步减少白洋淀区域范围内的漫灌农田面积。一是提高设施农业水平，二是优化种植结构，逐步实现从粮食作物向兼有经济作物和观赏作物转变的区域种植结构，以进一步涵养水源，并优化生态景观基底。

"西山东水"是指西部太行山和东部白洋淀湿地。西部山区是我国三北（东北、华北、西北）防护林的重要组成部分，又是保定市的主要生态节点与生物多样性的源点，构成了白洋淀区域西部的生态安全屏障。东部白洋淀湿地区是调节区域气候，维持区域生态平衡，保持区域物种多样性的重要地区，对整个区域的生态环境有着重要的作用。

"山水相连"："西山东水"是白洋淀区域的生态基础，是整个地区的生态敏感地带。除了绿化保护外还应加强二者的联系，构筑该区域的生态安全架构。

6. 生态功能区划

（1）生态功能区划的目的和意义

生态功能区划是区域生态环境现状评价、生态建设优劣势分析、生态建设动力分析、生态规划和生态环境分区管理的基础，同时也是研究和编制生态建设的重要内容。

生态功能区划的根本目的是识别市域生态环境特征和生态服务功能，确定区域生态环境中的生态功能区和生态重要性，保护生态环境，明确区域生态环境中生态建设的方向和内容，引导生态建设科学、合理的展开。其目的与意义主要有：1）为制定白洋淀区域生态环境保护和建设提供科学依据；2）维护区域生态安全，明确合理利用自然资源方向；3）为新建自然保护区、生态功能保护区、森林公园、湿地公园及郊野公园规划提供区域基础。

（2）生态功能区划的原则

1）区域统筹规划原则

宏观层面，不仅仅以白洋淀区域作为研究范围，更应结合周边生态环境且视为一个有机整体，一同纳入整个系统中进行研究。中观层面，通过强调对生态系统的整体维护，采取多层次、多目标的方法，加强生态廊道的建设。微观层面，在局部地段强化小型节点的空间布局和规划设计，形成人们可以休憩的生态空间，建立全方位的整体生态空间系统。

2）尊重自然生态本底原则

区内生态系统各不相同，河流水系正是连接不同生态系统的良好载体。就白洋淀区域而言，应强化其水系廊道生态建设，以尊重自然本底特征为基础，构建完整生态格局。

3）保护生物多样性原则

结合城市生态学的基本理论，遵循生态多样性和稳定性原则，充分挖掘区域内部的生态资源，构建和恢复河流、湿地环境的生物链，开辟新的绿色廊道，形成城市生态网络体系，恢复生物种类的多样性，促进生态环境的稳定发展，构建白洋淀区域大生态体系（图11-7）。

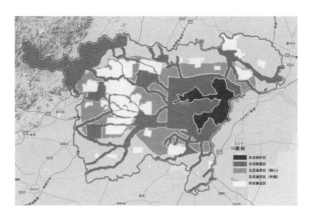

图 11-7　白洋淀区域生态功能分区图

（3）生态功能分区指引

根据区域现状生态资源条件及生态系统服务功能评价，以地形、水系、植被、景观环境、经济发展水平、地区人口规模等作为考虑因素，通过叠加分析对区域进行生态功能区划分。通过生态功能区划分、资源赋存状况和环境现状分析，辨识制约社会经济发展的主要生态环境问题，并以生态功能区划为基础，从生态环境保护、优化产业结构、推进生态经济入手，提出实现社会、经济、资源、环境和谐发展的途径。

规划区域提出四类生态功能区划分（表11-3）。

白洋淀区域各生态功能区主要限制条件统计表　　表 11-3

分区	控制内容	控制范围与面积
生态保护区	保护和维持其原生态景观，强化其再生能力，严格控制这一地区内的开发建设活动	控制白洋淀生态保护区区及其沿线500m范围，面积约297km²
生态修复区	改善区域现状生态环境作为开发建设的前提，使区域承担起对环境污染物的控制、容纳与净化的功能	控制白洋淀周边区域、太行山区域及各河流生态廊道，面积约1915km²

续表

分区	控制内容	控制范围与面积
生态涵养区	核心区：发展高效生态农业，合理布局耕地、园地、林地，采用先进农业技术，控制农业对生态环境带来的影响	核心控制中心城区、各县城与淀区间的生态农业间隔，面积约720km²
	外围区：域严格限制各类破坏基本农田的建设活动，形成环绕区域的农田生态基底	外围控制农田用地，面积约1125km²
生态建设区	通过营建公园绿地、人工湖泊、道路防护绿地等作为人工生态环境，营造居民游憩空间	控制中心城区、县城等建设用地，面积约655km²

7. 空间管制

空间的分区管制是实现城市发展目标和落实战略部署的重要手段。空间管制覆盖整个研究区域，通过提出各类空间的管制措施，发挥政府对战略性空间资源的保护和配置作用以及对城镇发展的引导作用。

（1）空间管制目标

1）底线控制。严格控制区域生态"底线"的保障条件，防止生态环境恶化，保护区域生态结构，提升生态环境质量。

2）资源保护。通过对具有整体战略意义的交通和产业发展空间的管制，防止战略性空间资源的破坏和低效利用，保障区域经济与产业可持续发展的空间条件，保持区域整体竞争力。

3）结构优化。通过空间分类管制，针对地区发展差异，通过制定标准、政策倾斜、基础设施引导等措施，提高城镇建设水平，实现区域全面发展。

4）矛盾协调。通过协调发展中的冲突和矛盾，保障城市的整体利益，实现"双赢"和"多赢"。

（2）空间管制原则

1）依法行政。对城市的资源环境保护与合理开发行使必要的监管和宏观调控。

2）有限干预。在保障区域整体基本利益的前提下，尽可能为各县市预留发展空间。

3）清晰事权。对不同管制地区提出不同的管制要求，划定清晰的事权界限。

（3）空间管制区划

为协调开发建设与区域生态功能的关系，优化空间布局，引导城市建设，拟利用ArcGIS平台空间分析模块依据现状地形、坡度、坡向、植被、水系等信息，将规划区划为无扰动区、低扰动区、适度发展区三类，为规划方案提出依据。

通过明确区域城乡空间开发管制范围，制定严格的生态环境资源保护措施，为各类开发建设行为规定必须遵守的行动纲领和行为准则。为了协调城乡发展、资源综合利用、生态环境保护等方面的内容，通过划定非城镇建设用地，避免城镇建设用地在空间的盲目扩张，从而达到保护历史文化遗产、保护自然生态环境、保护物种多样性，建设自然生态和城市生态相交融的富有活力和持续发展能力的城乡协调发展格局。

综合考虑区域生态敏感性、已建成区、主要交通廊道、基本农田保护区等要素，利用 ArcGIS 平台进行分权重叠加分析，得出区域的土地建设适宜性划分，将区域划分为无扰动区、低扰动区、适度发展区三类。

1）无扰动区

要素：包括水源一级保护区、基本农田保护区、白洋淀淀区及区内河湖水系、湿地、生态林地及坡度 25° 以上山体区域、地质灾害易发区和危险区、主要铁路高速公路两侧绿化廊道地区、大型基础设施廊道等。

面积：无扰动区约 2612.26km^2，约占区域总面积的 55.4%。

管理措施：无扰动区内原则上禁止任何建设活动；不同区域应严格遵守国家、省、市有关法律、法规和规章。

2）低扰动区

要素：包括风景名胜区内可建设地区，水源二级保护区，一般农田用地及园地，一般山林地及坡度 25° 以下缓坡地区等。

面积：低扰动区约 1355.94km^2，约占区域总面积的 28.8%。

管理措施：低扰动区内应严格限制各类开发建设活动，城镇建设应尽可能避让；确有必要建设的项目应符合城镇建设整体布局的要求，并应严格控制项目的性质、规模和开发强度，谨慎进行开发建设，避免与生态环境保护发生冲突。

3）适度发展区

要素：包括地质灾害不易发区和低易发区，城镇周边、旅游区及独立工矿等其他适宜建设的区域。

面积：适度发展区约 744.8km^2，约占区域总面积的 15.8%。

管理措施：适度发展区是城市发展优先选择的地区，要根据资源环境条件，合理确定开发模式、建设规模和开发强度（图 11-8）。

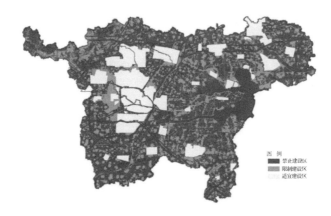

图 11-8　白洋淀区域建设适宜性分析图

11.3　绿地系统规划

1. 区域绿地系统空间格局

（1）区域绿地生态网络建设

区域绿地系统规划应结合河道水系建设，以白洋淀为核心，主要河流（潴龙河、孝义河、唐河、府河、漕河、瀑河、萍河、白沟引河、大清河）、交通走廊（京港澳高速、荣乌高速、京昆高速、保沧高速、京广铁路）、南水北调工程等为主要骨架开展绿地系统建设，形成"山水相映、蓝绿交错、网络纵横"的整体绿化格局。

区域绿地系统空间结构主要包括中心城区外围绿环、环白洋淀绿环、八条入淀河流（潴龙河、孝义河、唐河、府河、漕河、瀑河、萍河、白沟引河）、滨河生态走廊、西北部山体绿化带、主城区与白洋淀间的农田生态间隔带及环白洋淀区域外围生态农田基底。

区域绿地系统体系主要包括防护绿带、农田绿地、生产绿地、城市公共绿地、自然保护区绿地等。

（2）区域绿地生态源区建设

区域绿地生态源为白洋淀、太行山，规划应重点加强自然保护区、森林公园和湿地保护建设。

1）自然保护区

自然保护区作为区域绿地生态系统中最主要的生态源，是区域绿地生态网络构建的核心。保定市目前有安新白洋淀湿地自然保护区、金华山-横岭子褐马鸡自然保护区、易县摩天岭自然保护区三个省级自然保护区。白洋淀湿地自然保护区目前正在申报国家级自然保护区,重点保护湿地生态系统,作为大清河系中游水量调节的重要枢纽,承担滞洪、保卫天津和京沪铁路安全的功能,对维护华北平原生态平衡具有重要意义。

2)森林公园、湿地公园及郊野公园

森林公园是以大面积人工林或天然林为主体而建设的公园,具有较高的自然环境和动植物资源保护功能,并为人们游憩、疗养、避暑、文化娱乐和科学研究提供良好的环境,经科学保护和适度建设,为人们提供旅游、观光、休闲和科学教育活动的特定场所。

湿地公园是指以湿地良好生态环境和多样化湿地景观资源为基础,以湿地的科普宣教、湿地功能利用、弘扬湿地文化等为主题,并建有一定规模的旅游休闲设施,可供人们旅游观光、休闲娱乐的生态型主题公园,具有湿地保护与利用、科普教育、湿地研究、生态观光、休闲娱乐等多种功能。

保定市目前有野三坡、白石山、天生桥、古北岳、易州 5 处国家森林公园;白洋淀区域内目前暂时没有森林公园,大型湿地自然景观只有白洋淀一处。

生态源区建设要加强天然林保护、生态修复工程,对部分区域进行封山育林,规划建议近期尽快开展中心城区西部抱阳山森林公园、城区东部望亭乡湿地公园建设工程,中远期结合白洋淀整体生态修复工程,开展以唐河入马棚淀处湿地、漕河入藻乍淀处、安新城区北部湿地生态修复工作,沿环淀区域形成三个湿地生态公园。在中心城区西南部、中心城区与北部新城之间、漕河与京港澳高速交汇处、容城县东北部、白沟新城南部、徐水县城以东规划设置 6 处郊野公园,使市民能在邻近市区的地方可以享受到郊野的康乐和教育设施。

(2)区域绿地生态廊道建设

为加强区域自然生态系统的连通性,拟规划建设若干条大型生态绿廊和生物通道,大型生态廊道的控制区域一般在 1000m 以上。保定市需建设的生态廊道主要包括:连通中心城区与白洋淀淀区的漕河、府河、唐河水生态廊道及滨水绿化控制带;白洋淀淀区沿线的环白洋淀生态控制带;西北部太行山沿线的山体生态控制带;中心城区与白洋淀之间的沿京石高速的高校农业发展带。

通过在这些生态通廊两侧设置核心和缓冲控制带,维护生态廊道的主要生态功能,达到维育生境、保护生物迁徙、阻抑有害物质、增强区域生态源的辐射能力等重要生态作用。

2. 城区绿地系统空间格局

（1）规划目标

截至 2013 年，保定市主城区建成区绿化覆盖率 44.81%，绿地率达 38.86%，绿地达标率 100%，公共设施绿地达标率 96%，林荫停车场推广率逾 75%，人均公园绿地面积 13.55m²。

（2）绿地系统格局

结合保定市自然地貌及人工设施，依据点、线、面相结合的规划措施，规划形成"环线交织、点片结合"的绿化体系：

城市绿化回廊（环）：三环、防洪堤、护城河、高速公路防护绿带。

城市绿楔：一亩泉河、侯河、清水河、府河、京广铁路沿线楔形绿带。

公园、街头绿地：规划均匀布置各级公共绿地和各类公园，最终形成点、面结合的有机系统。

（3）公园绿地

规划设置市级公园大型开敞空间共 16 处，分别为城北公园、植物园、开发区公园、鲁岗公园、竞秀公园、烈士陵园、马池公园、古莲花池公园、东风公园、军校广场、复兴公园、水上公园、阳光公园、城南公园、长城公园、人民公园。

1）街头绿地

在居住区的中心位置，重要的公共场所，道路交叉口，标志性景观、重要建筑等处设置街头绿地，每处面积不小于 3000m²。沿城市道路、城墙、水系等规划设置有一定游憩设施的狭长形带状绿地。

2）绿线控制

道路绿线：国道、铁路干线两侧防护林带宽度控制在各 50m 以上，穿越组团的铁路专用线两侧防护林带控制在各 10m 以上。

河道绿线：沿主要河道规划蓝线外侧绿带宽度原则上不少于 50m，沿一般河道规划蓝线外侧绿带宽度原则上不少于 20m。

第 12 章 创新点与展望

12.1 创新点

研究成果从理论创新到技术体系设计,从可操作性的管理模式建立到为中办国办文件提供参考,形成了完整的系统闭环,填补了生态环境领域空间管治的理论和技术方法空白,推进了国家空间规划体制改革的进程,完善了国家主体功能区战略和制度,为推进生态环境治理体系和能力现代化提供了重要的指引和手段。具体创新点如下:

1. 理论层面

(1) 基于生态伦理和生态价值理论,创新性地提出了生态环境功能溯源的概念、六重溯源的内涵思想及其理论框架;

(2) 在生态环境功能溯源理论的指导下,再塑了生态空间与农业空间和城镇空间的耦合布局模型;

(3) 创新了从用途管治到用态管治,从规模管治到质量管治,从方法管治到效益管治的环境综合管理模式。

2. 技术方法层面

(1) 建立了空间耦合和综合管治全流程技术方法体系:一是"本底识别→价值前测→强度综测→耦合模型→分区施策"的空间耦合技术体系;二是"红线定界→容量定底→强度定顶→三维管治→清单准入→按图定责"的综合管治技术体系;

(2) 建立了用途管治、功能管治、环境管治相叠合的三维管治技术;

(3) 创立了集合按图定责、以定行止的分区施策技术;

(4) 创新了空间综合管治的产业准入、环境准入正负面清单制定的流程和方法;

(5) 探索了集范围设定、标准制定、关键要素、强度限定于一体的生态功能价值前置测度的技术方法。

3. 实践层面

（1）确定了雄安新区中容城县、雄县的全域空间布局，已为雄安新区的生态安全和保护，以及雄安新区的规划制定提供了研究基础；

（2）为开展省级空间规划试点工作编制了《"多规合一"综合空间管治措施规范》；

（3）通过开展开化、临湘、于都等国家级改革试点地区"多规合一"、空间规划研究，为正负面清单和综合管治提供了实际案例；

（4）提出的用途管治、功能管治、环境管治相叠合的三维管治的分区政策，指导了全国重点生态功能区产业准入负面清单的编制、审查和实施，赋予了产业政策空间属性；

（5）开展了生态、农业、城镇的三大空间全面布局研究，在环首都地区、雄安地区进行了广泛规划实践；

（6）提出的生态环境功能溯源理论及空间耦合、综合管治的技术方法体系在授课教学和专业培训中得到了应用。

本研究在全域管治和红线管治的技术方法衔接和机制建设上，妥善处理了区域之间的过渡和承接关系，实现了技术无缝对接和政策的有机衔接。

12.2 展望

12.2.1 新时期生态环境分区管治发展的时空定位

2018 年 5 月 18 日至 19 日，全国生态环境保护大会在北京召开，党中央对于生态文明建设的现实情况做出三个判断：正处于压力叠加、负重前行的关键期；已进入提供更多优质生态产品以满足人民日益增长的优美生态环境需要的攻坚期；也到了有条件有能力解决生态环境突出问题的窗口期。

对新时代推进生态文明建设，提出 6 个原则：一是坚持人与自然和谐共生；二是绿水青山就是金山银山；三是良好生态环境是最普惠的民生福祉；四是山水林田湖草是生命共同体；五是用最严格制度最严密法治保护生态环境；六是共谋全球生态文明建设。

对生态文明建设提出 5 点要求：要加快构建生态文明体系；要全面推动绿色

发展；要把解决突出生态环境问题作为民生优先领域；要有效防范生态环境风险；要提高环境治理水平；

强调加快建立健全5个生态文明体系：以生态价值观念为准则的生态文化体系；以产业生态化和生态产业化为主体的生态经济体系；以改善生态环境质量为核心的目标责任体系；以治理体系和治理能力现代化为保障的生态文明制度体系；以生态系统良性循环和环境风险有效防控为重点的生态安全体系。

最后强调生态文明建设必须加强党的领导，地方各级党委和政府主要领导是本行政区域生态环境保护第一责任人。

上述判断、原则与要求为新时期环境保护工作构筑拓展出新的机遇空间与时代要求，国家发展中诸多涉及生态环境开发、治理与保护的现实或潜在的矛盾，或反馈，或直接地聚焦在生态环境分区管治这一关键环节，一方面生态环境分区管治将具有更加明显的政策导向性、复杂性，另一方面对生态环境分区管治的科学性、合理性和可操作性提出了新的更高要求。那么当下最为关键的问题就是——生态环境分区管治自身是否有能力担当？为此，面对新的历史使命与期望，我们立足项目研究取得的阶段性成果，对生态环境分区管治下一步发展方向与重点提出展望。

12.2.2 新时期我国生态环境分区管治提升思路

"把握时机，迎接挑战"，在新的历史条件和国情下，提升生态环境分区管治水平符合当前环保事业发展的需要，课题组从三个方面提出展望。

1. 进一步深化两大转型

（1）进一步深化理念转型

作为环境保护活动开展的纲领性指导和保障性对策，生态环境分区管治担负着从整体上、战略上和统筹规划上来研究和解决环境问题的任务。思维观念直接影响到生态环境分区管治工作的总体水平。理念的成熟与否，不仅直接影响观察、分析、判断事物运动变化发展的立场和观点，还影响着领导决策的科学性和正确性。

服务在建党一百年时全面建成小康社会的战略要求，以维护民生为"纲"，以发挥生态环境分区管治的先导战略作用为"魂"，变被动应对为主动引导，以严守生态环境底线与精细化、全周期控制环境质量为"本"，以污染防治与生态保护项目实施和全社会参与为"体"，统筹协调，探索建立符合我国国情发展实际需要、基于"生态文明"下的生态环境分区管治编制技术体系的工作方法与制度体系。

基于"生态文明"下的生态环境分区管治编制，必须在体现规划的"前瞻性、综合性、导向性"特点的同时，将环境资源的刚性管治作用和规划的"刚柔并济"相结合，塑立"统筹规划、动态维护、实时平衡、长效评估"的规划方法，以环境资源的硬约束促进城镇化生态环境与资源的更加公平、公正、节约、集约利用，进而促进促进城市发展转型、促进经济发展方式转变。

（2）进一步深化定位转型

在国家整个规划体系中，生态环境分区管治从无到有，从简单到复杂，从局部进行到全面开展，背后实质反映出的是生态环境分区管治从缺位、弱位、失位，回归到"本位"。

生态环境分区管治是人与自然和谐、经济发展和环境保护并重、环境部门与其他部门协调以及利益相关方的利益均衡的重要工具。随着环保大会的召开，生态环境分区管治的作用和地位将得到明显提升。但课题组认为现状与实际需求还存在距离，在中央当前机构改革后开启国家空间规划体系构建的进程中，生态环境分区管治作为环境安全底线的守卫者和环境宜居高线的营造者，应上升为体现国家意志指导性与约束性的规划，通过在国家规划体系中定位的转型，为将来环保规划在处理与各级各类规划之间的效力关系设置规则，虽不是说生态环境分区管治一定高于其他规划，但也非常强调生态环境分区管治对于其他规划具有指导和约束作用，任何非生态环境分区管治的实施都必须与生态环境分区管治相协调，不能够突破生态环境分区管治而绝对独立。

2. 进一步深入研究三大基础

（1）进一步深入研究对某一空间范围内的全要素空间耦合机理与管治技术方法。以往的环境管理往往是以单一污染物为着眼点，尽管严格，但无法对某地区的环境保护工作做出全面、系统把握。这就好比对现实复杂世界的单因素数学建模，要做许多假设和抽象，但解释力度不够。以全要素为对象的环境空间管治则更像是涵盖尽可能多变量的神经网络模型，虽然分析复杂一些，但充分考虑变量之间的相互影响，更接近现实。开放、统筹的全域化管理是环境空间管治之要。正如在经济管理中，行政区划的分割有可能造成重复建设、同质发展和恶性竞争，山水相连、污染相互传播的环境空间管治更是如此。因此，以个别空间为对象的环境空间管治难以奏效，只有形成全国一盘棋的全域化、网格化环境空间管治、预警、协调机制，共享蓝天、共担风险、共负责任，才能从根本上解决环境邻避效应。

（2）进一步深入研究生态文明导向下综合经济、社会、生态发展的全方位协同规律与调控机制。空间管治的目标在于实现人口、经济、生态资源环境三者之间的空间均衡，要求在总体上定区划线，在区域内综合管理，有统有分，推进精细化管理。通过空间集聚效应和疏解效应的作用，空间要素的投入已成为人口与产业空间分布的调节器，由此也成为解决环境空间问题的重要手段。因此，在新时期的环境保护工作中，要在新的区域空间格局之下，充分了解各个地区的资源环境基础，准确判读社会经济的发展态势和环境污染的时空动态特征，充分运用空间管治的政策工具，加强源头预防和宏观调控，保证两个百年目标的真正兑现和完美实现。

（3）进一步深入研究空间管治单元的科学划分与精细管理，明确主体、明晰权责利分配。对一个地区来说，环境污染治理伴随着巨大的责任以及相应的空间和各种其他资源的投入。但是，如果空间对象没有明确的主体约定、政府没有清晰的责任和权利界定，环境治理的成效就会泛化，让其他人搭便车，政府就会缺乏主动进取的积极性。对于环境空间管治网格也是如此，如果没有明确的权利范围的空间界定，就难以调动管理主体的积极性，对主体的投入进行补偿也缺乏标准，必然导致对空间资源不负责任的滥用。因此，环境空间管治应建立在管理单元的产权登记和有偿使用的基础之上。可是，环境空间单元不同于行政空间单元，基于行政单元的环境管理，既无法客观反映环境要素的跨区域流载、移动特征，也无法解决环境管理的跨区域性要求。空间单元上的精细管理，就是依托主体功能区推进各项环境政策，要以改革创新为动力，以维护环境功能、保障公众健康、改善生态环境质量为目标，推进战略环评、环境功能区划与主体功能区建设相融合，加强环境分区管治，构建符合主体功能区定位的环境政策支撑体系，充分发挥环境保护政策的导向作用，为推动形成主体功能区布局奠定良好政策环境和制度基础。

3. 进一步深化四个重点抓手

新时期的生态环境分区管治，从单一环境要素的独立管理走向社会、经济、资源、环境等多要素的综合管理，从条块分割的多个独立规划走向规划整合，从县域、市域、省域的分层环境管理走向以区域、城市群、经济带为广域空间单元的扁平化统一环境管理。为此，需要进一步深化四个重点抓手：

（1）进一步加强生态溯源与空间耦合布局技术支撑体系研究。生态环境分区管治是一项创新性很强的工作，落实主体功能区规划、框定空间用途，从空间使用的角度防控源头污染。要广泛动员自然科学、社会科学等多学科力量，充分借鉴国外先进经验，深化对生态溯源和空间布局耦合基础理论、评定方法、政策措施和体制机制等方面问题的研究。作为一个幅员广阔的大国，我国不同地域的自然地理、经济发展、社会人文等都有明显的差异性，加之生态环境分区管治本身的多因素、多层次、多目标性。双重多样性之下，从理念到方案的"因地、因时制宜"差别化，将大大有助于方案的操作实施，提升解决问题的精确性，提高生态环境分区管治的能效。为此，要深入基层调查研究，了解情况，努力提高生态溯源与空间耦合布局的科学性和有效性。要集中力量深化生态本底识别、生态效益与价值综合评价技术方法和资源环境承载能力评价技术方法、资源消耗上限和生态环境容量底线评价技术方法、基于主体功能区定位的环境管治区划技术等关键问题，研究提出基于环境功能区的环境质量基准确定办法、基于环境功能区的污染排放标准和总量控制限值确定办法、的环境风险管理办法，在试点实践的基础上，研究出台生态环境分区管治技术规范，建立一套科学系统的生态环境分区管治技术支撑体系。总结上述要点，出台《生态环境管治标准与编制导则》。

（2）进一步开展围绕生态红线的管治技术方法与支撑制度的科技攻关。生态红线是生态环境分区管治的一项重要制度安排与创新，是保障国家和区域生态安全、提高生态服务功能具有重要作用区域的边界控制线，划定并严守生态保护红线是细化空间边界，从空间界线的角度防控源头污染。要组织高层次专家进行集中研究攻关，研究和论证哪些要列入生态红线，提出环境质量、污染排放、总量控制、生态环境风险等具有约束力的红线管治体系划分方法和管理技术要点，形成一套相对完善、可操作性强的生态红线划分、测定与评估方法，保障国家和区域生态安全，提高生态服务功能。核心是环境目标、环境空间管治格局以及融合机制三项内容的设计与完善，并能够落实到与其他规划的衔接中，将定性的生态环境保护目标指标化、定量化、可视化。生态红线作为空间规划的组成部分，可以与其他规划进行必要的衔接与融合，但不一定非要硬拼到一起。融合的重点是规划指标的衔接、目标与内容的整合、信息的整合共享、动态的调整、方案的协调、实施的监测、成果的保障。内容是要做到让人类活动顺应生态环境的底线和规律，而不是要把人类活动纳入统一规划框架和模板内，所以应该基于生态环境空间约束的视角，提出城乡生态网络格局，科学预测各种要素的生存底线、规律和需求，合理控制城镇开发边界，优化城市内部空间结构，尽量杜绝千篇一律。划定并严守生态红线，事关国家长远发展，事关人民群众切身利益。应坚持正确的舆论导向，通过多种方式大力宣传编制实施生态红线的重要意义和紧迫性，宣传红线划定的指导原则、重点任务和政策措施，在全社会形成广泛共识，得到广大人民群众的理解和支持。

（3）进一步加强完善生态环境综合管治流程制度的研究。生态环境分区管治是从环境功能角度落实主体功能区战略的政策实践和手段创新，是对主体功能区战略的丰富和拓展，是以环境保护优化经济增长、推动可持续发展的重要抓手和主要措施。要研究制定基于生态环境分区管治的环境准入制度、环境影响评价制度、环境质量考核制度、污染排放标准制度、总量控制制度、环境转移支付制度等重大环境管理制度和政策，编制《基于生态环境管治的环境管理制度导则》，加强对生态环境分区管治方案制定、审查和实施的管理，建立生态环境分区管治方案实施的调度、评估和考核机制，提高方案编制水平和实施力度。同时，生态环境分区管治应尽快完善对"空间"的认识与利用，建立高效、精准和可持续的空间数据库平台，深入分析我国资源环境特征和资源环境与社会经济结构、布局的相互关系，剖析中国特色发展所诱导的特殊环境问题，以指导经济社会活动的总体布局，协调各部门共同管理环境的作用，监测可持续使用环境的总体效果。

（4）进一步加强健全生态环境分区管治长效机制的创新研究。推动综合空间管治长效机制，从政策与制度组合的角度防控源头污染。随着未来国家空间规划体系的逐步建立，要以主体功能区规划为基础，规范完善生态环境空间管治、生态环境承载力调控、环境质量底线控制、战略环评与规划环评刚性约束等环境引导和管治要求，制定落实生态保护红线、环境质量底线、资源利用上线和环境准入负面清单的技术规范。"多规合一"的推动充分调节了同一空间范围内的各种生产要素，包括劳动力、资本、技术、能源、环境等多种生产要素在内的要素组合通过"多规合一"有效结合起来，降低要素消耗强度，优化要素空间布局，提高空间产出效率，改进资源配置方式，避免了由于资源错配造成的源头污染。以产业准入负面清单为抓手，推行"多规合一"，形成财政政策、投资政策、产业政策、土地政策、农业政策、人口政策、民族政策、环境政策、应对气候变化政策和绩效考评政策"9+1"的政策体系。加强空间管治、绿色科技创新、社会共治等与实际对接，最终以环境安全和生态空间管治绩效等为基准，建立生态环保问责制，推行自然资源资产离任审计和责任追究。

参考文献

[1] 秋缬滢. 污染治理：从空间管理出发 [J]. 环境保护，2016（8）.

[2] 秋缬滢. 空间管控：环境管理的新视角 [J]. 环境保护，2016（15）.

[3] 田章琪，杨斌，椋埏渝. 论生态环境治理体系与治理能力现代化之建构 [J]. 环境保护，2018（12）.

[4] 秋缬滢. 以"绿水青山就是金山银山"理念引领新行动 [J]. 环境保护，2017（23）.

[5] 秋缬滢. 供给侧改革视阈下如何创新环境治理格局 [J]. 环境保护，2016（22）.

[6] 牛海鹏，芮元鹏，江河. 以理念创新谋划"十三五"环境保护的新布局 [J]. 环境保护，2016（20）.

[7] 杜雯翠，江河. "绿水青山就是金山银山"理论：重大命题、重大突破和重大创新 [J]. 环境保护，2017（19）.

[8] 秋缬滢. 以最严管控提升生态空间规模质量 [J]. 环境保护，2018（1）.

[9] 纪涛，杜雯翠，江河. 推进城镇、农业、生态空间的科学分区和管治的思考 [J]. 环境保护，2017（21）.

[10] 邱倩，江河. 论重点生态功能区产业准入负面清单制度的建立 [J]. 环境保护，2016，44（14）：41-44.

[11] 秋缬滢. 论生态环境保护规划的定位及"多规合一"的落实 [J]. 环境保护，2016，44（13）：48-52.

[12] 刘贵利，盛况，吕洪亮，郭健，等. 中国城市规划设计研究院，城镇化发展形势与城市规划、环境规划的空间衔接研究，2014.04，环境保护部规划与财务司、环保部环境规划院委托课题.

[13] 刘贵利，赵小松，郭健，等. 中国城市发展研究院，保定市服务首都对接京津概念规划，2014.11，保定市城乡规划局委托课题.

[14] 陈帆，等. 环境保护部环境工程评估中心，城市总体规划环境影响评价和城市环境总体规划关系研究，2014.04，环境保护部规划与财务司委托课题.

[15] 刘贵利，赵小松，郭健，等. 中国城市发展研究院，白洋淀区域空间发展规划，2014.11，保定市城乡规划局委托课题.

[16] 陈帆，等.环境保护部环境工程评估中心，重点领域（行业）规划环评中资源环境承载力评价研究与建议，2015.03，环境保护部环境影响评价司委托课题.

[17] 陈帆，等.环境保护部环境工程评估中心，临湘市环境总体规划，2015.05，临湘市环境保护局委托课题.

[18] 王伟，等.中央财经大学，"多规合一"下的环境规划适应性及执行力研究，2015.09，环境保护部规划与财务司委托课题.

[19] 陈帆，等.环境保护部环境工程评估中心，江西省于都市多规合一试点规划，2015.11，国家发展和改革委员会规划司、环境保护部规划与财务司委托课题.

[20] 陈帆，等.环境保护部环境工程评估中心，基于"多规合一"规划的规划环境影响评价衔接机制研究[R].环境保护部规划与财务司委托课题，2015.

[21] 刘贵利，郭健，等.中国城市发展研究院，"多规合一"下的生态环境管治策略研究[R].环境保护部规划与财务司、环保部环境规划院委托课题，2016.

[22] 刘贵利，郭健，等.中国城市发展研究院，《空间规划体系下的生态环境保护体制机制研究》之"空间规划体系下生态格局效率提升研究"[R].环境保护部环境工程评估中心委托课题，2018.

[23] 刘贵利，郭健，等.中国城市发展研究院，面向空间规划的生态环境分区管治需求研究[R].2018.11，环境保护部环境规划院委托课题.

[24] 刘贵利，郭健，等.中国城市发展研究院，典型城市承载力主控因子筛选及指标体系构建的特征研究[R].环境保护部环境规划院委托课题，2018.

[25] 刘贵利，等.城市发展中内外空间冲突与协调的战略选择——以石家庄为例[J].地理研究，Vol（25），No.4，July，2006.

[26] 刘贵利，顾朝林.2000，生态系统理论与方法在城市用地评定中的应用[J].城市规划汇刊，2000（4）.

[27] 刘贵利.城市生态规划编制内容浅析[J].规划师 2001（6）.

[28] 严奉天，刘贵利，等.浅谈省级"跨界地区"规划管理与咨询[J].城市发展研究，2012（10）.

[29] 刘贵利，等.广义环境视角下中国城镇化动力分析[J].建设科技，2013（5）.

[30] 刘贵利，等.房市政策的变迁与城市规划的回归[J].南方建筑，2013（4）.

[31] 刘贵利，等.城市规划痼疾待解[J].中国投资 2015（01）.

[32] 刘贵利.京津新型城镇化比较研究[J].城市，2016（12）.

[33] 吕红亮，周霞，刘贵利.城市规划与环境规划空间管制协同策略研究[J].环境保护科

学.2016（01）.

[34] 刘贵利."多规合一"试点工作的多方案比较分析[J].建设科技，2015（16）.

[35] 刘贵利，郭健，崔勇.城市环境总体规划推进实施建议[J].环境保护.2015（22）.

[36] 刘贵利，顾京涛.土地适宜性评价引导的城市发展方向选择——以汕头市为例[J].城市发展研究，2008（S1）.

[37] 刘贵利，齐静宜，荣国平，等.保定容城县全域规划（2015-2016年）[R].中国城市发展院，中外建总公司.

[38] 郭健，刘贵利，冯科，等.保定市雄县全域规划，2015-2016年，中国城市发展院.

[39] 黄丽华，陈帆，姜昀，程红光，严登华.破解流域综合规划环评技术瓶颈的对策建议[J].环境影响评价，2018（5）.

[40] 陈帆，程为，曹晓锐."绿水青山就是金山银山"的实践与思考[J].环境保护2018（2）.

[41] 范小杉，何萍，陈帆，黄丽华.沿海港口总体规划生态承载力环评技术方案[J].中国环境科学2017（5）.

[42] 陈帆，姜昀，祝秀莲，耿海清.基于资源环境承载能力的全国重点行业类型区划及其准入方案研究[J].中国科技成果2016（14）.

[43] 余剑锋，陈帆，詹存卫.城市总体规划环评和城市环境总体规划关系辨析[J].环境保护2014（24）.

[44] 姜昀，陈帆，连煜，詹存卫.保护流域生态健康 加强水利规划环评[J].环境保护2014（9）.

[45] 陈帆，郑雯，祝秀莲.我国小微企业健康发展的障碍及对策分析[J].环境保护2014（4）.

[46] 陈帆，祝秀莲，黄丽华，姜昀.加强产业园区管理 促进区域经济发展[J].环境影响评价2014（2）.

[47] 林齐，陈帆. Study on the advanced denitrification in biological aerated fliter upgrading 2014. Modeling and Computation in Engineering Ⅲ.

[48] 林齐，祝秀莲，陈帆. Pilot study on the integrated process treatment based on two-stage BAF for industrial combined wastewater, 2013. Hydraulic Engineering.

[49] 姜昀，陈帆. River Eco- Environment Challenge during Urbanization Process Lesson Learned From Beijing Rainstrom on July 21st 2013, Advanced Materials Research（EI、ISTP）.

[50] 崔青，陈帆（通讯作者），詹存卫，刘胜强. Analysis and Countermeasures Research on Planning Environment impact Assessment（PBIA）of Urban Rail Transit Planning in China, 2013. Advanced Materials Research（EI、ISTP）.

[51] 陈帆，祝秀莲，崔青，魏文侠. The partition of regional-specific environment management area for the china pulp & paper Industry based on resources and environment carrying capacity，2013，Applied Mechanics and Materials.

[52] 耿海清，陈帆，刘杰. 基于资源环境条件的煤炭工业环境管理类型区划分[D]. 2012中国环境科学学会学术年会论文集（第一卷），2012.

[53] 周艳欣，耿海清，陈帆，李中和，马力强. 煤炭矿区水资源承载力评价方法比选初探[J]. 煤炭经济研究 2012（2）.

[54] 陈帆等著，旅游规划生物多样性影响评价方法与实践[M]. 北京：中国环境科学出版社，2012.

[55] 耿海清，陈帆. 市矿统筹的制约因素及发展对策[J]. 中国煤炭，2012（7）.

[56] 陈帆等著，矿产资源开发规划规划生物多样性影响评价方法与实践[M]. 北京：中国环境科学出版社，2011.

[57] 刘杰，陈帆. Ecological effect caused by hydraulic engineer construction[J]. Front. Earth Sci 2011（2）.

[58] 詹存卫，陈帆. 该重视"铁老大"的环境问题了[J]. 环境保护，2010（23）.

[59] 姜昀，陈帆，安祥华，仇昕昕. 规划实施对自然保护区影响的评价重点[J]. 环境保护，2010（14）.

[60] 耿海清，陈帆，刘杰，安祥华，蔡斌彬. 煤炭富集区开发模式解析-以锡林郭勒盟为例[J]. 地域研究与开发，2010（4）.

[61] 陈帆，赵仁兴. 新声导则主要变化与要点释疑[J]. 环境保护，2010（5）.

[62] 陈帆，刘杰，詹存卫. 汶川地震灾后恢复重建总体规划环评实践意义思考[J]. 中国科技成果，2010（10）.

[63] 耿海清，陈帆，王青春. 提高煤炭矿区规划环评有效性的对策[J]. 中国煤炭，2010（3）.

[64] 刘杰，陈帆，耿海清，等. 纵向岭谷区高速公路沿线生态系统健康评价[J]. 水土保持通报，2010（2）.

[65] 刘杰，陈帆. Range of ecological impact of highway construction in the Longitudinal Range-Gorge Region，China　Number3 September 2010　[J]. Frontiers of Environmental Science& Engineering in China, Volune4（SCI）.

[66] 陈帆，耿海清. 行业环境管理政策单元划分及其与环境影响评价的结合——以煤炭行业为例. 中国战略环境评价理论与实践[D]. 北京：中国科技出版社，2010.

[67] 仇昕昕，陈帆，耿海清，詹存卫. 解决城市环境问题的出路——全过程管理体系[J]. 城

市管理与科技，2010（1）．

[68] 刘杰，陈帆，朱建军，仇昕昕．道路工程胁迫下生态系统适宜性研究 [D]．水土保持研究，2009（6）．

[69] 耿海清，陈帆，詹存卫，仇昕昕，刘磊．基于全局主成分分析的我国省级行政区城市化水平综合评价 [J]．人文地理，2009（10）．

[70] 陈帆．规划环评条例如何发挥实效？[J]．环境保护，2009（20）．

[71] 耿海清，陈帆，马铭锋．以战略环评缓解重化工业时代的资源环境压力 [J]．三峡环境与生态，2009（5）．

[72] 陈帆，等著．中国城市化进程中的环境问题及环境管理研究 [M]．北京：中国城市出版社，2009．

[73] 耿海清，陈帆．"资源陷阱"的成因与作用机制分析 [J]．煤炭经济研究，2009（2）．

[74] 刘杰，陈帆，刘园，王庆改．灾后重建土地利用规划环评重点内容解析与实证研究 [J]．城市环境与城市生态，2009（2）．

[75] 刘园，陈帆．试论生态功能区划在规划环境影响评价中的应用 [J]．环境保护，2009（2）．

[76] 詹存卫，陈帆．汶川地震灾后重建城镇体系规划环评探讨 [J]．环境保护，2009（2）．

[77] 马铭锋，陈帆，吴春旭，刘磊．规划环境影响评价技术方法的研究进展及对策探讨 [J]．生态经济，2008（9）．

[78] 马铭锋，陈帆，于仲鸣，杨帆．投入产出模型在规划环评中的应用探讨 [J]．生态经济，2008（7）．

[79] 陈帆．落实科学发展观 破解水资源环境危机 [M]．北京：中国社会出版社，2008．

[80] 陈帆，祝秀莲，黄国忠．生态工业园区对于我国造纸工业的可持续发展适用性研究 [J]．中国资源综合利用，2006（12）．

[81] 陈帆，等．论厦门城市形象的设计及塑造 [J]．中国人口、资源与环境，2005（15）．

[82] 霍中和，王晓，胡秋红，等．江西省于都县发展总体规划（2015-2030年）[R]．江西省于都县发展改革委，2015．

[83] 王晓，张璇，胡秋红，等．"多规合一"的空间管治分区体系构建 [J]．中国环境管理，2016，8（3）．

[84] 申贵仓，王晓，胡秋红．承载力先导的"多规合一"指标体系思路探索 [J]．环境保护，2016，44（15）：59-64．

[85] 王晓，胡秋红，霍中和，et al．"多规合一"综合空间管控措施研究 [R]．国家发展和改革委员会规划司，2016．

[86] 王晓，霍中和，胡秋红，等."多规合一"规划方案案例分析研究 [R]. 环境保护部环境工程评估中心，2016.

[87] 霍中和，王晓. 鞍山市城市环境总体规划编制 - 环境功能区划研究专题 [R]. 鞍山市环境科学研究所，2014.

[88] 霍中和，王晓，申贵仓，等. 吉林省长白山保护开发区绿色发展战略规划 [R]. 长白山保护开发区管委会经济发展局，2016.

[89] 王晓，霍中和，胡秋红，等. 浙江省开化县资源环境承载力评价专题研究 [R]. 浙江省开化县发展和改革委，2017.

[90] 殷国栋，霍中和，王晓，等. 雷山县空间性规划（2016-2030年）资源环境承载力评价专题研究 [R]. 中国城市和小城镇改革发展中心，2017.

[91] 胡秋红，霍中和，王晓，等. 自然资源资产登记实施对重点生态功能区产业准入负面清单实施影响研究 [R]. 环境保护部环境工程评估中心，2018.

[92] 王晓，胡秋红，霍中和，等. 完善主体功能区制度及建立资源环境承载力监测预警长效机制研究 [R]. 北京市发展和改革委员会，2018.

[93] 王伟，张阿曼，李怡. 基于区域梯度式学习情景的长江经济带环境治理研究 [J]. 中国环境管理，2018（6）.

[94] 王伟，张常明，邢普耀. 新时代规划权改革应统筹好十大关系 [J]. 北京规划建设，2018（7）.

[95] 王伟，杨崇祺. 习近平首都城市建设管理思想的内在逻辑探析 [J]. 前线 2018（07）.

[96] 王伟，郭文文. 我国五年计划/规划对城镇化的政策影响研究 [J]. 科学发展，2018（5）.

[97] 王伟，刘昊雯，吴端洁. 政策网络视角下城乡规划编制实施适应性研究，中国城乡规划实施研究 -- 第五届全国规划实施学术研讨会成果，北京：中国建筑工业出版社，2018.

[98] 冯羽，郭文文，王伟. 京津冀承载力弹性测度与协同治理研究，中国城乡规划实施研究 -- 第五届全国规划实施学术研讨会成果，北京：中国建筑工业出版社，2018.

[99] 吴志强，杨秀，王伟. 中国城镇化的发展方向与城乡规划应对 [J]. 政府管理评论（辑刊），2017（9）.

[100] 王伟，李一双，刘海涛. 城市公共服务均等化的多维辨析与评估 [J]. 北京规划建设，2018（1）.

[101] 王伟，王瑛，凌馒金，李姗姗. 1998-2015年我国城市化理论研究演进的特征与趋势 -- 基于CiteSpace的文本计量分析 [J]. 城乡规划，2017（2）.

[102] 王伟.理性与逻辑视角下我国城乡规划设计的响应与革新[J].南方建筑，2016（5）.

[103] 王伟，张常明，陈璐.我国20个重点城市群经济发展与环境污染联动关系研究[J].城市发展研究，2016（7）.

[104] 王伟，王瑛，凌镘金，孙蓉.基于CiteSpace的中国城乡规划与管理研究可视化分析，规划60年：成就与挑战——2016中国城市规划年会论文集（03城市规划历史与理论）.

[105] 王伟，杨崇琪，王依.建立中央到地方绿色化规划政策执行链体系--关于"十三五"环境规划编制实施的建议[J].环境保护，2015（22）.

[106] 王依，王伟.环境规划能从公共政策视角评价吗？[J].环境经济，2015（ZA）.

[107] 王伟，肖禾.多规合一，啥样的环境规划体系才衬？[J].环境经济，2015（ZA）.

[108] 王伟.环保应成为国家治理能力与工具[J].环境经济，2015（Z3）.

[109] 王伟.创新规划工作，提升国家治理能力[J].前线，2015（8）.

[110] 王伟.执行力与适应性导向下我国环境规划的改革探讨[J].环境保护，2015（Z1）.

[111] 王伟.中国城镇群体可持续发展的四个"顶层设计"基点[J].北京规划建设，2014（6）.

[112] 王伟，叶嵩，高岳.巨型城市交通可持续发展的上海经验，中国城市发展报告NO.7聚焦特大城市治理[M].北京：社会科学文献出版社，2014.

[113] 王伟.全球化视阈下中国大都市发展管理：从指标体系到战略模型[J].中国行政管理，2014（10）.

[114] 王伟.行政or市场，新一轮改革视阈下中国城镇发展逻辑[J].北京规划建设，2014（5）.

[115] 郑新奇，薛春璐，王伟，杜娟.中国城市用地增长极限规模测算[J].中国人口·资源与环境，2013（8）.

[116] 王伟，翻译.财政规划--写给城市领导者[M].北京：中国建筑工业出版社，2018.

[117] 王伟，吴志强，著.同济博士论丛：中国城市群空间结构与集合能效研究[M].上海：同济大学出版社，2018.

[118] 江涛，主编.朱峰，王伟，副主编.2018政策热点面对面[M].北京：中国言实出版社，2018.

[119] 王晓，张璇，胡秋红，et al."多规合一"的空间管治分区体系构建[J].中国环境管理，2016，8（3）.

[120] 申贵仓，王晓，胡秋红.承载力先导的"多规合一"指标体系思路探索[J].环境保护，2016，44（15）：59-64.

[121] 董伟.准确把握城市环境总体规划内涵[N].中国环境报，2013.

[122] 戴丽.环境考量需多方保障[J].节能与环保，2015（6）.

[123] 董伟.严格实施环境功能区划保障区域生态安全 [J].环境保护，2013（20）.

[124] 董伟.编制城市环境总体规划要遵循哪些原则？ [J].中国环境报，2013（10）.

[125] 常纪文."多规合一"为何一波三折未来绿色前景可期 [N].中国经济导报，2015-5-9.

[126] 胡宏，彼得·德里森，特吉奥·斯皮德.荷兰的绿色规划：空间规划与环境规划的整合 [J].国际城市规划，2013，28（3）.

[127] 张媛明，罗海明，黎智辉.英国绿带政策最新进展及其借鉴研究 [J].现代城市研究，2013（10）：50-53.

[128] 季如漪.城市开放空间理论与实践的再认识 [D].南京工业大学，2005.

[129] 刘红娟，何国勇.国际化城市发展经验为深圳建设国际化城市提供借鉴 [J].南方论丛，2015（6）：1-8.

[130] 王小莹.构建可持续发展的城市形态——伦敦市城市形态的演替与思考 [J].绿化与生活，2016（7）.

[131] 谢敏，张丽君.德国空间规划理念解析 [J].国土资源情报，2011（7）：9-12.

[132] 曲卫东.联邦德国空间规划研究 [J].中国土地科学，2004，18（2）：58-64.

[133] 黄昭雄.波特兰城市增长边界对城市发展模式和通勤的影响 [J].城市规划学刊，2005（2）：109-109.

[134] 李强，戴俭.西方城市蔓延治理路径演变分析 [J].城市发展研究，2006，13（4）：74-77.

[135] 过孝民.我国环境规划的回顾与展望 [J].环境科学，1993（4）：10-15.

[136] 孙雯.论发展规划的法律规制—兼论德国规划立法例之启示 [J].南京财经大学学报，2009，2009（6）：58-61.

[137] 王伟，王瑛，凌馒金，等.1998-2015年我国城市化理论研究演进的特征与趋势——基于CiteSpace的文本计量分析 [J].城乡规划，2017（02）：64-75.

[138] 刘菁.武汉城市生态空间管控路径探索 [C]// 中国城市规划年会，2014.

[139] 汪云，刘菁.特大城市生态空间规划管控模式与实施路径 [J].规划师，2016，32（3）：89-93.

[140] 刘晟呈.城市生态红线规划方法研究 [J]，上海城市规划，2012（6）：24-29.

[141] 郭浃宝.城市规划与环境规划不协调发展研究 [J]，内蒙古科技与经济，2013（11）：20-21.

[142] 常纪文."多规合一"将环境考量写入现实 [N]，中国环境报，2012-5-5.

[143] 汪劲柏，赵民.论建构统一的国土及城乡空间管理框架——基于对主体功能区划、

生态功能区划、空间管制区划的辨析 [J]. 城市规划, 2008 (12): 40-48.

[144] 包存宽, 陆雍森, 尚金城, 等. 规划环境影响评价方法及实例 [M]. 北京: 科学出版社, 2004.

[145] 杨常青, 宣昊. 浅谈我国规划环评现状与问题及对策建议 [J]. 环境与可持续发展, 2015, 40 (6): 176-178.

[146] 徐鹤, 陆文涛, 王会芝. 中国规划环评理论与实践 [J]. 环境影响评价, 2014 (2): 7-10.

[147] 傅浩. 规划环境影响评价的研究 [D]. 吉林大学, 2013.

[148] 潘岳. 建设项目规划不依法环评的历史将告结束 [N]. 法制日报, 2005-8-29.

[149] 王会芝, 徐鹤, 吕建华, 等. 中国战略环境评价实施现状及有效性研究 [J]. 环境污染与防治, 2010, 32 (9): 103-106.

[150] 吴益. 地方政府规划环评政策执行研究 [J]. 资源节约与环保, 2015 (5): 89-89.

[151] 赵艳博, 林逢春. 中国规划环境影响评价发展现状与存在问题分析 [J]. 能源与环境, 2008 (5): 10-12.

[152] 贾生元. 我国规划环评问题分析及完善建议 [J]. 环境影响评价, 2015 (5): 18-23.

[153] 包存宽. 公众参与规划环评、源头化解社会矛盾 [J]. 现代城市研究, 2013 (2): 36-39.

[154] 郑雯, 詹存卫, 林齐. 规划环评中资源环境承载力评价存在问题与对策 [J], 环境影响评价, 2015 (5): 1-4.

[155] 胥清波. 环境承载力分析在规划环境影响评价中的应用研究——以天津市滨海新区先进制造业产业园区规划环评为例 [D]. 华中农业大学, 2009.

[156] 陈海英, 水环境承载力在规划环评中的应用 [J]. 中国人口·资源与环境, 2015 (s2): 374-376.

[157] Wackernagel, M., Rees, W. E. Our ecological footprint: Reducing human impact on the earth. New Society, Gabriola Island, BC, Canada. 1996.

[158] 杨开忠, 杨咏, 陈浩. 生态足迹分析理论与方法 [J]. 地球科学进展, 2000, 15 (6): 630-636.

[159] 李远东. 生态足迹在城市规划环评中的应用研究——以合肥市城市总体规划环评为例 [D]. 合肥工业大学, 2009.

[160] 邓晓军, 谢世友, 水足迹分析理论方法 [J]. 资源开发与市场, 2003, (3): 210.

[161] 王岩, 崔胜玉, 钟连红, 等. 水足迹和虚拟水战略在城市规划环评中的应用——以

北京市为例 [J]. 北京师范大学学报（自然科学版），2014（6）：638-643.

[162] 吴季松. 循环经济：全面建设小康社会的必由之路 [M]. 北京：北京出版社，2003.

[163] 嵇囡囡. 循环经济理论在区域规划环评中的应用研究 [D]. 大连理工大学，2006.

[164] Daily, G. C. Nature's service: Societal Dependence on natural ecosystems[M]. Washington DC: Island Press，1997.

[165] 宋睿. 生态服务价值理论在规划环评中的应用研究 [D]. 大连理工大学，2007.

[166] 邬建国. 景观生态学——格局、过程、尺度与等级 [M]. 北京：高等教育出版社，2000.

[167] 郭怀成，都小尚，刘永，等. 基于景观格局分析的区域规划环评方法 [J]. 地理研究，2011，30（9）：1713-1724.

[168] 贺楠. 规划环评环境影响界定及评价指标确立的方法研究 [D]. 北京化工大学，2008.

[169] 李德华. 城市规划原理（第三版）[M]. 北京：中国建筑工业出版社，2001.

[170] 司马文卉. 城市总体规划环境影响识别方法与应用研究 [D]. 清华大学，2012.

[171] 王万茂，韩桐魁. 土地利用规划学 [M]. 北京：中国农业出版社，2002.

[172] 熊小丽. 土地利用规划环境影响评价指标体系研究 [D]. 南京农业大学，2011.

[173] 郝明家. 工业园规划环境影响识别及不利环境影响减缓措施探讨 [C]. 2011 中国环境科学学会学术年会论文集（第三卷），2011.

[174] 陈涵毅. 通用航空产业园规划环评影响识别及评价指标体系构建与实证研究 [D]，华南理工大学，2012.

[175] 陈已云，农业园区规划环境影响评价指标体系研究——以南京市浦口区星甸现代农业产业园区总规为例 [D]，南京农业大学，2014.

[176] 杨蕊莉，李扬旗，流域规划环境影响识别及环境影响评价指标体系构建技术 [C]. 全国规划环评技术研讨会，2012.

[177] 钟林生，徐建文. 旅游规划的环境影响识别探讨 [J]. 长江流域资源与环境，2008，17（5）：814-818.

[178] 颜淼. 城市轨道交通线网规划环评的环境影响要素识别与评价指标体系的建立研究 [J]. 环境科学与管理，2014，39（7）：182-185.

[179] 薛红梅. 交通规划环评的影响识别及案例分析 [J]，环境科学与管理，2009，34（5）：158-161.

[180] 裴洪平，汪勇. 我国环境规划发展趋势探析 [J]，重庆环境科学，2003（2）：1-3+59.

[181] 李琬，孙斌栋．西方经济地理学的知识结构与研究热点——基于 CiteSpace 的图谱量化研究 [J]．经济地理，2014（4）：7-12+45．

[182] 潘黎，王素．近十年来中国教育研究热点主线的计量研究——基于八种 CSSCI 教育学期刊文献关键词共现知识图谱的分析 [J]．教育研究与实验，2011（6）20-24．

[183] Peritz B C. On the objectives of citation analysis: Problems of theory and method[J]. Journal of the American Society for Information Science，1992，43（6）448-451.

[184] Moed HF. The impact-factors debate: The ISI's uses and limits [J]. Nature，2002，415（15）731-732.

[185] 李有平，欧阳进良．科技评估在科技管理中作用的分析与认识 [J]．中国科技论坛．2009（5）7-11．

[186] 徐长久，万玉山，冯俊生，李定龙．我国环境规划现状及存在问题分析 [J]，煤炭技术，2007（3）1-3．

[187] 周宏春，季曦．改革开放三十年中国环境保护政策演变 [J]．南京大学学报（哲学．人文科学．社会科学版），2009-01-31-40+143．

[188] 孙涛．新中国 60 年生态环境建设与生态环境问题研究 [D]．北京工业大学，2010．

[189] 张连辉，赵凌云．1953—2003 年间中国环境保护政策的历史演变 [J]．中国经济史研究，2007（4）：63-72．

[190] 徐振才．浅析我国现代环境立法的历史进程 [J]．全国商情·经济理论研究，2008，（17）：135-136．132．

[191] 李斌．基于可持续发展的我国环境经济政策研究 [D]，中国海洋大学，2007．

[192] 崔海伟．浅谈 1970 年代以来中国环境政策的演变 [D]，山东大学，2009．

[193] 金蕾，邵敏，张宁宁，等．1900~2000 年中国二氧化硫排放量的历史变迁 [C]，大气环境科学技术研究进展，2005．

[194] 吴子强．关于环境规划与经济发展的思考 [J]，企业导报，2011，（1）：262-263．

[195] 叶鸿蔚，高雅雯．我国环境政策演变的特点和发展趋势 [J]．理论导刊，2013，（4）：92-94．

[196] 张坤民．中国环境保护事业 60 年 [J]，中国人口·资源与环境，2010，20（6）：1-5．

[197] 杨洪刚．中国环境政策工具的实施效果及其选择研究 [D]．复旦大学，2009．

[198] 蓝勇．中国经济开发的历史进程与可持续发展的反思 [J]，学术研究，2005，（7）：89-94．

[199] 陈劭锋，刘扬，李颖明，等．中国资源环境问题的发展态势及其演变阶段分析 [J]．

科技促进发展，2014，（3）：11-19.

[200] 贾潇.关于环境规划与经济发展的思考[J].现代商业，2014，（20）：55-55，56.

[201] 王钉，万大娟，贺涛，等.环境规划实施效果评估方法比较研究[J].环境科学与管理，2014，39（4）：182-186.

[202] 彭珂珊.论经济可持续发展与环境保护[J].中共桂林市委党校学报，2002，2（1）：30-34.[17].

[203] 田亚鹏.浅析中国环境规制的演变与治理效果[J].现代营销，2013，（11）：94-95.

[204] 符云玲，张瑞.中国环境保护规划制度框架研究[J].环境保护，2008，（24）：77-79.

[205] 董战峰，李红祥，龙凤，吴琼，王慧杰，葛察忠，周全，高树婷，李晓亮."十二五"环境经济政策建设规划中期评估[J].环境经济，2013，09：10-21.

[206] 王昌森.关于构建环境规划法的思考[D].中国海洋大学，2014.

[207] 曾晓东.对"十二五"环保规划的思考与建议[J].中国环境法治，2010，00：7-15.

[208] 张卓.积极应对全球气候变化——从发展经济学角度解析"十二五"环境规划[J].中国集体经济，2011，21：37-38.

[209] 贺欣，李小霞.战略环境监管指标体系的分析与构建——以"十二五"规划环境监管约束性指标为例[J].宏观经济研究，2015，02：50-59.

[210] 王玉德.中国环境保护的历史和现存的十大问题——兼论建立生态文化学[J].华中师范大学学报（哲学社会科学版），1996，01：60-68.

[211] 王金南.新《环境保护法》下的环境规划制度创新[J].环境保护，2014（13）：10-13.

[212] 莫勇波.论政府执行力及其组织构建[J].理论导刊，2005（6）：17-19.

[213] 沈瞿和.政府执行力的法律标准[J].开放潮，2006（3）：25-27.

[214] 胡伟.政府过程[M].杭州：浙江人民出版社，1998.

[215] 周新伟，卢帅兵.转型时期公共政策的适应性分析[J].湖南农业大学学报（社会科学版），2008（5）：99-102.

[216] 傅国伟.当代环境规划的定义、作用与特征分析[J].中国环境科学，1999（1）：72-76.

[217] 芦晓燕.城市环境规划可达性和可操作性研究[R].北京工业大学硕士学位论文，2013.

[218] 中华人民共和国环境保护法[S]．http：//www.npc.gov.cn/huiyi/lfzt/hjbhfxzaca/2014-04/25/.

[219] 颜小品，张祯祯，刘永，周璟，董菲菲，李玉照，张晓玲. 中国环境规划技术方法使用现状评估与分析 [J]. 环境污染与防治，2013，04.

[220] 宋国君，徐莎. 论环境规划实施的一般模式 [J]. 环境污染与防治，2007，05.

[221] 傅景威，管宏友. 生态文明视域下环境管理中的利益博弈与政府责任 [J]. 西南师范大学学报（自然科学版），2014，07.

[222] 姚思京，侯子峰. 生态文明建设视角下对地方政府绩效考核制度的探讨 [J]. 传承，2013（10）.

[223] 张益项. 落实科学发展观 推进政府决策的绿色化转型 [J]. 经济师，2010（12）.

[224] 陈婧. 加强绿色治理 促进部门政策"绿色化" [N]. 中国经济时报，2014（3）.

[225] 董克用. 重塑央地关系 优化公共治理 [J]. 行政管理改革，2010（1）.

[226] 李永晟. 央地关系视角下政府公共政策执行偏差分析 [J]. 湘潮（下半月），2014（8）.

[227] 闫梅，黄金川. 国内外城市空间扩展研究评析 [J]. 地理科学进展，2013（7）.

[228] 张丽君，喻锋，马永欢，符蓉. 加强国土开发的空间管控 [J]. 国土资源情报，2013（9）.

[229] 孙萍，唐莹，Robert J. Mason，张景奇. 国外城市蔓延控制及对我国的启示 [J]. 经济地理，2011（5）.

[230] 李效顺，曲福田，张绍良，汪应宏. 基于国际比较与策略选择的中国城市蔓延治理 [J]. 农业工程学报，2011（10）.

[231] 张玉娴，黄剑. 关于我国空间管制规划体系的若干分析和讨论 [J]. 现代城市研究，2009（1）.

[232] 金继晶，郑伯红. 面向城乡统筹的空间管制规划 [J]. 现代城市研究，2009（2）29-34.

[233] 张晓青，郑小平. 日本城市蔓延及治理 [J]. 城市发展研究，2009，02：24-30.

[234] 钱芳. 快速城市化背景下城市空间发展与控制 [J]. 硅谷，2009，14：96-97.

[235] 唐相龙. "精明增长"研究综述 [J]. 城市问题，2009，08：98-102.

[236] 何琼峰，王良健. 城市理性增长理论与实践研究进展 [J]. 城市问题，2009，08：27-31+52.

[237] 秦志锋. 中国城市蔓延现状与控制对策研究 [D]. 河南大学，2008.

[238] 张景奇，孙萍，孙蕊. 从"蔓延控制"到"蔓延治理"——美国城市蔓延应对策略转变及内因剖析 [J]. 城市规划，2015，03：74-80.

[239] 雒占福. 基于精明增长的城市空间扩展研究 [D]. 西北师范大学，2009.

[240] 冯科. 城市用地蔓延的定量表达、机理分析及其调控策略研究 [D]. 浙江大学，2010.

[241] 吕斌，陈睿. 我国城市群空间规划方法的转变与空间管制策略 [J]. 现代城市研究，2006，08：18-24.

[242] 翁羽. 城市增长管理理论及其对中国的借鉴意义 [J]. 城市，2007，04：53-57.

[243] 丁成日，孟晓晨. 美国城市理性增长理念对中国快速城市化的启示 [J]. 城市发展研究，2007，04：120-126.

[244] 杨红平. 城市蔓延：理论研究、治理对策与案例分析 [J]. 江苏城市规划，2007，11：40-44.

[245] 高宜程. 山西省晋城市空间结构演化与调控研究 [D]. 首都师范大学，2008.

[246] 王春杨. 我国城市蔓延问题的经济学分析和对策 [D]. 重庆大学，2008.

[247] 刘芳. 北京城市蔓延的特征及成因分析 [D]. 北京交通大学，2010.

[248] 张景奇，娄成武. 中美城市蔓延特征差异对比及对中国蔓延治理的启示 [J]. 资源科学，2014，10：2131-2139.

[249] 王颖，顾朝林，等. 中外城市增长边界研究进展 [J]. 国际城市规划，2014，04：1-11.

[250] 范建红，蔡克光. 美国城市蔓延治理及其对中国的启示——基于土地制度的视角 [J]. 城市问题，2014，10：78-83.

[251] 李效顺，曲福田，张绍良. 南京农业大学公共管理学院、南京农业大学中国土地问题研究中心. 城市蔓延治理：国际比较与策略选择 [N]. 中国社会科学报，2011-04-28011.

[252] 雷羡梅. 张永春. 论城市最佳规模 [J]. 城市问题，1991，05：7-11.

[253] 韩敏. 城市蔓延与理性增长 [D]. 东北财经大学，2013.

[254] 金晓云，冯科. 城市理性增长研究综述 [J]. 城市问题，2008，02：84-89.

[255] 何丹，谭会慧. "规划更美好的伦敦"——新一轮伦敦规划的评述及启示 [J]. 国际城市规划，2010，04：79-84.

[256] 滕凤宏. 新城市主义与宜居性住区研究 [D]. 天津大学，2012.

[257] 万师. 生态系统服务功能价值核算与地理学综合研究 [J]. 内蒙古农业大学学报（社会科学版），2011（11）.

[258] 陈洪波，潘家华. 我国生态文明建设理论与实践进展 [J]. 中国地质大学学报（社会科学版），2012（10）.

[259] 张伟. 论"天人关系"生态伦理的现代价值 [J]. 地理科学进展，2009，28（3）：465-470.

[260] 潘家华. 生态文明：一种新的发展范式 [J]. China Economist，2015（4）：44-71.

[261] 周宏春. 生态文明建设应成为重要任务 [J]. 青海科技，2012（6）：20-24.

[262] 王伟，肖禾. 多规合一，啥样的环境规划体系才衬？[J]. 环境经济，2015：20-21.

[263] 王夏晖，何军，饶胜. 山水林田湖草生态保护修复思路与实践 [J]. 环境保护，2018.

[264] 肖禾，金贤峰，陈甲全. "多规合一"中生态环境规划体系探讨 [J]. 规划师论丛，2015.

[265] 邵继中，胡振宇. 城市地下空间与地上空间多重耦合理论研究 [J]. 地下空间与工程学报，2017（6）：1431-1443.

[266] 杜震，张刚，沈莉芳. 成都市生态空间管控研究 [J]. 城市规划，2013（8）：84-88.

[267] 邓伟. GIS 支持下的三峡库区生态空间研究 [D]. 重庆大学，2014.

[268] 周松林. 3S 技术支持下的安仁县复合生态空间优化布局研究 [C]. 中国城市规划年会. 2015.

[269] 秋缬滢. 空间管控：环境管理的新视角 [J]. 环境保护，2016，44（15）：9-10.

[270] 欧胜兰，吕耿. 都市生态空间的区域管治机制探究 -- 对上海市生态空间规划的启示 [C]. 中国城市规划年会. 2012.

[271] 沈悦，刘天科，周璞. 自然生态空间用途管制理论分析及管制策略研究 [J]，中国土地科学，2017.

[272] 成文连，柳海鹰，关彩虹. 区域生态保护分级控制规划——以浙江省安吉县为例 [J]，环境与发展，2009，21（3）：9-14.

[273] 朱媛媛，余斌，曾菊新，等. 国家限制开发区生产—生活—生态空间的优化——以湖北省五峰县为例 [J]. 经济地理，2015，35（4）：000026-32.

[274] 王昌森. 关于构建环境规划法的思考 [D]. 中国海洋大学，2014.

[275] 国土资源部. 解读《自然资源统一确权登记办法（试行）》[J]，国土资源，2017（1）：32-34.

[276] 吕永强. 北京市就业空间结构及其演化研究 [D]. 2015.

[277] 芦海花，傅桦. 基于多源遥感影像的西藏生态环境要素解译方法研究 [J]. 首都师范大学学报（自然科学版），2008，29（1）：75-79.

[278] 孙汉儒. 基于 CCA 的土地利用变化研究 [D]. 中国地质大学（北京），2014.

[279] 陈超，宋卓人，张为民，等. 杭州地区生态环境遥感解译及野外核查 [J]. 现代城市，2009（2）：35-37.

[280] 芦海花，付华. 青藏高原水体特征遥感影像分析——以那曲地区为例 [J]. 中国水利，

2007（17）：9-11.

[281] 周彬，陈田，周睿．基于变权模型的舟山群岛生态安全预警 [J]．应用生态学报，2015，26（6）：1854-1862.

[282] 基于 RS 与 GIS 的生态环境评价及其遥感反演模型研究 [D]．山东农业大学，2009.

[283] 丁思洋，朱文泉，江源，等．基于 RS 与 GIS 的中巴经济走廊生态现状评价 [J]．北京师范大学学报（自然科学版），2017，53（3）：358-365.

[284] 张玉泽，任建兰，刘凯，et al. 山东省生态安全预警测度及时空格局 [J]．经济地理，2015，35（11）：166-171.

[285] 郭璞璞．基于遥感的环杭州湾地区生态系统服务价值评价 [D]．2016.

[286] 张翠丽．区域建设用地潜力评价的理论与方法研究——以辽阳市为例 [D]．辽宁师范大学，2008.

[287] 许开鹏，步秀芹，曾广庆，等．环境功能区划的空间尺度特征 [J]．城乡规划，2017（05）：86-93.

[288] 樊杰，周侃，王亚飞．全国资源环境承载能力预警（2016 版）的基点和技术方法进展 [J]．地理科学进展，2017，36（3）．

[289] 李杨帆，林静玉，孙翔．城市区域生态风险预警方法及其在景观生态安全格局调控中的应用 [J]．地理研究，2017，36（3）．

[290] 周道静，王传胜．资源环境承载能力预警城市化地区专项评价——以京津冀地区为例 [J]．地理科学进展，2017，36（3）：359-366.

[291] 区域生态安全评价和预警研究 [D]．大连理工大学，2009.

[292] 徐成龙，程钰，任建兰．黄河三角洲地区生态安全预警测度及时空格局 [J]．经济地理，2014，34（3）：149-155.

[293] 何春燕，杨庆媛．镇域土地生态安全综合评价研究——以重庆市丰都县十直镇为例 [J]．水土保持研究，2014，21（3）：163-168.

[294] 胡静．基于能值的鄱阳湖生态经济区土地生态安全评价研究 [D]．江西财经大学，2013.

[295] 张玉泽，张俊玲，程钰，等．山东省经济、社会与生态系统协调发展及空间格局研究 [J]．生态经济（中文版），2016，32（10）：51-56.

[296] 常纪文．京津冀环保一体化的基本问题 [J]．前进论坛，2014（9）：49-51.

[297] 李晓萍．县域生态文明建设的绿色化发展路径——记 2015 中国县域生态文明建设（张家港）高层研讨会 [J]．中国生态文明，2015.

[298] 李琼, 赖雪梅. 反规划理论在"多规合一"中的应用 [J]. 当代经济, 2015 (15): 92-93.

[299] 曹文莉, 张小林, 潘义勇, 等. 发达地区人口、土地与经济城镇化协调发展度研究 [J]. 中国人口·资源与环境, 2012, 22 (2): 141-146.

[300] 吴冰, 李锋. 沈阳经济区工业化与城镇化互动发展路径 [J]. 沈阳师范大学学报（社会科学版）, 2017, 41 (3): 36-42.

[301] 陈春. 健康城镇化发展研究 [J]. 国土与自然资源研究, 2008 (4): 7-9.

[302] 张祥宇, 朱青, 矫雪梅, et al. 城市规划中人口规模预测方法思索 [J]. 规划师, 2012, 28 (s2): 271-275.

[303] 王佼佼. 城镇化与耕地集约利用关系研究 [D]. 中国地质大学（北京）, 2014.

[304] 苏茜. 我国人口城镇化质量研究 [D]. 上海师范大学, 2015.

[305] 余洋. 基于城镇化—耕地耦合关系的合肥市土地利用结构优化 [D]. 2016.

[306] 谢扬. 中国城镇化战略发展研究 [J]. 城市规划, 2003, 27 (2): 35-41.

[307] 申布语. 中国县域城镇化、就业率与经济发展水平关系的实证研究 -- 基于 24 个县市面板数据分析 [J]. 对外经贸, 2015 (2): 79-83.

[308] 伍丰连. 新农村建设中农村青年人力资源开发研究 [D]. 湖南大学, 2009.

[309] 左鹏飞, 曹荣荣. 城镇化发展对农民收入影响的协整分析 [J]. 北方经济, 2012 (20): 23-25.

[310] 范爱军, 王丽丽. 我国城镇化发展与农民收入增长的实证分析 [J]. 山东社会科学, 2007 (3): 79-80.

[311] 张晓丽. 新型城镇化背景下小城镇人口规模研究 [D]. 2016.

[312] 邱婧. 城镇建设用地弹性规划区研究 [D]. 西南大学, 2010.

[313] 基于本地劳动力就业的产业选择研究——以西藏"一江三河"经济密集区为例 [D]. 南京农业大学, 2012.

[314] 洪棉棉. 基于能值分析的生态足迹模型的改进及实证应用 [D]. 2009.

[315] 李静, 马丽娟. 日本城镇化进程中的土地利用问题探析 [J]. 求是学刊, 2017 (5).

[316] 程莉, 周宗社. 人口城镇化与经济城镇化的协调与互动关系研究 [J]. 理论月刊, 2014 (1): 41-41.

[317] 傅鸿源, 胡焱. 城市综合承载力研究综述 [J]. 城市问题, 2009 (5): 27-31.

[318] 杨舒媛, 魏保义, 王军, 等. "以水四定"方法初探及在北京的应用 [J]. 北京规划建设, 2016 (3): 100-103.

[319] 薛英岚，吴昊，吴舜泽，等．基于环境承载力的适度人口规模研究——以北海市为例 [J]．环境保护科学，2016，42（1）．

[320] 王雅雯．基于 GIS 的辽宁省人口集聚度评价研究 [D]．辽宁师范大学，2008．

[321] 吴开慧．贵州省主体功能区划关键技术研究与应用 [D]．贵州师范大学，2009．

[322] 朱江，杨箐丛，詹浩．面向全域土地用途管制的空间规划实践探索——以宁夏回族自治区平罗县空间规划为例 [J]．城市建筑，2018（18）．

[323] 赵倩．基于生态红线的生态安全格局构建 [D]．浙江大学，2017．

[324] 基于 GIS 的高原湖滨地区生态约束评价体系研究——以滇池流域为例 [D]．云南财经大学，2013．

[325] 陈永林，谢炳庚，李晓青，等．土地资源承载力与县域经济的协调发展研究——以湖南省为例 [J]．国土资源科技管理，2014，31（6）：24-31．

[326] 黄征学，王丽．加快构建空间规划体系的基本思路 [J]．宏观经济研究，2016（11）：3-12．

[327] 周侃，樊杰，徐勇．面向重建规划的灾后资源环境承载能力应急评价范式 [J]．地理科学进展，2017，36（3）：286-295．

[328] 张玉．城市发展水平时空演变规律研究 [D]．2015．

[329] 王成新，王格芳，刘瑞超，等．区域交通优势度评价模型的建立与实证——以山东省为例 [J]．人文地理，2010（1）：73-76．

[330] 李玉森．辽宁省交通优势度综合评价研究 [D]．辽宁师范大学，2012．

[331] 徐太海，赵志远．产业园区规划环评如何发挥污染源头控制作用 [J]．绿色科技，2016（10）：58-60．

[332] 王同成，赵艳艳，赵洪波，等．关于规划环境影响评价中空间准入要求探讨——以某石化基地规划环评为例 [J]．环境与可持续发展，2016，41（6）：81-82．

[333] 钱一武．北京市门头沟区生态修复综合效益价值评估研究 [D]．北京林业大学，2011．

[334] 马升平．北京市门头沟区生态修复效益综合评价研究 [D]．北京林业大学，2011．

[335] 孙炳彦．环境规划在"多规合一"中的地位和作用 [J]．环境与可持续发展，2016，41（3）：13-17．

[336] 田志强．"多规合一"联动机制研究——以石家庄市为例 [J]．智能城市，2018．

[337] 谢中海．"多规合一"导向下城市增长边界划定与协调政策探讨 [J]．城市建筑，2016（35）：384-384．

[338] 于艳华，吴全，唐磊，等．土地利用的"反规划"与底线思维——以内蒙古科尔沁

左翼后旗为例 [J]. 干旱区资源与环境，2017，31（9）：170-175.

[339] 王晓，张璇，胡秋红，等. "多规合一"的空间管治分区体系构建 [J]. 中国环境管理，2016，8（3）：21-24.

[340] 黄征学，祁帆. 从土地用途管制到空间用途管制：问题与对策 [J]. 中国土地，2018（6）.

[341] 杨玲. 基于空间管制的"多规合一"控制线系统初探——关于县（市）域城乡全覆盖的空间管制分区的再思考 [J]. 城市发展研究，2016，23（2）：8-15.

[342] 朱江，谢南雄，杨恒. "多规合一"中生态环境管控的探索与实践——以湖南临湘市"多规合一"工作为例 [J]. 环境保护，2016，44（15）：56-58.

[343] 韩青，顾朝林，袁晓辉. 城市总体规划与主体功能区规划管制空间研究 [J]. 城市规划，2011，35（10）：44-50.

[344] 韩青. 城市总体规划与主体功能区规划空间协调研究 [D]. 清华大学，2011.

[345] 杨玲. 基于空间管制的"多规合一"控制线系统初探——关于县（市）域城乡全覆盖的空间管制分区的再思考 [J]. 城市发展研究，2016，23（2）：8-15.

[346] 郝晋伟，李建伟，刘科伟. 城市总体规划中的空间管制体系建构研究 [J]. 城市规划，2013，37（4）：62-67.

[347] 彭小雷，苏洁琼，焦怡雪，王磊，徐超平. 城市总体规划中"四区"的划定方法研究 [J]. 城市规划，2009，33（2）：56-61.

[348] 唐兰. 城市总体规划与土地利用总体规划衔接方法研究 [D]. 天津大学，2012.

[349] 王国恩，郭文博. "三规"空间管制问题的辨析与解决思路 [J]. 现代城市研究，2015（02）：33-39.

[350] 孙彦伟. 城市总体规划与土地利用总体规划协调研究 [D]. 华中农业大学，2005.

[351] 尹向东，熊进军. 土地利用总体规划与城市总体规划协调体系初步探讨 [J]. 广东土地科学，2007，6（1）：34-38.

[352] 王素萍，杜舰. 城市总体规划与土地利用总体规划的矛盾与协调 [J]. 中国国土资源经济，2004，17（204）：6-11.